마법의 시간
첫 6년

마법의 시간

첫 6년

셀마 H. 프레이버그 지음

반건호 외 옮김

아침이슬

차례

Part 1 아이의 내면세계 이해하기

1 마녀, 괴물, 호랑이, 정신건강에 대한 모든 것

Part 2 생후 첫 18개월

2 "선잠에서 깨어나 주위를 돌아보다가······"

Part 3 18개월에서 3세까지

한국어판 출간에 부쳐

캘빈 컬라루소(의학박사)*

　이 책을 읽다 보면 이 책이 50년 전인 1959년에 출간됐다는 사실을 믿을 수가 없다. 이 책에서 주로 다뤘던 초기 아동기 발달에 대한 정신분석학적 견해는 오늘날까지도 유효하다. 게다가 책 내용이 수수께끼처럼 난해하지 않고 누구나 이해하기 쉽게 쓰였다. 감탄사가 절로 나온다!

　세월이 지난 뒤 다시 『마법의 시간 첫 6년』을 읽으며 나는 프레이버그 여사가 자신의 개인적 입장을 밝히지 않으면서도 동시대의 가장 영향력 있는 정신분석학적 발달학자들의 의견을 통합하여 제시하는 것을 깨닫고 놀라지 않을 수 없었다. 일반인을 위해 쓴 책이므로 참고문헌은 제시하지 않았으나, 마지막 장인 '미래를 향하여'에서 프레이버그 여사는 당시 가장 영향력이 있었던 두 소아분석가, 안나 프로이트와 도로시 버링햄이 제2차 세계대전 당시 수행한 유명한 아동 발달 연구를 직접 제시하였다. 이 연구는 프레이버그 여사 자신의 이론 형성에도 많은 영향을 끼쳤다.

　프레이버그 여사는 그 당시를 논할 때 빼놓을 수 없는 발달학자인 르네 스피츠와 마가렛 말러의 연구에 대해서도 통달하고 있었다. 스피츠와 말러는 아기 발달의 첫 3년에 대한 정신분석학적 이론을 수립하는 데 크게

---

* Calvin A. Colarusso 박사는 샌디에이고 캘리포니아 대학(UCSD)의 정신의학 임상교수이며, 샌디에이고 정신분석연구소의 성인 및 아동 정신분석 파트의 Training and Supervising Analyst이다. 한국어판 출간을 축하하며 한국의 독자들도 이 책을 통해 아동 발달을 더 잘 이해하고 아동의 입장을 이해하고 옹호하는 프레이버그 여사의 정신을 받아들였으면 하는 마음에서 반건호 교수에게 이 글을 보내주었다.

기여하였다. 두 사람의 연구 결과가 출판되기 훨씬 전에 두 사람의 이론을 프레이버그 여사 자신의 이론으로 흡수 통합한 수준을 보면 경이롭기까지 하다. 스피츠의 최고 업적인 『The First Year of Life』는 1965년, 말러의 『The Psychological Birth of the Human Infant』는 1975년에 출판되었다. 『마법의 시간 첫 6년』에서 얻을 수 있는 지혜와 현실적인 조언은 아동 발달 시기에 대해 정신분석학적 개념을 가장 잘 반영한 것으로 알려진 벤저민 스포크 박사가 일반인을 위해 쓴 아동 발달 서적보다 월등하다.

이 책을 읽어 나가다 보면 유아기, 걸음마기, 유치원 시기, 심지어 초등학교 시절까지 저절로 술술 이해가 된다. 유아기와 걸음마기 아이의 마법 같은 생각들을 명쾌한 예를 들어 보여 준다. 아기 양육에서 아기가 겪는 좌절과 만족의 역할에 대해 설명하고 대소변 가리기 훈련과 제한 설정에 대한 실질적 충고로 이어진다.

유아기와 걸음마기의 마법 및 구체적 사고 형태로부터 잠복기 연령 아이들의 좀 더 이성적 판단에 근거한 인지 발달로의 진화는 신체 및 정서 발달과 통합하여 이해해야 한다.

성에 대해 엄격했던 1950년대의 사회상을 고려하건대, 프레이버그 여사가 유아의 성, 자위행위, 그리고 아이들을 위한 성교육을 공개적으로 논의한 것은 역시 대담한 대가의 태도라 할 수 있다.

이 책의 끝 부분에서는 초등학교 아이들의 정신건강을 특징짓는 양심 형성, 훈육, 느끼고 생각하는 자유에 대해 다루고 있다.

이 책은 정신분석적 발달 이론에 대해 지식이 없는 부모와 교사는 물론 경험 많은 정신분석가에게조차 똑같이 도움이 되는 놀라운 책이다. 『마법의 시간 첫 6년』이라는 제목이 꼭 들어맞는 셈이다. 말 그대로 마법의 책이다.

출간 50주년 기념판 서문

토머스 브레이즐튼(의학박사)*

이제 출간된 지 50년이 넘은 이 책은 그야말로 찾아보기 힘든 선물 그 자체입니다. 오래 전 이 책을 처음 읽을 때 설레던 기억이 납니다. 지금 이 책을 다시 읽으면서 정말 환상적이라는 말밖에 나오지 않는군요. 셀마 프레이버그 여사는 놀라운 이야기꾼일 뿐 아니라, 독특하고 심오한 글 솜씨를 겸비하고 있습니다. 그녀는 어린이의 상상 속으로, 우리가 우리 안에서 기억해 낼 수 있는 세계로 우리를 인도함으로써 자기가 이야기하고자 하는 아동기의 초반기를 생생하게 마법처럼 그려 냅니다. 셀마는 '그녀'의 아이들에 대해서, 그리고 어떻게 아이들이 자기들의 가장 깊숙한 곳에 있는 생각과 꿈을 이야기해 주었는지 생생하게 전달합니다. 독자들은 아이들의 두려움을 함께 나누고, 아이들이 자기가 저지른 실수를 덮기 위해 거짓말한 이유를 알게 되며, 어린 소녀의 옷장 속에서 마녀를 찾아보아야 하는 이유를 이해하게 됩니다.

셀마가 자신만의 사고 체계를 개발해 가는 과정에 있을 때 그녀를 알게 된 것이 내게는 큰 행운이었습니다. 처음 만났을 때 셀마는 듣는 사람이 마법에 걸린 것처럼 정신을 못 차릴 정도로 이야기를 잘하는 동료였습니다. 나중에는 자기 딸과 손녀를 내게 데리고 온 할머니로서 만났지

---

* Thomas Berry Brazelton(1918~) 박사는 미국의 저명한 소아과 전문의이자 유명한 저술가이기도 하다. 200편 이상의 논문과 24권의 저서를 남겼다. 벤저민 스포크 박사와 함께 컬럼비아 대학 동문이 뽑은 미국의 가장 유명하고 영향력 있는 소아과 전문의로 꼽힌다.

요. 우리 세 사람, 즉 아이의 엄마, 할머니인 셀마, 소아과의사인 나는 사랑스런 꼬마를 함께 관찰했습니다. 아이의 모든 행동이 의미가 있었고, 아이의 반응은 우리 모두에게 즐거움을 주었습니다. 아이가 두 돌이 다 되어 갈 무렵, 아이가 자라나는 모든 과정은 우리가 이미 떠나온 세계를 들여다볼 수 있는 창문이었습니다. 육체적으로는 이미 우리가 그 세계를 떠났지만, 어린 꼬마의 발달을 관찰함으로써 다시 들어갈 수 있었습니다. 우리 모두 꼬마의 부모라도 된 것처럼 아이에게 빠져들었습니다. 셀마의 생각과 관찰을 함께 나누고, 엄마가 할머니의 생각을 어떻게 받아들이는지 지켜보는 것은 정말 대단한 경험이 아닐 수 없었습니다. 우리가 이 아이의 행동에 대해 너무 깊이 생각하는 걸까요? 물론 그렇습니다. 우리는 항상 셀마가 소위 '우리 자신들의 어린 시절에서의 유령'이라고 부르는 과거 우리 자신들의 경험을 통해 아이의 발달을 해석하지 않았던 가요? 이 '유령'들은 아이의 행동에서 무엇을 유추해 내야 할지 알려 주며, 아이가 자신의 행동을 통해 표현하고자 하는 것일지도 모르는 그 뜻에 신비감을 한층 더해 줍니다.

우리가 유추해 낸 해석들이 틀리거나 너무 과장되었고, 아이 자신이 거치는 발달단계를 이해하는 데 혼란이 생길 가능성이 있다고 가정해 봅시다. 아기의 독립적인 배움 과정의 중요성에 대해, 그리고 아이가 새로운 발달 과정을 이해하고 적응해 나감에 따라 자기가 자율적인 존재임을 알아 가는 것에 대해 우리가 객관적이고 신중하게 대할 수 있을까요? 이 책은 우리가 아이에게 필요한 것을 알아 가는 데 도움이 됩니다. 또한 조급한 부모들의 생각을 바꾸고 과보호에서 적절한 보호로 그들의 역할을 다시 생각할 수 있도록 해 줄 것입니다.

그 한 예로 셀마는 만 네 살 된 어린이의 갑자기 생겨난 공격적 생각들을 다스리기 위한 두려움의 필요성에 대해 언급합니다. 과연 우리가 이 아이를 그러한 두려움에서 보호할 수 있을까요? 물론 쉽지 않습니다. 그 두려움은 아이의 발달에 필요한 새로운 단계에 적응해 나가는 과정의 일부, 즉 (1) 힘에 대한 새로운 관념과 그 힘이 자신의 세계에 미치는 영향, (2) 그 힘이 자신의 것임을 인식하기 위해 그 세계를 지배하고 싶어 하는 격한 감정, (3) 그 새로운 힘을 필요할 때 쓸 수 있으면서도 자신이 지배하려는 세계를 파멸시키지 않도록 하기 위해 힘 조절에 적응하기 등에 대한 아이의 인식 과정의 일부입니다. 여기서 말하는 세계란 바로 아이 자신이겠지요. 이 기막힌 과정을 통해 아이는 가장 중요한 특성을 배우게 된답니다. 자기인식과 복원력입니다. 이 특성들은 압도적인 경험들을 극복하기 위해 필요합니다. 이때야말로 정말 중요한 시기가 아닐 수 없습니다!

우리 부모들은 어린 꼬마들이 각 발달단계를 잘 헤쳐 나갈 수 있도록 돕고 싶어 합니다. 부모들은 지나치게 간섭하고 과보호할 가능성이 높습니다. 양육에서 같은 실수를 반복하는 것도 거의 당연하게 여깁니다. 그래서 나는 양육을 배우는 것은 우리의 실수에서 배우는 것의 커다란 한 부분이라 믿습니다. 우리의 성공은 잘 드러나지도 않고, 인정받는 경우도 대단히 드물지요. 그러나 우리가 실수를 저지르면 아이는 물론, 우리 스스로 그 실수를 과장하게 되고, 아이는 우리가 지칠 정도로 반복해서 '비정상적' 행동을 합니다. 매일 실패했다고 느끼는 우리에게 셀마의 놀라운 이야기, 조언, 지혜는 우리에게 다시 용기를 주고 '모든 걸 망친 것은 아니다'라는 것을 느끼게 해 줍니다. 아이의 회복력, 부모가 저지른 '충격적인' 실수를 받아넘기는 능력, 그리고 아이 자신의 세계를 재건하기 위해 마법 같은 꿈을 이용하는 능력은 우리 부모들에게 새로운 희망을 선사합니다. 아이들은 금방 회복이 가능합니다. 부모들은 어떨까요?

셀마는 우리에게 부모와 유년기 아이 사이의 초기 애착의 힘과 그로 인한 즐거움을 소개해 줍니다. 이 초기 애착은 가장 첫 번째이자 가장 중요한 기초 요소입니다. 초기 애착 이후 처음 몇 년 동안 각 단계를 사례를 통해 풀어 갑니다. 10개월 된 아이가 의자에 올라가 보기 전에 머릿속에서 의자를 관찰하고, 분해해 보고, 다시 조립하는 것이 그 예가 될 수 있습니다. 셀마의 관찰 덕분에 아이가 발달하면서 아이의 행동에 의미를 부여할 수 있답니다. 아이가 하는 행동의 의미와 아이의 생각하는 방식을 이해하고 나면, 아이의 급식, 배변 훈련, (처벌이 아니고 가르치는) 훈육은 그다지 어려운 일이 아니지요. 아이가 생각하는 방식으로 우리도 생각할 수 있게 되며, 우리의 도움도 상의하달 식에서 벗어납니다. '엄마가 시키면 해야지.'에서 '우리 이야기를 해 보고 같이 생각해 보자꾸나.'로 바뀌게 됩니다. 다 같이 생각해야 할 과제입니다. '우리는 무엇을 달성하려는 것일까?'

우리는 이 책을 통해 아이가 상상하는 꿈세상에 들어설 수 있는 귀한 기회를 얻었습니다. 셀마는 정서적 및 정신적 발달단계를 생생히 전달합니다. 이 책을 읽은 모든 부모들은 자녀들과 함께 아이의 세상에 다시 들어섰고 이루 말할 수 없이 소중한 식견을 얻었다고 느끼게 될 것입니다. 그야말로 정말 마법이 아닐까요?

저자 서문

아동기 초기 몇 년은 마법의 시간이다. '마법'이라고 해서 바라는 게 모두 이루어지는 황홀한 세상을 말하는 것은 아니다. 아동기가 즐겁고 순수하고 평화로운 천국이라는 생각은 단지 어른들의 생각일 뿐이다. 역설적이지만 이 황금기에 대한 기억은 착각에 불과하다. 왜 기억나는지도 알 수 없는 몇 장의 어렴풋하고 찌그러진 사진 같은 형상들만 남아 있을 뿐, 어른들은 이 시절을 정확히 기억할 수 없기 때문이다. 아동기 초반의 약 5년 정도는 땅 속에 묻힌 도시처럼 감춰져 있다. 아이들을 기르면서 이 시절로 돌아가려고 해도 우리는 이 세계에 대해 이방인일 뿐이며, 길조차 쉽게 찾을 수 없다.

심리학적 관점에서 볼 때 생후 처음 몇 년 동안 아이는 마법사이며, 따라서 이 시기는 '마법'의 시간이다. 아이가 보는 최초의 세상 역시 마법의 세계이다. 아이는 자신의 생각과 행동이 사건을 일으킨다고 믿는다. 점차 이러한 마법의 세계를 확장해 나가다 보면 자연현상에 사람이 관여하는 것을 알게 되고, 일상생활에서 일어나는 사건에 자신 이외의 인간적 또는 초인간적 원인이 있음을 깨닫게 된다. 이 몇 년 동안 아이들은 차츰 외부 세계에 대한 지식을 배우고 원시적 사고 체계의 왜곡된 해석에서 벗어나 객관적 관찰과 평가가 가능해진다.

마법의 세계는 불안정한 세상이며, 때로는 무시무시하기까지 하다. 아이는 사물의 이치를 깨닫고 바깥세상을 알아 가는 과정에서 자신이 만들어 낸 상상 속 괴물은 물론, 바깥세상의 실제 혹은 가상의 위험을 헤쳐 나가야만 한다. 때때로 아이들은 어른들이 납득하기 어려운 공포나 황당한 행동을 보이기도 한다. 초기 아동기에 볼 수 있는 이 많은 문제들은 합리적 사고 단계에 이르지 못한 미숙한 정신 체계의 산물이다.

이 책에서는 아이가 태어나 첫 5년간의 인격 발달과 각각의 발달단계에서 보이는 전형적인 문제를 다룬다. 양육에 실질적 도움이 될 수 있도록 정상 아동의 부모들이 수년간 내게 가져온 다양한 질문과 문제를 사례로 제시하였다. 그러나 겪어 본 부모라면 다 알겠지만 심지어 취학 전 아이가 던지는 질문에도 한마디로 답을 주기는 쉽지 않다. 아이를 키우는 데 만병통치약 같은 해결책은 없을까? 결정적 순간에 적절한 해답을 찾아내는 데 도움이 되는 것은 바로 부모의 이해, 특히 아이와 친밀한 관계를 맺고 있는 부(모)의 직관적 이해이다. 그러나 아주 어린 아이의 경우 아이의 내면세계에 접근하기는 거의 불가능하다. 어른들은 이 시기를 기억하지 못하기 때문에 아이의 세계에 쉽게 들어갈 수 없으며, 어른의 직관과 상상은 취학 전 아이가 보이는 문제 앞에서는 무용지물일 뿐이다.

따라서 실제 생활에 유용한 책이 되려면 전형적인 문제를 열거하는 것뿐만 아니라 해결책도 제시해야 할 것이다. 그러므로 이 책에서는 취학전 아동의 정신세계를 이해하고 발달단계와 문화적 기대치에 부합하는 아동 양육의 원칙을 이끌어 낼 수 있도록 하였다. 편의상 초기 아동기를 첫 18개월, 18개월에서 만 3세, 만 3세에서 6세까지의 세 단계로 나누었으며, 각 발달단계별로 특징적 문제와 해결책을 묶어서 제시하였다. 각 단계별로 한두 장은 인격 발달을 소개하는 내용을 다루고, 이어지는 장에서 실제적인 양육 문제들을 다룬다.

아동의 발달 과정을 이해한다면 단계별로 나타나는 문제의 특성을 더 잘 알 수 있다. 부모는 아이의 각 단계별 발달과 정신적 능력을 고려해서 아이를 도와주어야 한다. 즉, 단계와 연령을 고려하지 않고 '아동기 불안' 혹은 '아동기의 훈육 문제'와 같이 뭉뚱그려 말하는 것은 적절하지 않다. 두 살짜리와 다섯 살짜리 아이의 불안은 다르기 때문이다. 예를 들어 똑같이 침대 밑에 도깨비가 숨어 있다 해도 심리학적 관점에서는 두 살짜리 아이의 불안은 다섯 살 아이의 불안과 다르다. 도깨비는 아이와 함께 자라기 때문에 3년이 지나면 처음 침대 밑으로 들어갔을 때보다 여러 면에서 달라진다. 부모가 도깨비를 다루는 방법 또한 아이가 두 살일 때와 다섯 살일 때가 다르다. 두 살 아이는 아직 말을 잘 못하고 침대 밑에 정말 도깨비가 있다고 믿기 때문에 부모가 이를 다루기가 어렵다. 하지만 다섯 살짜리 아이와는 도깨비 문제에 대해 상의가 가능하며, 침대 밑에 도깨비가 살지 않는다는 것을 알기 때문에 더 쉽게 다룰 수 있다. 따라서 부모에게 도움이 되는 실용적인 책이 되려면 도깨비 문제에 대해 두 살 아이의 관점과 다섯 살짜리 관점에서 각각 다루어야 할 것이다.

두 살짜리와 다섯 살짜리 아이의 '훈육discipline'도 달라야 한다. 예를 들어 자기조절에 대한 훈육이 효과적으로 이루어지려면 두 살배기 아이가 어떻게 생활하고, 충동 조절은 가능한지, 그리고 다섯 살배기 아이는 어떻고, 얼마나 훈육에 협조할 수 있는지 알아야 한다. 다섯 살이 되면 양심이 생겨나고 자기조절의 가능성이 있다는 것과, 양심을 훈육 과정에서 교육에 이용할 수 있다는 것을 아는 게 도움이 된다. 또한 두 살짜리 아이는 아직 내적 조절을 할 수 없으며, 양심을 형성하기에는 아직 조절 체계가 부적절하다는 점을 훈육 시 고려해야 한다. 이러한 과정을 보면 발달단계별 이론과 방법을 고려하지 않고 '훈육'에 대해 말할 수 없음을 새삼 깨닫게 된다.

이 책의 출간은 부모 교육과 아동 임상 연구 분야의 대가이며 스크라이브너 출판사Scribners의 이 분야 편집 고문인 버기스Helen Steers Burgess 여사가 제안하였다. 유아 및 아동 심리학에서의 진보와 자아 발달에 대한 정신분석적 연구 보고서들이 아동 양육에 많은 영향을 끼칠 수 있음에도 불구하고, 부모들이 쉽게 접할 수 있는 내용은 의외로 거의 없음을 알게 되었기 때문이다. 그리하여 현대적 사고방식과 연구를 토대로 아동 양육 문제를 다루는 책을 만들면 부모들이 관심을 가질 것이라고 생각하였다. 편집자와 저자가 의기투합하여 책을 만들기 시작하였고, 기억도 할 수 없을 정도로 수많은 편집회의와 수정 끝에 이 책이 나오게 되었다. 이 책이 부모를 위한 실용서로 성공한다면 버기스 여사에게 공을 돌리고 싶다.

이 책에 담긴 내용에 관해서 이 분야의 학자들께 감사드리고 싶다. 자아심리학에 대한 안나 프로이트Anna Freud의 저서들과 초기 아동기 발달에 대한 연구는 다양한 분야의 전문가들에게 아동기 세계를 조명해 주었고, 나에게도 입문서이자 '마법'의 시간에 대해 깨닫게 된 가장 중요한 안내서가 되었다. 스피츠René Spitz의 유아심리학에 대한 업적은 이 책의 많은 부분, 특히 2, 4, 9장의 기초가 되었다. 정신분석적 자아심리학에 대한 하트만Heinz Hartmann과 크리스Ernst Kris의 저서는 내 이론을 세우는 데 크게 영향을 미쳤고, 아동 양육에 실질적으로 필요한 아이디어를 많이 얻을 수 있었다. 아이의 현실 세상 형성에 대한 피아제Jean Piaget의 연구는 유아의 정신 발달을 기술하는 데 도움이 되었다. 이러한 저서들은 나와 이 분야에 있는 다른 사람들의 견해에 영향을 미쳤지만, 나는 어느 한 이론을 대표하려고 하지 않았고, 같은 주제를 논하는 데 있어 여러 다른 견해들을 비교하고 공통성이 없는 다양한 시각에서 단일 주제를 도출했음을 분명히 해 두고자 한다.

이 원고를 쓰는 동안 남편 루이스Louis는 내내 전문가 수준의 도움과 충고를 아끼지 않았고, (꽤 자주) 내가 어려움을 느낄 때마다 타고난 명석함으로 문제를 해결해 주었다. 처음부터 남편의 관대하고 열정적인 도움과 뛰어난 문장력이 원고를 마치는 데 큰 도움이 되었다. 어머니 도라 호르비츠Dora Horwitz 여사는 책을 쓰는 내내 결정적인 도움을 주셨으며, 초고의 상당 부분을 판독해 타자하는 수고를 도맡아 해 주셨다. 어머니와 조던Florence Jordan은 초벌원고를 읽으면서 떠오른 좋은 의견을 많이 주었으며 동시에 필사하는 데 드는 엄청난 노고를 마다하지 않았기에 심심한 사의를 표하는 바이다.

마법의 시간 첫 6년

Part 1

아이의 내면세계 이해하기

아이의 미래 정신건강은 아기가 불합리한 두려움을 다스리는 방식에 달려 있다.
아이들은 두려움을 극복하는 능력을 타고난다.
두 살배기조차 위험을 예상하고 평가하며, 대항하고 극복하는 수단을 제공하는
놀라운 복합체계를 가지고 있다.
아이가 두려움을 극복하는 데 이 능력을 성공적으로 사용할 수 있을지 여부는
그러한 능력을 사용하는 법을 가르치는 부모에게 달렸다.

1

마녀, 괴물, 호랑이, 정신건강에 대한 모든 것

우화 하나

프랭키라는 아이가 있었다. 프랭키는 현대적, 과학적 양육 방법의 표본이 될 만한 아이였다. 프랭키의 부모는 육아 전문가들의 글을 많이 읽고, 강좌도 듣고, 오늘날 아이를 기르는 데 필요한 실무를 배우고 익혔다. 초기 아동기에 두려움과 신경증이 어떻게 생겨나는지도 알게 되었다. 그래서 최선을 다해 아이가 불안과 신경증적 경향 없이 자랄 수 있도록 준비했다. 정말로 그 누구보다도 안정적으로 자랄 수 있도록.

그래서 프랭키는 적절한 시기에 적절한 방식으로 모유 수유, 이유, 대소변 가리기 훈련을 거쳤다. 여동생 낳는 것도 프랭키가 받을 상처를 피하기 위해 가장 좋은 시기를 택했다. 새로운 아기가 함께 살게 되는 것에 대해 검증된 방식으로 준비한 것은 두말할 나위도 없다. 성교육은 솔직하고 철저하게 했다.

프랭키 부모는 두려움의 근원이 될 만한 것들을 찾아내서 체계적으로 제거하는 프로그램도 고안해 냈다. 자장가와 동화들도 편집, 수정하였다. 쥐꼬리가 몸통에서 잘라져 나가는 일도 없고, 사람 잡아먹는 귀신들도 사람고기 대신 시리얼을 먹게 했다. 마녀와 악당들은 별 해가되지 않는 마법을 사용했으며, 간단한 처벌이나 가벼운 꾸지람으로 쉽게 새사람이 되었다. 동화의 세계에서는 누구도 죽지 않았고, 프랭키의 세상에서도 죽는 사람은 없었다. 심지어 프랭키의 앵무새가 병들어 죽었을 때, 프랭키가 낮잠에서 깨어나기 전에 시체를 치우고 똑같은 놈으로 대체했다. 이렇게 주의를 기울이고 신경 쓴 부모는 프랭키가 어떤 두려움도 갖지 않을 것이라고 믿었다. 그러나 프랭키는 두려움을 갖기시작했다.

많은 아이들이 욕조 배수구로 사라지는 것을 두려워하는 두 살이 되었을 때, 프랭키도 (외부 영향이 없었음에도 불구하고) 욕조 배수구로빨려 들어가는 것에 대한 두려움이 생겼다.

아기가 태어날 것에 대비해서 매우 조심스럽게 준비했음에도 불구하고, 프랭키는 여동생이 태어난 것을 열렬히 환영하지도 않았을 뿐 아니라, 어떻게 하면 아기를 없애 버릴 수 있을까 하는 불경스러운 생각만했다. 그나마 가장 자비로운 제안은 아기가 원래 있던 10센트 가게*로돌려보내자는 것이었다. 아이가 받았던 철저한 성교육을 생각하면 있을 수 없는 일이다.

그게 전부가 아니다. 다른 아이들이 악몽을 꾸는 나이가 되었을 때, 프랭키도 나쁜 꿈을 꾸고 깼다. 괴물 이야기가 프랭키가 자라는 환경에서는 어떻게 바뀌었는지 생각해 본다면 프랭키가 사람 잡아먹는 거인

---

* 미국에서 모든 물건을 10센트에 파는 싸구려 할인 가게

에게 쫓기는 꿈을 꾼다는 건 있을 수 없는 일이었다.

또 있다. 프랭키를 위한 교육에서는 마녀를 자비롭게 대접했음에도 불구하고, 프랭키는 자기가 지어낸 이야기 속의 악당들을 자기 방식대로 처벌했다. 목을 날려 버린 것이다.

이 현대판 우화에서 말하고자 하는 것은 무엇일까? 무엇을 증명하고자 함인가? 우리가 아이를 어떻게 기르든지 상관없다는 말인가? 현대판 육아에서 내세우는 구호는 과학자들의 망상일 뿐이란 말인가? 아기의 정신건강을 촉진시키는 데 급식, 배변 훈련, 성교육은 별 의미가 없다는 뜻인가?

아기의 급식, 배변 훈련, 성교육, 훈육에 대한 부모의 충분한 이해와 지혜를 통해 부모에 대한 아이의 사랑과 자신감을 촉진시키고, 신체적 필요와 충동을 조절하는 아이 자신의 능력을 강화시킴으로써 아이의 정신건강에 기여할 수 있다. 그러나 아무리 이상적인 조기교육을 한다고 해도 발달과정 자체 혹은 아이의 세상에서 도처에 널려 있는 모든 위험과 불안을 없애 버릴 수는 없다.

아이가 불안을 경험하지 않고 자랄 수 있게 해 줄 수 있는 방법이 없다고 해서 당황할 필요는 없다. 인간 발달의 각 단계에는 나름대로의 장애와 위험이 도사리고 있다. 도깨비, 괴물, 죽은 앵무새 같은 주변 환경에 대해 신경을 바짝 곤두세우고 단속한다고 해서 아이의 정신건강에 항상 도움이 되는 것은 아니다. 이러한 두려움은 피해 갈 수도 없고 그럴 필요도 없다. 물론 아이가 무서운 경험을 하도록 적극적으로 기회를 만들어 줄 필요도 없고, 어른들이 도깨비 흉내를 내서 아이에게 도깨비를 체험할 기회를 줄 필요도 없다. 하지만 도깨비, 악귀, 죽은 앵무

새들이 모습을 드러낸다면 터놓고 처리 방법을 찾아야 하고, 아이가 그런 문제를 처리하는 것도 같은 방식으로 하도록 도와주는 것이 최상의 처방이다.

우리는 불안과 신경증, 그 두 가지를 종종 헛갈리곤 한다. 불안 그 자체가 신경증은 아니다. 앞서 나온 우화의 주인공 프랭키도 신경증 환자로 볼 수 있는 근거는 없다. 욕조 물 빠지는 걸 겁낸다고? 두 살짜리 아이들 중에는 욕조 물 빠지는 것을 두려워하는 아이들이 많다. 그것을 겁낸다고 해서 불길한 징조라고 생각할 필요는 없다. 거인이 나오는 무서운 꿈? 미취학 아동 대부분이 이런 종류의 불안몽을 가끔 경험한다. 철저한 준비를 시켰는데도 여동생을 좋아하지 않는다고? 동생이 태어날 것에 대비하는 것은 필수 사항이며, 그렇게 함으로써 생길 수 있는 문제를 최소화하고자 하는 것이지만, 아무리 미리 노력을 한다고 해도 부모 사랑을 나눠 가질 **실제** 아기를 만나고 **실제** 경험하는 것을 설명할 수는 없다.

욕조 물 빠지는 것과 괴물이 나오는 악몽, 불길한 동생이 생기는 것 등이 신경증의 원인은 아니다. 아이의 미래 정신건강은 공상 세계에 도깨비가 있느냐 없느냐, 혹은 사람 잡아먹는 귀신이 뭘 먹느냐 같은 세세한 내용과 관련이 없다. 도깨비 숫자나 출현 횟수도 상관없다. **단지 아이가 도깨비 문제를 어떻게 해결했는지에 달려 있다.**

즉, 아기가 불합리한 두려움을 다스리는 방식이 아이의 인격 발달을 결정한다. 악령, 도둑, 맹수 등에 대한 두려움이 아이를 엄습해서, 혹은 아이가 상상 속의 위험 앞에서 무력함과 무방비 상태라고 느낀 결과, 무서워서 삶에 복종하는 태도를 갖게 된다면 그것은 좋은 해결책이 아니며, 미래의 정신건강에 영향을 미칠 것으로 예상된다. 도처에서 실제 또는 상상의 위험으로 위협받고 있는 것처럼 아이가 행동한다면, 그래서 습격에 대비해야 한다며 항상 준비 태세를 갖추고 있다면, 아이의 성격은 과도하게 호전적이며 반항적 성향을 띨 것이다. 이 아이의 해결책 역시 좋지 않은 것으로 간주된다. 그러나 보통 아이들은 불합리한 공포를 이겨 낸다. 여기서 이런 흥미로운 질문을 떠올릴 수 있다. 어떻게 극복할까? 아이들은 두려움을 극복하는 능력을 타고난다. 두 살배기조차 위험을 예상하고 평가하며, 대항하고 극복하는 수단을 제공하는 놀라운 복합체계를 가지고 있다. 아이가 두려움을 극복하는 데 이 능력을 성공적으로 사용할 수 있을지 여부는 그러한 능력을 사용하는 법을 가르치는 부모에게 달렸다. 두려움에 대처할 수 있는 내적 자원을 만들어 내도록 도와줄 수 있는 최상의 상태가 되기 위해서는, 즉, 건강한 정신세계를 구축하는 데 필요한 해답과 비법을 터득하려면 발달 중인 아이의 특징과 아이 인격의 발달단계별 특성을 이해해야 한다.

정신건강이란?

오늘날 정신건강을 단순히 특별 식단에 맞춘 차림상 정도로 여기는 경향이 있다. 사랑과 안정감, 건전한 장난감, 유익한 친구들, 솔직한 성교육, 정서적 배출구와 조절법 등을 잘 조화시켜서 균형 잡힌 건강 메뉴를 만들어 낸다. 이렇듯 잘 균형 잡힌 정신건강 식단을 보면 영양사가 만든 (영양분은 많겠지만 식욕을 돋우지는 못하는) 삶은 채소 요리가 떠오른다. 그런 정신건강식을 먹고 자란 아이는 쉽게 자라나서 적응 잘하는 따분한 아이가 될 뿐이다.

따라서 여기서 정신건강을 논하는 이유는 '정신'의 중요성을 되찾고 '정신건강'의 의미를 되새기고자 함이다. 한 인격체와 다른 인격체를 구분할 수 있는 것은 정신의 특성의 차이이며, 정신건강이란 단순히 정신을 살찌우는 식단을 먹고 자란 결과물을 말하기보다는, 내적 필요와 외부 요구 사이의 균형을 유지하기 위해 끊임없이 노력하면서 경험 쌓기, 경험에 반응하기, 적응하기, 저장하기, 통합하기 같은 복잡한 정신 체계를 다스리는 작업이라고 할 수 있다.

정신건강의 정도는 신체적 욕구, 욕동drive, 바깥세상의 요구 사이의 평형 상태에 따라 결정되지만, 이 평형은 정적인 상태가 아니다. 욕동, 식욕, 소망, 순수한 자아 중심적egocentric 욕구를 사회적 요구와 일치하게 조절하는 과정은 좀 더 고위의 정신 영역에서 진행된다. 인격의 바로 이 부분이 이러한 중요한 기능을 수행하도록 의식계와 현실 사이의 밀접한 관계를 유지한다. 이 조절과 중재 기능을 맡고 있는 것은 의식적 자아이며, 인간이 깨어 있는 동안 내내 이 일을 담당한다.

개인의 만족, 즉 '행복'을 정신건강의 기준으로 여기는 실수를 저지르지 말아야 한다. 정신건강은 자아 내부를 주도하는 상대적 조화뿐만 아니라, 최고의 사회적 가치 달성을 위한 문명화된 사람들의 필요조건에 달려 있다. 아이가 '신경증적 증상이 없고' 두려움으로부터 해방되는 것을 가장 높은 가치로 친다면, 평생 그런 위험을 무릅쓰지 않을 것이다. 그러한 정신건강은 인간 복지에 도움이 되지 않는다. 아이가 개인적 안전 외에 아무것도 바라지 않고 현재의 '안전함'에 안주한다면, 이 '안전감'은 의미가 없다. '집단에 잘 적응'하지만 그 적응이 남들의 의견을 비판 없이 수용하고 순응함으로써 보장된 것이라면, 민주사회를 살아가는 데 그러한 적응은 도움이 되지 않는다. '학교에 잘 적응하지만' 진부한 생각이나 사실에 만족하고 만화책에서 얻는 싸구려 판타지로 마음을 채워 간다면, 이 아이의 '적응'에서 문명화가 차지하는 가치는 과연 무엇인가?

개인은 물론 그를 둘러싼 사회의 인간적 문제를 해결할 때 자유롭게 지적 능력을 활용할 수 있으면 정신건강의 서열상 최고 위치에 도달했음을 뜻한다. 지성intellect을 자유롭게 이용해서 문제를 해결하기 위해서는 이성과 판단력 같은 상층부 정신과정이 마법, 자기충족, 자아 중심적 동기로부터 최대한 멀리 떨어져 있을 때 가능하다. 아이에게 정신건강 교육 시 지적 능력 훈련을 꼭 포함시켜야 한다. 아동의 정서적 안녕은 신체적 기본욕구의 만족은 물론 지적 능력의 최대 활용 여부에 달려 있다.

정신건강의 최상위 서열은 견고하고 통합된 가치체계, 즉 양심과 이상적 자아 모두를 아우르는 인격 내 조직체를 포함하며, 이는 인격 구조 깊숙이 자리 잡아서 바뀔 수 없는 것이다. 그러한 윤리체계가 없는 인격에서는 정신건강을 논할 수 없다. '개인적 만족'이나 '집단 적응' 같은 허술한 기준 하에서 정신건강을 평가한다면, 비행 청소년도 자신의 목표 추구에 있어서 '개인적 만족' 면에서는 최고조에 이를 수 있다. 비행 집단 내 적응이기는 하지만 '집단 적응'도 잘 해낼 수 있다.

따라서 이론상 정신건강은 인격 내에서 한편으로는 인간의 기본적 충동과 자아 중심적 소망, 다른 한편으로는 양심과 사회의 요구 사이의 균형 유지에 달려 있다. 일상생활에서는 인격 내부에서 두 힘의 존재를 모르고 지낸다. 하지만 양심의 기준과 상충되는 또는 현실에서 충족될 수 없는 충동 혹은 소망이 치밀어 오르면 갈등의 시간이 찾아오고, 그렇게 되면 우리는 두 반대 세력 사이에서 중재인 혹은 심판관 역할을 하는 자아의 존재를 느낄 수 있다. 건강한 자아는 합리적이고 공정한 판사처럼 행동하면서 양측 모두 만족할 만한 해결책을 찾아낸다. 양심이나 사회적 요구와의 갈등이 아니라면 직접적 충족도 가능하며, 상황에 따라 간접적 만족을 취하는 융통성도 발휘할 수 있다. 폭군 같은 직장 상사에 대한 적개심이 있지만 그런 감정을 그대로 표시했다가는 뒷일을 감당하기 어려운 입장에 있는 직원을 상상해 보자. 건강한 자아라면 숨겨진 공격 충동 에너지를 건설적 행동으로 전환시켜 멋진 해결책을 찾아낸다. 최소한 상사가 자신의 입장에서 생각하게 만드는 백일몽이라도 만들어 내서 위안을 삼는다. 덜 건강한 자아는 그러한 갈등 앞에서 무력해지고 중재 역할에 실패하여 자신의 위치를 포기하게 되며 신경증적 해결책을 찾게 된다.

신경증은 어설픈 갈등 해결책이다. 좀 더 정확히 말하자면 대책이라기보다 잘못된 타협일 뿐이다. 갈등은 변형된 상태로 하층부에 남게 되고 실제 갈등은 해결되지 않았으므로, 신경증은 일련의 타협 산물, 즉, 신경증 증상으로 영원히 남는다. 표면적으로 신경증은 두 나라 사이의 냉전 상태를 닮는다. 양측이 서로 강력한 요구를 내세우고 있으며 전쟁을 피하기 위해 일시적으로 화해하고 있을 뿐이다. 그러나 기저 갈등이 제대로 다뤄지지 않은 상태이므로 새로운 불만과 요구가 계속 생겨나고, 갈등이 외부로 터져 나오는 것을 막기 위해 계속 옳지 않은 거래와 타협이 진행된다. 냉전에 대한 이 비유로부터 신경증의 또 다른 면을 찾아낼 수 있다. 냉전 상태에서는 서로가 평형을 이룬다. 대치 상태에 있는 나라들이 전쟁 준비만 계속한다면 국가 복지를 위해 다른 분야에 투자해야 할 국가 예산은 점차 줄어들고 국방비만 늘어난다. 결국 국가 수입과 국민의 에너지 대부분이 전쟁 준비에 소요되고 건강한 인간생활에 사용할 수 있는 부분은 거의 없게 된다. 마찬가지로 신경증도 비슷한 결과를 낳는다. 신경증 상태에서는 갈등 분출을 방지하기 위해서 상당량의 에너지가 필요하다. 인격을 확장시키고 주요 관심사에 투입되어야 할 에너지가 방어 목적에 대량 투입되기 때문이다. 그 결과 인간 기능이 심각할 정도로 제한되고 자아는 허약해진다.

인격 내부의 감춰진 갈등이 터져 나오려 할 때마다 위험에 대한 예기불안이 생겨난다. 그 불안은 앞서 말한 자기 보존 과정에서 신경증적 방어와 타협의 전 과정을 작동시킬 준비를 갖춘다. 불안이 신경증적 경과를 유발할 수 있지만 불안 자체가 병적 표현이라고 단정 지을 수는 없다. 불안이 신경증을 낳는 것은 아니다. 실제로 인간 성격에서 가장 폭넓고 다양하고 건강하고 유용한 적응 방식이야말로 불안이다.

불안이란?

실제건 상상이건 위험은 정상적인 인간 발달에서 여러 형태로 나타난다. 자아가 위험에 대비한 수단을 마련하지 못한다면 자아는 만성적 무력감에 빠지고 공황 상태가 된다. 위험에 대한 본능적 반응은 불안이다. 출생 초기 아기는 예상치 못한 일에 대해 그것이 모두 위험인 것처럼 반응한다. 아기는 갑자기 큰 소리나 강한 빛에 노출될 때 '충격'을 받는다. 좀 더 커서 엄마에 대한 애착이 늘면 엄마가 시야에서 사라져도 충격 반응에 가까운 불안 반응을 보인다. 수많은 상황에서 유아는 이런 반응을 일으킨다. 그러나 아기가 이러한 모든 사건에 공포 발작과 무력감을 보이는 상황이 계속된다면, 아기가 살아남기는 거의 불가능하다.

하지만 곧 그러한 '위험'이 감소하는 것을 알게 된다. 반복적인 경험을 통해 아이는 위험을 극복하게 되며, '충격' 반응도 깜짝 놀라는 정도로 완화된다. 그러는 과정에서 '위험'(여기서 위험을 강조하는 것은 어른에게는 해당되지 않고 아기에게만 해당된다는 것을 알려 주기 위한 것이다.)에 대처하는 새로운 수단이 발달한다. 아기는 '위험'을 **예상**하고 준비하는 법을 배운다. 즉, **불안**으로 '위험'에 대비한다. 아기 때는 엄마가 없어지면 충격 혹은 놀람 수준의 불안 반응을 보인다. 그러나 예기불안을 터득한 아이는 낮잠을 재우려고 침대로 데려갈 때부터 불안, 울기, 저항을 보인다. 아이는 두려운 상황을 예측하고 실제 상황이 벌어지기 전에 불안을 보임으로써 그에 대비하는 것이다. 이러한 예기불안을 통해 엄마와의 고통스러운 분리를 해결한다. 매번 엄마와의 분리 때마다 충격을 받았던 아기 시절에 비해 엄마와의 분리를 이런 식으로 예측할 수 있으면 덜 고통스러울 것이라고 믿을 만한 근거가 있다. 인간의 발달 과정상 자아가 예기불안을 만들어 냄으로써 위험에 대비하는 효과를 얻을 수 있기 때문이다.

앞서 말한 것으로부터 불안이 병적 상황이 아니며, 위험에 대한 필수적이고 정상적인 생리적 및 정신적 준비 과정임을 쉽게 알 수 있다. 실제로 예기불안의 **부재**가 어떤 상황에서는 신경증으로 이어지기도 한다. 전쟁터에서 쇼크에 압도당하는 사람은 이런저런 이유로 위험에 대비하고 외상성 신경증을 피해 가는 데 필요한 예기불안을 갖추지 못했던 사람이다. 특정 상황에서 개인의 생존을 위해 필요한 것이 불안이다. 위험에 대해 염려하고 대비하는 데 실패한다면 불행한 결과를 낳게 된다. 한 걸음 더 나아가 생각해 보면 불안이 인간의 최고 목표를 이루는 데 공

헌한다는 것을 알 수 있다. 예술가가 무대에 오르기 전 느끼는 불안은 막상 공연이 시작되면 최고의 기량을 발휘할 수 있도록 하기도 한다.

불안은 사회적 목표 달성에도 기여한다. 양심을 획득하게 되는 동기 중 하나가 불안이다. 사랑하는 사람으로부터 사랑받고자 하는 욕심과 비난받는 것에 대한 두려움이 아이에게 양심이 생겨나도록 하는 원동력이 된다. 도덕적 행동을 하게 만드는 것은 양심에서 비롯된 비판에 대한 두려움이다. 인간 집단이 상호 안정을 위해 최초로 결속하게 된 계기는 소멸 위험에 앞선 불안 때문이다. 위험 및 위험에 대처해야 할 필요성이 어떻게 문명화된 인간에게 최고 목표 달성의 동기를 제공하였는지를 보여 주는 인간의 발명품과 제도를 열거하자면 끝이 없다.

하지만 불안이 항상 개인이나 사회에 유용한 결과만을 낳는 것은 아니라는 것도 알아야 한다. 도주 반응, 신경증상, 반사회적 행동에서처럼 위험에 대처하는 능력이 없다면 무력감과 불편함으로 이어진다. 그러한 경우에만 불안이 병적이라 말할 수 있다. 더 정확히 말하자면 해결 방법 혹은 시도한 해결 방법이 병적인 것이다.

이제 아이의 정신건강을 증진시키려는 원래 목표로 돌아가자. 아동기에 출현하는 두려움의 성격을 이해해야 하며, 각 발달단계별로 동반되는 실제 혹은 상상의 위험을 아이가 정상적으로 극복하는 수단을 검토해야 할 필요가 있다.

첫째, 위험에 대한 인간 보호막

위험을 극복할 수 있는 내적 자원이 발달하기 전까지 오랜 세월 동안 아이는 자기에게 필요한 것을 충족시키고, 긴장을 해소하고, 위험을 예측하고 난관을 헤쳐 나가기 위해 부모에게 의존한다. 유아는 그럴 수밖에 없다. 유아와 아주 어린 아이에게 있어서 부모는 소원을 들어주고, 속마음을 알아맞히고, 기적을 이루는 엄청난 힘을 가진 존재이자 마법의 창조물이다.

우리는 이 시절을 기억할 수 없다. 억지로 노력해 봐도 아주 어릴 때 들었음직한 동화 속에나 나올 법한 내용 정도나 되살릴 수 있다. 맛있는 음식이 잔뜩 차려진 잔칫상을 대령하는 등잔의 요정, 온갖 보물을 가져다주는 요정, 멀리 떨어진 나라로 데려다주는 마법에 걸린 야수, 어떠한 적이라도 물리치는 사자 친구, 죽은 사람도 살릴 수 있는 왕과 왕비, 이 모든 것들을 통해 아이의 상상의 세계를 엿볼 수 있다.

유아와 아주 어린 아이는 긴장을 해소하고 두려움을 덜기 위해 이렇게 강한 존재인 어른에게 기댈 수밖에 없음을 알아야 한다. 훗날 긴장을 견디고 불안 상황을 적극적으로 나서서 타개할 수 있는 능력은 생후 초기 몇 년 사이의 유익한 경험 여부에 따라 결정된다. 생물학적으로 무력할 수밖에 없는 유아기 동안, 어른이 아기에게 요구하는 것은 거의 없으며 아기의 필요를 충족시키고 긴장을 덜어 주기 위해 가능한 모든 지원을 아끼지 않는다. 아이는 자라면서 점점 복잡해지는 상황에 대처할 수 있는 수단을 터득한다. 부모는 보호막을 점차 거둬들인다. 그러나 독립심이 강한 아이조차도 역시 평범하지 않은 스트레스 상황에서는 다시 부모에게 도움을 청하게 된다. 일상적인 스트레스 상황이어서 부모 보호 없이 혼자 해결할 수 있는 경우라도 아이는 스스로를 격려하기 위해 자기 내부에 강하고 힘센 부모상을 동반한다. "우리 집에 강도가 들어오면 아빠가 해치워 버릴 거야." 예기치 못한 위험에 처했을 때 부모가 함께 있다면 아이에게 급성 불안이 생기지 않는 것만 보아도 부모의 보호가 얼마나 중요한지 알 수 있다. 제2차 세계대전 중 영국에서 공습 시 안전지역에 피해 있더라도 부모와 헤어진 아이들이 느끼는 불안은 폭탄이 떨어지는 곳에 있어도 부모와 함께 있는 아이들이 느끼는 불안보다 더 심했다.

하지만 아무리 부모가 사랑스럽고 헌신적이라고 해도 아이의 세계에서는 착한 요정이 마녀로 변신하고, 친절한 사자가 잔인한 야수로 바뀌고, 인정 많은 왕이 괴물이 되며, 어둡고 사악한 피조물들이 종종 어린 시절의 천국을 침입하는 일들이 일어난다. 아이의 내면세계에 있는 이러한 밤의 생명체들을 아이의 실제 생활환경에서 찾아보기란 쉽지 않다. 부모는 자신들이 아이의 공상 세계 속에서 착한 요정, 등잔의 요정, 현명한 늙은 임금님으로 활약하고 있음을 알고 우쭐하게 되지만, 또한 마녀, 도깨비, 괴물 같은 것으로도 나타날 수 있음을 알고서는 분한 마음이 들지 않을 수 없다. 부모가 아이들을 잡아먹거나 잡아먹겠다고 위협한 적이 없으며, 마법의 독약을 제조하지도 않으며, 화가 나서 펄펄 날뛰지도 않고, 크고 작은 죄를 물어 끔찍한 형벌을 내리지도 않는다. 부모는 마법의 지팡이도 없고, 소원을 빌기 위해 등잔에서 요정을 불러낼 수도 없고, 왕관을 갖고 있지도 않지만 부모상이 그토록 왜곡되는 것에 대해 따질 마음도 별로 없는 것이 사실이다.

그렇다면 사랑하는 부모가 어떻게 괴물로 변할 수 있는지 아이의 입장에서 살펴보자. 아기의 생활을 자세히 살펴보면 언제 그런 일이 일어나는지 알 수 있다. 아이가 즐겁게 놀고 있을 때 부모가 억지로 끼어들어서 방해할 때, 아이가 바라는 것을 거절하거나 놀이를 중단시킬 때, 아이의 소망을 어떤 식으로든 꺾어 버릴 때 등이다. 꼬마가 화가 났을 때는 엄마야말로 세상에서 가장 악악악-악당이며 야비한 인간이 된다. 아이가 쾌락을 추구할 때 간섭하지 않고, 모든 소원을 다 들어주고, 절대 반대하지 않는다면 부모에 대해 부정적 감정을 느끼지 않을 것이다. 하지만 그렇게 양육하다 보면 결과적으로는 문명화된 아이로 기를 수 없을 것이다. 부모가 아이의 재미를 추구하는 일에 간섭하게 되는 이유는 크게 두 가지이다. 하나는 건강, 안전, 가족의 요구 같이 육아 과정에서 매일 접하는 실질적인 이유 때문이며, 다른 하나는 문명화된 인간으로 진화하도록 유도하기 위함이다. 아기는 쾌락을 추구하는 동물적 삶에서 출발한다. 즉, 유아형 인격은 식욕과 신체적 욕구만으로 구성된다. 양육 과정상 쾌락을 추구하는 목표는 크게 수정되어야 하며, 기본 충동은 양심과 사회의 지시에 따르고 연기될 수도 있으며, 때로는 완전히 포기해야 할 때도 있다.

아이가 불안을 피해 갈 수 있는 길은 없다. 아이에게 들려주는 이야기 속의 마녀와 괴물들을 모두 없애 버리고 위험에 처할 수 있는 근본 원인들을 모두 통제한다고 해도 일상생활 속 갈등으로부터 여전히 자신만의 상상 속 괴물들을 만들고 있을 것이다. 하지만 아이가 생활 속의 두려움을 극복하는 길을 알고 있다면 그러한 두려움의 출현에 호들갑을 떨 이유가 없다.

위험에 대항하는 자아의 방어술

어린아이들을 지켜보고 있노라면 **자신만의 독특한** 방식으로 반응하고 적응하는 것을 알 수 있다. 갓 태어난 아기들을 관찰해 보면 이러한 성향 중 일부는 선천적일 수도 있겠다는 생각이 든다. 엄마가 젖을 물리다 말고 뺄 때 아기가 느끼는 좌절감, 강한 자극, 또는 갑자기 나는 큰 소리 등에 아기들은 각기 다른 방식으로 반응한다. 아기들이 보이는 성향은 아기가 크면서 많이 변하고, 환경의 영향을 받을 때나 고도의 복잡한 정신 과정에 노출되면 바뀌게 된다.

위험에 반응하는 방식도 아이마다 독특하게 다르고, 위험에 대항하여 **방어**하고 스스로를 보호하는 방식도 다르다. 모든 사람은 불안을 처리하기 위해서, 그리고 위험을 방어하기 위해서 생리적, 정신적으로 무장하고 있다. 아이의 성향을 잘 이해하고 있는 부모라면 위험이 닥쳤을 때 아이가 두려움을 극복하는 긍정적 성향을 잘 지지해 줄 수 있다.

아이가 좀 더 복잡한 인격체로 발달해 가는 동안 적응에 도움이 되는 또는 두려움을 극복하는 데 도움이 되는 만병통치약은 없다. 목표 달성을 위해서는 이미 아이의 인격체 내부에서 작동 중인 건강한 적응 성향을 검토하여 그것과 협력해 나가도록 해야 한다. 이는 전문가의 조언이나 친구들의 충고를 따라 해 봐도 "우리 아이에겐 안 통해요!"라는 말밖에 안 나오는 부모들의 사례를 뒷받침하는 것이다. 한 아이에게 잘 통하는 방법이 다른 아이에게도 꼭 유효하리라는 보장은 없다. 유효하도록 만들기 위해서는 다른 아이의 성격에 따라 필요에 맞게 수정되어야 한다.

이론적 근거에 대한 논의는 잠시 접어 두자. 아주 어린 아이의 '적응 기제'나 '방어'에 대해 알아보고 어린 시절 훈련과 인격 발달에 어떻게 작동하는지 검토해 보자.

'웃는 호랑이'

웃는 호랑이를 소개할까 한다. 조카 제인이 만 두 살하고도 8개월 되던 어느 날 웃는 호랑이를 처음 만났다. 그날 제인의 조부모님 댁에 들어서는데 마침 제인이 삼촌이랑 집을 나서는 길이었다. 제인은 나를 보고도 인사를 하지 않았다. 미숙한 무대 담당이 큰 실수를 저질러서 리허설 도중에 진행이 끊겨 화가 난 여배우처럼 내가 방문한 것 때문에 화가 난 것처럼 보였다. 점심 약속이 있어서 외출하는 귀부인처럼 하얀 면장갑을 끼고 에나멜가죽 지갑을 들었고, 여전히 나를 본체만체했다. 갑자기 돌아서더니 뒤에 있는 누군가를 향해 눈살을 찌푸리며 딱 잘라 말했다. "안 돼! 안 된다니까, 웃는 호랑이. 넌 아이스크림 사러 가는 데 따라갈 **수 없어**. 그냥 집에 있어. 제인은 가도 되지만. 가자, 제인." 그러더니 당당하게 삼촌과 외출했다.

초라한 동물 한 마리가 따라가지 못해서 김이 샌 채로 살금살금 거실을 가로질러 어둠 속으로 사라지는 것을 본 듯했다. 정신을 가다듬고 있는데 할머니가 나오길래 여쭤봤다. "웃는 호랑이가 누구예요?" "걔는 최신작이지." 그제야 감을 잡았다. 이 집안에는 열 손가락보다 많은 상상의 동물들이 끊임없이 등장한다. 제인과 토미가 찜해 둔 의자가 있고, 식탁에는 토끼, 개, 곰 등을 위한 자리가 정해져 있으며, 이 모든 것을 조종하는 진짜 아이인 제인은 종종 자기 이름을 불러도 대답을 하지 않는다. 이제 깨달았다. 할머니께서 조금 심란해 보이셨다. 오후 내내 웃는 호랑이를 상대해야 했을 거라는 생각에 측은하기까지 했다.

"그런데 왜 웃는 호랑이예요?"

"으르렁거리지 않는 호랑이라서 그렇지. 애들을 무섭게 하지 않는다니까. 물지도 않아. 그냥 웃지.”

“아이스크림 가게는 왜 못 갔어요?”

“배려하는 마음을 배워야 한다나…… 하고 싶은 걸 다 할 수는 없잖니. 제인이 그렇다더라.”

저녁식사 때도 제인은 내게 눈길조차 주지 않았다. 식탁 의자에 앉으려고 하는데 제인이 소리쳤다. “조심!” 의자에 못이라도 있는 줄 알고 벌떡 일어섰다. “웃는 호랑이를 깔고 앉을 뻔했잖아요.” 제인이 제법 근엄한 표정으로 말했다. “미안하다. 몰랐구나. 호랑이한테 의자에서 내려가라고 말해 주겠니?” “웃는 호랑이, 이제 가도 좋아.” 이 착하고 말 잘 듣는 맹수는 불평도 않고 식탁을 떠났다.

웃는 호랑이는 그 후에도 몇 달을 함께 살았다. 내가 아는 한 호랑이는 별 사건 없이 평범하게 지냈다. 보통 호랑이한테서 볼 수 있는 사나움도 없었고, 놀랄 일도 만들지 않았다. 신경질을 부리거나 보복하는 일 없이 꼬마 아가씨의 문명화 방침을 잘 따랐다. 자신의 관심과 반대되거나 어리석은 명령에도 무조건 복종했다. 저녁식사 때면 흠잡을 데 없는 손님이었으며, 가족 외출 시 한 차에 타고 있어도 큰 덩치에도 불구하고 방해되지 않는 승객이었다. 세 돌 지나고 몇 달 뒤 호랑이는 사라졌고 아무도 호랑이를 그리워하지 않았다.

“웃는 호랑이는 대체 누구였을까?” 호랑이가 처음 나타난 시점으로 돌아가 생각해 보면 웃는 호랑이는 밤잠을 이루는 데 방해가 되는 사나운 짐승이자 야생동물의 직계 후손임을 알 수 있다. 호랑이는 제인이 꼬마 여자애를 물고 잡아먹을 수도 있는 무서운 동물을 무척 두려워하던 시절, 제인의 생활에 어느 날 갑자기 등장했다. 절대로 무는 법이 없는 이웃집 개도 두려워하던 시절이었다. 그 시절 제인은 상상의 위험

앞에서 작아지고 무력감을 느꼈을 것이다. 여러분에게도 (실제든 공상이든) 위험 앞에서 무기력해지고 위축되는 것을 느낄 때 동원할 수 있는 해결책은 그리 많지 않을 것이다. 예를 들면, 하루 종일 엄마와 아빠 곁에 머물면서 보호받는 방법이 있다. 일부 아이들은 그렇게 부모에게 달라붙어 지내는 시기가 있으며 부모 곁을 떠나기를 두려워한다. 그러나 그것은 좋은 해결책이 아니다. 집 밖에 나가면 무서운 짐승을 만날까 봐 겁이 나서 나가지 않으려 한다든가, 꿈에서 야수를 볼까 봐 잠들지 않으려 할 수도 있다. '피하기' 위주의 방법은 좋은 해결책이 아니다. 상상의 위험에 대처하기 위해 자신만의 자원을 개발하지 못하며 그 대신 부모에 대한 의존만 커진다.

야수를 만나서 승리를 거둘 수 있는 장소가 한 군데 있다. 바로 상상의 나라이다. 야수를 죽이든, 불구로 만들든, 사라지게 하든, 감화시키든 개인의 취향에 따라 결정할 일이지만 그런 해결책이 있기만 하다면 상상의 야수에 대해 겁먹을 이유가 없다.

제인은 야수 문제에 대한 대책으로 감화를 선택했다. 이 수줍고 겁 많은 야수를 한번 본 사람이라면 이 호랑이의 조상이 무시무시했을 거라고 상상하는 것은 불가능하다. 호랑이가 위용을 갖추는 데 필요한 요건들은 모두 변형되었고, 아무것도 남아 있지 않다. 이빨? 이빨도 제대로 없는 듯하고 제대로 으르렁거리지도 못한다. 그저 힘없이 웃을 뿐이다. 애들한테 겁을 준다고? 호랑이 **자신**이 겁을 먹고 있는 존재이다. 야생이고 통제 불능이라고? 주인 아가씨 한마디에 금세 꼼짝도 못한다. 잔인한 식성? 글쎄, 예의 바르게 굴면 가끔 아이스크림이나 얻어먹으려나?

여기서 유사 발달을 볼 수 있다. 호랑이가 야수에서 말 잘 듣고 조용한 애완동물로 변신하는 것은 꼬마 여자아이에게 일어나고 있는 문명화 과정을 반영하는 것이다. 웃는 호랑이에 대한 보상과 박탈, 불합리한 요구 등은 어린아이에게 전달된 어른들의 일시적 생각이나 바람과 크게 다르지 않다. 따라서 감화된 호랑이란 꼬마 소녀를 풍자하는 것이며, 호랑이의 통제 불능, 충동성, 잔인함 등의 속성 역시 아이 내부에서 현재 진행되고 있는 변형 과정임을 시사한다. 웃는 호랑이의 꼬마 여주인은 제인을 문명화시키는 역할을 하고 있는 실제 어른보다 엄격하고 요구가 많음을 알 수 있다. 악에 대항하는 열정적인 개혁운동가는 바로 감화된 범죄자라는 진리를 엿볼 수 있는 대목이다. 본래의 충동 강도는 그에 반하는 소망 안에서 찾아볼 수 있다.

상상과 그에 대한 아동기의 문제 해결책에 대한 주제로 돌아가자. 제인은 상상 속 호랑이로 인해 일찍이 무력감과 불안을 안겼던 위험을 통제할 수 있게 된다. 집에서 만든 기관총을 들고 호랑이를 추적하는 꼬마 남자애는 자신만의 방식으로 호랑이 문제를 극복한다. (내 생각으로는 사내아이들은 호랑이 문제에 대해 직접 행동을 취하는 반면, 여자아이들은 호랑이를 감화시켜서 문제를 해결하는 재주를 타고나는 것 같다.) 호랑이 문제에 대해 다른 만족할 만한 접근법은 직접 호랑이가 되는 것이다. 상당수 꼬마들이 사방에 야수들이 우글우글하는 무서운 상황에서 호랑이로 변신하여 상대를 위협함으로써 상대를 당황하고 우왕좌왕하게 만들어 도망치게 만든다.

평범한 환경이라면 식탁 밑, 옷장 안, 의자 뒤와 같이 일상적인 집 안에서의 보이지 않는 호랑이와의 실제 경험은 아이의 정신건강에 매우 유익하고 효과적이다. 웃는 호랑이는 제인의 동물 공포 해결에 크게 기여한다. 호랑이가 나타나는 순간 이미 문제 해결이 시작된다. 다른 동물로 대체되지 않고 호랑이가 사라진다면 동물에 대한 두려움은 상당 부분 해결되며, 제인은 더 이상 호랑이가 필요하지 않게 된다. 자세히 관찰해 보면 두려움이 소멸되면서 상상 속 친구와 적들이 동시에 사라짐을 알 수 있다. 놀이에서 호랑이를 극복해 낸 아이는 두려움을 이겨 내는 법을 배운 것이다.

이것이 정상 발달의 일반적 양식이다. 이제부터는 두려움이 사라지지 않는 상황을 검토해 보자. 위험이 가공의 위험일 뿐이고, 화난 호랑이가 동물원 우리 안에 갇혀 있는 것처럼 안전하게 소파 뒤에 상상으로만 존재하는 것이라면, 아이는 이런 상상 속의 호랑이를 잘 처리할 수 있다. 침대 밑에서 진짜 호랑이를 만나는 것 같은 일이 실제 일어날 가능성은 거의 없겠지만, 자기가 좋아하는 이가 '위험한' 사람이라고 느낀다면, 또는 좋아하는 이를 두려워할 만한 이유가 생긴다면 아이는 두려움을 처리하는 데 어려움을 겪게 된다. 왜냐하면 이 두려움은 현실이기 때문이다. 부모가 심한 체벌, 난폭한 협박, 격노 등의 극단적 분노를 보인다면 아이는 상상 놀이를 통해 두려움을 극복할 수 없다. 극단적 사례들, 특히 비행 청소년들의 경우, 이처럼 실제로 초기부터 통제할 수 없는 두려움으로부터 세상을 보는 눈이 형성된다. 이 아이들에게 세상은 위험한 사람들이 우글대며, 끊임없이 자신을 방어해야 하는 곳이다.

이는 아이의 공상 속 위험에 현실 요소가 가미되면 위험을 극복하기가 더 어려워진다는 것을 보여 주는 극단적 사례일 뿐이다. 아이를 다룰 때 원칙적으로 위험에 대한 공상을 강화시킬 수 있는 방법을 피하는 것도 그 때문이다. 부모들은 엉덩이 때리기 정도는 체벌로 여기지 않지만 아이들은 체벌로 받아들일 수 있다. 또는 특정 상황에서 어른들이 자신을 해칠 수 있다는 두려움을 확인하는 경험이 될 수도 있다. 때로 불가피한 일상적 사건이 아이의 내적 두려움을 입증해 주는 경우도 있다. 아이가 편도선 제거 수술을 해야 할 때가 있다. 신체 일부를 잃어버릴 수 있다는 두려움이 실제로 일어나게 되면 어린아이는 당황할 수밖에 없다. 매일매일 부모-자녀 관계와 문제 처리 방식에서 아이의 두려움이 실제로 발생하는 것을 완벽하게 막을 수는 없겠지만, 부모는 할 수 있는 범위 내에서 아이가 실제 위협을 느끼지 않도록 힘써야 한다.

일상적인 방법으로는 아이의 의지대로 극복하기 어려운 상황이 또 있을 수 있다. 부모는 아이가 자신의 공포를 이겨 내는 것을 도와주기 위해 부모가 아이의 공포 대상보다 더 힘센 존재인 **척하기**, 또는 아이의 공포의 대상이 사는 곳이 아이에게 친숙한 옷장 같은 곳인 **척해 주기** 등, 아이의 놀이 환경을 이런 공포를 극복하기 위한 연극의 일부로 받아들일 수 있다. 그러나 이러한 연극을 실제 생활에 영향을 미칠 정도로 아이가 심각하게 받아들이는 것은 전혀 다른 종류의 것이다. 이러한 경우 또한 있을 수 있기 때문에 그러한 발달에 대해서도 살펴볼 필요가 있다.

놀이에서 자신이 호랑이가 됨으로써 호랑이 공포를 극복하려고 시도하는 아이는 호랑이 문제에 있어 가장 완벽하고 건강한 방법을 택한 것이다. 집에서 만든 무기를 들고 거실에 살고 있는 호랑이에게 살금살금 다가가는 아이는 상상 속 두려움에 대항하는 명예로운 전투를 벌이고 있는 중이다. 그러나 일부 어린아이들의 경우 두려움이 너무 강렬하고 실제 상황 같아서 위기감이 생활 전반에 스며들어 있다. 위험에 대항하는 방어는 아이들 인격 체계의 일부가 되며 따라서 어려움을 겪게 된다. '행동장애'로 총칭되는 후기 아동기의 많은 문제들은 상상 속 위험에 대응하는 방어에서 비롯된 것임을 이해해야 한다. 학교나 동네에서 다른 아이를 무차별적으로 공격하는 아이는 자신이 공격받을 위험에 처했다는 공상 때문에 자기방어를 위해 선제공격을 감행할 뿐이다. 상대방 아이는 악의 없이 우스갯소리를 했고 별 의미 없는 몸짓을 보였지만 아이는 이를 통해 상대방이 자신에게 적개심을 품고 있음을 확신하게 된다. 그래서 자기가 위험에 처한 것처럼 느끼고 상대를 공격한다. 후에 다른 아이를 공격한 이유에 대해 물어본다면 이렇게 주장할 것이다. 즉, 다른 아이가 자기를 때리려고 하는 것이 확실해서 자기가 상대를 공격하지 않으면 **안 되는 상황이었다**고 할 것이다.

이것을 어떻게 설명해야 하나? 옷장과 소파 밑에서 야수를 보고 야수가 자기를 덮치기 전에 장난감 총으로 공격해야 한다고 생각하는 우리의 꼬마 호랑이 사냥꾼의 환상과 크게 다르지 않다. 하지만 중요한 차이가 있다. 꼬마 사냥꾼의 호랑이는 집 밖으로 나가지 않는다는 점이다. 길에 나가 돌아다니며 무고한 사람들을 위협하는 일이 없다. 호랑이는 실제가 아니다. 다그쳐 물으면 두 살 반짜리 아이는 소파 밑에 호랑이가 없음을 인정한다. 꼬마들은 현명하게도 상상 속에서만 상상 호랑이를 취급한다. 가상의 호랑이와 가상의 싸움을 벌이는 것이다. 그런데 공격당할 것 같은 환상 때문에 다른 아이를 공격하는 나이 든 아이들은 거실에서 호랑이를 내보낸다. 즉, 호랑이가 실제 생활을 침범해서 어려움을 초래하고, 이 호랑이들은 거실 호랑이와 달리 말을 잘 듣지 않는다. 이처럼 공격적이고 호전적인 '거친 친구들'과 실제 임상에서 맞부딪쳐 보면, 그러한 행동 이면에는 상당한 공상적 두려움이 동기로 작용하고 있음을 알 수 있다. 치료를 통해 이러한 두려움을 해결해 주면 공격적 행동은 사라진다.

이 모든 것에 비추어 보건대, 아이들의 상상 놀이는 공상과 실제의 경계 사이를 유지하면서 정신건강을 유지하는 비결이다. 게임 규칙을 잘 지킨다면, 또한 상상 속 야수를 거실 안에만 있도록 하고 통제를 잘

할 수만 있다면 실제 생활을 침범할 가능성은 희박하다.

　꼬마들의 환상 세계에 대한 오해가 많다. 오늘날 많은 교육자와 부모들은 상상 속 친구를 매우 좋지 않게 여긴다. 제인의 '웃는 호랑이' 역시 많은 가정에서 쫓겨났다. 가상의 친구란 '불안정', '위축', 미래의 신경증에 대한 증거라는 생각이 지배적이다. 진짜 친구가 없어서 미봉책으로 상상 속 친구를 만나는 것이므로 그런 아이들이 상상 친구를 포기하고 진짜 친구를 사귀도록 격려해야 한다는 것이 중론이다. 물론 아이가 진짜 세상을 등지고 사람들과의 연결을 맺지 못한다면, 혹은 사람들과 의미 있는 관계를 맺지 못하고 상상 속 인물들과의 관계만을 선호한다면 관심을 기울여야 할 것이다. 하지만 상상을 신경증적으로 이용하는 것과 건강하게 이용하는 것을 혼동해서는 안 된다. 자기 문제 해결을 위해 상상 속 인물들과 상상을 이용하는 아이는 스스로 정신건강을 지켜 가고 있는 것이다. 상상의 세계를 유지하면서 실제 인간관계 및 현실 접촉을 잘해 나가고 있다. 간간이 환상 속으로 떠나는 여행을 통해 실제 세계와의 유대가 **강화되고 있음**을 알 수 있다. 마음속 깊은 곳 소망이 상상 속에서라도 충족될 수 있는 세상을 드나들면서 힘을 얻을 수 있다면, 실제 세상에서 좌절을 견디고 현실 요구를 받아들이기가 훨씬 수월해진다.

　하지만 놀이는 아이가 두려움을 극복하려고 시도하는 하나의 수단일 뿐이다. 아이는 아주 어린 시절부터 지식을 얻기 위한 능력과 지능이 두려움과의 전투에서 도움이 된다는 것을 발견한다. 이는 초기 아동기에 공통적으로 갖고 있는 문제와 두려움에 대해 또 다른 접근법과 해결책이 있음을 의미한다.

아기 과학자

오래 전에 토니라는 남자아이를 알았던 적이 있다. 토니는 두려움을 극복하는 수단으로 특별한 방법을 사용하고 있었다. 상상 놀이에 관심이 없었고, 호랑이 잡기 놀이, 호랑이 그리기, 호랑이 감화시키기 등에서 재미를 느끼지 못했다. 그런 방법은 토니와는 맞지 않았다. 토니는 맹수에 대해 특별히 두려움을 느끼지도 않았다. 꼬마의 두려움은 좀 더 일반적인 것이었다. 낯설고, 친숙하지 않고, 모르는 것을 두려워했다(사실 이런 것은 유아기뿐 아니라 모든 발달단계에서 두려움을 유발한다). 그래서 아이의 두려움 접근 방법은 주로 탐구적인 것이었다. 물건이 어떻게 작동하는지, 원인이 무엇인지 찾아내고 알게 되면 두려움이 사라졌다.

두 살 무렵, 아이는 일반적인 장난감에는 흥미가 없었다. 가장 좋아하는 장난감은 호주머니에 들어갈 만한 크기의 스크루 드라이버였다. 아이는 어디를 가든지 그것을 가지고 다녔다. 말도 제대로 배우기 전부터 그 드라이버 하나로 집안 전체 여기저기에 함정을 만드는 솜씨를 발휘했다. 찬장 문에 달린 경첩을 뽑아서 문짝이 떨어져 나간다든가 문이 덜렁덜렁 하도록 만들었다. 의자나 탁자에 달린 바퀴가 없어져서 찾아보면 모래밭에서 녹이 슨 채로 발견되기도 하였다.

다른 두 살배기 아이들처럼 토니도 큰 소리를 내는 진공청소기를 겁냈다. 일부 아이들은 스위치 작동법을 배워 스스로 소리를 조절할 수 있게 되면서 두려움을 극복한다. 장난치기 좋아하는 아이들은 스스로 진공청소기가 되어서 고막이 찢어질 듯한 소음을 내면서 바닥을 굴러다닌다. 토니는 장난치기 좋아하는 아이들 타입도 아니고, 스위치로 청소기 소음을 조절하는 것으로 만족할 아이도 아니었다. 소음이 어떻게 나는 것인지 알고 싶어 했다. 한동안 그것을 알아내기 위한 연구가 진행됐다. 필사적인 연구가 진행되면서 나사와 바퀴들이 제거되었고, 사라지기도 했다. 마침내 바퀴가 없어서 뒤뚱거리는 청소기 괴물은 꺽꺽 소리를 내면서 끝장이 났고 비밀을 넘겨주지 않은 채 항복했다.

토니는 벽에 붙은 콘센트에 연결하면 전등을 켤 수 있고 그 콘센트를 만지는 것은 위험하다는 것을 아는 것으로 만족하지 않았다. 경고를 들을수록 '왜' 위험하고 어디가 위험한지 알고 싶어 했다. 주머니 속에 넣고 다니는 스크루 드라이버로 콘센트 덮개를 떼어 내기를 숱하게 반복하였고, 부모가 더 이상 조사를 못 하게 하자 화내는 모습은 차마 눈뜨고 보기 어려울 정도였다.

이런 연구는 보상도 없고 가족 누구도 칭찬이나 격려를 해 주지 않지만, 꼬맹이 과학자는 지칠 줄 모르는 힘으로 연구를 계속했다. 나이가 들면서 전기 장치를 만지다 사망할 확률은 낮아졌다. 이제는 어떻게 작동하는지 알기 위해 물건을 분해만 하기보다는 조립해서 다시 작동할 수 있도록 하고 싶어 했다. 일찍이 물리적 과정을 조사하는 데 쏟아부었던 힘과 의욕을 재창조 과정에서 찾아볼 수 있었다.

네 살이 된 토니의 탐색 동기는 이제 더 이상 두 살 때처럼 불안을 통제하기 위한 것이 아니었다. 탐구, 발견, 개조, 그 자체가 즐거움이 되었다. 네 돌이 지나면서 세탁기 모터를 종종 분리해 냈다. 하지만 진공청소기 조사 때처럼 소음의 근원을 찾고자 하는 유아적 소망이 동기가 아니었다. 당시 진행 중이던 발명을 위해 강력한 모터가 필요했는데, 이 발명은 안타깝게도 중단되었다. 과학 발전보다는 가족의 위생과 의복 세탁이 우선이라는 엄마의 반대 때문이었다.

어린 시절 두려움을 극복하기 위한 과정으로 시작된 이러한 승화 과정은 나이가 들면서 원래 동기와는 전혀 무관하게 되었다. 토니의 조사에서 보는 것처럼 원래 목적과는 아무 상관없는 여러 가지 목적을 가진 행동이 되었다. 하지만 필요한 경우에는 그러한 건강한 승화 과정이 불안에 대한 방어기제로 작동함을 알 수 있다. 다시 토니의 예를 들어 보자.

네 돌이 지난 어느 날 토니는 갑자기 급성 충양돌기 절제술*을 받았고 2주일 동안 병원에 입원했다. 입원이나 수술에 대비할 여유가 없었으니 꼬마에게는 무서운 경험이 되었으리라고 짐작할 수 있다. 물론 친척이나 친구 가족들이 장난감을 선물했으나 두 살 때나 지금이나 마찬가지로 장난감에는 관심을 보이지 않았다. 고모가 토니에게 무슨 선물이 좋겠느냐고 묻자 곧바로 대답하기를 "고장 난 자명종 시계를 주세요."라고 했다. 고모와 다른 친척들이 고장 난 자명종 시계를 선물했다. 입원 기간 동안 토니는 시계 고치는 일에 몰두했다. 시계들이 움직이기 시작했다.

이 얼마나 흥미로운 일인가! 처음에는 시계를 분해하고 다시 조립하는 일이 네 살짜리에게는 벅찬 일이 아닐 수 없었다. 하지만 네 살짜리 아이가 그렇게 열중하는 정도를 보고 판단컨대, 그 일 자체가 아이에게 상당히 중요한 의미가 있음을 알 수 있다. 망가진 시계 수리는 최근 자신이 받았던 수술과 관계가 있음을 추측할 수 있다. 심한 통증, 갑작스런 입원과 수술, 뭔가 잘못되었음, 의사가 자신을 낫게 해 줄 것임, 즉, '자신을 수리해 줄 것임' 외에는 아이가 알 수 있는 것이 없었다. 다른 어린아이들처럼 토니도 많이 겁을 먹었고, 자신을 아프게 한 '그 무엇'을 제거하기 위해 엄마를 떠나 수술 방으로 실려 가면서 무력감을 느꼈

---

* emergency appendectomy

마법의 시간 첫 6년

을 것이다. 토니는 수술 후 회복을 위해 입원해 있는 동안 이 아픈 기억을 극복하기 위해 노력 중이었다. 아이가 무엇을 할 수 있을까? 아이는 의사가 자신을 수리해 주고(고쳐 주고) 다시 살아갈 수 있도록 해 준 것처럼 망가진 시계를 모아서 시계가 다시 가도록 만들었다. 시계를 수술해서 다시 작동할 수 있도록 하는 데 성공했다. 무서운 경험을 극복하기 위해 안정적 승화, 기계적 탐구, 재구성 방식을 선택하였고, 매우 성공적임이 입증되었다.

불안이 자명종 수리에 나름대로 역할을 했음을 주목할 필요가 있다. 토니는 수술 받기 이전에는 자명종 수리에 성공한 적이 없었다. 자명종 수리는 네 살짜리 수준에서 해낼 수 있는 기술 수준보다 훨씬 높은 단계이다. 이전에는 시계를 분해해서 나사못, 작은 바퀴, 용수철 등을 종류대로 나열할 수 있을 뿐이었고, 조립은 불가능했다. 수술 후의 불안 덕분에 '뭔가를 수리하기', '뭔가를 움직이게 하기' 같은 엄청난 동기가 생겨났고, 작은 꼬마가 자신을 뛰어넘어 전에 이룰 수 없었던 일을 해내게 되었다.

세월이 흐르면서 토니는 자신의 과학적 관심을 찾아가고 있었다. 지하실에서 발명에 몰두하면서 가족에 대한 위협도 계속되었다. 때로 작은 폭발이 일어나서 가족을 불안하게 만들었다. 세탁기에서 모터가 빠져 있는 일도 종종 계속되었고, 아이가 학교에서 돌아올 때까지 세탁물이 쌓여 있는 경우도 여러 번 있었으며, 토니 엄마는 이 모든 일에 곧 익숙해졌다. 학교생활 동안 다른 과목에는 관심이 없고 과학 관련 과목에만 집중했다. 자신이 과학자가 될 것이라는 사실을 한 번도 의심해 본 적이 없었다. 과학에서 어떤 영역을 택할 것인지가 남은 과제였다. 대학 진학 후 토니는 진로를 결정하였고, 지금은 물리학자가 되었다.

상상력, 지성, 정신건강

앞서 보여 준 예에서 어린아이들이 살다가 부딪히는 문제에 대처하는 개성 넘치는 방식을 볼 수 있었다. 아이의 창조적이고 지적인 활동은 쾌락 이상의 광범위한 목표가 있다. 이러한 활동을 통해 아이들은 어린 시절에 닥치는 두려움과 문제들을 극복할 수 있다. 이러한 경향은 점차 강화될 것이며, 토니의 경우처럼 직업 선택의 기초가 되기도 한다.

아이의 정신건강에서의 상상력과 지성의 중요성을 이해하게 되면 양육에 필요한 몇 가지 추론이 가능하다. 아이의 창조적이고 지적인 문제해결 능력이 향상되면 아이의 정신건강도 촉진된다. 이때 아이에게 비합리적 혹은 과도한 요구를 하지 않도록 해야 한다. 아이의 성향을 북돋아 줄 때 고려해야 할 것은 어른의 성향이 아니라 아이의 성향이라는 점이다. 제인의 부모님이 딸이 연극하는 것을 쓸데없는 일이라고 여기고 또는 공상으로 '후퇴'하는 것으로 치부하고 단념시켰다고 가정해 보자. 기계기술자인 아버지가 딸을 토니의 경우처럼 순수하게 탐구적 접근으로 문제를 해결하도록 도와주려 한다고 가정하자. 하지만 딸의 성향은 토니와는 다르므로 아버지의 방식은 전혀 도움이 되지 않는다. 제인은 지능이 아주 높지만 토니와는 특성이 다르다. 진공청소기에서 큰 잡음이 날 때 아이는 소음이 발생되는 기계적 측면에 대해서는 전혀 신경 쓰지 않는다. 아버지가 딸에게 소음이 어디서 나는 것인지 보여주려 한다면 아이는 지루해질 것이다. 하지만 윙윙거리는 청소기로 카펫 위를 밀고 다니며 놀게 둔다면, 딸아이는 재미있게 놀 수 있다. 토니의 경우와 반대 성향이다. 토니는 장난감이나 상상 놀이에는 관심이 없다. 부모가 토니의 과학적 탐구성을 감당하지 못하고 (물론 실제로 거의 못 견딜 때도 있었지만) 아이의 관심을 기존의 장난감이나 상상 놀이로 돌려놓으려고 노력했다면, 소소하게 성공을 거둘 수도 있었겠지만 아이가 어린 시절의 두려움과 문제를 극복하는 뛰어난 능력들을 박탈했을 것이고 세상은 훌륭한 과학자를 잃게 되었을 것이다.

비꼬기 좋아하는 한 친구가 내게 말했다. "너는 이성, 상상력, 양심 같은 인간의 능력을 정신건강 촉진 요소인 양 찬양하는구나. 하지만 모든 사람들의 가장 큰 이성적 부분이 신경증적이라든가, 예술가와 상상력 풍부한 사람들은 좀 꼬여 있다든가, 엄격하게 양심을 지키는 사람들은 정서적 장애에 취약하다든가 하는 주장이 있지 않니? 인류의 역사도 네 견해랑 다르지. 문명이 발전하고 이성, 상상력, 양심처럼 축복받은 능력들이 영역을 넓혀 갈수록 인간은 정신질환에 시달리게 되는 거 아니니? 바로 이 순간에도 승리를 거둔 이성과 과학은 인간 자신과 자신이 살고 있는 지구를 파괴할 수 있는 도구들을 만들어 내지. 이성, 상상력, 양심, 그 어느 것도 사람이 그렇게 하는 것을 막을 수 있는 방법을 제시해 주지 못한단다."

"네가 그런 식으로 말한다면 나도 할 말이 있단다." 내가 받아쳤다. "사람만이 신경증에 걸릴 수 있단다. 실험실에서 동물들에게 온갖 좌절 실험을 해도 사람과 같은 신경증을 유발시킬 수 없단다. 침팬지, 개, 생쥐 등을 위험 상황에 노출시켜서 불안하게 만들 수는 있지. 개네들은 놀라서 꼼짝도 못하게 되고 반복되는 좌절에 무력감을 갖게 되지. 또는 사람들이 보이는 틱*처럼 근육경련이 일어나기도 하고, 인간의 긴장증

---

*tic: 자신의 의지와 상관없이 갑작스럽게 일어나는 반복적이고 비율동적이며 불수의적이고 상동적인 움직임이나 소리

비슷한 멍청한 상태가 되기도 한단다. 그러나 걔네들은 신경증이 생기지 않아. 인간 신경증은 그 어떤 생각과 연결된 불안이 특징인데, 동물은 생각을 갖는 것이 불가능하지. 인간 신경증은 또 욕망과 양심 사이의 갈등의 산물인데 동물들은 양심이 없어. 비꼬기 좋아하는 사람들은 이런 과학적 증거로부터 인간이 자연으로 돌아가야만 신경증을 피할 수 있다는 결론을 내릴 수 있겠구나."

토론의 출발점으로 돌아가 보자. 친구가 말한 대로 이성, 상상력, 양심이 이성적 판단을 하는 사람, 창조적인 사람, 도덕적인 사람을 신경증으로부터 보호해 주지 못한다면 이는 인간의 고등 기능으로서 자격이 없다. 침팬지는 이들 기능 중 한 가지도 없이 태생대로 살아가지만 인간은 침팬지의 생활방식을 부러워하지 않으며, 침팬지도 인간 행동에 모델 역할을 하지 않는다. 인간 본성의 두 가지 측면, 즉, 생물학적인 것과 정신적인 것은 어릴 때부터 갈등 속에 있다. 인간의 조화는 사람의 본성과 일치하며 확립되어야 하는 것이지 침팬지의 본성과 일치할 필요는 없다. 신경증을 유발하는 것은 사람의 정신적 측면이 아니라, 극심한 스트레스를 받을 때 인간의 원초적 측면을 상위의 정신 과정이 통제하는 데 실패할 때이다. 상위의 정신 기능이 신경증에 책임이 있는 양 비난하는 것은 마치 심장, 폐, 소화기 같은 장기를 사람이 병에 걸릴 수 있는 장소를 제공하는 기관이라고 비난하는 것과 같다. 상위의 정신 기능은 이들 주요 장기들처럼 개인의 건강과 조화를 위해 일하며, 질병과 부조화에 씩씩하게 맞서 싸운다.

지난 두 세대에 걸쳐 문명화의 '비용', 즉, 문명화 과정에서 발생하는 정신장애라는 '통행료'에 대해 언급하는 것이 유행이었다. 그러다 보니 개인의 부담을 줄이기 위하여 문명화 목표를 일부 포기하자는 잘못된 견해도 생겨났다. 과도한 죄책감이 신경증의 원인 중 하나로 밝혀지면서 아이가 어떠한 죄책감도 느끼지 않도록 길러야 한다는 잘못된 생각을 하게 되었다. 좌절된 공격성 역시 신경증상 형성에 기여한다고 알려지면서 아이의 공격성이 좌절되는 일이 없도록 해야 한다는 잘못된 믿음이 생겨났다. 신경증상 분석 과정에서 억압된 충동이 흔히 발견되면서 '억압'이 발생하지 않도록 하자는 육아 철학이 싹트기 시작했다.

사실 프로이트 역시 문명화의 '비용'에 대해 언급한 바 있으며, 신경증은 문명화를 위해 치러야 할 비용의 일부라고 여겼다. 그러나 이 비용이 너무 비싸다거나 문명화 목표를 포기해야겠다고 언급한 적은 없다. 프로이트 자신이 가장 문명화된 사람이었고, 최상의 목표를 달성하겠다는 깊은 책임감과 자부심을 가지고 문명화의 유산을 지켜 냈다. 도덕성은 그 자체로는 물론 프로이트 자신을 위해서도 존중해야 할 가치로 여겼다. 생물학적 인간과 도덕적 인간이 갈등을 겪고 있으며, 특정 상황 하에서 이 갈등으로 인해 신경증이 발생한다는 것이 프로이트의 신경증 이론의 핵심이다. 하지만 행복한 상황 하에서는 같은 갈등이 최상의 문화적 성취를 이룩할 수도 있다. 정신분석 이론의 정수는 생물학적 자기와 도덕적 자기 사이의 조화를 회복하도록 하는 것이다. 이 과정에서 도덕적 측면이 강화되지 못한다면 나쁜 치료라고 하였다. 감춰진 충동을 해방시킴으로써 정신질환을 치유할 수 있다는 내용은 **결코 없었다**. 분석치료에서 허용하는 것은 위험하고 숨겨진 생각을 **말하도록** 허용하는 것이지 **행동하도록** 허용하는 것이 아니다. 그 과정을 통해 환자는 숨겨진 충동을 이성과 판단력을 갖춘 더 높은 정신과정의 통제 아래 둘 수 있게 되며, 원초적이고 비합리적인 측면을 일부나마 제거함으로써 자동적으로 도덕적 측면이 강화된다.

프로이트가 그랬던 것처럼 우리도 똑같은 의문을 갖는다. 인간의 자아가 치를 수 있는 대가 이상을 치르지 않고 더 높은 문명화, 더 높은 도덕성을 향한 진보를 이룰 수 있을까? 도덕성을 달성하기 위해 신경증이 꼭 필요조건이 아니라는 점, 인간 정신을 위태롭게 하지 않고도 인간 욕망의 통제가 가능하다는 점 등을 이해한다면 인간 심리에 대한 지식이 늘어나면서 문명화를 이룰 수 있는 새로운 길을 찾게 될 것이다. 도덕적 측면에서의 진화도 가능하다. 이 진화 과정은 지금처럼 순간순간 멈춰질 수도 있다. 왜냐하면 인간의 고통과 활력 저하 때문에 석기시대부터 제2차 세계대전*에 이르기까지 그 속도가 느려졌기 때문이다.

하지만 우리는 아이들과 아동 양육에 대해서 말하는 것이다. 이 책의 목적은 소박하다. 부모와 우리 사회가 희망을 걸고 있는 아이에 대해 이야기하고 있는 것이다. 지난 50여 년 동안 아동에 대한 지식은 점차 늘고 있으며 대부분 희망적이다. 훗날 이 지식이 인간의 도덕적 진화에 어떻게 기여할지 알 수 없으며 뭐라고 말할 수도 없다. 우리가 안고 있는 문제는 오늘날 이 문화권에서 자라나는 아이가 자신의 욕망과 양심 사이에서, 자아와 사회 사이에서 어떻게 조화를 이루어 나갈 것인지, 그리고 어떻게 하면 질병에 굴복하지 않고 사회에 가장 도움이 될 수 있을 것인가를 알아보는 것이다.

그러나 사실 이런 중대한 문제의 답을 다 아는 것은 아니다. 이 책에서 다루게 될 아이 양육 문제는 현재의 지식수준, 즉, 결정적인 부분이 불완전하기는 하지만 방대한 분량의 아동심리학 수준에서 다뤄질 것이다. 아동 양육에 이 지식을 적용함에 있어 미흡한 과학의 한계를 받아들

---

*원저자가 이 책을 쓴 것은 1959년도였다.

이고 아주 조심스럽게 목표와 기대를 정해서 추진할 준비가 되어 있다면, 이러한 책의 존재도 의미가 있을 것이다. 아동발달학과 아동심리학에서의 더 중요한 발견들을 토대로 현재 우리의 지식이 아이들의 정신건강을 촉진시키는 데 어떤 식으로 영향을 미치는지 알아보도록 하자.

Part 2

생후 첫 18개월

첫 몇 주 동안 부모는 아기들에게 보호자 이상의 존재이다.
아기와 부모와의 관계 속에서는 마치 발아 과정처럼
조용하며 보이지는 않지만 경이로운 일들이 무수하게 일어난다.
생후 두 달이 지나야 이 과정을 눈으로 확인할 수 있다.
이 시기가 되면 아기는 사람 얼굴을 보고 미소로 반응을 보일 수 있다!
이것은 반사 동작이나 만족의 미소와는 다른 매우 특별한 미소이다.

2

"선잠에서 깨어나 주위를 돌아보다가……"

신생아

신생아는 거의 하루 종일 자다가 중간중간 배가 고프거나 불편하면 깨어나 초점 없는 흐릿한 눈으로 무엇인가를 본다. 무엇인가 주시하는 그때, 그 얼굴에서 집중과 지성을 읽을 수 있다. 아기는 뭔가에 몰입하여 골똘히 생각하는 것처럼 보인다. 엄마, 아빠, 할아버지, 할머니, 일가 친척, 친구들이 아기를 둘러싸고 감탄한다. 그들 중 하나가 아기를 가까이 들여다보면서 "요 녀석, 무슨 생각을 하는 거지? 이야기해 보렴!" 하고 말한다. 아기는 흐릿한 눈으로 자신을 들여다보는 얼굴을 잠시 보다가, 알듯 말듯한 미소를 짓는다. 그리고는 마치 자신이 낸 수수께끼를 풀기 위해 애태우는 사람들을 내려다보는 스핑크스처럼 곧바로 태고의 신비를 담은 듯한 작은 얼굴에 순진하고 수수께끼 같은 표정을 짓는다.

심리학자들 역시 신생아의 내면세계를 밝히는 데 어려움을 겪는다. 신생아는 모든 탐구 대상들 중 가장 비협조적이다. 신생아가 입을 다물고 있다 보니 초기 유아기에 대한 과학적 의견들 사이에 엄청난 불일치가 생기고 과학적 상상력은 터무니없이 비약하게 된다. 그러나 그 어떤 경우에도 이 탐구 대상은 논쟁에 끼어들지 않는다. 아기들은 유아기에 대한 가장 터무니없고 무모한 이론에 대해서도 그것이 틀렸다고 말하지 않는다. 물론 맞는다고 하지도 않는다.

몇 가지 가설로 시작해서 직접 관찰을 통해 정보를 축적해 나가는 것이 기초를 탄탄히 하는 데 도움이 될 것이다. 생후 첫 두 달 동안 유아에게서 '정신'이라 할 만한 것은 거의 찾아볼 수 없다. 이 초기 몇 주간 유아를 지배하는 것은 요구와 만족이다. 유아의 배고픔은 굶어 죽기 직전의 강렬한 배고픔이다. 배고픔이 만들어 내는 긴장은 참을 수 없는 정도이며, 이 배고픔을 해소하는 것이 유아에게는 최우선적으로 해결해야 할 과제이다.

아기는 본능에 따라 움직이며, 배고픔이 심해지면 입으로 젖꼭지를 찾아 헤매지만, 눈앞에 있는 젖병이나 엄마의 가슴을 알아보는 것은 아니다. 사물을 알아보지 못하는 것으로 봐서 이 시기의 유아는 아직 기억 기능이 확립되지 않았음을 알 수 있다.

이 시기를 상상하거나 재구성해 보려 한다면, 아마 꿈에서나 그 비슷한 것을 찾아볼 수 있을 것이다. 희미한 물체가 나타났다가 이내 멀어지고 아무것도 남지 않는다. 얼굴 하나가 유령처럼 아기를 내려다보다가 사라진다. 삶에서 일어난 일들은 서로 연결되지 않는다. 배고픔을 해결해 준 것이 엄마라는 사실도 모를 뿐 아니라 엄마 얼굴과도 연결되지 않는다.

부모들은 이 대목에서 화가 난다. "과학자가 알긴 뭘 알아! 태어난 지 벌써 4주 된 귀여운 우리 아기가 엄마를 알아본다는 증거가 얼마나 많은데!" 젖을 먹고 나서 아기가 미소 짓는 것이 엄마한테 고맙다고 하는 게 아니라는 것을 믿으라니 **말이나 되는 소린가.** 엄마가 아기를 서투르게 다룰 때 악을 쓰면서 우는 것은 엄마에게 화를 내는 것처럼 보인다.

예를 한번 들어 보자. 이제 태어난 지 4주 된 '조'가 있다. 젖병을 늦게 가져온 날이다. 엄마가 방문을 열자, 저녁식사를 기다리던 꼬마신사 '조'는 화가 나서 소리를 지르며, 주먹을 꽉 쥐고, 자신이 받는 대우에 대해 불만을 표시한다. 이 아기를 보면서 그가 뭔가 의도적으로 일을 처리하고 있다는 느낌을 받게 된다.

"이래도 아기가 나한테 화난 게 아니라고요?" 하고 엄마가 항변한다.

그러나 아기는 엄마에게 화난 것이 아니다. 엄마를 수없이 봤겠지만, 4주 된 이 아기는 엄마 얼굴을 기억하지 못한다. 이것은 단지 굶주림에 대한 본능적 반응일 뿐이다. 아기는 자신의 욕구를 충족시켜 주는 것이 자기 외의 어떤 사람이라는 것을 아직 모르기 때문에 엄마에게 화내는 것이 아니다. 누군가 취해 주는 조치와 자신의 음식이 관련 있다는 것을 알지 못하기 때문에 이러한 조치에 대해 불평하는 것이 아니다. 배가 고플 때 뭔가 들어오면 만족할 뿐이다. 먹고 싶은 마음이 들거나 주문을 외우면 향기로운 음료와 음식이 무한정 쏟아져 나오는 동화 속의 마법 항아리에 비유할 수 있다. 아기 부모한테는 실망스러운 말이겠지만 어른들이 물을 틀거나 조명을 밝힐 때 상수도회사나 전력회사를 떠올리는 것은 아니듯이, 이 시기의 아기들도 그런 것이다.

이쯤에서 과학에 대한 대중의 반감이 되살아난다. "그러면, 첫 두세 달 동안은 아기한테 내가 없어도 되겠네요. 단지 젖 주고 기저귀를 갈아 주는 장치만 있으면 되겠네요. 멋진 신세계*의 탁아소처럼."

---

*헉슬리의 유명한 미래 소설인 『멋진 신세계 *Brave New World*』에서 미래의 모든 아기는 인공수정을 통해 태어나서 각각의 유전적인 신분에 따라 집단으로 양육된다.

"아니죠!" 모든 학파의 심리학자들이 이구동성으로 항의한다. 과학자로서 심리학자들은 다양한 이견을 가질 수 있고, 각자의 이론을 가지고 서로 싸울 수도 있지만, 아기가 태어난 첫날부터 엄마가 중요하다는 점은 누구도 반박할 수 없다.

첫 몇 주가 전적으로 암흑과 원시적 혼란의 시기는 아니다. 보이지 않는 줄이 아기와 엄마 사이를 잇고 있으며 이것을 통해 미묘한 감정들이 아기에게 전달된다. 그리고 아기가 엄마를 '분간하지' 못하는, 다시 말해 시각적으로 인지하지 못하는 동안에도 신체적 접촉을 통해 엄청난 느낌을 받으며, 서서히 엄마에 대한 상像을 형성하게 된다.

아직 시각적 기억이 없다고 해도 엄마와의 신체적 친밀감을 통해 쾌감, 만족감 그리고 보호받는 느낌을 엄마와 연결시키는 반응을 보인다. 태어난 지 몇 주일 안 된 아기조차 까다롭게 굴다가도 엄마가 나타나면 마술에 걸린 것처럼 진정된다. 물론 아빠나 다른 가족도 같은 효과를 낼 수 있다. 다른 사람과 엄마를 구분할 수는 없지만, 신체 접촉을 통해 형성되는 친밀한 관계는 만족과 보호받는다는 느낌을 준다는 것이 핵심이다. 이 반응들 중 일부는 분명 본능적이지만, 일부는 이미 엄마나 다른 사람들에게서 느꼈던 즐겁고 편안한 경험이 반복됨으로써 '학습'된 것이다.

처음 몇 주간 엄마 또는 아빠와의 신체적 접촉이 어떻게 아기에게 보호를 의미하게 되는지 알 수 있다. 아기는 엄마나 아빠 품에 있을 때보다 요람에 혼자 있을 때 시끄러운 소리 같은 강한 자극에 더 크게 놀라고 운다. 부모 중 한 사람과 살을 맞대고 있을 때 아기는 신체적 불편함이나 고통을 더 잘 견딘다. 병원 진찰대에 누워 주사를 맞는 아기보다 엄마 품에서 주사 맞는 아기가 충격을 덜 받는 것처럼 보인다. 배앓이를 하는 갓난아기가 엄마에게 안기면 덜 보채는 것은 누구나 알고 있을 것이다.

이러한 것들은 아기가 사람의 얼굴을 알아보기 이전에도 본능적으로 부모를 보호자로 느낀다는 것을 보여 주는 간단한 예들이다. 유아의 신경계는 아직 강한 자극을 흡수하고 '완충'시킬 수 있을 정도는 아니기 때문에 부모의 몸이 충격을 완화시키는 역할을 대신하게 된다. 심지어 강한 자극을 수용하고 자극에 반응하는 신경계의 후기 안정화도 신경계의 독립적인 발달에 의한 것이 아니라, 어머니가 아이에게 제공하는 따뜻한 돌봄, 만족감과 보호받는 느낌 등과 연관되어 있다고 추측된다. 엄마의 돌봄을 제대로 받은 아기에 비해 그렇지 못한 아기는 영아기 내내 더 신경질적이고, 더 쉽게 놀라는 경향이 있다.

물론 첫 몇 주 동안 부모는 아기들에게 보호자 이상의 존재이다. 아기와 부모와의 관계 속에서는 마치 발아發芽 과정처럼 조용하며 보이지는 않지만 경이로운 일들이 무수하게 일어난다. 생후 두 달이 지나야 이 과정을 눈으로 확인할 수 있다. 이 시기가 되면 아기는 사람 얼굴을 보고 미소로 반응을 보일 수 있다! 이것은 반사 동작이나 만족의 미소와는 다른 매우 특별한 미소이다. 이것은 반응으로서의 미소로서 사람의 얼굴 그 자체를 알아보며 생기는 미소이다.

왜 아기는 미소 짓는가?

생후 두 달께 나타나는 반응 미소response smile는 아기 발달에서 중요한 이정표이다. 부모들이 과학자보다 훨씬 먼저 이 사태의 중요성을 알아차렸다. 반응 미소는 가족들에게 큰 경사다. 할아버지, 할머니는 물론 모든 친척이 알게 된다. 팡파르를 울리거나 공식 기념일로 선포되지는 않았지만 아기에게 관심을 가지고 있는 모든 사람에게 이 미소는 매우 특별하다.

아기가 **왜** 웃는지, 혹은 심리학자들이 그 이유를 무엇이라고 생각하는지에 대해 부모들은 전혀 관심이 없을 것이고, 독자들도 다음 몇 대목을 읽지 않고 넘기고 싶을지 모르겠다. 물론 그러지 않기를 바란다. 아기가 웃는 이유를 아는 것은 유아기 대인 애착의 초기 과정을 이해하는 데 꽤 중요하다.

우선 반응 미소 이전에도 아기가 웃은 적이 있다는 것을 기억해 보자. 초기 몇 주 동안 수유 중 혹은 수유 직후 아기 입가에 만족스런 작은 미소를 관찰할 수 있다. 그러나 초기의 이 만족스러워 보이는 미소는 본능적 반응에 의한 것이지 아직 얼굴을 보고 반응한 것이 아니다.

지금 젖을 빨고 있는 아기를 관찰해 보자. 아이가 너무 졸리지만 않다면 아기 눈동자는 엄마 얼굴을 진지하게 집중해 쳐다보고 있을 것이다. 하지만 이미 실험을 통해서 우리는 아기가 전체 얼굴을 인식하는 것이 아니라 단지 얼굴의 윗부분인 눈과 이마만을 인식하고 있다는 것을 알고 있다. 얼굴이 계속 보이는 상태에서 수유가 반복되면서 얼굴을 계속 보게 되고, 얼굴과 수유 사이에 어떤 연관이 생길 것이다. 더 중요한 것은 수유의 만족감, 즉 즐거움과 얼굴이 연결된다는 점이다. 즐거운 경험의 반복을 통해 기억 기관의 표면에 얼굴 형상이 차오르고 기억의 토대가 완성된다. 정신적 이미지가 확립되면 사람 얼굴에 대한 시각적 이미지도 조악하나마 '인식'된다. 즉, 사람 얼굴을 보면 정신적 이미지를 떠올리고 '기억해' 낸다. 여기가 전환점이다. 이때 기억은 어떤 것을 보고 생기는 것이 아니라 수유를 통해서 형성된 즐거움과 연관된 형상에서 유래하는 것이다. 아기가 사람 얼굴을 볼 때 나타내는 반응은 즐거움에 대한 반응으로 볼 수 있다. 이제 아기는 사람 얼굴을 보며 미소 짓는다. 얼굴이 만족감과 즐거움의 기억을 유발시키기 때문에 수유로 인한 만족에 대한 본능적 반응으로 시작된 작은 미소는 사람 얼굴을 볼 때도 나타나는 횟수가 점점 늘어난다. 그렇게 아기의 첫 번째 인간관계가 형성된다.

아기가 아직 엄마 얼굴과 다른 사람 얼굴을 구별할 수 없다는 것을 알고 실망할 필요는 없다. "그렇다는 것을 어떻게 증명할 수 있어요?"라며 궁금해 할 것이다. "저 미소는 확실히 특별한 것 같은데." 두 가지 관찰 결과를 통해 이를 알 수 있다. 반응 미소가 생긴 후 몇 주 동안 아기는 아무 얼굴이나 보여 주어도 미소 짓는다. (역설적이지만 눈과 이마만 있는 가면을 보여 줘도 즐거움 반응을 보일 수 있다.) 이것만으로는 증명됐다고 할 수 없다. 우리 꼬마가 엄마뿐 아니라 다른 사람들도 좋아하는 사교적인 친구이기 때문이 아니라는 것을 어떻게 알 수 있을까? 이러한 가면에 대한 아기의 반응은 단지 아기가 유머 감각을 가지고 있다는 걸 증명하는 것일 수도 있다. 이런 의문에 대해서는 두 번째 관찰 결과가 좀 더 설득력이 있다. 심리학자들에 따르면 아기가 엄마를 알아보고 다른 얼굴과 구별할 수 있게 되는 것은 생후 8개월 무렵이라고 한다. 확실한 특정 반응을 보이기 때문이다. 아기는 이제 더 이상 눈앞에 나타나는 모든 얼굴에 미소를 보이지 않는다. 정반대로 싱글벙글 웃는 삼촌이 눈앞에서 열쇠 뭉치를 달랑거리며 다가가도 아기는 비웃는 듯한 표정을 짓기도 하고 누군지 이해할 수 없다는 눈으로 보거나, (가족 관계라면 정말 안된 말이지만) 심지어 앙앙 울어 버릴지도 모른다. 엄마나 아빠가 삼촌에게 미안해 하면서 아기를 안심시키려고 다가오면 비로소 아기는 두 얼굴을 올려다보면서 편안하게 꼬물거리면서 논다. 잠시 세 사람 얼굴을 연구한 뒤 친밀한 얼굴들이 나타난 것에 만족하고, 익숙하지 않은 얼굴로 눈길을 준다. 삼촌이 열쇠를 흔들며 재미있는 얼굴 표정을 보여 주면 그제야 미소로 보답한다. 자주 오기는 하지만 항상 있는 것은 아닌 할머니가 젖병을 물리도록 해 보자. 아기는 배가 고파서 젖병을 달라고 하지만 엄마 얼굴이 아닌 다른 얼굴을 보고는 실망해서 항의조로 얼굴을 잔뜩 찡그리고 울어 버린다. 할머니는 "전에는 전혀 **이런 적이** 없었어!"라고 할 것이다. 실제로 몇 주 전에 할머니가 아기에게 젖병을 물릴 때는 엄마가 물릴 때와 마찬가지로 열심히 젖병을 빨았던 것이 사실이다.

엄마가 아닌 낯선 얼굴에 대한 아기의 반응은 엄마와 다른 사람의 얼굴을 구별할 수 있다는 첫 번째 증거이다. (만약 아빠랑 아기랑 많은 시간을 보냈다거나 형제자매가 있는 경우 이들의 얼굴도 구별할 수 있다는 것을 확실히 해 두자. 유아기에는 보통 엄마가 일차적 사랑의 대상이기 때문에 편의상 우선적으로 구분 가능한 대상을 '엄마'라고 한 것이다.) 할머니가 아기에게 젖병을 물릴 때 보인 아기의 반응을 통해서 알 수 있듯이 먹을 때 느끼는 즐거움은 더 이상 단순히 생물학적인 욕구와 그에 대한 충족 때문만이 아니라, 엄마란 존재와 관련되어 있음을 알 수 있다. 마침내 아이는 욕구에 대한 충족을 엄마의 얼굴, 그리고 엄마라는 사람과 연결할 수 있게 되고, 엄마를 자신에게 만족감을 주는 원천으로 간주한다. 이제 먹고 돌봄을 받는 데서 오는 즐거움과 만족감은 엄마의 이미지로 전해져서, 엄마를 눈으로 보고 엄마의 존재를 느낄 때 아기는 즐겁게 옹알거리고, 엄마 얼굴이 사라지면 실망하게 된다.

아기는 엄마를 사람으로서 사랑하는 것이다.

흥미로운 일이 아닐 수 없다. '엄마를 사람으로서 사랑한다.' 당연히 엄마는 사람인데 아이가 어떻게 다른 방식으로 엄마를 사랑한단 말인가? '엄마를 자기 외부의 한 사람으로서 사랑하는 것'이라고 설명한다면 어른들 귀에는 우습게 들릴 것이다. 물론 어른들은 엄마가 아기의 외부에 있는 사람이라는 사실을 알고 있다! 그러나 아기는 그것을 자각하지 못했었다. 천천히, 서투르게 첫 몇 달 동안 배워 온 것이다. 초기 몇 달 동안 유아는 자신과 다른 사람, 심상과 직접 본 것, 그리고 자기 내부와 외부를 구분하지 못한다. 모든 것은 구분할 수 없는 하나의 덩어리이며, 이 덩어리 중심에 아기 자신이 있다.

유아가 엄마를 자신의 외부 존재로 받아들이는 시점은 엄청난 양의 학습이 일어나는 시기이다. 어른에게는 당연한 일들을 성취하기 위해서, 아기는 몇 달간 수백 번의 실험 과정을 거쳐야만 한다. 아기는 거대하고 복잡한 조각 맞추기 퍼즐의 수백 개 조각들을 맞추듯, 사람, 즉 엄마에 대한 대강의 형태와 자기 몸에 대한 불완전한 이미지를 수립한다. 관찰을 통해 이러한 실험의 대부분을 재구성해 볼 수 있다.

조각 맞추기 퍼즐 같은 세상

인류의 가장 심오한 문제에 직면하게 된다고 해도 생후 두 달 된 아기는 별로 상관하지 않고 밤새도록 쿨쿨 잘 수 있다. 아기는 현실의 특성을 배우고 내적, 외적 경험을 구분하고, 자기와 자기 아님을 구분하며, 이들 각각의 범주를 나누는 데 필요한 기준을 세워 나간다. 학술적 연구에서 이 같은 크기의 프로젝트를 수행하려면 대규모 실험실과 수많은 인력이 필요할 것이다. 이처럼 아기가 수행하는 실험을 재구성하는 것만 해도 엄청난데, 이러한 원 자료를 분석하는 데 있어서 유아만큼 열정과 에너지가 있는 사람은 충분히 보증된 성인 과학자라해도 거의 없을 것이다. 그러나 아기의 실험 기구라고는 감각기와 손, 입, 그리고 미숙한 기억 기관뿐이다.

우리가 익히 알고 있는 것처럼 두 달째가 되면 유아는 **훗날** 사람의 얼굴이라고 알게 되는 자신의 외부에 존재하는 대상을 인식하기 시작한다. 그러나 그것은 아기에게는 단지 우연히 얻어진 하나의 이미지일 뿐이고 기억 속 형체인 심상과 구분할 수 없다. 이 얼굴은 조각 맞추기 속의 한 조각일 뿐이지만 가장 중요한 조각일 수도 있다. 몇 주가 지나면서 점차적으로 유방 또는 젖병, 손길과 목소리, 즐겁고 다양한 느낌의 경험이 모아지면서 얼굴을 중심으로 배열되고 대강 사람의 이미지를 형성하기 시작한다.

이 시기에 유아는 감각의 구별을 위한 일련의 복잡한 실험들을 수행한다. 아기가 생후 몇 달간은 자신과 타인의 몸을 구별하지 못한다는 것을 기억해 보자. 아기는 엄마나 아빠의 손가락을 잡을 때 그것을 다른 사람의 손가락이라고 생각하지 못하며 마치 자신의 손가락인 양 대한다. 사실 자신의 손을 눈으로 인식하고 그것이 본인 신체의 일부라는 것을 어렴풋이나마 느끼기까지는 꽤 시간이 필요하다. 처음 몇 가지 실험을 통해서 아기는 눈앞에 가끔 스쳐 지나가는 물체(아기 자신의 손)가 전에 입안에 넣었던 물체와 같은 것이라는 것을 발견한다. 이제 손은 그가 구별할 수 있는 시각적, 미각적 특징을 가진 대상이 되는 것이다. 또 다른 일련의 실험을 통해 이 물체가 입 속으로 들어올 때의 느낌이 젖꼭지나 장난감, 부모의 손가락이 들어올 때의 느낌과는 다르다는 것을 발견한다. 한편 관련된 다른 실험에서는 아기가 자기 손을 조몰락 거리기를 수천 번 반복하면서 자신의 손을 만질 때의 특별한 느낌이 자 신의 외부에 있는 물체를 만질 때의 느낌과 다르다는 것을 발견한다. 어른들에게 이 사실은 상식이다. 당연히 자신의 몸과 몸의 일부를 만졌 을 때의 느낌은 몸이 아닌 물체를 만졌을 때의 느낌과 다르다. 하지만 유아는 이것을 발견해 내야만 한다. 이 느낌의 차이를 발견하기 전까지 는 자기 몸과 외부 대상을 구별하지 못한다. 시간이 지나면서 유아는 자료를 크게 두 가지로 구분하기 시작하는데, 그것은 '나'에 대한 느낌 과 '나 이외의 것'에 대한 느낌이 된다.

다른 사람들을 자기 외부의 대상으로 여기고 반응하게 되려면 또 한 가지 중요한 과정을 거쳐야 한다. 현실 검증이 어려운 거의 같은 두 개 의 상, 즉 내적 경험을 통한 형상과 외부 경험을 통한 형상을 구분해야 한다. 엄마에 대한 형상을 예로 들어 보자. 하나는 외부에서 오는, 실제 적으로 엄마가 아기에게 나타났을 때 엄마를 감지함에 따라 생기는 상 이고, 다른 하나는 내부에서 시작하는 기억에서 유래하는 상이다. 이상 하게 들리겠지만, 초기 정신 기능 단계의 유아는 심상과 실제 사물을 통해 얻어진 상을 쉽게 구별하지 못한다. 아이는 두 개의 상이 있다는 것을 배워야 한다. 배고픈 아기 예를 들어 보자. 배가 고프면 자동적으 로 허기 충족에 대한 심상이 떠오른다. 엄마 가슴이나 젖병 또는 관련 된 얼굴이 즉시 떠오른다. 여기까지는 우리 어른의 의식 과정과 비슷하 다. 사람들은 배가 고프면 특별히 원하는 음식에 대한 심상이 기억 속 에서 튀어나온다. 그러나 기억 속의 향긋한 스튜가 테이블 위 접시에 있는 스튜와 다르다는 것을 어른들은 이미 알고 있다. 하지만 날 때부터 이러한 지식을 타고나는 것은 아니다. 무지몽매하던 유아기에 배운 것이다. 어떻게 이것을 배울 수 있었을까? 유아는 수백 번의 반복 경험을 거치면서 점차 식사에 대한 심상만으로 허기를 채울 수 없다는 것을 깨닫는다. 엄마 가슴 또는 젖병에 대해 상상해 봐야 배는 계속 고프다. 진짜 엄마 가슴, 진짜 젖병만이 만족을 줄 수 있다. 가장 중요한 원칙인 현실감이 성립되고 있다는 첫 번째 신호이다.

자, 그렇다면, 그게 무엇을 의미하는 것인가?

생후 첫 해 어느 시기에 퍼즐에서 이 조각을 끼우고 나면, 즉, 유아가 외부 세계로부터 자기 자신을 구분하기 시작하면서, 인격 발달의 중대한 걸음을 내딛게 된다. 아기는 인격의 중심인 자기 자신과 사랑의 끈으로 자신과 이어진 외부 사람을 발견한다. 부모 각자가 이 시점에 대해 잘 알고 있으므로 별도의 과학적 증명은 필요 없을 것이다. "야, 사람 됐네!"

사람이 되어 감에 있어서

이제 유아는 공식적으로 인간들의 사교계에 데뷔한다. 다른 사람의 사랑을 통해서 완전히 문명화된 한 사람으로 이 세계에 발을 내딛는다. 이는 엄마를 통해서 자신과 자기 외부의 세계를 발견함으로써 가능해진다. 바로 그것이 유아에 대해 연구하는 사람이 꼭 기억해야 할 핵심이다. 즉, 초기 유아기 만족의 일차적 원천은 엄마이며, 엄마는 '세상' 그 자체이고, 엄마와의 애착을 통해서 아기는 자기 자신과 외부 세계를 발견한다는 것이다. 우리가 지금까지 기술한 모든 유아 관련 연구는 바로 어린이와 엄마의 관계라는 핵심에서 출발한다. 초기 몇 주 동안 변화가 심한 일시적 형태들과 감각으로 가득한 어슴푸레한 세상에서, 한 가지 형태가 만족과 즐거움과 지속적인 관계를 통해서 고정되고 안정되기 시작하는데 바로 사람의 얼굴이다. 바로 이 사람 얼굴 및 이와 관련된 즐거움과 만족의 반복을 통해 다른 얼굴과 구별이 가능해지고 엄마를 인식하기 시작한다. 엄마 몸과 자기 몸의 접촉을 통해 유아는 감각을 구분하고 자신을 느끼기 시작한다. 엄마의 심상과 실제 인식 사이의 차이를 통해 현실감을 처음으로 깨닫는다. 그리고 만족감의 근원인 외부 인물과 자신이 분리된 것을 깨달으면서 최초의 사랑이 시작된다. 바로 엄마를 향한 아이의 사랑이다.

이것은 생물학적 변태metamorphosis, 즉 구조물들이 분화되면서 나타나는 발달 경과가 아니다. 첫 아홉 달에 걸쳐 나타나는 이러한 성취물은 인류가 이룩한 업적이다. 기관에 수용되어 있어서 엄마의 돌봄을 받지 못하거나 또는 엄마의 보살핌에 대한 만족할 만한 대치물이 없는 유아들은 이런 발견을 할 수 없다. 이들은 원시 상태의 욕구 만족에 머물게 된다. 정신 기능은 정상적 모성 돌봄을 받은 아이에 비해 상당히 지연되며, 주위에 있는 사람과 물건에 대해 최소한의 관심만을 보인다. 그런 아이들에게는 외부 세계에 끌릴 것이 없다. 외부 세계에 지속적 만족, 즐거움, 보호받음과 관련 있는 인물 표상이 없기 때문이다. 신체 및 육체적 욕구에 기초한 초기 유아기의 정신(발달) 상태는 이후 발달 과정 중에도 (나중에라도 엄마의 돌봄이 제공되지 않을 경우) 그와 같은 상태에 머물게 된다.

정상 아기가 엄마와의 분리를 발견하는 과정은 점진적이다. 실제로 이 과정의 첫 단계는 생후 첫 해의 중간쯤 시작한다. 이후에도 2년은 더 지나야 최초의 불안정하고 불확실하나마 '나'라는 개인의 정체성에 다다른다. 그러나 유아기의 첫 단계에서도 모체로부터 아기 자신의 몸을 구분하는 것, 즉 엄마가 자기 자신의 외부에 있다는 것을 알기 시작하는 과정은 엄마에 대한 아이의 관계 변화를 통해서 이루어진다.

이러한 변화가 일어나기 시작하면 젖병을 물리려는 할머니를 거부하게 된다. 몇 주 전까지만 해도 젖을 준다면 할머니든지 다른 사람이든지 기꺼이 받아먹었다. 그 단계에서는 **누가** 욕구를 충족시켜 주느냐 보다 욕구에 대한 충족이 더 중요했었음을 의미한다. 지금은 모든 것이 달라졌다. 엄마가 젖을 먹여 주기를 원한다. 왜냐하면 엄마의 존재, 그 자체가 만족과 즐거움이기 때문이다. 엄마에 대한 반응은 이제 더 이상 욕구와 그에 대한 충족에서만 비롯되는 것이 아니다. 이 두 번째 단계에서 보이는 엄마에 대한 사랑과 그 전에 보이던 엄마에 대한 반응은 질적으로 매우 다르다. 어른들이 사랑이라고 부르는 것과도 다르다. 상대방이 갖고 있는 물질적 요소에 눈이 어두워서 사랑한다면 이는 '참사랑'이 아니다. 우리는 재물과 무관하게 사람 자체를 보고 하는 사랑을 더 높이 평가한다. 비록 유아기에 보이는 사랑이 욕구의 충족과 무관한 것은 아니지만, 엄마라는 한 사람과 그 존재 자체만으로 만족스러울 때, 유아는 애착의 두 번째 시기로 들어선 것이다.

그래서 바로 이때, 우리는 "어유, 우리 아기가 사람 됐네. 진짜 사람!" 이라고 하곤 한다. 변했다는 사실에 의심의 여지가 없다. 자기 외부에 있음을 인식한 한 사람을 사랑하기 시작한 순간, 아기는 인간이 되고 있는 것이다. 자신만의 인격을 만들기 시작하고 사랑과 더불어 문명화가 시작되었음을 보여 준다.

모든 '진정한 사랑'의 시작과 마찬가지로 엄마에 대한 유아의 새로운 첫 애착 단계는 독점적 소유의 사랑으로 시작한다. 아기는 엄마가 떠나면 난리를 친다. 낮잠을 잘 때나 밤에 잘 때가 제일 심하다. 이 시기가 되면 낯선 사람에 대해 심하게 낯을 가린다. 이런 것들은 모두 사랑의 결과이다. 엄마가 있기만 해도 만족스럽고 없어지면 불안해질 정도로 엄마는 아기에게 매우 중요하다. 이 애착 초기 단계에서 아기는 엄마가 사라지거나 없는 것을 상실로 받아들인다. 아직 엄마가 다시 돌아온다는 것을 알지 못하기 때문에 엄마가 안 보일 때마다 아기에게 엄마는 영원히 떠나 버린 것이며, 세상은 의미를 상실한다.

더 크고 나서 겪는 사랑에서도 비슷한 경우가 있다. 처음 사랑에 빠져서 열렬히 사랑을 하고 있을 때, 사랑하는 사람의 부재는 자기 자신의 일부가 상실된 것같이 느껴진다. "당신 없인 난 못 살아!", "내가 살아 있는 것 같지 않아!", "당신 없이는 온전할 수 없어!" 사랑하는 사람으로 인해 존재의 의미가 생기고 자기 감각이 확대된다는 이 느낌은 엄마에 대한 유아의 초기 애착 경험에서 또 다른 국면을 맞게 된다. 엄마는 외부 세계와 연결되는 통로다. 비록 짧은 순간이라도 엄마가 사라지면 아기는 혼란스러워 어찌할 바를 모른다. 이는 마치 유아가 새로 발견한 세계와의 연결 통로를 상실하면서, 이와 함께 새롭게 발견한 자신의 의미를 잃는 것과 같다. 엄마가 돌아오면 아기는 다시 '사람'이 되고 다시 세상을 얻고 자신을 되찾는다.

만약 "유아가 처음으로 외부 세계와의 관계에서 불안을 느끼는 것은 언제일까?"라고 물어본다면 그에 대한 답은 "처음으로 사랑을 알게 될 때"가 될 것이다. 시인이나 알 듯한 수수께끼다! 발달 과정 그 자체가 아이에게 문제를 일으키고 불안을 낳는다는 점을 기억할 필요가 있다. 어떤 아기는 조금 불안해하고, 어떤 아기는 매우 심하다. 그러나 엄마와 떨어질 때 느끼는 어느 정도의 불안은 사랑하는 사람과의 애착 초기 단계에서 나타날 수밖에 없는 불가피한 결과이다. 아기는 이 불안을 대개 다음 몇 달 내에 극복한다.

꼬마 과학자는 이미 이 문제를 연구하고 있다. 아이들에게 자신이 사라졌다가 돌아온다는 확신을 주고 있는 부모들이 대다수라고 가정하자. 이 문제를 풀기 위한 다른 단계에 대해서는 아직 연구가 필요하다. 8개월짜리 아기는 아직 개념을 만들기에도 바쁘다! 한마디로 말해서 대상이 사라졌을 때 무슨 일이 일어나는지 알아야 한다. 즉, 9개월이 되기 전에는 물체가 보이든 안 보이든 존재한다는 것과 또한 어떤 대상이 단독으로 존재할 수 있다는 것을 전혀 알지 못한다. 이러한 현상은 부모, 가족 구성원 등 사람에 대해서뿐만 아니라 젖병, 장난감, 가구 등 아기의 한정된 세상 속의 모든 대상에 해당된다. 대상이 시야에서 사라질 때 그것은 더 이상 존재하지 않는 것이다. 보이든 보이지 않든 간에 **어딘가에** 그것이 있다는 걸 상상하지 못한다.

믿을 수 없다고? 간단한 테스트를 해 보자.

사라져 버린 대상의 경우

생후 6, 7개월 된 아기가 당신이 쓰고 있는 안경을 낚아챈 적이 있는가? 만약 그렇다면, 다음 내용은 읽을 필요가 없을지도 모른다. 아기가 안경을 잡으려고 손을 뻗을 때 안경을 주머니에 넣거나 소파 쿠션 뒤에 숨겨 보자. (어디에 숨겼는지는 잊지 말기를!) 몰래 하려고 애쓰지 않아도 된다. 숨기는 걸 보여 주자. 아기는 숨긴 곳을 찾으려 하지 않고,

마지막으로 안경을 본 장소인 콧잔등을 물끄러미 바라보다가 흥미를 잃을 것이다. 아기는 안경을 찾으려고 하지 않는다. 왜냐하면 자기에게 보이지 않는 안경이 존재한다고 상상하지 못하기 때문이다.

아기가 9개월쯤 되면 이 구식 속임수는 통하지 않는다. 만약 당신이 안경을 벗어 소파 쿠션 뒤에 넣는 것을 보았다면 아기는 쿠션을 치우고 안경을 망가뜨릴 것이다. 아기는 눈앞에서 없어진 물체가 여전히 존재할 수 있다는 것을 알게 되었다! 당신의 손에서 숨기는 장소까지 움직임을 따라가서 결국 그것을 찾아낼 수 있다. 이는 놀라운 학습상의 진보이며, 이 단계에서 아기에게 안경, 귀걸이, 담배 파이프, 만년필, 열쇠 케이스 등을 빼앗기지 않고 잘 보관하기 원한다면 부모는 아기를 잘 감시해야 할 것이다. 이 발달단계에 있는 아기의 부모들은 여기서 언급한 문제의 이론적 측면에는 관심이 별로 없을 것이다. 그러나 이론을 알면 항상 어느 정도 실제 이득을 볼 수 있다. 아직 사용 가능한 속임수가 있다. 이렇게 해 보자. 아기가 보는 앞에서 안경을 쿠션 뒤로 숨기고 아기에게 찾도록 한다. 그러고 나서 아기에게 안경을 돌려받은 뒤 다시 옆에 있는 다른 쿠션에 안경을 숨겨 보자. 그럼 아기는 혼란스러워 한다. 아기는 처음 숨겨진 장소인 **첫 번째** 쿠션 뒤에서 안경을 찾는다. 그러나 두 번째 숨겨진 장소에서는 찾지 않는다. 아기는 안경이 숨겨져 있어도 여전히 존재한다는 것을 알지만, 단지 전에 찾을 때 성공했던 첫 번째 장소, 그 한 곳에만 있다고 생각한다. 첫 번째 쿠션 뒤에서 안경을 찾지 못해도 계속해서 그곳에서 찾으려 하고, 두 번째 숨겨진 장소나 다른 곳은 찾으려 하지 않는다. 물체는 여전히 사라지고 없다. 그러나 몇 주가 지나지 않아 첫 번째 장소에서 두 번째 장소로 수색 범위를 확대할 것이다. 아기는 한 물체가 옮겨질 수 있으며, 여전히 영속적으로 존재한다는 것을 발견하는 과정 중에 있는 것이다.

아이가 생후 12개월에서 18개월 사이이고 당신이 여전히 안경을 쓰고 있다면, 가급적이면 오래된 열쇠 주머니를 이용해서 이 실험을 계속해야 안경이 망가지지 않을 것이다. (꼭 열쇠 주머니를 사용해야만 한다는 말은 아니다.) 생후 12개월에서 18개월 무렵의 아기가 당신 손의 움직임을 잘 볼 수 **있다면** 당신 손에서부터 연속적으로 숨기는 장소 두 군데까지 물체를 잘 따라갈 수 있다. 이 말은 당신이 아직은 아기를 속일 수 있으나, 이번이 이 게임에서 실제로 아기를 이길 수 있는 마지막 속임수임을 의미한다. 다음과 같이 해 보자. 열쇠 주머니를 손가방 속에 넣고 닫는다. 아기가 보도록 내버려둔 뒤 찾으라고 해 보자. 아기에게 이 정도는 이제 식은 죽 먹기다. 아기에게 찾아낸 열쇠 주머니를 돌려달라고 한다. 열쇠 주머니를 다시 손가방 안에 넣고 그 손가방을 소파 쿠션 뒤에 놓는다. 아기의 예리한 눈을 피해 몰래 열쇠 주머니를 빼내서 쿠션 뒤로 밀어 넣는다. 그리고 빈 손가방을 꺼내 보여 준다. 이제 아기에게 열쇠 주머니를 찾아보라고 하면 아기는 빈 손가방 속에서 없어진 열쇠 주머니를 찾으려 할 것이다. 아기는 혼란스럽고 곤혹스러워할 것이다. 쿠션 뒤까지 손가방이 왔다 갔다 한 것을 보기는 했어도 쿠션 뒤에서 열쇠 주머니를 찾을 생각은 못한다. 열쇠 주머니를 빼내는 것을 **보지** 못했기 때문에 쿠션 뒤나 다른 어느 곳에서도 열쇠 주머니를 찾으려 하지 않을 것이다. 다시 말해서 아기는 아직 자기 눈으로 물체 움직임의 경로를 보지 못한다면 **어떤 다른** 곳에 그 물체가 존재할 수 있다는 것을 상상할 수 없다.

그러나 지금 아기는 이 과정의 거의 마지막 단계까지 와 있다. 당신이 며칠 동안 열쇠 주머니가 사라지는 속임수를 계속한다면 아기는 거의 터득하게 될 것이다. 몇 번의 추가 실험이 이어지는 동안 아기는 상상을 통한 재구성으로 이 시각적 차이를 없앨 것이다. 그 과정을 보지 못해도 열쇠 주머니가 손가방에서 없어져 다른 어디엔가 실제로 존재한다는 사실을 깨닫고 상당히 체계적인 방법으로 그것을 찾아낼 것이다. 찾고 나면 인지와 관계없이 물체가 존재할 수 있음을 확인한다. 당신이 마법사로서 군림할 수 있는 날도 얼마 남지 않았으며, 아이가 마법을 믿는 시대도 저물고 있다. 한 돌 반 지난 아기에게 이는 엄청난 지적 발전이며, 대상 세계에 대한 이러한 개념이 어떻게 이성적 사고 과정의 가능성을 열어 주는지 뒤에서 제시할 것이다. 어쨌든 처음에 사라지는 물체 이야기를 할 때 생각했던 원래 주제로 돌아가자.

물체가 사라지는 세상에 살고 있는 아이는 인간 세상도 같은 개념으로 인지한다. 자기가 보지 못하면 없다고 생각하는 것은 단지 안경, 열쇠 주머니, 테디 베어만이 아니다. 엄마, 아빠, 사랑하는 사람들도 이 원시적 논리로 판단한다. 그들은 꿈속에 나타난 사람들처럼 유령같이 나타났다 사라진다. 그런데, 이 사랑하는 사람들은 대상 세계의 식탁이나 의자 같은 가구와 달리 아이의 존재감과 내부 조화에 필수적이다. 보이는 것에 관계없이 분명하게 실존한다는 확실성, 즉, 이들 사랑하는 사람들이 영속적으로 존재한다는 믿음이 아기에게 생기기 전까지는 이들의 부재는 아기를 곤혹스럽게 한다. 그렇다고 6개월에서 18개월 사이의 아이가 늘 불안하게 살고 있음을 의미하는 것은 **아니다**. 부모가 아기를 안심시키기 위해 항상 옆에 있어야 한다는 것을 의미하는 것도 **아니다**. 아기의 인격 내부에 자기를 안심시키기 위한 건강한 방법이 작동하고 있다. 아기는 이 시기에 마술적 믿음, 즉 사라져도 다시 나타난다는 믿음을 가지고 자기 스스로를 위안한다. 사랑하는 사람은 사라졌다가 돌아온다. 그러나 이러한 마술적 믿음이 항상 효과적이지는 않다. 엄마가 필요할 때 **항상** 나타나는 것은 아니고 배가 고플 때 항상 마술처럼 젖병을 들고 나타나지도 않으며, 잠에서 깨어났을 때 엄마가 외출하고 없을 수도 있기 때문이다. 그래서 사라져도 다시 나타난다는 마술적 믿음은 종종 깨져 버린다. 그럴 때마다 크고 작은 불안이 나타난다.

이 불안이 매우 강하고 광범위하여 건강한 신체 기능과 발달을 방해하지 않는 한 크게 걱정할 필요는 없다. 아이가 발달함에 따라 이 불안은 정상적으로 줄어든다. 지금까지 논의해 온 이론을 실제로 적용해 보자. 아이가 점차적으로 대상 세계를 형성해 감에 따라 즉, 나타남과 사라짐, 오고 가는 것이 그 자체의 물리적 법칙에 의해 좌우되는 안정적이고 일관된 세계를 만들어 가면서, 아기는 분리불안을 극복하기 위해 주변 환경을 지능적으로 조절할 힘을 갖게 된다. 아빠와 엄마가 사라질 수 없는 실제의 존재이며, 앞서 말한 게임에서처럼 단지 눈앞에서 사라질 뿐 여전히 존재한다는 것을 알게 되면 사랑하는 사람이 일시적으로 없어져도 느끼는 불안은 훨씬 줄어든다.

여행과 아기의 시각[*]

아기와 대상에 대한 긴 설명을 읽은 뒤에도 생후 9개월에서 18개월 사이의 유아가 안락의자에서 편안히 쉬면서 사물의 영속성에 대한 개

---

[*]여행은 아기가 자유롭게 이동하게 되었음을 말하며, 시각이란 아기의 이동 위치에 따라 시야가 달라짐을 비유한 것이다.

넘을 터득한다고 생각하는 사람은 없을 것이다. 외부 세계를 발견해 가는 시기에는 운동성의 엄청난 발전이 함께 이루어진다.

생후 9개월에서 12개월 사이의 아기는 더 이상 단순한 방관자가 아니다. 자신이 보기만 하던 그 장면 속으로 들어간다. 여행하면 시각이 달라진다. 예를 들어 소파 위에 뉘어 놓은 6개월 된 아기나 양탄자 위에서 배밀이 단계를 지나 기기 시작하는 8개월 된 아기가 보았을 때, 의자는 1차원적 대상이다. 이 시기의 아이는 같은 의자를 여러 각도에서 여러 번 보고 나면 같은 한 개의 의자라고 생각하지 않고 (각각) 여러 개의 의자로 여길 것이다. 자신의 힘으로 주위를 돌아다닐 수 있을 때 실제로 의자가 어떻게 생겼는지 알 수 있다. 부모가 가구에 대한 새로운 관점을 얻고자 한다면 팔다리로 기어서 9개월 내지 10개월 된 아기의 움직임을 따라가 보는 것이 좋겠다. 어른들은 마지막으로 식탁 의자 밑에 누워 올려다본 적이 언제였는지 기억도 나지 않을 것이다. 10개월 된 아기는 샤르트르 성당의 관광객만큼 높은 집중력과 경의를 표하며 의자 바닥을 연구하고 있을 것이다. 의자의 아래쪽을 떠나면서 아기는 의자 다리와의 씨름을 멈추고, 그것의 둥글둥글함과 반들반들함을 느끼고, 맛과 질감을 느끼기 위해 앞니 두 개로 그것을 깨물어 본다. 아기는 며칠 혹은 몇 주간 여러 번 의자 주위를 순례하면서 스스로 경험한 것이 의자라고 부르는 한 물체의 다양한 외형임을 깨닫는다.

아기의 주변에 있는 모든 물체는 각각의 다양한 부분이 합쳐져서 하나의 사물로 인식되기까지 반드시 이와 같은 과정을 거친다. 몇 주간 수없이 많은 식사 시간 동안 아기는 컵을 연구하지만 엄마가 생각하는 컵의 기능에 대해서는 거의 관심을 보이지 않는다. 컵의 본질에 대해 연구하는 동안, 컵으로 우유를 마시는 것은 컵과 관련된 가장 재미

없는 동작이다. 아기는 컵의 외부 표면을 검사하고 안쪽 면을 살펴본다. 안이 빈 것을 확인하고 쟁반에 부딪쳐서 소리도 내 본다. 우유, 오렌지 주스, 물이 폭포처럼 컵에서 쟁반, 부엌 바닥으로 떨어지는 경험을 하며 즐거워한다. 걸레질에 바쁜 엄마는 이런 아기의 행동에 대해서 격려하지도 않고 거의 혼내지도 않겠지만 아기는 어차피 그런 것에는 관심이 없다. 아기는 이미 엄마에게서 컵을 빼앗아서 자신의 목적에 따라 사용하는 데 전문가가 되었다. 엄마가 간섭이라도 하려고 하면 몹시 화를 낸다. 이러한 연구와 컵을 깨는 것과 같은 실험을 통해서 컵의 모든 특성을 파악하고 나서야 실험을 끝내게 된다. 그 이후에야 컵을 목적에 맞게 사용함으로써 엄마를 기쁘게 한다.

아이는 접근 가능한 거의 모든 대상에 대해 이러한 연구를 진행한다. 이것은 실로 대단한 일로서, 훗날 규모 면에서 이렇게 짧은 시간에 이루어지는 학습에 필적할 만한 것은 거의 없다. 사실 처음에 비유한 여행자*라는 단어는 잘 맞지 않을 수도 있다. 왜냐하면 어른들이 새로운 나라나 도시를 여행하면서 발견하는 것과 아기가 대상의 본질을 파악해 나가는 세상에 대한 발견과는 규모가 다르기 때문이다.

아이가 발견한 세계는 수천 개의 조각이 어지럽게 섞여 있는 거대하고 복잡한 조각 맞추기 퍼즐이다. 조각이 모여 전체 대상을 이루고, 사물들이 모여 집단을 만들고, 마침내 자신이 살고 있는 세상의 일부인 작은 부분을 완성한다. 18개월이 되면 아기는 일부 대상에게 이름까지 붙이기 시작한다. 18개월 무렵 이루어지는 이러한 학습 과정은 평범한 것이 아니다. 모든 부모들이 자기 아기가 천재라고 생각하는 것도 무리

---

* 저자는 travel이라는 소제목을 사용해서 아기의 이동을 여행에 비유하였다.

가 아니다. 아기들은 천재다!

세상 모든 천재들처럼 아기도 지치지 않고 발견을 계속한다. 새로 찾아낸 세상에 푹 빠져서 모든 감각기관을 동원해서 경험한다. 손가락으로 집어 올린 한 줌의 먼지를 보며 경탄한다. 한 장의 셀로판지, 호일 한 조각, 천 쪼가리에 환희를 느낀다. 부엌 찬장을 침범하고 서랍, 휴지통과 쓰레기통 속의 숨겨진 보물을 찾아 헤맨다. 발견에 대한 이러한 욕구는 끊임없이 아기에게 달려드는 채워지지 않는 굶주림과 같다. 피곤하기 짝이 없지만 멈출 수가 없다. 감각의 경험에 대한 배고픔은 생후 첫 달의 육체적 배고픔처럼 강렬하고 무척 절실하다. 첫 돌 또는 두 살 무렵의 아기는 이 육체적 배고픔을 거의 잊을 정도다. 아기에게 필요한 것은 영양 많은 커스터드, 야채수프, 걸러낸 간 같은 것이 아니다. 재빨리 음식을 먹고 난 뒤 아기는 자신을 풀어 달라고 유아용 식탁 의자를 두드리고는 다시 위대한 여행을 계속한다.

대체 아이를 움직이는 동력은 무엇인가? 이 에너지의 근원은 무엇인가? 새로운 심리적 발달은 가장 흥미로운 것이지만 대체 어떤 엄마가 그것을 찬찬히 생각해 볼 수 있는 시간과 에너지를 가지고 있을까? 이런 에너지 덩어리 꼬마의 엄마는 종일 아기를 쫓아다니느라 야위고 눈이 움푹 들어가게 된다. 그리고 **엄마**가 하루 두 번 낮잠이 필요하다고 생각할 때도 이 지치지 않는 **세계 여행가**는 낮잠에는 전혀 관심이 없고 하고 싶은 일이 너무도 많다. 피곤해진 엄마는 당연히 이러한 정신의학적 관점에서 본 발달은 보고 싶지도 않을 것이고, 이 책의 다음 몇 줄을 건너뛰고 싶거나 혹은 전체를 다 그만두고 공상과학소설이나 읽고 싶기도 할 것이다.

그렇지만 이 발달은 짜릿한 발전**이며** 에너지와 목표의 놀라운 변형이다. 한때 전적으로 신체적 욕구의 만족을 위해 사용되던 에너지는 지금 그 일부나마 몸 밖의 대상 세계에서 목적을 이루기 위해 사용된다. 신체에 국한되었던 굶주림은 세상을 향한 목적 달성에 대한 욕구로 전환되었다. 처음 자신의 신체적 욕구를 만족시켜 준 엄마에 대한 사랑은 넓은 세상의 지평선까지 확대되고 가지를 친다. 아기는 엄마의 사랑을 통해 발견한 세상과 사랑에 빠지며, 사랑을 통해 세상이 변하고, 가장 평범한 사물들을 아름다움에 차 있는 것으로 노래하고 시를 읊는 사랑에 중독된 사람처럼 행동한다.

이와 같은 비유는 다소 비약적일 수도 있지만 틀린 이야기가 절대 아니며, 과학적인 것이다. 열악한 시설에서 엄마의 보호를 받지 못하고 자란 아기들은 사물에 대한 애착을 보이지 않는다. 발견을 통해 얻는 즐거움과 흥분을 느끼지 못한다. 다른 아기들과 같이 감각기관이 있고, 앉기, 기기, 걷기를 배우지만, 사람에게서 얻는 즐거움을 배우지 못했기 때문에 외부 세계에서도 즐거움을 얻지 못한다. 이런 아이들은 꽤 놀랄 만큼 오랜 시간 동안 (때때로 영원히) 어린 영아의 정신 수준에서 머물게 된다. 신체와 신체적 욕구는 그들 존재의 중심에 있다. 정상 유아가 자신의 신체 중심에서 대상관계로 이동하는 이러한 엄청난 성과는 단지 생물학적으로 성숙해지면서 나타나는 결과가 아니라 가정 내 사랑의 연결을 통해 이루어지는 산물이다.

이동과 외로운 자아

생후 9개월에서 12개월 사이 발달의 두 측면을 면밀하게 보면, 모순

이 발견된다. 아기가 엄마에게 강한 애착을 보인다는 것을 증명한, 좀처럼 엄마로부터 분리되는 것을 견딜 수 없는 그 시기에, 아기는 이미 엄마를 떠나기 시작한다! 기어 다닐 수 있게 되면서 독립적으로 이동이 가능해지고, 이에 따라 엄마 몸과의 연결은 느슨해진다. 몇 주에 걸쳐서 기계적인 문제들(많은 아기들이 처음에는 뒤로 가거나, 바닥에 배가 닿는다)을 바로잡고 나면, 아기는 닻을 올리고 새로운 세계로 떠난다. 엄마에게는 빈 무릎만 남는다.

이러한 역설을 어떻게 설명할 수 있을까? 아기는 같은 발달단계에서 어머니를 향해 가면서 동시에 어머니로부터 떠나간다! 이 시기에 엄마와의 연결이 그토록 강력하고 분리불안이 그토록 심각하다면, 왜 아기는 엄마의 품속에 머물며 안전함과 강한 친밀감 속에 안주하지 않는 것일까? 왜 아기는 위험천만한 모험을 떠나서 소파 밑의 어두운 동굴에 갇히고 고집불통 램프와 완고한 테이블의 공격을 받아야 하는가? 만약 어른인 내가 낯선 곳으로 여행을 떠나야만 하는데, 매번 보이지 않는 악당에게 공격을 받는다면 당연히 집에 머물러 있으려 할 것이다. 그 후에는 아무리 말솜씨 좋은 여행사 직원이 와서 꼬여도 넘어가지 않을 것이다. 그러나 이 꼬마 탐험가는 누구도 막을 수 없다. 쾅 부딪혀서 머리에 달걀만한 혹이 나면 응급처치를 받으러 잠시 멈춘다. 엄마가 코피를 멈추게 해 주면 엄마 무릎에서 잠깐 놀며 응원의 뽀뽀를 받고 램프와의 대결이나 변덕스러운 의자와 또 충돌할 것을 감수하면서 다시 떠난다.

군이 격려할 필요는 없다. 새로운 성취를 할 수 있도록 성과급을 제공할 필요도 없다. 이러한 모험은 스스로 시작하고 스스로 계속하는 구조이다. 한번은 8개월 된 여자아이가 3주 만에 까다로운 차 도구 운반 수레tea-cart를 정복하는 것을 보았다. 아기는 차 수레의 낮은 선반으로 올라가려고 했고, 그럴 때마다 수레는 심술궂게 움직였다. 며칠 동안 숱하게 시도한 끝에 아기는 결국 바퀴가 달린 앞쪽 대신 나무 글라이 더가 달린 뒤쪽으로부터 차 수레에 올라타는 법을 배웠다. 이제 아기는 올라타는 법을 터득했다. 그런데 어떻게 내려오나? 수레에서 한 번에 내려오기에는 너무 높았고, 도움 받기에는 자존심이 상했다. 어떤 식으로 하던 할 때마다 바닥에 머리를 박았다. 그러나 하루에도 몇 번씩 아기는 심각한 태도로 단호하게 수레에서 내려오기를 거듭 시도했다. 낮은 선반에 올라가면 벌써 내려올 걱정과 바닥에 얼굴을 박을 생각에 작은 소리로 울먹였다. 부모는 이 불안한 상황을 보는 것이 매우 고통스러운 일이라서 아기가 단념하고 다른 활동을 하도록 유도했다. 이렇게 방해하면 아기는 크게 반발했다. 아기는 그것을 **해내야만** 했다. 시작한 지 3주가 지날 무렵, 아기는 수레를 탈 때와 반대로 수레에서 뒷걸음쳐서 나오는 기술을 터득했다. 그것을 해냈을 때 아기는 기뻐서 소리를 질렀다. 그런 다음 능숙하게 할 수 있을 때까지 며칠간 타고 내리는 연습을 했다. 이때부터 아기는 계단을 몇 걸음 올라가는 등, 더 대담하게 높은 곳으로 이동하고 계단이 지겨워질 때까지 조금씩 더 높게 올라갔다. 종류에 관계없이 의자에도 도전해 보고, 의자가 흔들거리거나 넘어져도 당황하지 않았다. 오르고 싶은 충동, 위를 향한 충동은 매우 강해서 어떤 장애물이나 불의의 사고도 그 충동을 막을 수 없었다.

이 모든 행동을 거쳐 직립 자세가 완성된다. 기어 다니던 아기는 서려고 하고 점점 더 오랫동안 그 자세를 유지하려고 한다. 아기가 혼자 서기까지는 또 몇 주가 걸리며, 혼자 발을 떼려면 더 많은 시간이 필요하다. 이 모든 것들이 진화 과정상 불가피하다. 그러나 이러한 과정 중 각 단계마다 따라오는 충돌, 넘어짐, 위태로운 추락 등 여러 가지 위험을 생각해 보자. 이러한 위험들을 고려해 볼 때, 직립의 달성은 진정 영웅적인 일이다.

아기는 대체 무엇에 끌려서 이러는 것일까? 아기를 위로 이끄는 강한 욕동은 앞발로 일을 할 수 있도록 영리하게 뒷다리로 몸의 균형을 잡는 것을 터득한 먼 조상의 유산이다. 이것은 생물학적 충동이며 대체로 환경의 영향과는 무관하다. 흥미로운 점은 열악한 시설이나 기관에서 자라 애착이 부족했던 아기들이 격려를 동반한 강한 인간적 유대가 필요한 다른 발달 영역에서는 심히 뒤쳐졌음에도 불구하고, 앉기, 기기, 서기, 걷기는 가족과 함께 자란 아기와 거의 같은 시기에 터득한다는 것이다. 직립 자세에 대한 욕구는 매우 강력해서, 반복적으로 위험과 부상을 겪으면서도 단독 이동에 관한 발달의 각 단계에 필요한 어머니의 보호를 포기하고서라도 아기는 혼자 서서 걸으려고 한다. 불안을 극복하는 방법은 불안이 생기는 원인과 같다. 기고, 올라가고, 똑바로 서고, 걷는 경험의 반복을 통해 마침내 위험을 극복하고 성공적 목표 달성을 통해 점차적으로 불안은 감소한다.

서 있는 자세를 배워 가면서 성격도 변한다. 일에 지친 엄마는 아기의 성격 변화 그 자체를 알아차리지는 못하지만, 아기의 원래 일상생활의 유지가 어려워진다는 것은 눈치 챈다. 혼자 쉽게 하던 기저귀 갈기가 두 명의 보조가 필요한 작업이 될 것이다. 먼저 아기를 잡는다. 그다음 기저귀를 갈기 위해 아기를 눕힌다. 아기는 시끄럽게 보챌 것이다. 젖은 기저귀를 벗기고 두 개의 기저귀 고정핀을 입에 물고 아기가 좋아하는 짧은 노래를 불러 준다. 그 순간 아기는 마구 꿈틀거리며 능숙하게 몸을 돌려서 엄마를 향해 씩 웃으며 일어나 앉거나 다른 방향으로 기어가기 시작한다. 그러면 다시 첫 단계부터 시작이다. 아기에게 장난감을 쥐어 주고 신속하게 일을 처리하라. 그렇지 않으면 아기는 이미 **일어나** 있을 것이다.

무슨 일이 일어난 걸까? 몇 주 전까지만 해도 아기는 엄마 노래에 귀를 기울였다. 기저귀 가는 데 필요한 30여 초 동안 아기를 눕혀 두려면 노래 한두 곡이나 사소한 관심 끌기 정도면 충분했다. 헌데 이제는 아기 등이 바닥에 닿는 순간, 숨겨진 스프링이 튀어 오르듯 아기가 위로 튕겨 올라온다.

이 모든 것이 직립 자세의 완성과 관계가 있다. 아기는 가만히 누워 있는 것이나 수동적인 자세를 견딜 수 없다. 완전히 지칠 때까지 하루에도 몇 번씩 몸을 일으켜 기어오르고 일어서고 싶은 충동을 참지 못한다. 이것은 내적인 필요에 의한 것이며 엄마에 대한 도전이라기보다 중력에 대한 도전이다.

다른 발달 영역에서도 확인이 가능하다. 얼마 전만 해도 아기는 침대에 눕히기도 전에 엄마의 품속에서 잠이 들어 평화롭게 낮잠 또는 밤잠을 잤다. 그러나 지금은 비틀비틀할 정도로 졸려도 요람에 눕히려고 하면 심하게 보챌 것이다. 눕히자마자 침대 난간을 잡아당기며 몸을 일으켜 세워서 똑바로 서기 위해 남은 에너지를 쏟아붓는다. 그렇지만 이 또래 아기에게 낮잠과 취침시간은 사랑하는 사람 및 새로 발견한 세상에 대한 즐거움과 분리되는 것을 의미하기 때문에 엄마에 대한 도전이 아니라는 것을 설명하기에는 그다지 좋은 예가 아니라고 할 수 있다. 그러나 다른 요소도 생각할 수 있다. 즉, 이 단계에서 다른 요인들로부터 떼어 내서 고려할 만한 가치가 있고, 이런저런 맥락에서 자주 되풀이되는 것으로 운동 발달을 생각해 볼 수 있다. 몸 쓰는 활동(운동 능력)은 이 무렵 아기에게 절대적으로 중요한 것이라서 또 다른 생물학적 과정인 수면에 의한 것이라도 아기는 이러한 활동이 방해되고 억제되는 것을 참을 수 없다.

아기는 이동 시 겪는 모험과 관련해서 어느 정도의 불안을 경험한다. 그러면서 운동기술과 불안감을 둘 다 정복한다. 어른들이 스키 같은 새로운 스포츠를 배우려고 할 때 위험을 감수해야 하는 것과 마찬가지이다. 스키 초보자가 스키를 벗고 위험했던 순간들을 되돌아볼 때 엄청난 불안감을 느낄 수 있다. 그렇지만 스키를 다시 타고 싶은 생각에 강습을 받게 되고 반복하다 보면 기술도 늘고 위험을 극복하게 된다. 밤이 되어도 잠이 오지 않는다. 자면서도 스키를 탄다. 마음속에서 첫 스키의 경험을 되새기면서 근육들도 무의식적으로 모든 동작들을 복습한다.

직립 자세 기술을 완전히 익히려는 아기는 스키 초보자와 매우 비슷한 방법으로 행동한다. 기술을 연마하고 불안감을 극복하기 위해서 수백 번 이러한 행동을 반복한다. 낮이나 밤이나 요람에 누워서도 긴장을 풀지 못한다. 아기가 잠이 들 때 또는 잠에서 깰 때 아기 방을 살짝 들여다보면 비틀거리고 피곤해서 눈이 다 감기면서도 여전히 일어나려다 힘들어서 순간적으로 쓰러진 뒤 또다시 기어오르는 아이를 볼 수 있다. 아이는 반복에 반복을 거듭한 끝에 다시는 일어서지 못한 채 곯아떨어진다. 어떤 부모는 8개월 된 딸이 이 숙련 기간 동안 자면서도 몇 번이나 기어오르려는 것을 목격했다. 밤 열한 시에서 열두 시 사이에 부모들은 아기 방에서 작은 소리를 들을 수 있었다. 문을 열어 보니 아기가 침대에 서 있다. 너무 멍한 상태로 희미하게 깨어 있어서 눕혀 주니 반항도 못하고 바로 잠에 빠진다. 나중에 직립 기술을 완전히 연마하게 되면 아이는 수면 중에도 시도하던 연습을 멈춘다.

아기가 처음으로 도움 없이 서는 것, 휘청거리면서도 스스로 첫 발을 내딛는 것은 운동 발달적 측면에서뿐만 아니라 인격 발달의 측면에서도 획기적인 사건이다. 도움 없이 서기, 첫걸음 내딛기는 외로이 용기를 내서 해내야 하는 일이다. 이 시기의 아기는 추락에 대한 공포를 그다지 겁내지 않는다. 그래서 살짝 떨어지고 부딪히는 정도는 잘 견뎌 낸다. 그러나 이 시기에 도움을 상실하는 것에 대한 공포는 크게 부각된다. 그때까지는 서려고 하거나 걸음을 내디딜 때, 다른 사람의 몸이나 가구를 잡으려고 한다. 도움받는 시기가 끝날 무렵, 실제로는 자기 몸으로 균형을 잘 잡으면서도 형식적이나마 엄마 또는 아빠의 손을 가볍게 잡고 '지지대'로 활용한다. 그러나 아직 아기는 엄마와의 신체 접촉, 즉, 지지하는 사람의 손을 포기할 준비가 되어 있지 않다. 혼자 첫 걸음을 떼는 것도 다른 이의 손이나 옆에 놓인 의자, 테이블 혹은 눈에 보이는 다른 지지 수단을 사용하기 위해서이다. 몇 주 후, **실제로** 마음껏 움직이고 대여섯 걸음 정도를 혼자 걸을 수 있게 되면, 종종 우스운 방식으로 상징적 접촉을 유지한다. **자기** 손에 의지하듯이 매달려서 용감하게 앞으로 아장아장 걸어가는 작은 소녀를 본 적이 있을 것이다. 이 시기의 아기들은 걷기 동작을 시작하기 전과 걷기 동작을 할 때 한 손 또는 양손에 매달리듯 물건을 잡고 있으려고 한다.

그래서 독립적으로 서는 것과 걷는 것은 진정으로 엄마와의 육체적 연결고리를 끊는 것을 상징한다. 처음으로 혼자 독립해서 걸음을 내디딜 때는 엄숙하고 무서운 고독감을 맛본다. 하지만 이러한 기억은 사라지고 훗날 유추를 통해 재구성할 수 있을 뿐이다. 이러한 경험은 다이빙대에서 처음 뛰어내렸을 때나 처음으로 혼자 자동차 운전을 할 때와 비슷할 것이다. 다이빙대를 박차고 튀어 올랐을 때나 시동을 걸고 차가 출발하는 순간 시간이 멈춘 것 같고 홀로 있다는 두려움이 밀려든다.

그 순간 좋으면서도 무시무시한 텅 빈 세상에 절대적으로 나 혼자 존재한다는 느낌, 고조된 자기 인식이 찾아온다. 첫 걸음을 내딛고 나서 혼자 걷고 있는 자신을 발견한 아이, 그 순간 아이는 자신의 몸과 주변 사람들과의 분리감, 자신만의 독특함을 처음으로 강하게 느끼면서 외로운 자아를 발견한다.

단독 이동의 발견과 새로운 자아의 발견은 인격 발달의 새로운 장으로 이어진다. 걸음마 단계의 아기는 이 새로운 성취에 대해서 현기증이 날 지경이다. 마치 자신이 새로운 이동 방법을 발견하고(좁은 의미로 보면 사실이다), 영리한 자기 자신과 사랑에 빠진 것처럼 행동한다. 아침부터 밤까지 황홀해 하며 술 취한 듯 춤을 추며 돌아다니고, 오직 피곤에 지쳐 쓰러질 때만 멈춘다. 아기는 더 이상 집 안에만 갇혀 있지 않으려 하며 담장이 쳐진 뜰은 아이에게 감옥이나 마찬가지다. 실제로 무제한의 공간이 주어진다면 아이는 지평선 끝을 향해 팔을 벌리고 기쁨에 차서 비틀거리며 나아갈 것이다. 좀 더 분발하면 해낼 수 있을 것이다. 할 수 있을지 없을지 모르겠지만.

선교사들이 도착하다

생후 2년째에 접어들면 이러한 목가적 삶의 그림에 어느 정도의 수정이 필요하다. 낙원의 섬에서 제멋대로 즐겁게 살고 있는 야만인의 이러한 기쁨에 어느 정도 방해가 될 수도 있는 문명화의 영향이 미치게 된다.

선교사들이 도착했다. 그들은 이 행복한 미개인에게 문명을 선사하였다. 물론 사랑이 넘치는 부모로 가장하고 몰래 들어왔다. 아기를 양육하고 그들 자신을 아기에게 꼭 필요한 사람으로 만들며, 아기가 그들의 매혹적인 세상을 발견하도록 유혹한다. 어느 정도의 시간이 흐른 뒤 그들은 더 높은 문명화를 이루기 위해 장사꾼 같은 미소를 띠며 나타난다.

8개월에서 15개월 무렵, 그들은 아기에게 엄마 젖과 젖병보다 더 편리하고 신기한 컵을 팔러 온다. 아기가 컵을 높은 교양과 맛의 상징으로 받아들일 때쯤, 선교사들은 컵에 대한 관심을 버리고, 아기를 좀 더 높은 계층의 문화세계로 이끌기 위해 위생과 아기용 변기와 화장실에 티켓의 보급에 열을 올린다. 그러는 동안 선교사들은 급속도로 늘어 가는 아이의 소소한 즐거움의 목록에 개입하여 아이가 여행 중 발견해 낸 보물들과 멀어지도록 강요한다. 아기의 보물들은 녹슨 볼트, 그슬린 옥수수 속대, 말라비틀어진 사과 속 등 어디로 가야 찾을 수 있는지 미리 알기 전에는 도저히 찾을 수 없는 것들이다. 요청하지도 않은 구조대를 보내서 높은 곳에 올라가기, 더러운 웅덩이에서 물장구치기, 잡기 힘든 애완견 꼬리 쫓아가기 등을 저지한다. 끊임없이 깨끗한 기저귀, 여러 벌의 세탁한 옷, 그리고 위선적인 미소를 가지고 아기 곁에 대기하면서 아기가 하려는 것을 저지하고 자기들이 원하는 것을 하도록 만든다. 그들이 원하는 일은 분명히 지루한 일이다. 선교사들은 아기가 쓰레기통이나 오물 바구니를 비우는 즐거움을 방해하기 위해 그곳에 있는 것이다. 물론 선교사들에게는 분명한 이유가 있겠지만, 그들은 아기가 가장 그렇게 하기 싫은 순간에 낮잠과 취침을 하도록 권한다.

문명화가 필요한 꼬마 친구에게 이러한 개입이 필수라는 점은 의심의 여지가 없다. 그러나 아기의 관점에서 보면 이러한 문명 나부랭이는 전혀 의미가 없다. 아기의 입장에서는 단지 신나는 놀이에 방해가 될 뿐이다. 게다가 선교사들과 아기 사이에 의사소통도 제대로 되지 않으므로 이런 혼란은 당분간 계속될 것이다.

아기는 자신만의 창조적 관심사와 탐구 생활로 이런 개입에 대항한다. 그래서 '부정적'이라는 평을 듣게 되고 우리는 생후 1년에서 2년 사이를 '부정적 사고 경향의 시기negativistic phase'라고 일컫는다. 자신의 입장을 대변할 능력이 없는 아기에게는 불공평한 처사다. 만약 아기가 좋은 변호사를 고용할 수 있다면, 부정적인 것으로 치부되는 대부분은 문화를 가진 사람들의 입장에서 본 것이며, 아기의 이른바 '부정적 사고'는 본질적으로 어른들의 부정에 대한 부정이라는 걸 보여 줄 수 있을 것이다.

그러나 공정하게 접근하려면, 문화를 가진 사람의 측면도 고려해야 한다. 엄마 젖과 젖병을 포기하고 컵을 선택하기, 변기를 사용하고 대소변 가리기 등은 꼭 배워야 하는 것이다. 위생상 이유로 이른바 보물들과 헤어져야 한다는 것을 알려 주어야 한다. 책장이나 사다리 위에 올라가는 것은 위험하다. 하루에도 여러 번 부엌 바닥의 쓰레기를 깨끗이 청소하는 것은 귀찮은 일이다. 몇 시간 더 깨어 있고 싶겠지만 녹초가 된 아기는 잠을 자야 한다.

어떻게든 이러한 교육적 목적을 달성해야 하지만, 교육 방법을 찾는 일은 쉽지 않다. 얼마 전까지도, 심지어 생후 9개월에서 12개월 무렵에도 타협이 잘 되는 편이었다. 가지고 놀도록 숟가락을 주거나 손에 작은 장난감 벽돌을 쥐어 준다면 아기는 기꺼이 녹슨 볼트를 포기했다. 거의 모든 사물들이 별 의미가 없었으므로 다른 물건과 쉽게 대체할 수 있었다. 그러나 같은 기간 동안 아기는 여전히 엄마의 마음과 몸에 찰싹 달라붙어서 아기의 의도와 엄마의 의도를 명확하게 구분할 수 없었다. 미묘한 근육 감각의 신호를 통해 교감하는 댄스 파트너처럼 쉽게 엄마의 움직임에 동조했다.

그러나 생후 1년에서 2년 무렵에는 엄마로부터 상당한 신체적 독립성을 획득하고 자기 자신의 몸과 인격의 분리에 대해 점점 더 알아 가게 되면서 아기는 더 이상 수동적인 파트너가 아니다. 자신만의 생활 리듬, 스타일을 갖게 된다. 아이는 엄마와의 차이, 즉, 자신만의 상식을 뛰어넘는 방법들이 자신의 개별성과 독특함의 표식인 양 의미를 부여하는 것처럼 보인다. 아이에게는 엄마가 원하는 것과 정반대로 하는 것이 개별화에 꼭 필요한 것처럼 보인다. 반대로 하게 되면 엄마로부터 분리, 즉 독립이 확정되는 듯 보인다. (수년 뒤 청소년기가 되면 똑같은 일이 벌어질 것이다. 아이는 자신의 신념에 따라 자기 부모나 부모 세대가 지지하는 특정 가치관에 반기를 들면서 청소년기의 독립을 선언할 것이다.)

그리하여 마음대로 사용할 수 있는 단어라고 해 봐야 몇 개 되지 않는 걸음마 단계의 아기는 '싫어'라는 귀중한 말을 배우게 된다. 뭐라고 물어도 엄숙한 태도로 '싫어'라고 한다. 많은 상황에서 아이는 별 의미 없이 즐겁게 '싫어'라고 내뱉기도 한다. 심지어 자신의 의도와는 정반대로 '싫어'라고 말할 때도 있다. 아기는 목욕을 좋아한다. "토니야, 지금 목욕하자."라고 부르면 즐거운 목소리로 "싫어!"라고 한다. (그러나 이미 욕실로 가고 있다.) 마지는 아침마다 밖에 나가 노는 것을 좋아한다. "마지야, 지금 밖으로 놀러 나갈까?" "싫어!" (그리고 나서 문 쪽으로 가고 있다.) 이것이 무엇을 말하는 것일까? 의미의 혼란일까? 전혀 그렇지 않다. 아기들은 '싫어'의 의미를 매우 잘 알고 있다. 마치 어떤 이슈에 대해서 반대표를 던짐으로써 당파적 차별성을 유지하는 것 같은 정치적인 태도이다. 아이의 "싫어!"라는 말을 국회 의사록 식으로 바꿔 보면, "저는 본 회기의 서두에 목욕과 외출에 대한 수정법안에 관한 저의 투표권을 행사함에 있어서 수정법안의 이면에 있는 강력한 이익단체의 영향을 받지 않고, 오직 국민에게 가장 이득이 되는 방향으로 저의 권한을 행사할 것입니다. 목욕에 대한 수정안에 '찬성'표를 던질 것이고, 외출에 관한 수정안에 '찬성'할 것입니다. 왜냐하면 이 두 개의 수정안이 국민의 이익에 부합하기 때문이며, 저도 목욕과 외출을 좋아하기 때문입니다."라고 쓸 수 있다. 사실 뜻만 잘 파악하면 아이가 하고자 하는 말을 다 알아들을 수 있다.

그러나 이 걸음마기의 아이가 하루 종일 부정적으로 보낸다는 인상을 가지지 말자. '부정적 사고 경향의 시기' 같은 용어 때문에 전체적 발달상이 왜곡된다. 생후 1년에서 2년간의 주요 특징은 부정적 사고 경향이 아니라 현실 세계와 뚜렷한 고리를 만들고 사람이 되려는 강한 욕구이다. 부정적 사고 경향에 대해서 논하려면 이 무렵 아기들이 새로운 발견에 매료되며 사랑의 끈을 통해 부모 및 새로 발견한 세계와 강하게 연결되어 있는 즐거운 아이들이라는 것도 기억해야 한다. 소위 부정적 사고 경향은 이 발달 과정에서의 한 단면일 뿐, 일상적인 상황에서는 질서를 해치지 않는다. 독립선언 같은 것이지, 정부*를 전복하려는 의도가 있는 것은 아니다.

이러한 행동을 육아방 혁명으로 생각하여 반란을 진압하기 위해 군대를 보낸다면 심각한 문제에 직면할 수 있다. 만약 기저귀 갈기, 보물 찾기, 낮잠, 진흙 놀이, 쓰레기봉투 뒤지기와 같은 순간을 매번 통치 위기로 변질시킨다면, 육아방 내부의 격렬한 저항, 불끈 화내기, 감정의

---

*정부는 부모에 대한 은유임.

분출을 쉽게 초래하게 된다. 그러나 감정의 분출은 생후 1년에서 2년 사이의 상황에서 꼭 필요한 것이 아니다. 이 시기의 부정적 사고 경향에 꼭 동반되어야 하는 것이 **아니다**. 이런 류의 전면적 반란은 외부로부터의 지나친 압력 또는 강한 조정 방법에 대한 반응일 뿐이다.

부정적 사고 경향은 두 살 무렵에 이루어지는 독립선언으로 보는 것이 좋다. 그러나 이 독립선언은 비상계엄령이나 임시국회, 새로운 법령, 또는 강경 진압이 필요치 않다. 시민이라면 자기 기저귀 가는 문제에 대해 항의할 권리가 있고(어쨌든 그것은 자기 기저귀니까), 정부는 위기를 초래하지 않고 기저귀를 가는 문제에 대해 특권을 행사할 수 있다. 꿈틀거릴 줄이나 알고 글을 모르며 심지어 언어조차 없는 작은 시민을 상대로 이를 달성하기 위해서는 창의력과 인내심이 필요하다. 그러나 이를 정부에 대한 음모로 다루지 않는다면, 결국 아기는 기저귀 가는 일은 일상적인 일이며 그와 함께 자신의 권리가 빼앗기는 것이 아님을 알게 되고 협조적인 태도를 취한다. 따라서 새롭게 발견한 독립정신을 억누르지 않으면서, 인격의 성장을 위해서 유익한 면은 격려하고, 그렇지 않은 부분은 납득할 만큼 억제와 금지시키는 훈련을 통해 다른 방향으로 이를 추구하도록 한다. 만약 부정적 사고의 시기를 잘못 생각하여 지나가는 발달단계가 아니라 정부를 위협하는 혁명으로 간주한다면, 몇 년에 걸쳐 아기와 힘겨루기를 하게 될지도 모른다. 아기는 아기대로 최소한의 부모 요구에 복종하면서도 마치 자신의 인격 통합에 위협이 되는 것처럼 행동하게 된다.

18개월에

생후 두 번째 해의 중간 무렵은 유아 발달의 이정표이다. 대체로 이 무렵쯤(조금 빠를 수도 있고 늦은 경우가 좀 더 많다.) 아기는 말을 배우기 시작하고 언어는 새로운 시대의 시작을 알린다. 언어를 통해 아이는 원시적 사고(화상 사고picture thinking)로부터, 언어 상징이 지배적인 2차적 고위 사고 체계로 넘어간다. 이 두 번째 체계는 훗날 논리적 또는 정돈된 사고에 근거한 복잡한 정신 곡예를 위해 사용된다. 다음 장에서 소아 발달과 언어의 관련성에 대해 논의할 것이다.

그러므로 이쯤에서 잠시 멈추고 상황을 점검해 보자.

우리는 이제 막 태어나 긴 잠에서 아직 깨지 못한 생후 1개월 된 아기로부터 이야기를 시작했다. 급박한 신체 긴장감과 욕구 충족을 위해 세상과 짧게 접촉한다. 감각기관은 있으나 감각 구별은 못한다. 정신은 티끌 하나 없이 깨끗하나 기억의 기능은 아직 생기지 않았기 때문에 이미지를 보존하고 생산할 수는 없다. 기분 좋게 깊은 잠으로 빠져들었던 세상은 미분화된 감각의 무질서 상태이다.

생후 18개월이 된 아이는 널리 여행을 하고 먹을 것을 얻거나 엄마, 아빠와 교섭하기에 충분한 몇 가지 유용한 단어를 습득한다. 아기는 현실의 특성, 주관적 또는 객관적 경험의 특성, 인과관계, 사랑의 변천과 같은 몇몇 인류의 근본적인 문제와 맞닥뜨린다. 이들 각각의 영역에 대해 필요한 연구를 한다. 이 세상에 처음 맞닥뜨린 아이가 하루에 20시간을 자던 옛날로 돌아간다고 해도 문제가 될 것은 없지만, 우리의 꼬마 친구는 기관차처럼 인간 활동을 향해 돌진하면서 무기력하게 지내려는 인간들의 생각을 뒤흔든다. 잠을 자다니 무슨 소리?

이제 아기는 이 세상의 감각적 즐거움에 혹해서 이런 즐거움을 온몸으로 사랑한다. 아기에게서 즐거운 세상을 빼앗고 어둠의 세계로 돌려보내려고 한다면 아기는 반항한다. 잠을 자라니? 하지만 보라. 아기는 더 이상 눈을 뜨고 있을 수도 없다! 피곤에 취해 있다. 분노에 차 소리쳐 울면서 밝고 아름다운 세상을 빼앗아 간 악당들에게 대항하여 거의 쓰러져 가면서도 기를 쓰고 깨어나려고 한다. 어두운 방의 요람에서 괴물 같은 부모들을 규탄하며 웅변조로 형기를 감해 달라고 간청한다. 씩씩하게 싸웠지만 실패하고 적에게 무릎을 꿇는다. 바로 잠이라는 적에게.

3

'문명화와 그에 따른 불만'

이론만 좋으면 뭘 하나?

앞서 말한 아동 발달 연구들을 실제 생활에서 어떻게 이용할 수 있을지 알아 보자. 밤새 빽빽 울어 대는 아기가 있는 부모라면 내가 여기서 제시하는 재미난 이론들이 별로 탐탁지 않을 것이다. 아기를 기르면서 실제로 부닥치는 문제들은 수도 없이 많다. 부모에게 요구되는 것도 많다. 아기의 발달단계에 따라 어떤 단계에서는 세상을 경험하는 방식이 이렇고, 다른 단계에서는 다르게 경험한다는 것을 아는 것이 무슨 도움이 되나? 좋은 부모가 되기 위해 아기 발달의 이렇게 사소한 차이까지 알아야 할 필요가 있나? 글쎄, 엄격하게 말하자면, 아니다. 좋은 부모라면 아기 발달 이론에 대한 지식이 있든 없든 잘 키울 것이다. 하지만 그러한 지식으로 무장한 부모라면 아이를 기르는 일이 좀 더 쉬워질 수 있을 것이다. 좋은 부모라고 해도 이해할 수 없는 아기의 행동에 부딪치게 되면 불확실성, 곤란함, 불안 등을 경험하게 되는데, 그런 경우에 이러한 지식이 있다면 적어도 부분적으로나마 해결이 가능하다. 이런 지식을 알고 있는 부모라면 아기가 각 발달단계별로 겪게 되는 전형적인 문제들을 극복하고 어려운 상황을 헤쳐 나가도록 도와줄 수 있다.

생후 첫 3개월경 경험할 수 있는 실제 문제 중 하나를 예로 들어 보자. 영아기 초기, 아기가 부모를 잠 못 이루게 만드는 경우가 있다. 다음과 같은 경우이다. 아기가 몇 시간 동안 울어 댄다. 배불리 먹고 잠이 들었다가도 한 시간 정도 지나자 킹킹거리다 성마른 울음을 터뜨리더니 급기야 앙앙 울어 댄다. 엄마가 안아 주면 잠시 그친 듯하다가 다시 악을 쓰며 울어 댄다. 아픈 건 아니다. 복통이 있는 것도 아니다. 의사가 진찰했는데 의학적 이상을 발견하지 못했다고 가정하자. 그렇다면 뭘까? 엄마는 "얘가 배가 고픈가 봐요."라고 했다가, 얼마 전 배부르게 먹고 잠이 든 것을 기억해 냈다. 그래도 다시 젖을 먹여 보지만 잠시 후 배고픈 게 원인이 아니라는 것을 금세 알게 된다. 배고픈 게 아닌데 왜 아기는 입으로 뭔가를 빠는 모양을 짓는 걸까? 왜 뭔가 입에 넣기를 원하는 것처럼 보일까?

이럴 때 이론이 필요한 것이다. 먼저 옛날 이론을 살펴보자. "아기가 버릇이 나빠서 그렇다. 단순히 관심을 끌고자 하는 것이다. 우는 것은 부모에게 반항하는 무기이며, 동시에 자기 멋대로 하려는 수단이다." 이 이론은 다음과 같은 전제하에 가능하다. 생후 3개월 미만의 아기는 부모에게 저항하려는 계획을 실천할 수 있는 정신적 능력을 갖추고 있으며, 부모의 잠을 방해하고 부모가 괴로워하는 것을 즐긴다. 그렇듯 잔인한 계획을 실천에 옮길 수 있으려면 아기에게 (1) 생각, (2) 대상 세계의 사건 인지, (3) 최소한 인과관계를 알 수 있는 능력의 싹이 있어야 한다. 우리가 알고 있는 세 살 이하의 아이에 대한 지식의 한도 내에서는 이 이론을 지지할 수 없다. 외부 대상 세계와 자기를 연관시킬 수 있는 생각이나 지각 능력이 없기 때문에 아기는 자기의 행동이 대상 세계에 영향을 줄 수 있다는 생각을 할 수 없다.

이 나이 또래 아기의 능력과 아기가 필요로 하는 것들을 설명해 줄 수 있는 다른 이론을 찾아보자. 이 무렵 아기들은 급박한 생물학적 필요에 의해 행동한다. 아기가 보이는 장애는 통증이나 신체 기관의 불편함 때문에 생겨난다. 이 나이 또래 아이들에서는 질병이나 충족되지 못한 신체적 요구가 통증이나 불편함으로 이어진다. 앞서 말한 아기에서 일차적 원인으로 기질적 장애(신체 문제) 가능성은 없는 것으로 가정하였으므로 충족되지 않은 신체적 충동 가능성을 검토해 보자. 배고픔 역시 배제할 수 있으므로 다른 요인들을 고려해 봐야 할 것이다. 하지만 환자(아기)는 협조할 생각이 없다.

아기가 울어 대는 동안 아기의 행동을 관찰해 보자. 울지 않고 있는 동안 입으로 급히 뭔가를 빠는 모습을 볼 수 있다. 때로는 손을 입에 넣고 열심히 빨아 먹는다. 그것은 우리가 알고자 하는 충족되지 못한 욕구가 빠는 것과 연관이 있음을 시사한다. 그렇지만 어떻게 그럴 수 있는 걸까? 분명 아기는 충분히 먹었고, 배고프지 않다는 사실을 확인하지 않았던가? 그건 맞다. 하지만 아기는 배고픔과는 별개로 빨기 자체가 필요하다. 엄마 젖을 먹는 아기들은 젖을 빠는 것으로 대개 충족되지만, 많은 아기들은 젖을 먹고 난 후에도 빠는 욕구를 채울 수 없다. 따라서 입에는 참기 힘든 긴장감이 남는다. 이러한 긴장감 때문에 앞서 말한 장애가 유발된다. 이것은 매우 구체적인 욕구이기 때문에 안고 왔다 갔다 하기, 먹을 것 더 주기, 기타 평안함을 조성할 수 있는 어떤 방법을 쓴다 해도 거의 또는 아무 효과도 없다.

이런 걱정거리가 충족되지 못한 빠는 욕구 때문이라는 게 맞다면 아기가 더 빨 수 있도록 해 주면 불편감을 덜어 줄 수 있을 것이다. 지난 수 년 동안, 지각 있는 소수 소아과 의사들이 충분히 빨지 못해서 불안이 있을 것으로 보이는 아기들에게 구닥다리 공갈젖꼭지pacifier를 사용하기 시작했다. 몇몇 사례를 제외한 대부분의 아기들이 오랫동안 부모와 소아과 의사들을 좌절하게 만들었던 이 문제로부터 금세 벗어났다.

하지만 공갈젖꼭지가 습관이 되는 것은 아닐까? 이 특별한 요구를 충족시키기 위한 특별한 방법으로서 공갈젖꼭지 사용을 장려한 스포크 박사Dr. Spock*는 '습관이 될' 가능성은 거의 없고, 실제로 공갈젖꼭지를 사용한 아기들 대부분이 빠는 욕구가 줄어들면서 공갈젖꼭지에 대한 흥미도 사라졌다고 주장한다. 생후 3, 4개월 정도 되면 공갈젖꼭지를 사용하던 아기들도 그에 대한 관심이 줄어드는 것을 저자도 관찰하였다. 이 무렵이 되면 빨고자 하는 욕구는 긴박감이 떨어진다. 아기 자신이 공갈젖꼭지에 관심을 잃을 때쯤 서서히 아기에게서 이를 떼어 내면서 잘 견디는지 관찰한다. 아직 필요로 하는 것 같으면 일시적으로 다시 사용한다.

하지만 생후 수개월까지 공갈젖꼭지를 아기를 조용하게 있도록 할 목적으로 계속 사용한다면 이는 말 그대로 '진정제'**일 뿐이며, 어려움을 겪게 될 수 있다. 생후 6개월 이후에는 빨기를 목적으로 한 공갈젖꼭지를 사용할 필요가 없다. 아마도 다른 목적으로 계속 사용될 것이다.

---

*Benjamin Spock(1903~1998): 미국 소아과 및 정신과 전문의. 아기와 가족의 역동을 이해하기 위해 정신분석을 공부한 미국 최초의 소아과의사. 1946년『The common sense book of baby and child care』를 출간하였고, 1998년까지 5천만 부 이상이 팔렸으며, 39개국에서 번역판이 나왔다.
**pacifier는 공갈젖꼭지라는 의미 외에 진정시키는, 조용히 만드는 것이라는 뜻도 있다.

바쁜 엄마들은 아기를 조용히 있게 할 목적으로 아기 입에 공갈젖꼭지를 물려 놓는다. 그러나 아기가 공갈젖꼭지를 만능 아기 돌보미로 여기고 애착을 갖게 될 가능성이 있으므로 이는 권장할 만한 것이 아니다.

충족되지 못해서 더 빨고 싶은 아기의 욕구와 빨기 보조도구로서 공갈젖꼭지 사용은 이론과 실제 관계의 좋은 사례이다. 아기가 보이는 이러한 소란의 원인을 모르거나 잘못 해석한 경우 적절한 해결책은 없다. 요람 안의 아기가 부모를 골려 주기 위해 잔머리를 굴리는 것이라는 옛날 이론을 믿는다면, 이러한 소란 해결에 동원하는 방법은 폭동 진압 이론을 따를 수밖에 없다. 다음과 같은 장면이 바로 30년 전* 육아 방식에서 볼 수 있었던 풍경이다. 배가 고프지도 않고 오줌을 싼 것도 아니고 아프지도 않은 아기가 소리소리 지르는 데 대항해서 부모는 의도적으로 아기방 문 뒤쪽에서 꼼짝도 않는다. 조금만 양보해도 반역자(아기)의 성격이 나빠질 수 있으므로 부모 각자는 자기 내부로부터의 습격에 영웅적으로 저항하면서 (마음이 약해져서 항복하려는 서로를 만류하면서) 아이와 부모 중 "누가 이 집의 진정한 주인인가"라는 질문의 결론을 내리게 된다.

오늘날 과거의 그러한 아기 단련법을 듣고 있노라면 움찔하게 된다. 3개월짜리 아기에게 거둔 승리는 초라해 보이며 현대적 시각에서 보면 빵점짜리일 뿐이다. 그 나이의 아기가 복수할 생각을 할 리는 없으나 아이의 다급한 욕동은 부모가 뭘 해 줘도 수그러들지 않는다. 충족되지 않으면 긴장은 점차 높아지고 울음을 터뜨리거나, 성마르게 굴거나, 먹기, 싸기, 잠자기 등에 이상이 생긴다. 초기 유아기에는 결국 욕동이 이긴

---

*이 책이 출간된 해가 1959년임을 기억하라.

다. 1920년대의 "하염없이 울게 두는" 육아 방식으로는 욕동을 당해 낼수 없다. 충족되지 못한 유아기의 충동으로부터 파생된 욕동은 이러한 장애가 늘어나는 결과를 초래한다. 그때나 지금이나 완성된 훈육 원칙은 없다. 왜냐하면 아기 입장에서 자기의 욕동을 조절하기 위해 부모와 공조할 방법이 없기 때문이다.

먹이기와 먹이기 이론

1920~30년대에는 아기 식습관 훈련은 시간 맞춰 먹이기가 대세였다. 성격 형성은 출생하는 날부터 시작되며, 시간을 정해 먹이는 습관을 통해 견실한 성격의 기초가 마련된다는 심리적 이론에 근거한 것이다. 4시간마다 먹이기 원칙은 생후 첫 몇 달 동안 아기들이 **대개** 약 4시간에 한 번씩 깨서 젖을 먹는다는 관찰에서 비롯된 것이다. 4시간마다 젖을 먹도록 타고나지 않은 이상, 아기들은 이러한 과학 작품* 때문에 크게 고생한다.

표준시에서 서머타임으로 바뀐다든가 동부시간**에서 중부시간으로 바뀌는 등, 그 자체로 문제가 될 수 있는 경우가 아니라면 고생할 일이 없었을 것이다. 하지만 위장의 운동이 다른 시간 체계에 따라 수축한다든가 또는 시간 체계 없이 움직인다면, 독립당이나 진보당처럼 당시 기

---

*과학 작품scientific caprices: 뭔가를 신중하게 실천에 옮길 때 조심스럽고 체계적으로 행동하지만 결과적으로 어리석고 우스꽝스럽게 보이는 경우
**동부시간: 미국대륙은 동부 표준시, 중부 표준시, 산악 표준시, 태평양(서부) 표준시가 있으며, 각각 한 시간의 차이가 있다.

준으로 볼 때는 시대 조류에 맞지 않는 아기들이다. 그러한 제멋대로인 아기에게 평균 수축 시간대를 지키는 위장 훈육이야말로 그 시절 성실한 부모들의 최대 과제였다. 그 시절 좋은 엄마가 되려면 아기 우는 소리에 귀를 막고, 이를 악물고, 부엌시계가 배고파야 할 시간을 알릴 때까지 기다려야 했다. 주부 대상 잡지에서는 제멋대로인 아기의 식욕에 굴복한 부모들을 가혹하게 나무랐다. 이는 응석받이로 키우기로 간주되며, 잘못된 성격 형성으로 진행될 수밖에 없다고 하였다.

이러한 이론의 제안자들은 시간이 흐르면 대부분의 아기들이 개인적 특이성에 상관없이 표준 시간대(4시간 간격 시간표)를 지키게 될 것임을 증명할 수 있었고, 인간의 적응력을 입증하는 것처럼 보였다. 그러나 사실 대부분의 아기들은 생후 2, 3개월이 되면 시간 맞춰 먹이기나 과학 작품의 도움 없이도 대략 4시간마다 먹게 된다. 이는 출생 시 아기의 크기, 특별히 성장에 필요한 것들, 기타 다른 인자들과 관계가 있다. 부모가 시계를 들고 시간 맞춰 먹인다고 해서 조절할 수 없다는 것이 최신 지견知見이다.

아기 위장을 정해진 시간마다 작동시키려는 계획은 예기치 못한 결과를 낳았다. 음식을 놓고 벌이는 투쟁이 유아의 초창기부터 정착되면서 음식 전쟁은 이후에도 몇 년간 가족이 모이는 저녁 식탁에서도 벌어졌다. 먹는 문제는 1920년대와 1930년대 아동병원과 소아과 의사들의 주된 호소 목록 중 상위권을 차지했다. 좌절된 본능이 앙갚음을 한 것이다.

요즘 급식 원칙은 아이가 배고픈 조짐을 보일 때 먹이는 것이다. 오늘날 독자들에게는 진부한 이야기로 들릴지 모르겠으나 아기들의 위장이 과거 이론에서 주장하는 것과 다르다는 것을 밝히는 데 20여 년이 걸렸음을 기억해야 한다. 자연 그대로의 위장 기능을 발휘하는 오늘날의 아기들은 이러한 양육법 하에서 건강하게 자라고 있다는 징표를 여러 면에서 내보인다. 엄마와의 관계도 과거 시계추 아기들에 비해 훨씬 부드럽다. 배고픔을 충족시켜 주기 때문이다. 엄마와 아기 사이의 음식 얻어 내기 전쟁이 사라진 후에는 급식 문제도 소아과와 아동병원의 주된 호소 목록에서 빠졌다.

조심성 있는 엄마는 이렇게 묻는다. "요즘 이론이 더 낫다는 걸 어떻게 알아요? 여성복 유행이랑 비슷한 게 아닐까요? 치맛단 유행 바뀌는 것처럼 시계추 급식법이 내년에 뜨지 않을 거라고 누가 보장하겠어요?"

과거 25년여 동안 아이 기르기 방식이 괴상하게 변화한 것을 감안하면 부모들이 비판적으로 나오는 것이 당연하다. 하지만 좋은 이론은 어디서 나오는가? 이론은 유행 같은 게 아니다. 과학적 이론은 관찰로부터 나온다. 엄격한 사용 시험을 통과할 때 유용한 이론이 된다. 1920년대 적용했던 아기 급식 이론은 충분한 관찰로부터 나온 것이 아니기 때문에 좋은 이론이 될 수 없다. 그 당시의 먹이기 이론은 입증되지 않은 유아의 신체적 및 정신적 능력에 관한 가설에 토대를 두고 만든 엉터리 이론이었다. 그때나 지금이나 유용한 자료를 종합해 보면 생후 수개월 된 유아는 식욕을 억제하거나 굶주림 충족을 지연시킬 수 있는 정신적 기능이 없음을 알 수 있다. 생물학적으로 생존을 책임져야 하므로 아기의 배고픔은 절박하며, 욕망 충족은 긴박한 사안이다. 배고픔 충족을 억제하는 것은 아기의 가장 필수적이며 강력한 욕구에 반대하는 것이다. 이 정도 정보만으로도 충족 억제가 아기에게 극도의 무력감과 고통 반응을 야기시키고, 아기와 엄마 사이에 심한 갈등을 일으킬 것이라는 것을 쉽게 예상할 수 있다.

우리는 아기 먹이기에 대한 오늘날의 이론이 더 낫다고 생각한다. 아기의 성질과 아기가 갖고 태어난 능력들을 감안한 이론이기 때문이다. 연구나 시험에서도 더 지지를 받았다. 오늘날 이론을 따르면 유아와 엄마 사이가 평화로운 관계가 된다. 심각한 섭식 장애 발생도 훨씬 줄어든다.

물론 오늘날 우리가 사용하는 아기 급식 방법이 완전히 새로운 것은 아니다. 사실 인류의 역사만큼이나 오래된 것이다. 새로운 것이 있다면 이 방법의 과학적 근거를 제시하기 위해 축적된 증거 정도이다. 인기 있는 아기 급식 방법? 유아 발달에 대한 엄청난 과학적 정보를 무시하거나 지구에 완전히 새로운 종류의 아기들이 나타나지 않는 한, 이 방법이 뿌리째 흔들릴 가능성은 거의 없다.

그런데 왜 굳이 아기 양육에 대한 신구 이론을 이렇게 비교해 보고 논의해야 할까? 이 책이 지향하는 목표에 도달하는 에움길이기 때문이다. 아기 양육 방법은 변덕을 부리거나, 유행을 따르거나 구호로 내세울 일이 아니며 그래서도 안 된다. 아기 양육 방법은 발달 중인 아이에 대한 이해, 즉 어느 일정 단계에서의 아기의 육체적·정신적 능력에 대한 이해, 따라서 각 단계별로 부모의 기대에 따라 아기가 행동을 배우고 조절하고 적응하기 위한 준비의 이해로부터 도출되어야 한다.

이들 이론에 의하면, 아기 양육 방법은 한 가지만 있는 게 아니라 발달 과정 중 특정 단계에 있는 특정한 아이에게 맞는 방법이 각각 따로 존재한다. 어떤 발달단계에 적용 가능한 이론은 다른 단계에서는 전혀 적용할 수 없기도 하다. 예를 들어 보자. 생후 첫 몇 개월 동안 아기를 돌보는 이론은 필요한 것을 모두 충족시켜 주는 것을 기본으로 한다. 하지만 두 돌배기 혹은 그 이상의 아이에게 적용한다면 자기중심적 self-centered이고 심하게 의존적이며 버릇없는 아이가 될 것이다. 유아와 나이 든 아이의 능력 차이가 분명하기 때문이다. 갓난아기는 완전히 의존적일 수밖에 없고 충동을 조절할 수단이 전혀 없기 때문에, 필요한 욕구는 최대한 채워 줄 수밖에 없다. 하지만 아이가 신체적, 정신적으로 성숙해지면서 충동을 자제하고 신체적 필요를 조절할 수 있는 힘이 점차 늘어난다. 자기조절이 점차 용이해지게 되면서 아이에 대한 부모의 기대도 늘게 되고 따라서 아이를 다루는 방식도 달라진다.

유아기와 아동기 문제 중 상당수는 새로운 발달단계로 넘어가는 시점에 나타난다. 앞장에서도 보았듯이 유아기 발달의 주요 단계마다 아이와 부모는 새로운 문제에 직면한다. 아기와 엄마 사이에 강력한 사랑의 연결이 이루어지면 아이는 엄마와 분리될 때 불안을 느끼게 된다. 직립에 대한 갈망, 즉 스스로 이동하는 것이 가능해지면 신체 동작이 방해받을 때마다 불안과 전형적인 행동 문제가 드러난다. 만 두 살 무렵 신체적 독립과 독립된 자아가 출현하면 반항 단계로 이어진다. 두 살이 되어 젖을 떼고 대소변 가리기 훈련에 들어가면 쾌락을 추구하며 살던 아기에게 문제가 발생한다. 외부로부터의 요구가 점점 많아지기 때문이다.

새로운 발달단계를 맞아 발생하는 문제에 대해 아이들은 각자의 방식으로 대응한다. 각 단계별로 일시적 수면이나 섭식장애 혹은 행동이상이 나타날 수 있다. 그렇기 때문에 '섭식 문제', '수면 문제' 혹은 '반항 행동' 등이 전혀 다른 분야의 장애인 양 말하는 것은 적절치 않다. '발달상 문제'라고 하는 것이 옳다. 발달단계에서 발생한 섭식과 수면 문제 또는 행동이상이 나타나게 된 의미를 파악하는 것이 중요하다. 이렇게 접근해 간다면 이러한 장애들이 각 발달단계별로 특별한 의미가 있음을 알게 되고, 문제를 다룰 수 있는 방법을 찾아내고 이해하기가 수월해진다.

분리불안과 관련된 장애

생후 첫 해 삼사분기(7~9개월) 동안 아기가 엄마와 떨어질 때 흔히 불안 반응을 보이는 것을 앞서 검토하였다. 아기들의 반응은 각자 상당히 차이가 있다. 그냥 가볍게 지나갈 수도 있고 매우 심하게 나타날 수도 있다. 대표적 반응은 다음과 같다. 엄마가 잠시 떠나려 할 때 아기는 저항한다. 다른 방에서 엄마가 다른 일을 해도 불만을 터뜨린다. 다른 이가 돌봐 주는 것도 허락하지 않는다. 밤에 자는 것은 물론 낮잠 자기 등 불가피하게 떨어지는 모든 것에 반항한다.

앞서 본 것처럼 아기의 발달 문제는 엄마와의 강한 애착과 엄마가 안 보이면 엄마가 사라진 것이라고 생각하는 원시적 공포와 관련이 있다. 아기의 원시적 사고 체계 하에서는 엄마가 보이지 않으면 더 이상 존재하지 않는 것이다. 여기서 아기에게 필요한 것은 개념이다. 자기가 엄마를 볼 수 있든 없든 간에 엄마는 영원한 그리고 실질적 존재임을 알 필요가 있다. 하지만 이런 개념이 형성되려면 몇 개월이 더 지나야 하며, 그때까지는 아이나 부모 모두 문제를 가지고 있다.

물론 그 개념이 생길 때까지 아기가 수개월 내내 의기소침한 것은 아니다. 사라졌다가 돌아오는 문제를 풀기 위해 다양한 실험을 통해 활발한 탐색 활동을 벌인다. 사라짐과 돌아옴 실험에서 부모를 실험 대상으로 채택하지만 않았더라도 꼬맹이 과학자의 놀랄 만한 과학적 탐구 정신을 찬양할 수 있었을 것이다. 연구를 낮에만 하면 얼마나 편할까? 아이의 연구에 도움이 되기는 하지만 부모 입장에서는 새벽 두세 시까지 잠을 못 자고 자신들의 존재를 인지시키는 것은 고역이 아닐 수 없다. 자느라고 살았는지 죽었는지도 모를 정도로 늦은 시간에 말이다!

그러다 보니 이 시기에는 아기는 물론 부모에게도 실제 문제가 많을 수밖에 없다. 이러한 분리반응을 어떻게 다뤄야 할까? 어떻게 해야 아기는 이 문제를 극복할 수 있을까? 엄마가 계속 아기와 함께 있으면서 안심시켜 줘야 할까? 그게 도움이 된다고 해도 어떻게 실천에 옮길 수 있을까? 그렇게 하면 아이가 불안을 느끼지 않을 수도 있겠지만, 스스로 분리불안을 극복할 수 있는 방법을 터득하지 못할 것이다. 그러면 대체 어떻게 해야 할까?

경험 많은 엄마는 아기가 울고 떼쓰고 할 때마다 안심시켜 주고 포근하게 해 줄 필요는 없음을 알고 있다. 특히 이 시기의 아기들에게는 더욱 그렇다. 생후 첫 1년의 사사분기(10~12개월)부터 두 돌 사이가 되면 아기는 무력감이나 공황 상태에 빠지지 않고도 어느 정도의 불편함과 불안을 견딜 수 있다. 이제 그 나이가 되면 사소한 좌절 상황이나 엄마가 잠시 아기 옆을 비우는 경우에 저항하고 떼쓸 때, 전처럼 달래 주지 않아도 금세 잠잠해진다. 밤에 나이 든 아기들이 떼쓰고 화낸다 해도 꼭 가 볼 필요는 없다. 잠시 기다리면 조용해진다. 하지만 아기 우는 소리가 뭔가 다르다면, 즉 평소와 다른 불안한, 혹은 겁에 질린 울음소리라면 정말 필요해서 그런 것이므로 아기에게 가서 안아 주고 안심시켜 주어야 한다.

여기서 지침이 될 만한 원칙이 있는지 알아보자. 조금 나이 든 아이가 자기를 사랑해 주는 사람과 헤어지는 것을 고통스러워 한다는 것은 이제 알고 있다. 아기는 이런 고통에 저항할 권리가 있다. 동시에 이러한 고통, 이러한 불편함은 **정도가 아주 심하지 않으면** 견딜 수 있는 것임을 배우게 된다. 가벼운 불편은 스스로 조절할 수 있도록 도와줄 필요가 있다. 달래 주기 위해서 부모가 즉시즉시 나타난다면 아기는 참을성을 기를 필요를 느끼지 못한다. 아기가 얼마만큼 견딜 수 있을까? 조금만 신경을 쓰면 아이의 참을성의 한계를 알 수 있다. 떼쓰고 징징거리던 울음소리가 긴박한 또는 심하게 겁에 질린 호출로 바뀌는 순간이 바로 아기가 정말로 부모를 원하는 순간이며 가 봐줘야 하는 시점이다. 이때야말로 정말 불안한 것이고 안심시켜 줄 필요가 있다. 그렇지만 좀 큰 유아나 어린아이들의 우는 소리를 같은 수준으로 생각하면 안 된다. 그 나이가 되면 초기 유아기와 반대로 아기는 어느 정도 불안이나 불편함을 스스로 조절할 수 있다. 부모는 아이가 '정말' 부모의 달램을 필요로 하는지 판단만 하면 되고 필요하다면 도와주면 된다.

　이 무렵 흔히 볼 수 있는 밤에 자다 깨는 문제도 잘 판단해서 대처해야 한다. 물론 자다 깨서 불안한 목소리로 우는 아기는 엄마나 아빠가 달래 줘야 한다. 다시 잠들게 하려면 보통은 부모의 목소리를 들려주거나 톡톡 가볍게 두드려 주는 것만으로도 충분하다. 가능한 아기 침대에 그냥 둔 채로 달래 주도록 해야 한다. 아기가 평소와 달리 불안이 심하거나 실제 병이 나지 않은 이상 항상 아기를 안아서 달래 줄 필요는 없다. 아주 심하게 밤에 깨는 경우가 아니고 그 나이에 흔히 접할 수 있는 일반적인 경우라면 아이를 안고 왔다 갔다 하거나 아이 방에 가거나 장난감을 주거나 음료수나 물을 주거나 기분전환을 시켜 주고 즐겁게 해 줄 필요는 없다. 밤에 깨는 아이에게 특별한 만족과 기쁨을 준다면 밤에 깨고 싶은 새로운 동기를 심어 주는 꼴이 된다. 꼭 필요해서 깨는 것이 아니고 재미로 깨게 되는 셈이다. 대표적인 예가 바로 피곤에 지친 엄마가 아기를 자기 침대로 데려가는 것이다. 아기 입장에서야 계속 깰 때마다 보챌 수 있으니 대단히 만족스런 해결책이 아닐 수 없고 급기야 똑같은 일이 반복될 가능성이 높다. 부모 입장에서는 좋은 해결책이 될 수 없고 아기의 정신건강 측면에서도 좋은 해결책이 아니다. 그런 상황에 휘말리지 않도록 예방하는 것이 최선의 방법이다.

그렇다면 잘 시간에 심한 불안을 보이고 밤에 자다가 심하게 놀라고 여러 번 깨고 낮 동안 잠깐이라도 엄마와 떨어질 때마다 극심한 두려움을 보이는 아기는 어찌해야 하나? 이것은 완전히 다른 문제이다. 분리불안 극복을 위해 쓰이는 보편적인 방법들은 이런 경우에는 대개 효과가 없다. 일단 원인을 찾아낼 필요가 있다.

어떤 경우에 분리반응이 격심하게 나타날까? 분리와 관련된 어떤 경험 때문에 엄마가 어디론가 갔을 때 아기가 위험 상황으로 느낄 수 있다. 단순한 예를 하나 들어 보자. 생후 8개월 된 캐롤은 매우 심한 수면장애를 보였다. 매일 밤 열한 시경이면 소리를 지르며 깨어나 부모의 갖은 노력에도 불구하고 다시 재우려면 몇 시간씩 걸리곤 했다. 캐롤의 공포는 대단했으며, 엄마에게 필사적으로 매달렸다. 침대를 두려워했고, 엄마가 자기를 떠날까 봐 겁을 냈다. 캐롤의 수면장애는 밤에 잠에서 깼을 때 어떤 낯선 이가 방에 들어온 그날부터 시작됐다. 부모가 외출을 하면서 보모에게 아기를 부탁했던 날이다. 잠에서 깬 캐롤은 낯선 이의 얼굴을 발견하고는 겁에 질려 울기 시작했다. 보모는 아기를 달래기 위해 자신이 할 수 있는 최선을 다했지만, 겁에 질린 캐롤은 부모가 돌아올 때까지 몇 시간 동안 울었다. 그날 이후 몇 주째 아기는 밤마다 깨서 심하게 울어 대고 잠들지 않으려고 했다. 부모가 옆에 꼭 붙어서 사라지지 않을 거라는 확신을 주어도 소용이 없었다.

과거의 그날 밤 사건이 아기에게 왜 그리도 인상적이었을까? "참 희한한 일이에요. 전에는 잠자다 깨서 우리 말고 보모를 봐도 신경 쓰지 않았어요. 항상 같은 보모를 부른 것도 아니거든요. 이번 일은 전혀 예상치 못한 일이에요."이 사건을 이해하기 위해서는 아기 발달 과정의 이해를 통해 과거와 현재의 차이를 느낄 수 있어야 한다. 과거 캐롤이 낯선 이에게 보이던 반응과 오늘날 반응은 전혀 다르다. "전에는 전혀 신경 쓰지 않았어요."라는 엄마의 말을 들으면 생후 8개월 된 캐롤의 발달단계의 특징과 모녀간의 관계가 변했음을 알 수 있다. 이 무렵이 되면 아기는 엄마에게 강한 애착을 형성하고 낮 시간이라도 낯가림을 한다. 낯선 이에 대한 반응은 엄마와 다른 이를 구분할 수 있게 되었다는 신호이며, 엄마를 만족과 보호를 주는 인물로 인지할 수 있게 되었다는 표시이다. 엄마 얼굴을 기대하고 있는데 낯선 이가 나타나면 엄마를 잃어버렸다는 또는 엄마가 없다는 것을 상징하므로 아기는 불안해진다. 그런 상황에서 엄마의 존재를 알게 되면 곧바로 아기의 불안은 해소되는 게 일반적이다. 하지만 캐롤이 깨어나서 낯선 사람의 얼굴을 보았던 그날 밤, 불안을 달래 줄 엄마는 나타나지 않았고 이 경험은 아기에게 매우 강한 인상을 남겼다.

하지만 그 사건 이후 계속해서 매일 밤 아기가 깨는 이유는 무엇인가? 부모가 달래 주러 와도 계속 울고 다시 잠들지 못하는 이유는 무엇 때문일까? 아기가 우리에게 말해 줄 수 없기 때문에 다시 이론적으로 생각해 봐야 한다. 캐롤 또래 혹은 더 어린 아기들은 매우 단순한 형태의 꿈을 꾼다. 초기 아동기에 걸쳐 흔한 꿈 중의 하나가 바로 불안몽이다. 깨어 있을 때 놀랐던 일이 두고두고 반복된다. 꿈에서 불안을 다시 경험하는 아이는 놀라서 비명을 지르고 깨어난다. 비명소리는 꿈에 대한 반응인 동시에 부모를 부르는 신호이다. 캐롤이 보모와의 경험 이후 날마다 심하게 불안해 하면서 깨는 것은 불안몽 때문일 가능성이 매우 높다. 꿈에서 낯선 얼굴이 나오면 처음의 불안이 되살아났던 것이다.

엄마, 아빠가 나타나서 아기를 안심시켜 주고 아무 일 없다고 확인시켜 주는데도 아기가 다시 잠들지 못하는 이유는 또 무엇인가? 침대로 가서 잠드는 것을 두려워하는 것처럼 긴장하고 깨어 있으려 하는 이유는? 다시 잠들면 낯선 얼굴이 떠오르고 또 놀랄까 봐 두려워서 그럴 가능성이 농후하다. 캐롤은 자기가 꿈을 꾸고 있다는 것을 모른다. 만 세 돌이 될 때까지도 아이는 꿈이라는 것을 모른다. 유아기와 초기 아동기에는 꿈속의 일들을 실제 사건인 양 받아들인다. 말문이 트여서 자신을 놀라게 한 것이 무엇인지 말해 줄 수 있는 두 살짜리 아이조차도 자기 침대에 호랑이가 들어와 있었다고 확신한다.

캐롤에게는 아직 내용을 설명해 줄 수 없다. 캐롤에게는 아직 언어가 없고 꿈과 현실도 구분하지 못한다. 불안은 엄청난 고통을 초래한다. 부모가 달래 주려고 해도 별 효과가 없다. 어쩌면 좋은가? 캐롤이 불안을 극복하도록 도와줄 수 있는 방법을 찾아야 한다. 하지만 말이 안 통하는 아기를 무슨 수로 도울까?

정상 아동 발달에서 단서를 찾아보자. 아기들은 보통 불안을 어떻게 극복할까? 극심한 불안에 시달리는 게 아니라면 그 정도 두려움은 스스로 극복하는 방법을 개발한다. 그 문제를 '사라졌다 되돌아오기'에 준해서 접근하는 것으로 보인다. 예를 들어 엄마는 '사라지지만' 대개 되돌아온다. 이 시기의 아기들은 이를 마치 마법처럼 사라졌다 되살아나는 것으로 느낄 것이다. 왜냐하면 아기들은 자기가 보든 안 보든 실제 혹은 영원한 대상이 존재한다는 개념이 없기 때문이다. 이러한 마술은 일상적인 경우에는 잘 통하지만 특정 경험을 하게 되면 마법이 통하지 않는다. 엄마가 '사라지고' 돌아오지 않는다면, 특히 아기가 엄마 때문에 불안해 하거나 특별히 엄마가 필요할 때라면, 게다가 엄마의 빈자리를 채워 줄 친숙한 사람마저 없다면, 마법 공식은 도움이 되지 않으며 자기를 달래 줄 사람이 없는 아기는 심각한 불안을 경험한다.

이 또래 정상 아기들이 사라지고 되돌아오는 문제를 어떻게 처리하는지 계속 관찰해 보자. 이 시기의 발달단계에서 아이들이 가장 좋아하는 놀이는 무엇일까? 까꿍 게임 혹은 유사 게임을 질리지도 않고 한다. 기저귀나 턱받이로 얼굴을 가렸다가 내리면서 좋아 죽겠다는 듯이 게임을 즐긴다. 호응해 주는 어른과 숨기 놀이를 계속한다. 어른이 사라질 때는 자못 진지한 표정을 짓지만 다시 나타나면 즐거운 비명을 지른다. 어른은 지쳐 나가 떨어져도 아기는 지치지도 않고 한다.

그 놀이가 왜 재미있을까? 자기를 사랑해 주는 사람이 사라지고 되돌아오는 것이 그토록 문제가 되는데 어떻게 아기는 이를 재미난 놀이로 여길 수 있을까? 이 놀이에는 여러 가지 목적이 있다. 첫째, 자신이 조절할 수 있을 만한 상황(사라진 사람은 기다리면 **항상** 돌아옴) 하에서 사라짐과 되돌아옴을 **반복**함으로써 이러한 문제와 관련된 불안을 극복할 수 있도록 스스로를 돕는 셈이 된다. 둘째, 실제 상황이라면 괴로울 수 있는 경험이 놀이를 통해 즐거운 경험이 된다.

캐롤 사례를 통해 이 이론을 재확인해 보자. 밤에 깰 때마다 엄마가 사라졌던 경험을 **반복한다**. 원래 느꼈던 불안도 반복된다. 정상 유아의 놀이에서 보았던 반복과 캐롤 사례의 반복에서 보이는 기제 사이에 유사성이 있다. 캐롤 역시 과거 놀랐던 경험에 따른 파장을 극복하기 위해 그 경험을 반복한다. (예를 들어 어른이 강도를 만나 놀란 경험을 한다면, 만나는 사람마다 붙들고 그 사건에 대해 이야기할 것이다. 이렇듯 말로 반복함으로써 그 경험에 따른 악영향을 줄이는 데 도움이 된다.) 캐롤에게는 아직 언어가 없다. 따라서 불안몽을 통한 원시적 기제를 통해서만 경험 반복이 가능할 뿐이다.

이제 정상적인 발달에서 얻은 정보를 가지고 캐롤 사례를 도울 수 있는 방법을 정리해 보자. 모든 정상 아기들이 분리불안을 극복하기 위해 즐겨 하는 놀이에서처럼, 사라지고 되돌아오기를 캐롤에게도 적용할 수 있다면 밤 시간 대신 낮 시간에 문제 해결을 위한 답을 구할 수 있다. 게임에서의 반복을 통해 꿈에서의 반복을 대체할 수 있다. 되돌아오기 놀이에 비해 꿈이나 밤에 깨는 것은 아이 스스로 조절하기가 힘들기 때문에, 꿈보다는 놀이를 통해 조절력을 기르는 편이 훨씬 유리하다.

이 이론은 캐롤이 불안을 극복하도록 도와줄 수 있는 방법을 찾아내는 데 기초가 된다. 앞서 말한 '가버렸다가 되돌아오기' 놀이를 적용하면 여러 형태의 사라졌다가 다시 나타나는 놀이를 할 수 있다. 엄마가 얼굴을 가린다. 금세 엄마 얼굴이 다시 나타난다. 엄마가 모퉁이로 사라졌다가 다시 나타난다. 이런 식으로 놀이가 언어를 대체할 수 있다. 언어로 설명이 가능하지 않은 시기에 이 놀이를 통해 "엄마는 항상 돌아온단다."라는 의미를 전달할 수 있다. 캐롤은 이 놀이를 통해 사라지고 돌아오는 데 대한 조절 수단을 습득한다. 왜냐하면 항상 엄마를 '되찾아 올 수 있기' 때문이다. 또한 낮 시간 동안 놀이를 반복함으로써 밤에 몇 시간씩 깨어 있는 문제를 해결할 수 있다. 따라서 수면 문제는 점차 사라진다.

캐롤의 사례와 같은 수면장애를 예방하려면 가능한 한 아이가 모르는 이에게 아기를 맡기는 일은 피하는 것이 좋겠다. 즉, 생후 수개월이 지나면서 아기가 엄마 얼굴과 낯선 사람 얼굴을 분명하게 구별할 수 있는 시기가 되면, 몇 시간 정도만 아기를 맡길 경우 아기에게 친숙한 사람이어야 한다. 밤에 깨서 엄마를 찾을 수 없으면 불쾌해 하며 울고 보챌 수 있지만, 엄마 대신 있는 사람이 낯선 사람이 아니라면 그다지 크게 놀라지 않을 것이다.

행동이 늘어도 문제다

엄마에게 모든 걸 수동적으로 의존하던 아기가 능동적으로 자기 몸을 움직여서 스스로 뭔가를 찾아 나서게 되면 새로운 문제들이 발생한다. 문제의 상당수는 아기와 부모의 관심사가 다르기 때문에 발생한다. 예를 들어 보자. 생후 10개월 이후 아기는 스스로 먹는 재미를 터득한다. 아기로서는 칭찬받아 마땅한 발전이지만 엄마 입장에서는 전혀 기뻐할 일이 아니다. 부엌 천정과 벽에 온통 채소 이유식 천지다. 전체적으로 밝고 쾌적한 색으로 칠한 부엌 분위기와 이유식 색깔은 어울리지 않는다. (가장 앞서가는 아기 상품 회사라고 해도 그러한 색감까지 고려한 이유식 제품을 내놓은 경우는 없다.) 아기도 시리얼 범벅 머리카락, 사과소스 눈썹, 시금치 턱수염으로 치장을 하고 있다. 양쪽 턱 밑으로는 가벼운 점심으로 먹을 수 있을 만큼의 음식이 남아 있다. 턱받이 밑에는 음료수와 세 가지 코스요리 흔적이 보인다. 아기는 머리카락에 붙어 있는 점심을 **좋아하고**, 눈에 묻은 사과소스는 신경도 쓰지 않는다. 수건으로 아기 얼굴을 닦아 주려고 시도하느니 대걸레로 부엌 바닥을 닦고 천장에 붙은 이유식을 떼어 내는 것이 수월하다는 게 엄마들의 공통된 의견이다. 그러니 이 단계 아기들에게서 활발한 움직임, 자조 노력, 독립심에 대한 욕구가 발달하는 것이 왜 엄마들의 관심사가 되고 분란의 씨앗이 되는지 이해될 만하다. 물론 아기 입장에서는 이러한 발달

이야말로 훌륭하고 놀랄 만한 발전이 아닐 수 없다. 아기가 잘 자라서 독립심까지 보여 주기 시작하니 엄마로서는 참으로 기쁜 일이지만, 엄마 입장에서야 직접 먹여 주는 게 훨씬 깔끔하다.

문제는 어떻게 해서 시작될까? 문제가 발견되지 않았더라면 좀 더 복잡한 상황으로 발전할 뻔 했던 일시적 식사장애 사례를 살펴보자.

폴은 이제 생후 9개월째 접어든 튼튼한 아이다. 날 때부터 식욕이 왕성해서 배고파 할 때마다 먹을 것을 준비하기가 바쁠 정도였다. 젖병도 좋아했고, 이유식도 주는 대로 잘 받아먹었다. 식사 시간은 축제 분위기다. 아기는 까불면서 엄마에게 뜻도 없이 재잘대면서 자기가 좋아하는 음식을 보면 옹알거렸다. 다시 말해서 폴은 음식 가지고 문제가 될 일이 전혀 없을 것 같은 아기였다. 그랬던 아기가 생후 9개월이 지난 어느 날 사흘째 단식투쟁에 들어갔다.

도대체 무슨 일일까? 식욕은 여전히 좋아 보였다. 하지만 식사 시간이 되자 폴은 아기용 식탁 의자에 앉아서 통명스럽게 굴기도 하고 안절부절 못하고 들썩거린다. 엄마가 내미는 숟가락도 밀어낸다. 엄마가 들고 있는 컵을 쳐서 쏟는다. 징징거리고 울기도 한다. 뭔가 삐쳐도 단단히 삐쳤다. 이가 나나? 글쎄, 그럴 가능성은 있다. 젖을 떼려고 시도했거나 젖병에서 컵으로 바꾸기 시작했나? 아니다. 하지만 이 무렵 먹는 데 문제가 생긴다면 꼭 생각해 봐야 할 사항이다. 젖을 떼거나 젖병에서 컵으로 바꾸는 시기가 아기 입장에서 너무 일찍 시작됐다면 먹는 것을 통해 반감을 표시할 수 있다.

이가 날 수도 있고 숱한 다른 이유를 찾아볼 수 있을 것이다. 이토록 부모를 애태우던 식사 파업 사흘째 드디어 원인을 찾아냈다. 엄마가 저녁식사 준비를 하는 동안 아빠가 폴의 식사 당번을 대신하게 됐다. (음식을 거부했던) 폴이 배불리 잘 먹고 있는 것이다. 엄마가 어찌된 일인가 보기 위해 하던 일을 멈추고 쳐다본다. "그렇다면 (폴이 식사 파업한 것은) 나와 관계가 있는 거네?" "나는 한다고 했는데 뭐가 잘못된 거지?" 엄마로서 실패했다는 느낌과 자책감이 밀려왔다. 그러면서 아빠와 폴의 식사 장면을 지켜봤다. 폴은 아빠한테서 숟가락을 빼앗아서 당근 갈아 놓은 것을 듬뿍 떠서 입으로 가져가려 했지만 결과적으로 얼굴에 처덕처덕 바르는 셈이 되었다. 아빠는 별로 개의치 않았다. 폴이 컵을 덥석 잡더니 얼굴 쪽으로 가져가려다 쏟고 말았다. 우유가 폭포처럼 쏟아졌다. 아빠는 우유 세례를 살짝 피했고, 여전히 침착하다. 엄마는 놀라서 잠시 주춤했다가 재빨리 대걸레를 가지러 갔다. 식사가 끝날 무렵 폴의 얼굴은 초록과 오렌지색 범벅이 됐다. 머리는 사과 소스가 묻어서 끈끈하고 뻣뻣해졌다. 바닥도 여기저기 얼룩이 졌다. 그래도 나름 많은 양을 먹은 아기는 행복해 보였고 아빠는 덤덤했다.

엄마는 지금까지 자신이 이런 상황에서 어떻게 해 왔는지를 되돌아 볼 수 있게 되었다. 폴이 엄마가 들고 있는 숟가락을 빼앗아 가면 엄마는 재빨리 다른 숟가락을 준비한다. (어느 시점까지는 이런 상황에서 엄마가 다른 숟가락을 들고 아기에게 떠먹여 주는 게 가능하다. 일정 시점이 지나면서부터 아기는 자기가 직접 떠먹으려 들고 자기 식사를 **챙기려 한다.** 지저분해지는 것을 즐긴다.) 컵이 쏟아지기 전에 잽싸게 낚아채서 아기 손이 닿지 않는 곳에 놓는다. (하지만 이 정도 발달단계에 이른 아기라면 직접 컵을 입에 갖다 대고 마시기를 바라며, 컵을 가지고 놀기를 원하고, 컵에서 우유가 어떻게 쏟아져 내리는지 구경하고 싶어 한다.) 물론 엄마가 먹여 주면 훨씬 깨끗하다. 그래서 엄마와 아기 사이에 소리 없는 전쟁이 벌어진다. 아기는 직접 음식을 먹고 싶고 음식을 가지고 놀고 싶어 한다. 엄마가 이를 차단하는 것이 이해는 되지만 상책은 아니다.

폴의 식사 문제는 쉽게 교정됐다. 엄마는 폴이 원하는 자율 식사의 상당 부분을 허용하기 시작했다. 폴이 마음대로 숟가락과 컵을 사용하도록 했다. (엄마도 머리를 썼다. 컵 바닥에 깔릴 정도만 우유를 담아 준다. 마시는 기술이 나아지면서 컵에 따라 주는 우유 양도 점차 늘어났다.) 엄마 편에서는 아기가 점심거리를 얼굴에 바르고 바닥에 음식 부스러기를 흘려도 편하게 아기를 대하는 법을 터득했다. 아기에게 주는 음식도 손으로 먹기 편하게 만드는 조리법을 개발했다. 삶은 계란, 삶은 당근, 으깬 감자, 뭉근한 불로 끓인 과일 등. 엄마가 원인을 찾아낸 순간 아기의 식사 파업은 끝났다. 엄마와 폴은 다시 과거처럼 평화를 되찾았다.

하지만 예의범절은 어떻게 하나? 음식 가지고 저지레하고 엎지르고 하는 걸 허용하다 보면 예절은 어떻게 배우나? 걱정은 접어 두자. 아기는 아주 잘해 나간다. 음식 저지레하는 재미는 곧 사라진다. 숟가락과 컵 다루는 법을 배우는 동안 처음에는 서투르지만 점차 숙달된다. 음식 저지레하면서 느끼는 원시적 재미도 도구를 다루는 재미로 바뀐다. 폴의 경우도 돌이 되기 전에 남의 도움 없이 혼자 식사가 가능해졌다. 손가락이나 숟가락을 사용하며, 컵으로 흘리지 않고 마실 수 있게 되었다. 15개월쯤 되자 숟가락과 작은 포크를 사용하는 데 전혀 지장이 없었다. 스스로 식사할 수 있도록 조기에 잘 격려해 주면 거의 모든 아기들이 예상보다 빨리 식사 도구를 다루는 기술이 발달한다. 손가락을 사용하면서 도구 사용을 모방하게 되고, 식사할 때 손가락 사용에서 점차 도구 사용으로 옮겨 간다.

폴의 사례에서 보듯이 아기와의 전쟁은 매우 쉽게 벌어지고, 엄마의 방해는 아기의 반항으로 이어지고 아기는 예상치 못한 반응을 보인다. 폴의 엄마가 단식투쟁 문제를 제대로 인식하지 못했다면 이 사소한 식사장애는 계속 진행되어 더 심각하게 발전되었을 것이다.

아기의 활동은 아기와 가족 구성원 사이에 다른 문제 및 갈등을 불러온다. 아기는 집안 물건, 즉 재떨이, 탁자 장식품, 책, 손위 형제들의 비싼 장난감 등에 손을 대기 시작한다. 아이를 기를 때 '안 돼'라는 말을 당연히 쓰게 되지만, 하루에도 수백 번씩 '안 돼, 안 돼'를 연발하다 보면 아기는 아예 듣지도 않거나 혹은 부모와 함께하는 놀이 용어 정도로 여기거나 때로는 그 말을 들으면 떼를 쓰기 시작한다.

아동 발달 이론을 잘 살펴보면 아기들이 물건 다루는 것은 주변 세상에 대해 배우고 깨닫는 데 절대적으로 필요한 것임을 알게 된다. 그렇지만 아기들은 허용되지 않는 행동이 있다는 점도 배워야 한다. 여기서 부모는 지혜롭게 대처할 필요가 있다. 탁자 위에 놓인 엄마의 비싼 물건을 아기가 만지지 못하게 하려면 상당한 에너지가 소모되고 종일 아이와 싸워야 한다. 그러다 보면 저절로 이런 생각이 든다. "굳이 이럴 필요가 있는 건가?" 아이가 물건에 대해 배우는 몇 달 동안, 값 비싸고 깨질 만한 물건은 아예 손이 닿지 않는 곳에 치워 두는 것이 좋다. 취사도구나 부엌 장비들을 가지고 놀 수 있도록 허용해 줌으로써 물건에 대해 익히도록 도와준다. 선반 아래쪽에 오래된 책들을 꽂아서 아이가 가지고 놀도록 한다. (책꽂이에서 책을 뽑아낼 때 엄마, 아빠의 제지가 없으면 놀이를 하는 것과 같은 재미가 없어지고 아이는 곧 책 뽑아내는 일에 흥미를 잃는다. 수개월 내 아이가 그림책을 좋아하게 되고 자기 선반을 갖게 되면 이런 문제를 다루기가 수월해진다.)

다시 말해서 아기와의 전쟁을 피하는 것이 좋겠고, '안 돼, 안 돼'는 꼭 필요한 때를 위해서 아껴 두자.

"그러다 보면 너무 허용적인 게 아닐까? 아이도 자기조절 능력을 키워야 하지 않을까?" 맞다. 물론 아이는 자기조절 능력을 길러야 한다. 하지만 지금 우리는 아직 자기조절 수단이 없는 아기에 대해서 논의하고 있다. 아기가 알 수 있는 것은 단지 어떤 행위를 하면 부모가 용납하지 않는다는 정도이다. 스스로 금지할 만한 능력이 없다. 만지고, 보고, 사용해 보고 싶은 욕심은 아이 입장에서는 배고픔처럼 긴박한 것이며, 나중에 더 크면 읽을 책처럼 지적 성장을 위해 꼭 필요한 것이다. 활동적인 아기나 걸음마기 아기에게 물건에 대한 호기심을 없애고 물건에 손대지 못하게 할 수 있는 유일한 방법은 두려움을 이용하는 것이다. 하지만 그런 심한 처벌을 이용한다면 아이는 금지된 물건을 피하게 되지만 호기심도 함께 잃어버려서 지적 발달에 심각한 영향을 받게 된다.

물건에 대해 관심을 갖는 이 시기가 바로 언어 발달의 직전 단계임을 기억해야 한다. 만지기, 물건 다루기, 물체 경험하기 등은 물건의 이름을 익히는 데 절대적으로 필요한 전 단계이다. 대상과 직접 접촉하기 전까지, 즉 '분간하기' 전까지는 대상의 이름을 배울 수 없다. 우리는 어른이 되고 나서도 단어를 사용하는 데 있어서 비슷한 경험을 한다. 개인적으로 경험이 없다면 이름을 기억하는 데 어려움을 겪는다. 이름을 들어본 사람도 직접 접촉하지 않는 경우 기억하기 어렵다. 아기도 대상의 이름을 기억하기 전에 감각기관을 통해 물건(대상)을 알아야 한다.

이 글을 쓰다 보니 바바라라는 꼬마가 생각난다. 네 살짜리 여자아이였는데 말을 못해서 부모가 데려왔다. 사용하는 단어가 열 개보다 약간 많고 18개월짜리 수준이었다. 정신지체가 아닐까 하는 의심도 들었지만 비언어성 검사에서 몇몇 지수들은 이 아이가 상당히 높은 지능을 가지고 있다는 것을 보여 주었다.

바바라는 내 놀이치료실에 들어오자마자 즐겁게 이리저리 정신없이 뛰어다니며 눈에 띄는 물건들을 모두 가리키면서 새된 목소리로 외쳤다. "안 돼! 안 돼! 안 돼!" 아이가 갖고 싶어 하는 장난감이나 책상 위에 있는 물건을 주어 보았지만 물건을 제대로 다룰 줄 모르는 것처럼 보였다.

여러 가지 복잡한 이유 때문에 바바라는 사물을 정상적으로 접촉한 적이 없었다. 바바라의 엄마가 일하는 동안 할머니가 아이를 돌봐 주었는데 할머니는 엄격하게 처벌하고 금지함으로써 아이가 물건 만지는 것을 통제했다고 한다. 할머니에 대한 두려움과 엄마의 부재 시 생기는 불안감 때문에 아이는 인간 대상과의 관계에도 장애가 생겼다.

네 살짜리 바바라를 돕기 위해 사라진 두 돌 무렵의 경험을 되찾아 주기로 했다. 꼬마 소녀에게 엄마를 되돌려 주고 두 살 때 깨진 인간관계를 재건했다. 대상의 세계로 가는 문을 열어 주었고, 필요에 따라서 물건을 만지고 다뤄 보고, 경험해 볼 수 있도록 했다. 이 시기야말로 언어 발달로 이어지는 필수 불가결의 단계이다. 1년이 채 지나기 전에 말을 하지 못했던 네 살배기 소녀가 자기 또래 아이들 수준까지 어휘가 늘었다.

물론 바바라의 사례가 전형적인 것은 아니다. 여기서 이 사례를 제시한 이유는 초기 아동기에 물건을 다뤄 보고 경험하는 것을 엄격하게 금지시키고 극단적으로 통제할 경우 지적 기능의 장애와 (바바라의 경우처럼) 언어발달 문제가 생길 수 있음을 보여 주기 위해서다.

따라서 생후 8~9개월 사이의 아기 행동을 허용할 것인지 제한할 것인지 정해 놓은 원칙이 있다면 편리할 것이다. 원칙에 따라서 아기의 안전과 가족의 평화를 위해 필요한 만큼 통제하고, 지적 발달을 위해 사물을 다루고 탐색하기에 충분할 정도의 기회를 허용한다.

이 원칙은 운동 발달과 관련된 행동 필요성을 조율하는 데에도 적용 가능하다. 이미 앞에서 기고, 기어오르고, 서고, 걷기를 완성하기 위해 각각의 과정을 수천 번씩 반복하는 것과 아기가 직립 자세를 이루기 위한 동기가 얼마나 강력한가 하는 것을 볼 수 있었다. 아기의 행동 요구는 다른 생물학적 충동만큼 강력하다. 숙달 과정 동안 운동 근육을 통해 자유롭게 활동하고자 하는 욕구가 꼭 필요하다. 이 시기의 아기는 판단력이 없기 때문에 안전을 위해 어느 정도 제약이 필요하다. 하루에도 수십 번 위험에 노출된다. 흔들의자에 앉아 심하게 흔들다가 잘못하면 튕겨 나올 수도 있고, 장롱서랍을 끄집어내다가 다칠 수도 있다. 이러한 위험을 제대로 감지하지 못한 아기는 자기를 말리는 부모에게 화를 낼 수도 있다. 그래도 위험하다 싶으면 부모가 나서야 한다.

반대로, 부모의 불안이 증폭되어 또는 아이의 행동이 어른을 성가시게 하기 때문에 아이 행동의 상당 부분을 제한한다면 또 다른 문제에 부딪치게 된다. 아이가 탁자에 머리를 부딪칠까 봐 아이 뒤를 졸졸 따라다닌다거나 아이가 넘어질 때마다 신경을 쓰게 되면 아이도 부모의 불안을 느끼게 되고 자신감에 손상을 입는다. 빨빨대고 기어 다니는 아기를 아기 놀이울 안에만 가둬 두려고 한다거나, 이러한 제약에 반발하는 조짐이 보일 때 울타리 안에 가둬 두려고 한다면 역시 문제가 생긴다. 아이가 하나 이상이고, 바쁜 엄마가 아이를 잠깐 안전하게 둘 수 있고 아이를 엄마의 시야에서 벗어나지 않도록 할 수 있는 편리함 때문에 아기 놀이울을 사용하는 것은 이해할 만하다. 하지만 아기의 반란을 예상하고 피해 가기 위해서는 집안 구조와 엄마의 필요성에 따른 실제적 한계 내에서의 아기의 활동 공간을 잘 파악하고 제대로 판단해야 한다.

아기 놀이울이 원래 용도를 넘어 활동적인 아이의 감옥이 된다면 더 이상 아기가 그 안에 머물러 있도록 설득할 명분이 없어진다.

아기가 걸음마를 시작할 때도 같은 원칙을 잘 새겨서 적용해야 한다. 걸음마하는 아기의 행동반경을 제한하다 보면 우리가 생각하는 것보다 더 많은 문제가 생긴다. 아파트에 살거나 집 자체가 좁은 가정에서는 냉소적인 반응을 보일 것이다. 아파트 설계 자체가 원래 좁아터진 곳인데 도대체 뭘 **할 수 있겠냐**고? 그러나 걸음마를 시작한 아기가 새로운 운동 기술을 숙달해 나가는 데 필요한 정도를 제대로 파악해서 가구를 약간만 재배치한다면 아이에게 해롭지 않은 공간을 만들어 내는 것이 그렇게 어려운 일은 아니다. 그렇게 함으로써 아기와 가족 간 갈등을 줄일 수 있다. 이 또래 아기들에게는 옥외 놀이 공간도 필요하다. 집안에 마당이 없다면 집 가까운 공원이나 어린이놀이터도 훌륭한 대체 공간이 될 수 있다. 바쁜 엄마들도 바깥 활동을 위해 매일 조금씩 시간을 낸다면 역시 갈등을 줄일 수 있다. 다시 말하지만 신체 활동은 이 또래 아이들에게는 필수적이다. 활동량이 크게 제한된다면 짜증, 떼쓰기가 늘어나게 되고, 아기와 가족 사이에 갈등도 늘어난다. 이러한 갈등을 해결하는 데드는 시간도 만만치 않을 것이다. 아이가 필요로 하는 부분을 제대로 파악해서 현실적으로 접근한다면 이 모든 문제들을 쉽게 풀어 갈 수 있다.

대변 가리기 훈련의 시작

"대변 가리기 훈련을 언제 시작하는 게 가장 좋을까요?" 여기에 대한 답은 아이 발달과 관련된 지식으로부터 얻을 수 있다. 괄약근 조절이 가능해야 대소변 가리기 훈련에 협조할 수 있다. 응가하고 싶은 충동을 지연시킬 수 있는 능력이 있어야 한다. 화장실로 데려다달라고 표시를 할수 있거나 자기 발로 화장실에 갈 수 있어야 한다. 정상적으로 발달한다면 이 모든 것은 생후 15~18개월 이후라야 가능하다.

평균 수준으로 움직이는 생후 8~9개월 된 아기를 아침을 먹인 후에 응가를 할 때까지 아기용 변기에 앉혀 놓는 것은 가능하지만, 이 나이의 아기가 훈련 파트너로서 협조한다고 볼 수는 없다. 엄마가 아기의 응가 패턴을 얼마나 알고 있느냐에 따라 성패가 가려진다. 아기가 아직 확실히 기어 다닐 능력이 덜 발달되었다면 (혼자 막 돌아다니지 못하므로) 사실 아이에게 아기용 변기는 의자나 마찬가지이고 그냥 앉아 있는 것 외에 아기는 아무것도 할 수 없다. 그렇기 때문에 일찍 훈련을 시작한 아기들은 자기 혼자 돌아다닐 수 있게 되고 선택권을 갖게 되면, 아기 변기 사용에 심한 저항을 보인다. 처음으로 독립적 이동이 가능해지고 나서 몇 달이 흐르면 아기 변기 사용 경험이 없는 아이들보다 더 아기 변기 사용에 비협조적이다. 아기가 훈련 과정에 적극적으로 협조하고 참여할 수 있게 되기 전에 훈련을 시작하는 것이 유리한지 아닌지 판단하기란 쉽지 않다.

아이가 충분히 대소변 가리기 협조가 가능하다고 생각되는 두 돌 무렵이 되어도 이러한 새로운 요구를 이해하고 이에 협조하는 것은 놀랄 만큼 어려운 일이다. 무엇보다도 어른들 생각에 변기 사용은 아이의 응가를 처리하는 훌륭하고 문명화된 방법이지만, 처음부터 아이가 이를 이해하고 받아들이기를 기대하기는 어렵다. 처음에는 아기의 눈높이에서 시작해야 한다.

엄마가 아기에게 태어나서 처음으로 어린이용 변기 또는 작은 방석을 깐 화장실용 변기를 '사용하게 한다.' 이 말은 완곡한 표현이다. 왜냐하면 13~14개월짜리 아기는 변기랑 친하게 지내는 것을 좋아하지 않을뿐더러 자주 봐도 별로 신경을 쓰지 않기 때문이다. 하지만 아기는 엄마를 사랑하고 자기가 구멍 뚫린 작은 의자에 앉거나 작은 방석이 깔린 구멍이 있는 큰 변기에 앉으면 엄마가 좋아하니까 이유를 모르면서도 변기에 앉는다. 아기는 지루하고 다른 하고픈 일도 많지만 착하게도 구멍 뚫린 의자에 앉아 있는다. 그러던 어느 날, 엄마의 신속한 대응 덕분에 (우연히 잘 맞아 떨어진 것에 가깝지만) 아기가 어린이용 변기나 화장실 변기에 응가하는 데 성공한다. 엄마의 얼굴에 화색이 돌고 놀란 표정과 함께 감탄사가 터진다. "잘했네!" "우리 아가 착하기도 하지!" 아기는 자기가 무슨 일을 했길래 엄마가 저리도 법석을 떠는지 알지 못한다. 그러다가 마침내 발견한다. 아기용 변기 바닥에 뭔가 있다. 생긴 모양은 좀 다르지만 익숙한 물체. 분명히 저게 이 환호성의 원인이다. 아기도 함께 소리를 지르면서 축하 대열에 합류한다. 하지만 아직도 왜 그게 거기 있는지, 저 물체가 왜 엄마를 그리도 기쁘게 하는지는 잘 모른다.

어떻게 그런 기적이 일어났는지 모르기 때문에 의도적으로 이 일을 재현하기는 어렵다. 몇 주가 지나고, 몇 달이 흐르는 동안 엄마의 노력과 우연한 몇 차례의 성공을 통해 배변과 변기 사이의 관계가 엮이고 자기가 그 물건을 만들었음을 알게 된다. 이 점이 아이에게는 이해하기 힘든 문제가 된다. 응가를 자기 몸의 일부로 여기기 때문이다. 배설물일 뿐이지 그게 왜 몸의 일부냐라며 우스운 생각이라고 여길 수도 있다. 하지만 아기는 그 이치를 깨닫지 못했고, 그 나이 또래 아기로서는 그 까닭을 이해할 수도 없다. 아기 입장에서 이 현상에 대해 최선을 다해 짜낸 최상의 설명은 이렇다. 즉, "이건 내 몸에 딸린 거다. 내 몸의 일부다.

내 몸의 일부니까 내게는 소중한 거다." 엄마도 그걸 소중하게 생각한다는 것도 알게 되었다. 자기가 변기에 응가를 누는 것은 엄마를 기쁘게 하는 것이기 때문에 이는 큰 아이들이 사랑하는 사람에게 선물을 주는 것과 같은 일이다.

청결을 위한 배변 훈련에 두 살짜리 아이의 협조를 얻어 내기 위해서는 약간의 속임수가 필요하다. 아기가 주는 사랑의 선물을 기쁘게 받는다. 변기 속 덩어리가 소중한 물건인 듯 행동한다. 그리고는 대수롭지 않게 변기에 흘려보낸다! 두 살짜리 아이 시각에서 볼 때 이 일은 인생 최대의 불가사의 중 하나이다. 아이에게 있어 가치 있는 물건은 간직해 두고 보고 싶은 것이다. 사랑하는 사람, 사랑스러운 장난감, 소중한 물건이 다 그렇다. 헌데 자기가 준 선물을 소중한 것처럼 받아서는 내버린다. 시끄럽게 물소리가 나면서 지하 동굴 같은 곳으로 사라져 버린다. 참으로 이상하다.

화장실 변기가 작동하는 것도 두 살짜리가 생각하기에는 신비스럽고 괴상하기 짝이 없다. 실내에 하수도 배관을 설치한 것이 얼마나 편리하고 효율적인가 하는 것은 **어른들** 생각이고, 아기들도 나름대로 생각이 있다. 입을 떡 벌리고 있는 이 도자기 괴물은 친구가 될 수도 없고 믿음이 가지도 않는다. 괴상한 소리를 내면서 물건을 삼켜 버리면 물건은 어딘가 깊은 곳으로 사라진다. 그리고는 누가 될지 모를 다음 희생자를 찾아서 껄떡거리며 솟아오른다.

네 살 때까지 "배변 훈련을 배울 수가 없어서" 데려왔던 남자아이가 기억난다. 변기를 사용하도록 설득하는 게 불가능한 아이였다. 당시 똥도 지리고 오줌도 옷에다 쌌다. 하지만 부모가 자기에게 바라는 게 무엇인지 잘 알고 있는 똘똘한 아이였다. 형, 누나들, 엄마, 아빠 모두 변기를 사용한다는 것도 오래 전부터 알고 있었다. 부모는 아이가 고집불통이고 반항적이며 복수심에서 똥을 지린다고 생각했다. 나도 어느 정도는 인정했다. 그러나 나를 잘 알게 되고 믿게 되면서 비밀을 털어놓았다. "변기에 바닷가재*가 있어서 절 잡아먹으려고 해요." 순간 당황했다. 바닷가재라고? 좀 더 질문을 해보고 나서야 아이를 이해하게 되었다. "변기에 괴물*이 있어요."라는 뜻이었다. 변기 속에 살고 있는 괴물에 대해 말할 수 있어서 아이는 상당히 기뻐했다. 벌써 오래전부터 사람들에게 설명하려고 했지만 아무도 믿어 주지 않았다. 괴물은 변기 속에 살고 있으며 사자처럼 소리를 낸다. "그르릉, 널 잡아먹어 버리겠다!" 꼬마는 시범도 보여주었다. 몰래 화장실에서 나와서 내 뒤로 살금살금 기어 와서는 귀에 대고 으르렁거리며 말했다. "그르릉, 난 바닷가재(괴물)다! 널 잡아먹어 버리겠다!" 그리고 무시무시하게 속삭였다. "자, 이제 겁먹으셔야죠?"

상황을 고려해 보면 꼬마의 행동은 그럴 만한 이유가 있는 것이다. 화장실에 괴물이 산다면 비난, 불명예, 혹은 닥쳐 올 어떤 문제를 감안하더라도 팬티에 응가하는 것이 훨씬 현명한 일이다. 바보 같은 소리라고? 이 꼬마가 말도 안 되는 바닷가재 이야기를 하면서 날 시험해 보자는 것인가? 아이들은 정말 그걸 믿는 걸까? 내가 말할 수 있는 것은 아이와 내가 변기 속 괴물에 대해 몇 차례 진지한 대화를 나눈 뒤 아이는 난생 처음 변기를 사용하기 시작했고, 괴물은 원래 있었던 정신세계 깊은 곳으로 사라졌다는 사실이다.

이 이야기는 매우 드문 경우이다. 네 살 정도가 되면 대부분 이미 오

---

*바닷가재lobster와 괴물monster. 아이는 두 단어를 헷갈렸고, 부모는 아이가 변기에 바닷가재가 있다고 하니 이해하기가 어려웠던 것이다.

래 전에 변기 사용에 익숙해지기 때문에 아마도 이 꼬마 이야기를 들어도 잘 믿으려고 하지 않을 것이다. 하지만 논리가 생기기 이전의 나이에는 다른 아이들도 대부분 화장실에 대한 이런 공상적 이야기를 좋아한다. 이 사례를 선택한 이유는 우리의 네 살배기 꼬마가 정상적으로는 세 살 무렵 사라졌어야 하는 두려움을 극복하지 못했기 때문이다. 두 살 때는 제한된 어휘나 행동으로만 표현할 수 있었던 두려움을 이 꼬마는 제시기에 극복하지 못했기 때문에 네 살이 되고 나서야 말로 표현할 수 있게 된 것이다.

언어가 생기기 이전 단계의 원시적 사고 체계를 가진 아이 시각에서 대소변 훈련 과정을 이해한다면 아이가 훈련 과정을 받아들이고 협조하도록 만들 수 있다. 아이의 어려움을 이해할 수 있으며, 문제를 확대시키지 않고, 훈련 기간에 생겨날 수 있는 심각한 문제들을 피해 갈 수 있다. 예를 들어 왜 화장실 변기에서 훈련하는 것보다 유아용 변기를 사용하는 것이 훨씬 수월한지 쉽게 이해가 된다. 유아용 변기에 앉을 때는 바닥에 발을 대고 앉을 수 있어서 구멍 속으로 떨어지는 두려움을 떨쳐버릴 수 있다. 유아용 변기에 앉으면 사물을 사라지게 만드는 시끄러운 기계와 직접 닿지 않아도 된다. 유아용 변기의 앉는 자리 높이는 아기에게 '딱 맞는다.' 그에 비하면 화장실 변기는 거의 아기 허리 높이다. 아기용 시트까지 올려놓으면 더 높다. 거인들을 위해 설계해서 어른 허리 높이에 앉는 자리가 있는 화장실 변기가 있다면 변비가 걸려도 참고 사는 어른들이 생길 듯하다. 변기 구멍에 빠지지 않는다는 것을 안다고 해도 변기를 사용하지 않고 용변 보고 싶은 것을 참을 수도 있다.

대소변 가리기 훈련 초반에 제기했던 것처럼 교육 훈련을 시작할 때 아무런 흥미도 보이지 않는 활동적이고 바쁜 걸음마기 아기의 협조를 이끌어 내는 문제로 돌아가 보자. 즉, 활동이 왕성한 두 살짜리 아이가 뭔가를 생산해 낼 때까지 아기용 변기에 앉아 있도록 하는 훈련 방법을 순순히 받아들이기를 기대하기는 곤란하다. 아기를 몇 분 이상 아기 변기에 앉혀 두려면 부모가 엄청나게 노력해야 한다. 그렇게 아기에게 압력을 가하다 보면 필연적으로 아기의 반발을 사게 되고 아기는 아기대로 변기에 응가를 하지 않게 된다. 일정 간격으로 아이를 변기에 앉히는 방법만으로 장운동이 일어나게 할 수는 없다. 이 방법은 아침을 먹인 직후처럼 특정 시간에 장운동이 규칙적으로 일어나는 아이들에서만 유효하다. 일정 시간대에 장운동이 일어나지 않는 아기들에게는 이 문제는 모자간 파경을 불러올 수도 있다. (두 살배기 아기들은 대개 비슷하다). 아이 시각에서 보면 아기용 변기에 앉아 있는 것은 완전히 바보짓이다.

대소변 가리기 훈련 때 흔히 사용되는 방법 중 하나는 응가하려는 조짐이 보일 때 아이를 '붙잡아' 아기 변기에 앉히는 것이다. 이 방법을 제대로 이용하려면 엄마의 재치가 필요하다. 자연스런 장 기능을 방해하거나 아주 잠깐이지만 응가를 참도록 해야 하기 때문이다. 결정적 순간에 정신없이 달려들어 아이를 잡아채서 변기에 앉힌다면 아이는 그런 경험에서 불안을 느끼고 괄약근 조절을 달성하는 모든 과정을 부담스럽게 느끼게 된다. 제때에 변기에 앉아야 하는 걱정 때문이다.

무슨 방법을 택하든 간에 아이한테 압박 주기, 아이와 다투기, 변기에 제때 가야 하는 불안, 실패에 따른 창피함 등은 피해야 한다. 장과 방광 조절을 달성하기 위해 아기의 관심과 협조를 구할 수 있는 길을 찾아야 한다. 이 과정이 몇 달씩 계속되는 교육임을 받아들이고 이 과정에 참여하는 아이의 자발성을 잘 활용한다면 훈련 성공을 위한 아기의 관심과 참여를 이끌어 내는 데 성공할 수 있다.

초기 단계에서는 아이가 응가하는 것을 볼 때 그 행동을 묘사하는 말을 건네는 것이 바람직하다. 아기가 나중에 변기에 가고 싶을 때 써먹을 수 있는 표식이 될 만한 단어나 소리가 좋다. "대니가 응가하는구나"(또는 다른 아기들 말이나 소리). 아기가 응가하는 것을 볼 때마다 이 말을 규칙적으로 해 주다 보면 아기는 어른들이 응가에 관심이 있는 것을 알게 된다. 아기 스스로도 전에는 대수롭지 않게 여겼던 이 과정에 관심을 갖게 된다. 당분간 다른 작전이 필요 없다. 반복해서 말을 해 주면 걸음마기 아기들은 그 일이 어른의 관심을 끌고 있음을 알게 되고, 관심 끄는 법도 터득한다. (아기는 자기의 어떤 행동에 어른들이 관심을 보이면 같은 행동을 반복한다. 예를 들면 숟가락질하기, 음악에 맞춰 손뼉 치기 등. 조만간 아기는 자기 행동에 어른의 관심을 끌기 위해 소리나 특정 행동을 사용한다.) 즉, 어느 날 응가 조짐이 있을 때, 어른이 알아차리지 못했거나 뭐라고 한마디 해 주지 않을 때 어른이 했던 소리를 사용할 수도 있고, 혹은 다른 방식으로라도 응가한다는 것을 전달한다. 이것이 바로 우리가 바라던 바이다. 응가가 나올 때 또는 응가하고 싶을 때 어른들에게 말을 하거나 표시를 하게 된 것이다.

이쯤 되면 아기가 사인을 보낼 때 응가와 응가하는 장소 사이를 연결시켜 줄 수 있게 된다. 아기가 유아용 변기에 앉아서 응가를 보도록 해 주는 것이 꽤나 수월하게 진행될 수 있다. 처음 몇 번은 바지를 입고 변기에 앉아도 상관없다. 중요한 것은 응가와 아기용 변기를 연결시키는 것이며, 변기에 가서 앉고 응가하는 것을 배우는 것이다. 그러던 어느 날 운 좋게도 아기가 응가하려는 사인을 보내거나 말을 해서 아기를 변기에 앉히고 바지를 벗겨 준다. 그리고 놀랍게도 응가가 변기에 떨어진다. 어른도 기뻐하고, 아이도 우리가 기뻐하는 것에 관심을 보이며 기뻐한다. 이로써 훈련의 첫 단계가 완성된다.

이제 아기는 뭔가 느낌이 올 때면 스스로 변기로 가게 될까? 물론 아직 멀었다. 다음날이면 까맣게 잊어버리거나 옛날 방식대로 응가를 한다거나 응가하겠다는 표시를 제때 하지 못해서 그대로 싼다. 며칠 또는 몇 주일 동안 반복된다. 그동안 부모는 아이를 격려하고 성공을 칭찬해 주며, 실패해도 부모가 크게 실망하지 않는다는 것을 알도록 한다. 대개 수개월이 지나면 실패보다 성공 빈도가 늘어나고 마침내 거의 대부분 성공하기에 이른다.

훈련 시 아이의 협조를 이끌어 내는 데 필요한 동기는 무엇일까? 아이 입장에서는 이해도 안 되는 이 훈련을 걸음마 아기들은 어떻게 받아들이게 될까? 무엇보다 가장 분명한 것은 엄마를 기쁘게 해 주면서 느끼는 즐거움이다. 초기 단계에서는 아기용 변기를 사용할 때 엄마가 보이는 기쁨을 아이가 감지한다. 그렇다고 해서 아이가 변기 사용에 성공했을 때 호들갑을 떨거나 아기가 생산한 응가를 대단한 예술작품인 양 환대할 필요는 없다. 아이의 노력과 성공에 대해 솔직히 인정하고 기뻐해 주는 것으로 충분하다. 너무 추켜 주다 보면 오히려 난관에 부딪힐 수 있다. 자기 응가가 뭔가 대단한 물건이라고 느끼면 아기는 응가를 내놓는 것에 반발할 수도 있다. 대소변 훈련에 협조하는 아기의 두 번째 중요한 동기는 성취했을 때 느끼는 즐거움이다. 아기 스스로도 점차 변기 사용에 성공하는 것을 대단하게 여기게 된다. 이 정도 발달단계가 되면 응가에 관심을 갖게 되고 자신의 생산품에 자부심을 느낀다. 이 시기에는 아직 자기 배설물에 대해 부끄러워하지 않기 때문에 훈련 초기에는 자기 응가를 만져 보고 싶어 한다. 그때 아기에게 창피를 주거나 소동을 일으키지 말고 아이의 관심을 기술적으로 다른 곳으로 돌려 줘야 한다. 아이는 응가를 자기의 몸에서 나온 생산품으로 여기기 때문에 응가를 치울 때도 아이의 기분을 고려해야 한다. 아이가 한 일에 대해서는 칭찬을 하면서 아기의 '선물'을 급히 변기로 흘려보내면 훈련 초기 단계에 있는 아이는 당황한다. 아이가 화장실에 머무는 동안 잠깐 변기에 변을 그대로 두도록 하는 것이 초기 단계에서 아이의 협조를 얻어 내는 데 도움이 된다. 시간이 흐르면서 응가가 사라지는 것에 관심을 갖게 되지만 그다지 괴로워하지는 않는다. 나중에는 자기가 변기 물을 내리기도 한다.

이 모든 과정은 만 두 살부터 세 살 초반에 서서히 이루어진다. 변기 사용법을 알게 되고 마려울 때 어떻게 알려야 되는지 알게 된 후에도 아이가 협조를 잘할 때도 있고, 잘하지 않을 때도 있다. 변기 쓰는 게 '좋은' 날도 있고 '싫은' 날도 있다. 아이가 일부러 심술을 부리는 것은 아니다. 단지 어려운 깨우침의 일부일 뿐이다. 아이와 이 문제를 놓고 싸움을 벌인다거나 아이를 반대 의견을 가진 적으로 간주해 결투하듯이 대하다 보면 결국 심한 저항에 부딪히게 된다. 응가는 결국 아기 것이기 때문에 배출 시간이나 장소를 아기가 선택할 수 있는 것이므로 전투에 돌입할 경우 누가 이길지는 뻔하다. 우리의 바닷가재 꼬마가 두 살 때 자신의 정신적 발달 경과를 네 살이 돼서 말로 표현한 것을 보면 확실히 그 답을 알 수 있다. "내 응가 대장은 **나야**, 엄마가 아니야!"

어린아이가 배변 충동을 지연시키고 조절하는 첫 번째 과제를 터득하는 것이 얼마나 어려운 일인지 부모가 이해하지 못한다면, 부모는 조바심을 내게 된다. 대소변 가리기 과정은 **원래** 몇 달이 걸리는 것이고 네 돌이 될 때까지 실수를 반복하게 된다는 것을 많은 부모들이 제대로 이해하지 못한다. 생후 18개월이 안 된 아이가 배변 훈련을 "하루 만에 끝냈다."라든가 "며칠 만에 해내더라고요."라는 이야기를 들으면 일단 의심해 볼 필요가 있다. 아이가 단기간에 조절 훈련이 끝났다면 엄청난 압박이 가해졌음이 확실시되며, 대가를 치르게 될 것이다. 이러한 배변 훈련 성과는 오래가지 못하거나 또는 다른 부분에서 문제가 생길 가능성이 있다. 빠른 시간 내에 조절을 터득한 것은 실패에 따른 결과와 관련된 그 어떤 두려움 때문이고, 위험한 결과를 피해 가기 위해 조절을 지속하려면 상당한 노력이 필요하다. 그렇게 노력하다 보면 대소변 조절 영역 혹은 다른 부분에서 흔히 문제가 생긴다.

대소변 가리기 훈련과 관련된 몇 가지 문제들

신체적, 생리적 충동을 조절하기 위해 훈련을 시작하면 정상 아동은 대부분 긴장도가 늘어나고 다소나마 불안을 보인다. 대소변 가리기 훈련이 시작될 무렵 또는 진행 중인 시점에 문제 행동이 생길 수 있는데 부모 입장에서는 이러한 행동과 화장실 훈련 태도 사이에 분명한 관계를 발견할 수 없으므로 어리둥절하다. 이 시기에 아이의 떼쓰기가 심해지고 화장실 가기나 아기용 변기 사용에 저항이 늘어난다면 서로 연관이 있음을 눈치 챌 수 있다. 그렇다면 잠시 훈련을 느슨하게 할 필요가 있다. 17개월짜리 패티의 예를 보자. 훈련에 매우 협조적이어서 아기용 변기에도 잘 앉고, 응가 성공에 즐거워하고 모든 면에서 점점 훈련이 잘 진행되고 있었다. 그런데 최근 수면 습관에 문제가 생겼다. 하룻밤에 두세 번 깬다. 언제부터 그래요? 생후 14개월경부터 그랬는데요. 대소변 가리기는 언제 시작하셨죠? 14개월쯤 시작했어요. 무슨 관련이 있을까요? 훈련할 때 패티는 순한 양처럼 협조적이었는데 문제는 무슨 문제요? 다른 문제가 혹시 있었나요? 글쎄요, 패티는 옷이 지저분해지는 것을 못 견뎌 했어요. 심하지는 않았어요. 아, 그리고 집안일 도와주는 아주머니를 겁내기는 했어요. 아이가 5개월쯤 될 때부터 집안일을 도와주고 있었는데 최근에는 그 아주머니가 자기를 챙겨 주는 것을 싫어해요. "아주머니가 대소변 가리는 것을 챙기시나요?" "그럼요, 제가 나갈 때 그분이 아이를 챙기죠." "팬티에 실수하면 패티가 기분 나빠 하나요?" "가끔 그러죠. 저를 꼭 잡고 매달려 있어요. 저는 항상 괜찮다고 말해 줘요. 실수한 것에 대해 야단친 적도 없고 창피 준 적도 없어요." "아주머니가 야단치거나 비난하는 말을 한 적은 없나요?" "그건 생각해 본 적이 없는데요." 이것저것 꿰맞추다 보니 줄거리가 잡혔다. 패티는 대소변 가리기를 익히기 위해 심하게 고전하고 있었다. 실수한 것에 대한 부끄럼 반응과 옷을 더럽힌 데 대해 까다롭게 구는 행동은 대소변 가리기 훈련 중인 또래 아이들과 비교할 때 꽤 심한 편이다. 엄마를 사랑하기 때문에 화장실에도 기꺼이 가고 엄마를 즐겁게 해 주려고 한다. 하지만 대소변 조절 노력은 큰 부담이 되었으며, 아이는 조절 능력을 잃거나 실수할까 봐 겁내게 되었다. 이 대목에서 바로 아이가 밤에 자러 가는 것을 왜 두려워하는지 알 수 있다. 잠이 들면 조절 능력을 잃을 수 있고 실수를 할 수 있다. 이를 이해하면 대소변 가리기 훈련과 이 새로운 문제 사이에 관계가 있다는 이론을 받아들일 수 있다. 이제 훈련 강도와 패티에 대한 기대치를 낮추고 결과를 기다려 보자. 패티의 불안은 채 보름이 지나지 않아서 안심하고 만족할 만한 수준으로 떨어졌다. 더러운 것에 대한 까다로움은 더 이상 나타나지 않는다. 수면 문제는 건강한 아이들이 밤에 자러 가기 싫어서 버티는 수준으로 돌아갔다. 잠자러 갈 때 동반되었던 공포에 가까운 불안도 더 이상 없었다.

다른 예를 보자. 대소변 가리기 훈련에 협조적이고 별 저항을 보이지 않는 아이를 만날 수도 있다. 하지만 일상생활에서 다른 모든 일에 비협조적이고 부정적이고 반항적이다. 아이는 엄마에게 인정받고자 훈련에 협조적일 수도 있다. 엄마의 인정을 받지 못할까 봐 두려워서 복종할 수도 있다. 부정적이고 반항적인 느낌은 다른 영역으로 밀려나서 변기 경험과는 무관해 보이는 부분에서 표현될 수 있다. 두 살짜리에서 볼 수 있는 식습관 문제 중에서 음식을 거부하거나 까다롭게 구는 것이 대소변 가리기 훈련과 우연히 같은 시기에 나타날 수 있다. 훈련 과정에 필요한 참는 태도에 대한 거부가 다른 영역으로 밀려나면서 결국 음식에 대한 반발로 나타난다.

별로 설득력이 없고 이상하게 들리는가? 이러한 대소변 가리기 훈련 결과는 더 단순하게 설명 가능한 두 살짜리 아이 문제를 설명하기 위해 조작된 다른 형태의 이론일 뿐일까? 이 이론들에 대해 알아볼 수 있는 간단한 테스트가 있다. 아주 어린 아이의 경우 원인과 결과가 서로 곧바로 연결되어 있음을 쉽게 알 수 있는 테스트이다. 새로 생긴 행동 문제나 불안 조짐과 어린아이에게 주어진 새로운 요구 사이에 관련이 있는지 의심되면 패티에게 했던 것처럼, 새로운 요구 사항을 잠시 접고 그 결과를 기다려 보기를 권한다. 대변 가리기 훈련의 경우, 아기용 변기 사용 요구 시점과 동시에 새로운 행동 문제가 생겼음을 알게 된다면, 엄마에게 대소변 가리기와 관련된 격려와 기대를 며칠 내지 1, 2주일 동안 접도록 권한다. 훈련이 일시적으로 종료될 경우 이들 사례 대부분에서 증상들이 사라지는 것을 관찰할 수 있다. 식사 문제, 떼쓰기, 수면장애 등이 사라진다. 이는 훈련과 새로운 경험 사이에 관계가 있음을 말해 준다. 일부 사례에서는 이러한 간단한 테스트에서 같은 결과가 나오지 않거나 상황이 개선되지 않을 수도 있다. 장애와 관련된 좀 더 복잡한 또는 다른 요인이 있는 경우일 것이다. 훈련을 잠시 미뤄 둠으로써 장애가 말끔히 없어진 사례들은 몇 주일 후 훈련을 재개해도 불안이 훨씬 덜할 것이며 편안하게 훈련을 진행할 수 있다. 대소변 가리기 훈련과 관련된 긴장의 조짐으로 나타나는 증상들을 감지하면 훈련을 계속 격려하면서도 아이에 대한 기대의 끈을 풀고 진행을 늦추고 더 자주 안심시켜 줄 필요가 있다.

조기 발견을 통한 장애 예방

초기에 장애의 조짐을 감지함으로써 간단한 처방으로 문제를 해결할 수 있으며, 아동기의 사소한 장애가 훗날 심각한 경우로 발전하는 것을 예방할 수 있다. "아기에게 우리가 어떤 새로운 과제를 주었나? 아이가 정상 발육과 발달 과정에서 만나게 될 새로운 문제는 무엇인가?" 이제 막 젖병을 떼고 나서 ("이제 젖병 따윈 전혀 필요 없다는 듯") 의기양양해진 아기가 식사 때마다 전과 달리 음식 투정을 하고 까다롭게 굴 때가 있다. 또는 최근 걸음마를 시작하더니 자신도 너무 놀라고 만족스러워하는 아이가 밤만 되면 몇 차례씩 깬다고 한다. ("전혀 겁이 없어요. 내버려 두면 책꽂이 꼭대기까지도 갈 걸요!"). 물론 첫 번째 경우에 젖병을 다시 물려 줄 필요는 없을 것이고, 두 번째 경우도 좀 더 준비가 될 때까지 걷는 것을 중단시킬 필요는 없다. 하지만 아이의 발달 성과와 이어지는 이해할 수 없는 행동의 연결고리를 찾아낸다면 아이 행동의 수수께끼를 이해하는 데 도움이 되고, 그에 따라 이러한 행동을 다루는 데 지침을 정할 수 있다. 젖병을 뗄 무렵에 음식 투정을 한다는 것을 알고 있다면 아이가 음식을 앞에 놓고 까탈을 부려도 화를 내지 않게 된다. 식사 시간마다 아이를 어르고 달래거나 겁을 줄 이유도 없다. 만약 그렇게 한다면 끼니때마다 까탈 부리는 버릇이 계속될 수도 있다. 조금 인내를 발휘한다면 아이도 이러한 스트레스를 잘 견디게 될 것이며, 몇 주일에 걸쳐 점차 음식 투정은 사라진다.

두 번째 경우도 비슷하다. 아기로서는 걸음마를 시작하는 것이 독립을 향한 엄청나게 큰 전진이지만 그렇게 독립하는 것이 때로는 겁나기도 하기 때문에 밤에 자주 깨게 된다. 이러한 관계를 알고 있다면 아이가 밤에 깬다고 해도 크게 놀랄 일도 아니며, 적당히 토닥거려서 다시 재운다. 놀라서 허둥대고 안아 주고 심지어 엄마가 꼭 껴안고 재워 주고 하면 다시 깨어날 동기를 부여하는 꼴이 된다. 이런 경우 낮 동안의 행동에 주의를 기울일 필요가 있다. 걸음마를 하는 아이의 독립심을 칭찬해 주되 더 많은 것을 무리하게 요구하지 말아야 하며, 때때로 어리광도 받아주어야 한다. 이러한 문제들이 새로운 단계로의 발달, 즉 걷기를 달성하는 것과 관련이 있는 것이라면, 이 새로운 기술을 완전히 익히고 나면 저절로 사라질 것이다.

Part 3

18개월에서 3세까지

아이가 말을 배우기 시작하면
때때로 자신의 충동을 조절하거나 부모가 자신에게 금지하는 것을 중얼거리면서
위험 상황을 피해 가는 것을 발견할 수 있다.
뜨거운 난로에 손이 닿으려고 할 때 스스로 '뜨거'라고 말하며 손을 뺀다.
말로 금지 사항 전달이 가능해지면
이를 자기 것으로 만들어서 자기통제의 수단으로 사용한다.

4
브롭딩낙*에서

마법사

마법사는 아기용 식탁 의자에 높이 앉아서 애정이 담긴 눈길로 세상을 내려다본다. 그의 힘은 최고조에 달했다. 그가 눈을 감으면 세상이 사라지고, 눈을 뜨면 세상이 다시 나타난다. 그의 마음이 평화로우면 세상도 평화롭다. 분노로 마음속 조화가 파괴되면 세상도 엉망이 된다. 주문을 외우면 원하던 것이 나타난다. 자신의 소망, 생각, 몸짓, 목소리가 우주를 지배한다.

마법사는 두 세상 중간에 있지만 생후 18개월이 되면 이미 그가 지배했던 세상에서는 그에게서 마법을 거둬들일 준비를 한다. 자신도 스스로 마법의 힘에 대해 의심을 품게 되는 증거가 속속 나타난다. 꽉 찬 한 돌 무렵이 되면 자신이 자기 외부에서 발생하는 여러 사건을 일으키는 모든

---

*조나단 스위프트 작 『걸리버 여행기』에 나오는 거인국

행위의 시발점이 아니며, 이는 자신의 필요나 소망과는 전혀 무관하다는 것을 깨닫기 시작한다. 생후 18개월쯤 되면 서서히 자신을 몰락의 길로 인도하게 될 발견을 하게 된다. 그는 자신의 마법에 의해서 파멸하게 된다. 단어 마법의 경지에 도달하여 말로 명령하는 법을 발견하면 새로운 세계에 발을 들이게 되고, 자신도 모르게 새로운 생각법을 터득한다. 이는 두 번째로 터득한 세상 이치이며, 언어로 마법에 맞서게 된다.

마법은 첫 번째 사고 체계, 즉 언어 이전의 세계에 속한다. 논리적 사고 과정은 언어의 발달을 통해 이루어지며, 두 번째 사고 체계는 언어 및 언어 조작의 토대 위에서 가능하다.

생후 18개월짜리 마법사가 구사할 수 있는 몇몇 단어만 가지고는 고차원의 정신 과정을 수행할 수 없다. 몇몇 단어로 가능한 것은 원하는 것이나 즉시 필요한 것을 얻는 일이다. 교육 받지 못한 성인이 외국어를 배울 때 필요에 의해 꼭 필요한 단어를 먼저 배우는 것과 같은 원리이다. 소위 '식당용 불어Restaurant French'이다. 두 돌배기 아기가 '엄마', '과자', '안녕', '차' 등의 단어를 먼저 익히는 것은 '엄마를 바라고', '과자가 먹고 싶고', '작별 인사를 하고 싶고', '차를 타러 가고 싶기' 때문이다. 갖고 싶은 대상의 이름을 먼저 배운다. 하지만 여전히 논리적이고 정리된 사고 과정에 이르지 못했고, 주변의 사건이나 세상에 대해 조직화되고 일관된 개념을 가질 만큼 어휘나 개념이 충분치 못하다. 따라서 언어 발달의 첫 단계는 아직 2차적 사고 과정보다는 원시적 사고 체계에 가깝다. 아직 아이에게 언어는 논리적인 것이 아니라 마법의 도구일 뿐이다. 세상을 보는 아이의 눈은 원시적 사고가 지배적이다. 지금까지도 아이는 마법사이다.

관중은 항상 마법사의 힘의 근원이 무엇인지 궁금하다. 떳떳하게 마법의 비방을 터득하고 엉터리 수법을 쓰지 않으며 활약 중인 마법사의 정신 과정을 조사할 수 있는 최적의 시간이 바로 이 시기이다. (아기용 의자에) 높이 올라앉은 아기 마법사는 마법을 믿는다.

아기는 우연히 자신의 힘을 알게 된다. 어린 시절, 몸 안의 긴장감을 느낄 때 마법이 작동한다. 엄마 젖이나 젖병이 나타나고 긴장은 해소된다. 바로 이 부분이 논쟁의 시발점이다. 이는 마법이 아니다. 이 긴장은 어떠한 현상으로 표현되고(잘 알다시피 울음), 외부 사람은 아기가 필요로 하는 것을 제공해 준다. 마법사는 그것을 모른다. 아기는 원시적인 원인-결과 관계에 준해서 필요와 충족만을 연결 지을 수 있을 뿐이다. 아이가 커서 자기 몸과 남의 몸을 구분하기 시작할 때가 되면 (필요가 충족을 대령하는) 원시적 원인-결과 공식은 한 단계 발전해서 "필요는 충족을 이뤄줄 수 있는 **사람**을 데려다준다."로 바뀐다. 사고 이전 단계에서는 아기의 몸과 욕구가 원하는 대로 일이 일어난다.

시야가 넓어지면서 아기는 모든 사물과 사건들을 자기 행동의 결과로 보기 시작한다. 방울은 스스로 소리를 낼 수 없다. **아기가** 방울을 흔들어야 소리가 난다. 아기 외부에 있는 테디 베어는 존재하고 있는 것이 아니고 아기가 그쪽을 볼 때만 '있는' 것이다. 바깥세상의 모든 사물의 존재는 아기의 감각기관을 통해서만 가능하다. 독립적으로 존재하는 것은 아무것도 없다. 자기 이외의 모든 대상은 아기 자신의 행동을 통해서만 연결 가능하다. 세상의 중심에 자신이 있으므로 이런 경우를 자아 중심적egocentric이라고 한다. 외부의 대상과 사건은 모두 자기가 잡고, 듣고, 보고 하는 행동의 결과라고 생각한다. 따라서 아기는 모든 일의 근원이다.

앞서 본 것처럼, 생후 1년이 지나고 다음 첫 6개월 동안 관찰을 통해 아이는 자기 외부의 대상이 자신의 인식 여부와 관계없이 독립적으로 존재한다는 올바른 결론에 도달한다. 공간에서의 움직임을 상상할 수도 있다. 대상이 모두 자신의 자아와 행동의 연장일 뿐이라는 초기 견해와 비교하면 엄청난 진보임이 틀림없다. 하지만 심리적 위치는 자아 중심적으로 남아 있다. 여전히 자기가 주동자이며 사물의 근원이다. 자신의 필요와 목적에 따라 사물과 사건에 명령을 내리기 때문이다. 한마디로 말해서 전지전능이다.(물론 아직 마법사의 어록에 전지전능이란 단어는 없다.)

모든 마법사와 마찬가지로 아기는 자신의 생각, 소망, 말 들이 마법의 도구라고 믿는다. 출생 후 첫 수개월 동안 단순히 "필요는 만족을 불러온다" 이후에 생각이 쌓여 생각의 발전이 이루어진다. 이성적 사고와 판단에 밀려 마법사의 마력을 빼앗긴 뒤 오랜 세월이 지나고 나면 소망이 실제 사건을 일으킨다는 믿음은 자기 내부의 비밀 장소에 남는다.

마법사가 무엇을 믿든 간에 그의 힘은 관중으로부터 온다. 관중이 마법을 믿지 않을 때 마법사로서의 인생은 끝이다. 그러므로 마법이 성립하려면 마법사가 있어야 하며, 마법을 믿는 자들도 있어야 한다. 우리 마법사의 인생은 믿지 않는 자들에 의해서 금이 가기 시작한다. 믿지 않는 자들은 마법에 저항하고, 논쟁을 벌이고, 증거를 제시하는 것이 자기들의 임무인 양 여기며 자신들이 열심히 터득한 지혜와 평범한 모습을 마법 세상의 대체물로 제시한다. 그들은 마법사보다 절대적으로 강해서 함부로 할 수 없는 상대임이 틀림없다. 그들은 사랑의 근본이며, 아기 마법사의 신체적 요구를 채워 준다. 그들은 필수불가결한 존재이다. 아기가 마법사로서 실패할 때마다 그들(부모)이 필수불가결의 존재임을 알게 된다.

마법 불신론자, 합리주의자, 부모, 교육자 들은 '진리'를 내세워 마법에 반대하고, '이성'으로 마법과 대항하며, 마법을 '현실'의 시험에 들게 하는 것이 자기들의 권리이자 의무라고 여긴다. 그들은 미개인에게 발달된 문화와 문명을 전하도록 운명이 정해진 선교사들이다. 그렇게 함으로써 미개인은 상상의 세계에서 벗어나 더 나은 사고 형태를 발전시키고, 신체적 욕구의 노예 상태에서 벗어나게 된다. 즉각적 요구와 충족을 필요로 하는 원시적 마음 상태가 지배하는 상황이 계속된다면 정신 활동은 신체의 급한 요구를 만족시키는 수단일 뿐이며, 요구를 충족시키는 일에만 국한될 수밖에 없다.

마술적 사고는 초기 발달 과정의 요구-충족 원리를 따르는 최초의 정신 활동이다. 정신분석적 용어로 말하자면 생후 첫 수개월, 수년 동안 아기는 충족을 위해 노력하는 '쾌락원칙Pleasure Principle'을 따른다. 이 초기 단계에서는 정신적 과정이 신체의 필요에 따라서 발전한다. (최초의 사고 형태 중 하나는 배고픈 감각에 의해 활성화된 충족의 정신적 이미지, 즉 유방이나 젖병 같은 상황임을 상기하라.) 정신 과정이 더 높은 사고 형식, 정돈된 생각, 논리, 추상 등으로 나아가기 위해서는 생각이 마법으로부터 풀려나야 하며, 이전에 있었던 신체적 욕구와 충족의 의존에서 벗어나야 한다. '현실'의 대표자인 부모는 더욱 발전된 문명으로부터 파견된 선교사이다. 부모는 아이가 세상에 대해 일관되고 논리적인 시야를 갖도록 교육시키며, 그렇게 되기 위해서는 마술적 생각과 충족만이 목표인 본능을 상대로 싸워야 한다. 부모 쪽에서 본다면 이는 엄청난 직관적 지식과 기술을 요한다. 2차적 사고 형태를 다스리는 원리를 '현실원칙Reality Principle'이라고 부른다. 즉, 더 높은 형태의 사고는 이전의 쾌락원칙보다 현실원칙에 따른다.

선교사들의 작업은 결과가 즉각 나타나지 않는다. 남태평양에 있는 섬이든 미국 도시의 교외든 어디서나 '쾌락원칙'을 '현실원칙'으로 바꿀 준비를 하는 사람이라면 저항 세력에 대비해야 한다. 선교사는 사랑을 통해 전환시킨다. 제거해야 할 그 무엇을 보상해 줄 수 있는 것이 사랑일 경우에만 그의 가르침이 먹혀들 수 있다. 사랑 상실의 두려움이 원시적 정신 상태에 브레이크로 작용하지 않는다면 선교사의 작업은 쇠귀에 경 읽기가 된다. 선교사는 광신자가 될 수 없다. 마음과 마음이 충돌하여 선교사의 가르침이 원시적 저항 세력과 만나게 되면 선교사는 지게 된다. 태평양 어느 섬에서 선교사는 지위를 잃거나 더 안 좋은 상황을 만나게 될 수도 있다. 미국 가정에서 일어날 수 있는 최악의 경우는 선교사가 영향력을 잃게 되는 것이다.

사실, 전환의 초기 단계에서는 원시적 마음 상태에서 진리를 반만 받아들여도 성공이다. 원시인이 새로운 종교의 진리를 받아들이면서도 과거의 우상을 몰래 숨겨 둔다고 해서 선교사는 유감으로 생각하거나 위협하거나 화를 내면 안 된다. 현명한 선교사라면 과거의 우상, 과거의 믿음, 과거의 마법을 보관하고 혹은 호의적인 목적으로 이용될 수 있도록 장소를 지정해 줄 수 있다. 현대 미국 사회에서 원시인을 개화시키려면 새로운 원리를 따르는 데 대한 희생을 참작해 주어야 한다. 추방된 꿈이 영원히 살아남는 곳, 남에게 해를 주지 않고 마법과 전지전능을 수련할 수 있는 곳, 소망이 만족을 가져다주는 곳, 그런 공간을 마음속에 마련해야 한다. 우리가 원하는 것은 '현실원칙'에 충실해지는 것이며, 마법을 마음속 어딘가에 위탁하는 것이다. 해직된 마법사가 백일몽 마술을 연마하도록 권리를 부여하며, 상상 속의 창조물들을 놀이를 통해 지배할 수 있도록 현실 세상의 섬을 하나 제공한다.

아브라카다브라*

언어는 마법에서부터 나온다. 아기의 첫 단어들은 전혀 단어라고 할 수 없다. 마술 주문은 즐겁자고 중얼거리는 소리 같고 바라는 바가 일어나도록 무작정 내는 소리나 마찬가지다. 생후 10개월쯤 되면 아기는 '엄마', '아빠' 같은 소리를 낸다. 자신이 부모를 흥분하게 만든 것을 보고 아기 자신도 놀라고 즐거워한다. 그리고는 하루에도 수십 번씩 반복한다. 불행히도 아기는 '엄마'가 누구인지 혹은 무엇인지 모른다. 아기가 엄마 눈을 보며 '엄마'라고 하면 엄마는 그 사랑스러운 목소리에 반해서 어쩔 줄 모른다. 아기가 아빠 눈을 보며 '엄마'라고 하면 아빠는 당혹스러워서 고쳐 주려고 한다. 아기는 개 꼬리를 쫓아가면서 '엄마'라고 하고, 과자를 집으면서도 '엄마', 침대에 누워서 '엄마엄마엄마엄마'라고 중얼댄다. 머릿속에는 '어머니'에 대한 개념이 없으며, 엄마가 자기에게 베풀어 준 수많은 것에 대한 생각도 없다. 아직까지 어떤 사람과 그 사람이 해 준 일들을 연결 지을 수 없다.

아기는 '엄마'라는 말이 갖는 위력을 곧 알게 된다. 그 말을 필요에 따라서 몇 번 반복하게 되면 마술처럼 매우 중요한 여인이 나타나서 필요한 것을 다 들어주고 모든 악귀로부터 자신을 지켜 주는 것이다. 어떻게 이런 일이 일어나는지 모르지만 이것이 다 자신의 마법의 힘이라고 여긴다. 모든 마법사들이 다 그렇듯이, 아기는 자기 재능의 본질에 대해 알아보려 하지 않는다.

---

*옛날 '학질' 치유를 위한 주문. 이 문구는 부적으로 사용되는 아브라크사스의 돌에서 발견된다. 그노시스파의 의사 세레누스 사모니세스는 오한이나 열의 예방 또는 치료로서 그 문구를 외도록 했는데 차차 그노시스파 이외의 사람들도 사용하게 되었다.

아기는 곧 이 공식이 여러 상황에서 유용하다는 것을 발견한다. 탁자 위에 있는 과자를 먹고 싶을 때 마법의 단어 '엄마'를 외친다. 하지만 사실 아기가 말하는 '엄마'는 실제 엄마나 과자를 지칭하는 것은 아니다. 여기서 '엄마'는 원하는 것(여기서는 입안의 과자)을 얻을 수 있는 마법 주문인 '아브라카다브라'로 바꿔 말할 수 있다. 엄마는 아기가 말하는 '엄마'를 (자기가 쓰는 영어로 말하자면) "엄마, 나 과자 먹고 싶어요."로 이해하고 아이에게 과자를 준다. '엄마'라는 마법 단어는 원하는 것은 무엇이든 가능케 하는 효과가 있다. 스트레스를 받거나 낮잠이나 밤에 자러 가야 하는 것 같은 불행이 닥칠 때면 엄마가 나타나는 마법의 단어, '엄마'를 외치면 된다는 것을 금세 깨닫는다.

한 달, 두 달 세월이 흐르면서 점차 '엄마'라는 말이 "엄마"라는 사람을 지칭하는 것임을 알게 된다. 수많은 여러 가지 상황이 수천 번 되풀이되면서 마법의 단어 '엄마'는 특별한 상황, 즉, '엄마의 출현'과 관련이 있음을 발견한다. 나중에 알게 되는 일이지만 아빠가 출현하기 위해서는 '아빠'를 불러야 한다. '엄마'라는 단어를 부른다고 해서 강아지가 자기 꼬리를 잡도록 허용하지 않고, 과자가 먹기 좋게 탁자에서 저절로 내려오지 않는다. 마침내 '엄마'라는 말이 부를 때 대답하고 나타나는 그 인물과 일치하는 것임을 알게 된다. '엄마'라는 단어와 인물이 하나임을 깨닫는다.

대상이 이름을 갖게 되면 고차원적 단어 마법이 시작된다. 예를 들어 '엄마'라는 단어가 "엄마"라는 인물과 동격임을 알게 되면 실제 엄마가 옆에 있지 않더라도 그 단어로 하여금 엄마의 정신적 이미지를 떠올릴 수 있게 됨을 발견한다. '엄마'라는 단어를 갖게 되는 것만으로도 아이에게 엄마의 정신적 이미지가 지속적, 안정적으로 남게 되는 것이다. 필요할 때 언제든지 상상 속에서 불러낼 수 있다. "그게 뭐 그렇게 특별한가?"
라고 의아해 할 수도 있다. 자, 그렇다면 실제 상황에서 한번 살펴보자.

두 살짜리 수지는 다른 두 살짜리들처럼 밤에 자러 갈 때면 투정을
부린다. 잘 자라는 인사를 하고 부모가 방에서 나가면 수지는 혼자 남는
다. 칭얼거리던 소리가 없어지더니 잠시 후 흥겨운 혼잣말이 들려온다.
"엄마, 아빠, 코코코코유유유유안농농엄마엄마안녕, 코코코코코코코아빠
아빠아빠자도자. 안농두디. 엄엄엄음음음음." 번역하면 이렇다. "엄마,
아빠, 코코(강아지), 유모차, 안녕, 엄마, 안녕, 코코, 아빠, 차. 안녕 수지.
엄마엄마엄마." 수지가 잠들 때까지 15~20분 정도 이러한 말과 말 비
슷한 것이 계속된다. 영어의 운율과 똑같이 반복되는 운율이 멋지게 나
타난다. 가장 흥미로운 것은 수지가 혼자서만 말을 할 뿐, 자기가 부르
는 대상이나 사람과 직접 대화를 나누는 시도를 하지 않는다는 점이다.
이러한 행동을 통해 최상의 기분을 느끼게 하며, 부모와 떨어져 침대로
가야 하는 끔찍한 슬픔을 금세 잊을 수 있다.

이것이 말의 마법 중에서도 특별한 단어 마법이다. 수지가 잠자리에
들기 직전, 수지는 사랑하는 사람, 물건, 아름다운 세상과 헤어져야 한
다. 어둠 속에서 수지는 사라진 사람과 사물의 이름을 불러서 잃어버린
세상을 창조해 내고 되살린다. 죽은 이의 이름을 불러서 영혼을 불러내
는 마법사들처럼.

이런 침대에서의 독백은 흔히 있는 일이라서 이런 일로 놀라는 부모
는 거의 없다. 하지만 그 의미를 잘 살펴보면 언어가 이뤄낸 초기 승리
중의 하나임을 알 수 있다. 사물의 이름인 몇몇 단어들이 사물 자체를
대체하고, 정신적 경험으로 실제 경험을 대체하며, 그렇게 함으로써 가
슴 아픈 감정, 불안을 극복한다. 언어로 환경과 본능적 반응을 통제할

수 있다는 가능성을 보여 주는 좋은 보기이다.

또 다른 예를 보자. 어느 봄날, 수지는 자기 집 정원과 산책길에 본 앞집 정원에 핀 꽃에 홀딱 반했다. 자기 집 정원의 꽃은 따도 좋다고 허락을 받았으나, 부모님은 이웃집 정원의 꽃을 따는 것은 허락하지 않았다. "꼬! 꼬!"(꽃). 간절히 바라는 목소리로 말했다. "그래, 꽃이 참 예쁘지!" 아빠가 꽃을 바라보며 말했고 둘이 함께 잠시 쳐다보다가 산책을 계속했다. 이후 수지는 더 이상 이웃집 정원의 꽃을 따겠다고 조르지 않았다. 대신 그 집 앞에 이르면 꽃을 향해 고개를 숙이고 바라보면서 "꼬! 이쁘!"라고 하면서 부모와 기쁨을 나누기 위해 올려다본다. "참 예쁘구나! 정말 멋지지!"라고 부모가 받아주면 "이쁘! 머쪄!"라고 수지가 이어받아 말한다. 수지는 이 대화에 상당히 만족스러워 하며 가던 길을 계속 간다. 다음에 또 이웃집 꽃밭을 지날 때에도 똑같이 반복한다.

꽃을 꺾고 소유하는 기쁨을 포기하도록 할 수 있었던 것은 무엇일까? 역시 언어의 마술이다. '꼬', '이쁘', '머쪄' 같은 단어들이 사물을 대체한다. 꽃을 만져서 물리적 접촉을 하는 대신 꽃 이름을 부르고 칭찬하는 단어를 통해 접촉한다. 꽃을 따서 자기 것으로 만드는 대신 꽃의 이름을 불러서 소유하는, 즉 단어를 통해 상징을 소유한다.

사례에서 보듯이 말이 행동을 대체한다. 여기서 언어의 가장 중요한 기능 중 하나에 대해 짚고 넘어갈 필요가 있다. 말이 인간 행동을 대신하며, 충족의 포기, 신체적 충동의 조절, 지연, 보류 등을 달성할 수 있는 것은 거의 전적으로 언어에 의해 가능해진 고차원적 정신 과정 덕분이다. 어떤 행동을 의식적으로 저지하고 예상되는 만족을 잠시나마 포기할 가능성은 대체로 인간의 판단 및 추론 능력에 의존한다. 이러한 기능은 언어가 없다면 생각조차 할 수 없는 일이다.

언어가 어떻게 신체 충동 조절의 도구가 되는지 단번에 알기는 역시 쉽지 않다. 잠시 네 살 먹은 비글*의 경우를 예로 들어 보자.

비글은 물론 말을 못하고, '앉아', '걸어', '안 돼', '여기 있어', 등 몇몇 단어를 알아듣지만 항상 명령을 따르지는 않는다. 브랜디(비글의 이름)는 매일 밤 좀 더 나은 목표에 다다르기 위해 금세 수중에 들어올 수 있는 즉각적 만족을 포기하는 단순하지만 이성적 판단을 해야 하는 위기에 봉착한다. 브랜디의 고민은 이것이다. 밤이 되면 주인은 브랜디에게 과자를 주면서 브랜디가 좋아하는 거실 가구에 있는 자기 자리를 떠나 잠자리가 있는 지하실로 가도록 달랜다. 브랜디는 사교적인 개라서 좋은 친구와 좋은 자리를 떠나 외톨이가 되는 것 혹은 보일러가 있는 방의 강아지용 매트리스를 싫어한다. 주인이 손에 강아지용 비스킷을 들고 지하실 계단 쪽으로 향하면 브랜디는 시무룩한 표정을 하고 따라온다. 계단 꼭대기에 도착하면 멈추고 그 자리에 앉아 움직이지 않는다. 그러면 개주인님 또는 주인마님(우리를 그렇게 부르는 것이 좀 어이없지만)께서는 손에 비스킷을 들고 계단을 내려가면서 휘파람을 불고, 쩍쩍 소리도 내는 등 개가 반응을 보일 만한 소리를 낸다. 브랜디는 마치 장식용 사자처럼 계단 꼭대기에 미동도 없이 앉아 있다. 매일 밤 이 시점에서 우리는 무슨 일이 일어날지 모른다. 숨 막히는 순간이다. 마침내 브랜디가 본능을 딛고 일어서는가? 맛있는 개 과자를 포기하고 식욕에 목숨 거는 노예 상태를 탈피할 것인가? 그렇게 함으로써 새로운 진화의 단계를 향해 로켓처럼 돌진할 것인가? 그렇게 된다면 우리는 어떻게 될까? 식욕과 주인에 대한 헌신이 없다면 브랜디를 어떻게 통제하지? 오

---

*토끼 사냥용의 귀가 처지고 발이 짧은 사냥개

랫동안 브랜디와 옥신각신했던, 브랜디가 자신이 이 집의 주인이라고 우기는 걸 막을 수 있을까? 매일 밤 우울한 표정으로 어둠 속을 노려보면서 계단 꼭대기에 서있는 우리 자신을 발견하게 될지도 모른다.

그래서 우리는 계단 아래에서 기다린다. 재미있는 게임이다. 사실 한 번이라도 브랜디가 이기는 것을 보고 싶다. 비글은 주인 손에 들려 있는 비스킷을 슬픈 눈으로 바라본다. 꼬리를 자신 없게 흔든다. 슬프고 불쌍한 이 사냥개 얼굴에서 고민을 읽을 수 있다. 뭔가 함정이 있음을 어슴푸레하게 인식한다. 비글은 아래로 내려오고 싶지 않았지만 비스킷을 원한다. 몇 분이 지난다. 더 이상 참을 수 없게 된 브랜디는 비스킷을 따라 계단을 내려와서 쉽게 잠자리로 끌려간다. 우리가 계단 위로 올라온 뒤 몇 분이 지나고 나면 아래쪽으로부터 애처롭게 끼끼대는 소리가 들린다. 비스킷을 먹고 난 브랜디는 마침내 자기가 왜 아래층으로 내려오려 하지 않았는지 기억해 낸다.

지금 말한 이 사건은 4년 동안 거의 매일 밤 계속되었다. 순서도 바뀌지 않는다. 강아지가 과자 욕심을 잠시 미루면 아래층으로 내려가는 것도 피할 수 있고, 멋진 위층에서의 자리를 차지할 수 있다는 것을 브랜디는 왜 수백 번을 반복하면서도 모르는 걸까? 거두절미하고 말하자면 브랜디 머릿속에서는 동시에 두 가지 사고를 할 수 없다. 잘해야 머릿속에 이미지가 남아 있을 것이다. 보일러실에 있는 쓸쓸한 잠자리의 정신적 이미지는 눈앞에서 왔다 갔다 하는 진짜 비스킷의 적수가 될 수 없다. 그저 아스라한 흔적만 가지고는 두 가지 사건 사이의 연결은 불가능하다. 주인 손에 들린 비스킷과 그 후에 이어지는 쓸쓸한 잠자리, 두 사건은 각각 별개의 사건으로 나타나는 것이다. 한 사건이 다음 사건을 **유발한다**는 것을 알 수 없다. 계단 꼭대기에서 잠시 주춤한 것은 이어지는 사건의 영상적 재현 때문이 **아니라** 비스킷을 먹고 나면 이어지는 뭔가 불쾌한 느낌이 감각적 기억으로 떠오르기 때문이다. 하지만 왜 그런지 스스로 알지 못한다.

　두 가지 사건을 의미 있는 것으로 연결 짓기 위해서는 말이 필요하다. 비스킷에서 쓸쓸한 잠자리까지의 전 과정을 실제적 상징체계로 옮길 수 있다면 행동으로 옮기지 않더라도 사건의 연속성을 정신적으로 구성할 수 있을 것이다. "내가 비스킷을 **먹으면** 그 지긋지긋한 보일러실로 쫓겨날 거야."라고 상황을 설명할 수 있는 동격의 상징이 필요하다. 그렇다면 브랜디는 동격의 상징을 통해 충동을 몰아낼 수 있다. "누가 도대체 그런 맛대가리 없는 비스킷을 먹는담?" 그리고는 좋아하는 가구 위 자리로 돌아가서 가족들을 비웃을 것이다. 이렇듯 단 한 번의 포기 행동의 결과로 브랜디는 자기 종의 수준보다 한 단계 올라설 수 있다. 하지만 브랜디에게는 언어가 없다. 언어가 없으므로 브랜디는 매일 밤 비스킷에서 나 홀로 잠자리로 이어지는 이러한 **행동**을 하지 않고서는 매일 밤 벌어지는 그 사건을 상징적으로 재구성할 수 없고 경험으로부터 추측을 이끌어 낼 수도 없다.

　동물의 정신적 한계를 검토하기 위해 이렇듯 노력하는 이유는 무엇인가? 언어의 부재는 어떤 한 동물이 자기의 본능적 성향보다 진일보할 수 있는 기회를 제한하기 때문이다. 언어가 없이는 논리와 판단의 정신 과정이 존재할 수 없다. 동물들은 본능적 행동이나 본능적 필요와 무관한 선택을 할 수 없다. 모든 인간의 특성은 인간이 본능적인 자신을 통제하는 능력을 획득하고 인간의 원시적 욕구로부터 상당한 독립적 기능을 발휘할 수 있는 지능을 통해 환경과 성격을 변형시키는 가능성으로부터 파생된다. 이렇듯 독특한 인간의 성취가 단순히 우월한 정신기관의 산물일 뿐 아니라, 정신기관 자체로도 거대하고 복잡한 인간 성격의 구조물을 통제할 수 있는 가능성을 획득할 수 있는 것은 바로 언어의 힘이라고 믿을 만한 충분한 이유가 있다.

이 모든 것이 아기 양육 방법을 논의함에 있어 대단히 중요하다. 아기가 말을 배우기 시작하면 애 기르는 일은 훨씬 수월해진다. 부모 자식 간의 의사소통이 원활해지는 것도 있지만(물론 이것도 중요하지만), 아이 스스로 말을 통한 충동 조절 능력이 생기기 시작하기 때문이다.(수지와 꽃의 사례 참조) 또한 말로 외부 사건을 조절할 수 있음을 느끼기 시작한다. 아이가 '빠이빠이'라는 말을 배우고 나면 부모와 좀 더 세련되게 이별할 수 있게 된다. 마치 상황을 말로 지배할 수 있는 것 같다. '빠이빠이'라는 주문으로 사람들이 오가는 것을 통제하는 것처럼 익살맞게 행동한다. '잘 자' 혹은 '코 자자'라는 말을 배우고 나면 혼자 재우기가 약간 쉬워진다. 그 말들이 상황을 조절할 수 있는 힘을 주는 것처럼, 자러 가라고 하는 사람이 없는 것처럼, 마법의 언어로 자고 깨는 것을 조절하는 것처럼 행동한다.

아이가 말을 배우기 시작하면 때때로 자신의 충동을 조절하거나 부모가 자신에게 금지하는 것을 중얼거리면서 위험 상황을 피해 가는 것을 발견할 수 있다. 사용 가능한 단어가 몇 개 되지 않더라도 제한된 어휘 내에 필수 단어가 포함된다면 일부 충동을 억제할 수 있다. 뜨거운 난로에 손이 닿으려고 할 때 스스로 '뜨거'라고 말하며 손을 뺀다. '뜨거'라는 단어를 구사하지 못했던 수주일 전까지는 그 충동을 조절하려면 부모가 '뜨겁다'라고 경고를 해 주었었다. 그 단어를 습득한 이후에는 스스로 충동을 억제할 수 있다. '안 돼'라는 단어 사용에도 비슷한 면이 있다. 하지만 이 말이 제대로 '자기 금지' 효과를 발휘하려면 아직 오래 기다려야 한다. 예를 보자. 걸음마기 아기가 '출입금지 구역'인 벽에 붙은 콘센트로 다가간다. 콘센트에 꽂혀 있는 전등 전깃줄을 만지고 싶은 충동이 생긴다. 전깃줄을 뽑으면서 "안 돼, 안 돼, 안 돼"라고 중얼거린다. 이 단계에서는 '금지'만으로 행동을 억제할 수 없다. 하지만 점차 아기의 '안 돼, 안 돼'가 힘을 얻게 되고, 때때로 효과적으로 충동을 견제하는 경고로 작용한다.

부모가 말로 금지하는 것에 협조하고, 금지 사항을 아이 자신의 일부로 받아들이는 것은 모두 언어 덕분이다. 말로 금지 사항 전달이 가능해지면 이를 자기 것으로 만들어서 자기조절의 수단으로 사용한다. 이제막 말을 배운 아이에게서 양심을 논할 수는 없지만 양심 형성에 언어가 필수적임은 분명하다. 인간의 도덕적 성취, 즉, 양심의 구조를 이룩하는 데 필요한 복잡한 인자들은 상당히 폭넓게 언어에 의존하고 있다.

브롭딩낙으로의 항해

걸리버는 이렇게 말한다. "제가 여행했던 이 나라에 대해 간략하나마 소개해 드리고자 합니다. 사실 제가 여행했던 지역은 로브럴그라드를 중심으로 해서 3,218km밖에 되지 않습니다. 제가 모시고 있던 왕비는……" 우리 모두 브롭딩낙에 다녀온 적이 있지만, 누구도 거인족이 살고 있는 그 나라에 대해 기억나는 게 없다는 것은 놀랍고도 이상한 일이다. 때로는 꿈에서, 더 드물게는 깨어 있을 때 초자연적인 경험을 통해 기억이 돌아오면서 잠시 잊었던 시절과 연결되기도 한다. 생후 첫 3년 동안의 기억은 거의 대부분 사라지고 없다. 아기들의 세상에서 우리는 이방인이나 마찬가지다. 풍경도 낯설고 원주민 언어도 다 잊어버렸다.

아기 시절 사용하던 언어가 없어졌거나 토막토막 남아 있기 때문에 이 시절의 기억들이 의식 수준에 남아 있으리라고는 기대하기 어렵다. 말은 정신적 영상의 정착액이다. 이름표가 붙어 있지 않은 기억은 머릿속 다락방 구석에 처박힌다. 정신없는 주부가 다락에 있는 통에 내용물 표지를 써 붙이지 않은 채 방치한다면 그 속에 무엇이 있는지 기억이 나겠는가? 아기 생활에 관련된 대상 혹은 물건에 대해 말로 꼬리표를 붙일 수 있는 만 세 살이 거의 다 된 아이의 경우에도 이들 단어는 경험 일부와 결합하지 못하고 분리된 상태이며 일관성 있는 기억을 만들어 낼 만큼 체계적이지 못하다.

공포와 신기함이 뒤섞인 거인국에서의 걸리버의 경험은 우리 기억 깊은 곳의 무엇인가를 깨우고 우리는 그의 경험을 공감할 수 있게 된다. 하지만 뭔가가 빠졌다. 걸리버의 항해는 일관성이 있으며 이야기 내용은 서로 연결되어 있으며 의미가 있다. 아기의 브롭딩낙 항해의 특성은 원시적 정신 능력으로 바라본 세상이다. 상당 부분 질서가 없고 횡설수설하는 두세 살짜리의 세상이며, 마술적 생각으로나 설명이 가능한 세상이다.

아이가 말을 배우기 시작하면 아이의 환상적인 세상을 엿볼 수 있는 절호의 기회를 잡을 수 있다. 꼬마 친구 데이빗의 예를 보자.

데이빗이 두 돌 반 될 무렵 유럽으로 가족여행을 가게 되었다. 데이빗은 매우 똘똘하며 자기 또래에 비해 말도 잘하고 부모가 시키는 일도 흥미를 가지고 즐겁게 했다. 가족여행 동안 미국에서 유럽으로 날아가서(데이빗은 비행기가 무엇인지 안다), 많은 것을 구경하게 될 것이며, 기차도 타고, 수영도 하고, 데이빗 또래 친구들도 만나게 될 것이다. 여행 수주 전부터 이런 이야기들을 아이에게 과장하지 않고 설명해 주었다. 헌데 언제부터인가 데이빗이 '엽'(유럽의 아기식 발음)에 대해 묻지 않게 되었다. 부모가 여행 이야기를 나눌 때면 오히려 침울해 보이기까지 했다. 부모는 아이가 힘들어 하는 것이 무엇인가 알아내기 위해 노력했으나 허사였다. 그러던 어느 날 데이빗이 대단히 슬픈 목소리로 비밀을 털어놓았다. "나 엽에 못가." 그러더니 눈물을 펑펑 쏟았다. "나 아직 나는 법을 모른단 말이야."

이 복잡한 반응을 이해하기 위해서는 데이빗이 속한 세상의 시각에서 몇 가지를 이해해야 한다. 먼저, '아직' 어떻게 나는지 모르겠다는 의미를 알아보자. 데이빗은 전지전능한 자기 부모는 '엽'까지 어떻게 날아갈지 알고 있다고 믿는다. 자기가 아직 통달하지 못한 고급 기술 중 하나가 바로 나는 기술이다. 둘째는 비행기에 대한 잘못된 이해이다. 가족이 비행기 안에 타고 날아갈 것이라는 점을 전혀 알지 못한다. 비행기를 본 적은 있을까? 물론 하늘에 떠 있는 비행기를 본 적은 있다. 비행기는 새처럼 하늘을 날며 큰 소음을 낸다. 사람을 안에 태우고 하늘로 날아가는 비행기를 보기는 했으나 그 안에 사람을 태우고 나르는 수송 기능에 대해서는 모른다. 데이빗이 공항에 서 있는 비행기에 사람이 타는 것을 본 경험이 있는지 없는지 모르겠으나, 설사 본 적이 있다 하더라도 달라질 것은 없다. 아이가 비행기에 승객을 싣고 이륙하는 전 과정을 지켜봤다고 해도 공항에 서 있는 큰 비행기와 하늘에 떠 가는 작은 비행기를 연결 지어 생각하지는 못할 것이다. 우리 눈에는 이어진 동작의 연속인 영화 같은 이러한 과정이 두 살짜리 아이 눈에는 불연속 장면들로만 보일 것이다. 데이빗 또래의 아이들에게 큰 비행기가 이륙해서 서서히 작아지는 변화를 관찰하면서 그 의미까지 이해하기를 기대하는 것 자체가 무리다.

데이빗에 대한 이야기에서 가장 흥미로운 점은 바로 데이빗이 사용하는 언어에 대한 것이다. 꼬마는 어른들과 유럽 여행과 그 계획에 대해 자신만만하게 대화를 나눈다. 하지만 사실 어른들과 데이빗은 같은 뜻의 언어를 사용하는 것이 아니다. 모든 것이 가능한 두 살짜리 꼬마의 환상의 세계에서는 어느 날 아침, 엄마, 아빠, 꼬마가 앞마당에 나란히 서서 양팔을 올려 날갯짓하면서 바다를 건너 대륙으로 날아간다. 안타깝게도 부모는 꼬마가 '아직' 나는 법을 배우지 못한 것을 눈치 채지 못했다. 일행 중 하나가 아직 날아오르지 못한 사실은 까맣게 잊은 채 부모가 '옆'으로 날아가는 동안 아이는 지상에 남아 있다. 자신의 환상세계에서는 모든 게 가능하다고 믿는 꼬마가 '날아간다'는 단어를 말 그대로 '새처럼 날개를 펴고 하늘을 날다'로 받아들여서 생긴 일이다.

문자로 구성된 단어의 의미는 변치 않고 지속될 것이며, 심지어 먼 훗날 뜻밖에 우리 판단력을 흐리게 할 수도 있다. 어젯밤 나는 데이빗 이야기에 자극을 받아서 언어와 그 의미에 대해 생각하면서 잠이 들었다. 이른 아침 전화 소리에 잠이 깼다. 더듬더듬 전화를 찾아서 잠이 덜 깬 채로 받았다. 조그만 목소리가 흘러나왔다. "금방 알았는데요, 오늘 작은 요정들이 날아올라서 선생님 약속 시간에 못 가겠어요."* 직업적으로 오랫동안 단련된 덕분에 (이런 엉뚱한 새벽 전화나) 기분 나쁜 사람들, 불가사의한 사람들이나 마음이 편치 않아서 생기는 동요에 대해서도 잘 견디는 편이다. (그래서 새벽잠을 깨운 데 대한 원망을 꾹 참고) 다시 한 번 말해 달라고 부탁했으나 역시 그 의미를 정확히 알아듣기 힘들었다. (말도 안 되는 희한한 이유 때문에) 짜증이 날까 봐 질문

---

*원문은 "I just found out that the brownies are flying today and I can't come for my appointment." "방금 알았는데요, 제가 오늘 브라우니에서 스카우트로 승급하는 행사가 있는 날인 걸 깜빡했어요. 그래서 오늘 진료시간에 못 간다고 전화 드렸어요."가 에이미가 말하고자 한 내용임.

도 하지 않고 그냥 전문가답게 꾹 참고 에이미의 날아오름이나 요정들의 엉뚱한 짓과 상관없는 시간으로 약속을 바꿔 주었다.

거실로 나와 의자에 앉아 곰곰이 생각에 잠겼다. 공중에 떠 있는 요정들의 집회 때문에 소아심리치료사와 약속을 취소해야 하는 열 살짜리 여자아이의 얼굴이 계속 떠올랐다. 몇 분이 지나고 아이가 요정을 말한 게 아니라는 생각이 들었고, 그제야 에이미의 말뜻을 제대로 이해할 수 있었다. 머리를 짜낸 결과 '날아오름'이 미국 걸스카우트에서 쓰는 용어라는 것을 기억해 냈다. 낮은 등급의 브라우니*가 높은 등급의 스카우트로 승급하는 것을 말한다. 브라우니였던 에이미가 오늘 스카우트로 '승진(날아오름)'한다는 말이었다. 마침 남편이 거실로 들어오길래 조심스럽게 그 말을 해 보았다. "에이미가 방금 전화했었어요. 오늘 요정들이 날아올라서 에이미가 약속 시간에 올 수 없다네요." 남편은 재미있는 반응을 보였다. 남편은 순간 깜짝 놀랐다가 금세 평정을 되찾았다. 자신이 착각했음을 알았던 것이다. 내가 깨달은 것을 설명해 주자 영어교사인 남편도 전적으로 동감해 주었다.

독자 여러분 중 누군가가 나의 정신 상태에 대해 이상하게 생각하기 전에 잠깐 내 실수에 대해 해명을 해야겠다. 앞에서 말한 에이미의 신비스러운 메시지의 효과는 수면 상태 혹은 잠이 덜 깬 상태에서는 우리의 정신 상태가 원시적 사고 형태로 퇴행해 있기 때문에 발생한 것이다. '날아오르기'라는 말의 의미는 영상으로 다가왔다. 이는 마치 데이빗이 두 살짜리 사고 체계에서 그렇게 생각했던 것과 마찬가지다. 꿈에서는

---

*brownie: 1. 밤에 몰래 일을 도와준다는 농가의 요정. 2. 아몬드가 든 초콜릿. 3. 걸스카우트의 유년단원 (대개 7~9세).

대개 언어가 그림이나 영상으로 표현된다. 예를 들어, 에이미가 자신이 브라우니에서 스카우트로 승급하는 내용에 대해 꿈을 꾼다면 내가 잠결에 에이미의 전화를 받고 '날아오름'이라는 영상을 떠올린 것과 같은 '날아오르는 것을 보는' 꿈을 꿀 것이다.

어린 시절에는 언어의 애매모호함 때문에 말을 이해하기가 참으로 어렵다. 독자들이 혹시 『제임스 서버의 비밀 생활*The Secret Life of James Thurber*』*과 그가 어린 시절 오하이오 주 콜럼버스에서 겪은 불행한 사건**을 기억할지 모르겠다.

> 콜럼버스 시에는 입에 재갈을 물고 (늘 다섯 시까지) 의자에 붙어서 사무실에 매어 있는 직장인들이 있다. 하지만 놀랍게도 그들은 전화를 할 수 있다. 한 남자가 구름 아래로 마을을 떠났고, 수술 받던 딸이 죽었다는 소식을 들은 휴스턴 여사는 난도질을 했다. 베티 소식을 듣는 귀밖에 없던 존슨 여사도 주목할 만한 사람이었다.
>
> (의역하면 다음과 같다: 콜럼버스 시에 있는 직장인들은 대개 오후 다섯 시까지는 사무실에서 나가지 않고 충실하게 자기 일에 열중한다. 전화를 하거나 받기도 한다. 마을 사람 하나가 의심을 받아 마을을 떠났다. 수술 받다가 딸이 죽었다는 소식에 휴스턴 여사는 몹시 슬퍼했다. 베티 소식에 귀를 기울이던 존슨 여사도 눈여겨볼 만한 분이다.)

---

*제임스 서버(1894~1961): 미국 오하이오 주 콜럼버스 출생. 공식 직업은 유머작가. 〈*Columbus Dispatch*〉, 〈*The New Yorker*〉 등 많은 신문 잡지에 단편, 수필, 삽화를 게재하고, 작품을 출판했으며, 희곡을 쓰기도 하였다. 1941년 『*The Secret Life of Walter Mitty*』라는 단편 유머집을 출판했고, 이후 월터 미티는 '터무니없는 공상에 빠지는 소심자'라는 공식 단어로 인정받아 영어사전에 등재되었다. 1997부터 미국 최고의 유머작가에게 그의 이름을 붙인 Thurber Prize를 시상하고 있다.
**불행한 사건: 제임스는 윌리엄과 로버트라는 형제가 있었다. 윌리엄 텔 놀이를 하면서 윌리엄이 화살로 제임스의 눈을 쏘아서 눈을 다쳤다. 이 때문에 평생 고생했고, 말년에는 거의 실명했다.

병적으로 개미를 두려워했던 두 살짜리 여자아이가 생각난다. 개미만 보면 겁에 질려 울고불고하던 아이였다. 개미가 자기를 먹어 버릴까봐 겁이 난다고 했다. 부모들은 당황했다. 그렇지만 아이는 큰 개들이 다가와서 반갑다고 꼬리치고 좋아하면 자기도 깔깔대면서 개 입 속에 손까지 집어넣고, 심지어 동물원에 있는 맹수들이 잡아먹을 듯이 으르렁대도 전혀 겁내지 않았다. 몇 주일이 지난 뒤 이 수수께끼가 풀렸다. 할머니가 어느 날 부엌 찬장을 열다가 개미를 발견했던 것을 기억해 낸 것이다. 놀란 할머니는 요리사에게 두 팔을 휘저으며 "개미가 또 생겼네, 이놈들이 **모든 걸** 다 먹어 치우고 말 거야."라고 소리쳤고, 그때 두 살짜리 꼬마도 그 자리에 있었다.

두 살짜리의 놀라운 세상에서는 **모든 것**을 먹어 치우는 개미들이라면 여자아이도 먹어 치울 것이다. 아이와 개미의 크기 차이는 중요하지 않다. 할머니는 부엌에 개미가 출현해 주부 입장에서 피해를 예상하고 놀랐던 것인데 이 소동이 꼬마 아이에게는 개미에게 잡아먹힐 수도 있다는 예상에 대한 전적으로 합당한 반응으로 강한 인상을 주었던 것이 틀림없다.

아이의 브롭딩낙에서는 모든 일이 가능하다. 건강하고 발육이 좋은 두 살 또래의 남자, 여자 아이들이 욕조 배수구를 통해 사라질 수 있다는 말을 듣는 경우가 있다. '말도 안 돼'라고 하든 '그럴 수도 있지'라고 하든지 간에, 두 살짜리 꼬마 친구들은 안전을 기하기 위해 오늘 목욕을 하지 않을 것이다.

시설이 잘 갖춰진 집 안에는 벽장 속에 괴물이 한 마리 들어 있다. 벽에 있는 전기꽂이에 연결하는 순간 이놈은 엄청난 소리를 질러 대며 크롬 판을 댄 주둥이 속으로 모든 걸 빨아들인다. "별거 아니란다, 아가,

단지 진공청소기일 뿐이야." 단지 진공청소기일 뿐이라니? 어느 날 아침 침대에서 잠을 깼을 때 굉음을 내면서 닥치는 대로 먹어 치우며 당신을 향해 다가오는 (당신보다 두 배는 더 큰) 무쇠 괴물을 만난다고 생각해 보라, 누가 뭐라고 해도 안 도망가고 배기나.

판다(곰 인형)의 눈알이 빠졌다. 급히 눈알을 찾으려 하다 보니 속에 들은 솜 내용물을 다 잡아 뽑게 된다. 갑자기 판다는 흐늘흐늘한 주머니가 되고, 공포가 밀려온다. 판다는 이제 더 이상 판다가 아니다. 판다는 사라졌다. 아기는 **자기도** 자기 속을 채우고 있는 내용물이 다 빠져나가서 아무것도 아닌 것이 돼 버릴 수 있다는 생각이 엄습한다. "걱정 마라, 아가, 다른 판다 인형 사 줄게." "싫어! 싫어! 싫어!" 아기는 아직 말이 서툴러서 판다 내장이 다 쏟아져 나오게 된 비밀과 관련된 두려움을 다 표현할 수 없다.

두 살짜리 아이의 세상은 아직도 때때로 실제 세상보다는 꿈 세계에 더 가까운 해질 무렵처럼 무시무시한 분위기를 연출한다. 꿈 세계의 훌륭하고 평범한 중산층 가정에 사는 꼬마가 거실에서 아이를 잡아먹으려고 큰 주둥이를 쩍 벌리고 쫓아오는 괴물을 만난다. 배에서는 엄청난 소음을 낸다. 역시 꿈 세계에서 도자기로 만든 욕조에서 첨벙거리며 재미있게 놀던 여자아이가 배수구로 물이 빨려 들어가는 것을 보다가 갑자기 자기도 빨려 들어가 버리고 만다. 꿈속에서는 여자아이랑 할머니랑 요리사를 몽땅 잡아먹는 개미를 만날 수 있다. 집 앞 잔디밭에서 양팔을 올리고 팔을 펄럭이며 별로 힘들이지 않고 날아올라서 '옆'으로 향하는 것도 꿈속에서라면 가능하다.

시간이 흐르면서 청소기 괴물, 식인 개미, 사람 빨아들이는 배수구, 하늘을 나는 식구들, 모두 기억의 다락 속으로 밀려난다. 쉽게 버릴 수는 없지만 필요 없어진 여러 가지가 기꺼이 망각 속으로 사라진다. 세월이 지나서 이성과 논리가 생기고 나면 이들이 다시 밝은 세상으로 나올 일은 거의 없다. 쓸모없어지고 잊혀진 채 먼지를 뒤집어쓴 기념품처럼 기억의 다락 속에 남아 있다가 꿈속에 불쑥 나타난다. 그럴 때면 어릴 때 경험했던 공포, 경외, 슬픔, 무력감 등을 놀랠 만큼 똑같이 느끼게 된다.

꿈에서 깨면 안도감을 느낀다. "휴, 꿈이구나." 현실감이 밀물처럼 밀려오고 과거의 어둡고 무서웠던 사건으로부터 멀리 떨어진 안전한 세상으로 돌아온다. 그렇지만 아직 마법 세상과 현실 세상이 공존하는 중간 단계에 머물고 있는 아이는 한쪽(현실) 세상이 다른(마법) 세상을 밀어낼 수 있다는 것을 알지 못한다. 거실에 살고 있는 괴물이나 부엌에 살고 있는 식인 개미를 퇴치할 수 있을 정도로 판단력이 생기려면 아직 멀었다. 실제 세상에서 일어나는 그런 현상을 판단하고 비켜가기에는 아직 현실 감각 능력이 모자란다.

마법과 과학

두세 살짜리 아이들의 일방적 시각을 사람들은 왜 마법사 같다고 할까? 사실 마법사라는 표현은 적절치 못하다. 과학자, 실험자, 연구원 등으로 불러야 마땅하다.

과학자라는 증거는 충분하다. 주어진 공간 안에서 걸음마기 아기는 지치지도 않고 관찰하고 실험한다. 아이 눈에는 쉽사리 보아 넘길 것이 하나도 없다. 고고학자들이 탐험하듯이 휴지통, 쓰레기통, 옷장, 부엌 찬장, 서랍장 속의 내용을 분석한다. 발굴이 끝났을 때는 다른 이의 도움

없이 아이 혼자 이렇게 엄청나게 파헤쳤다는 것을 도저히 믿을 수 없을 정도로 난장판이 되어 있다. "안에 뭐가 있을까?" 불타는 호기심으로 곰 인형을 수술한다. 집 안 여기저기 속이 드러난 인형과 장난감들이 널려 있다. "움직이게 만들어야지!"라며 전기 스위치, 라디오와 텔레비전 채널, 문에 달린 자물쇠 등을 만지작거린다. 또한 뛰어난 관찰자이다. 이 관찰자는 때로 우리 어른들이 보지 못했던 것을 찾아내서 당황스럽게 만든다. 앞쪽에 나왔던 모든 그림에서 요정 모자에 달려 있던 깃털이 이번 페이지에는 없어진 것을 찾아내기도 한다. 들려줬던 이야기를 다시 들려줄 때 어른이 까먹은 세부적인 사실까지도 기억해 낸다! 그림 맞추기 퍼즐에서 도대체 알 수 없던 조각의 정체가 신발 한 짝이라는 것을 맞추기도 한다. 반면에 박사 학위까지 있는 꼬마의 아빠는 그것이 제작사의 실수로 다른 퍼즐 조각이 끼어든 것이라고 생각한다.

이 꼬마 과학자는 모든 면에서 높은 점수를 받을 만하다. 꼼꼼한 관찰자, 열성적인 탐구자이자 기록자이니까. 다만 그의 과학에서 한 가지 잘못된 것이 있으니, 바로 결론이다!

꼬마는 텔레비전 채널을 돌리면 화면이 나타나는 것을 발견한다. 이를 확인하기 위해 수백 번 실험을 반복한다. 실험 횟수가 적다고 시비 걸거나 통계 방법에 대해서도 반박의 여지가 없을 만큼 열심히 실험한다. 이렇듯 완벽한 실험 결과 꼬마는 다음과 같은 결론을 내린다. 채널 스위치를 돌릴 때마다 텔레비전 상자에서 조그만 사람들이 나오게 만드는 건 바로 나야.

아이는 과학자이지만 여전히 마법사이다. 아이 입장에서는 아이 말이 맞다. 일단 두 살짜리 아이는 텔레비전 현상을 설명하는 데 있어서 전자공학 지식을 활용할 수 없다! 바로 그렇다. 제한된 실제 경험만으로 설명할 수 없는 현상의 원인을 추구할 때 이 나이 또래 아이라면 마술적 사고로 돌아간다는 것이 중요하다. 게다가 친숙하지 않거나 설명할 수 없는 사건들은 자신이나 남의 행동과 같은 인간의 행동에 의해서 생기는 것으로 설명한다. 피아제가 18개월 된 딸의 재미난 이야기를 들려주었다. 아이는 아빠가 담배 파이프로 구름 만드는 것을 관찰했다. 산 위에 안개가 걸려 있고 하늘에 구름이 떠 있는 것도 본다. 이러한 관찰 내용을 자기 방식으로 생각해 본 아이는 아빠의 파이프로 구름과 안개를 만들어 낸다고 믿었다.

원인에 대한 이론이 여전히 마법에 뿌리를 두고 있으므로 걸음마 아기의 과학은 믿을 만하지 못하다. 모든 일의 원인이 인간의 행동이라는 믿음은 자기 혹은 자신의 행동이 모든 일의 원인이라는 유아적, 자아 중심적 믿음이 확장된 것일 뿐이다. 과학자가 뭔가를 관찰하려면 주관적 견해를 배제해야 하며, 사물이나 현상을 지배하고 있는 법칙을 자세히 조사해 발견할 수 있어야 한다. 하지만 어린아이는 천둥소리를 들으면 하늘에 있는 사람이 화를 내는 것이라고 생각할 수 있다. 나무를 연구하는 아이는 나무에 팔은 달려 있는데 다리가 없는 것 때문에 고민한다. 구름, 바닷가 모래, 석양에 지는 그림자 등에서 사람 혹은 동물 형태를 발견할 수도 있다. 이처럼 대상 세계의 성질을 인간의 신체와 기능 측면에서 먼저 찾으려고 든다. 초기 학습의 상당 부분은 자기 신체와 기능에 대한 관찰로부터 얻어진다. 외부 대상에 이러한 자기 학습 내용을 적용하다 보면 바깥 세상의 현상에 자기가 처음 발견한 법칙들을 적용하려고 한다. 그러다 보니 아기 과학자의 결론은 뭔가 이상한 샛길로 빠질 수 있다.

임신한 엄마가 있는 두 살 반짜리 아이의 관찰을 눈여겨보자. (질문: "그 나이 또래 애들이 엄마 임신을 눈치 챌 수 있을까?" 답변: "그림책에 나오는 요정이 모자에 깃털을 꽂지 않았다는 것을 알아보는 아이가 엄마가 그렇게 뚱뚱해지는 것을 **모를** 리가 있을까?") 아기가 엄마 배가 점점 커지고 있음을 알게 되었다고 가정해 보자. 출산 몇 주 전에 아이에게 엄마 배 속에 아기가 있음을 알려 준다. 아이는 어떻게 그 속에 아기가 들어갔는지 묻지 않는다. 아이도 다 생각이 있다. 며칠 동안 나름대로 고민한다. 어느 날 아침 식탁에서 아이가 선언한다. "오늘부터 밥을 **몽땅** 먹을 거야, 바나나도 **다** 먹을 거야, 우유도 **다** 먹고, 나도 배 속에 아기를 기를 거야." 다른 꼬마들처럼 배 속에 만들고 있는 아기가 걱정돼서 화장실에도 가지 않으려 하여 골치 아프게 할 수도 있다. 아이는 자기 이론에 대한 주장을 굽히려고 하지 않는다. 물론 나중에는 동생이 생기면 자기 생각을 포기하게 될 것이다. 뭔가를 먹어서 아기가 생기는 게 아니고 엄마 배 속에서만 아기가 자랄 수 있다는 것을 배우게 된다. 아이에게 이런 사실을 알려 준 뒤 한참이 지난 후에도 아이가 자기의 옛날 이론들을 고수하고 있음을 알고 놀라는 일도 있다.

잠깐 여기서 주목할 것이 하나 더 있다. 대체 어떻게 두 돌 반 된 아이가 먹는 것을 통해 아이가 생긴다고 생각한 것일까? 아이가 자기 몸과 그 기능을 관찰하는 것을 보면 쉽게 답을 알 수 있다. 어떻게 사람 몸에 뭘 집어넣지? 먹어서! 그러면 먹은 것을 안 내보내고 계속 간직하면, 그러면 아기가 되겠구나!

꼬마들이 자기 몸속이 어떻게 생겼다고 상상하는지 알아볼 필요가 있다. 어른들은 사람 몸 내부를 그릴 때 인체 해부도 같은 지식을 바탕으로 신체 장기를 상상한다. 아이들은 만 여덟, 아홉 살이 될 때까지도 사람 몸이 가죽으로 둘러싸인 속이 빈 통처럼 생겼다고 상상한다. 몸 전체가 '밥통(위장)'이라고 생각한다. 음식을 먹으면 꽉 찼다가 시간이 지나면 텅 빈다고 상상한다. 만 여섯, 일곱 살 되는 아이에게 몸 내부가 어떻게 보일지 그려 보라고 하자. 아이는 별 특징 없는 동굴처럼 몸을 그릴 것이고, 한참 생각한 뒤에 '심장'을 엉뚱한 곳에 그려 넣는다. "위장은 어디 있니?"라고 물어본다면, 몸 전체를 가리킨다. 아주 어린 나이에 피부가 긁히거나 베이는 경우 피가 나는 것을 보면서, 아이는 몸속에 피, 음식, 배설물이 차 있을 것으로 알게 된다.

'나'라는 한 개인으로서 자신을 의식하게 되면 될수록, 자신의 인격을 둘러싸서 담고 있는 몸의 가치를 더욱 소중히 생각하게 된다. 정신적 통합물, 즉 인격으로서의 '전체성'은 신체의 완전함 및 통합과 밀접한 연관이 있다. 전에는 긁히고, 베이고, 멍들고 할 때 잠깐 울고 말던 아이가 '나'의 개념이 생기는 3년차가 되면 까다롭게 굴기 시작한다. 소위 밴드에이드* 단계이다. 두 살짜리 아이에게 뭔가 착한 일을 기대하려면 밴드에이드를 한 통 사 주면 된다. 그 물건은 가장 소중한 선물이 될 것이고 준 사람을 오래 기억할 것이다. 두 살짜리 아이는 잘 보이지도 않는 상처에 밴드에이드를 붙인다. 심지어 순전히 상상 속 상처에도 붙인다. 상처에 밴드에이드를 붙여 주면 금방 낫는 것으로 느낀다. 다친 상처에 밴드에이드를 붙이면 '완전한 모습'으로 다시 돌아간 것으로 느낀다. 컨테이너(몸)에 새는 곳이 있을 때 땜질하는 것과 같이 인격체로서의 완전함은 이 마술을 통해 다시 완성된다. 영혼이나 마음이 신체의 테두리를 벗어나 탈출할 수도 있다는 원시인의 두려움과 꼬마의 이런 생각은 상당히 비슷하다.

하지만 아이가 신체를 단지 자기 인격의 컨테이너일 뿐이라고 여기

---

*Band-Aid: 반창고와 가제를 합친 상품명.

는 것은 아니다. '나'에 의해 몸이 지배되기 아주 오래 전부터, 자아가 자신의 정체성과 고유함을 의식하기 전부터, 아기의 몸은 긴장감과 긴장의 즐거운 해소 경험을 통해 인식 객체가 된다. 즐거움의 원천으로서의 몸은 몸의 소유주에 대해 자기주장을 펼치며, 몸 자체와 몸의 특정한 기관들에 주의를 기울인다. 즐거움을 느끼는 기관이기 때문에 가치를 두게 된다.

아기 발달 초기 단계에 특정한 기관들은 상당한 긴장과 즐거움을 느끼며 관심의 대상이 된다. 유아기에는 어떤 기관에 쾌락이 집중되는가 하는 질문에 대해 만장일치로 입을 들 수 있다. 두 돌이 되면 배설과 관련된 긴장감과 해소를 인식하게 된다. 짧은 기간이나마 항문이 신체에서 긴장과 만족의 초점이 되는 중요한 기관이 된다. 태어난 뒤 처음 몇 달째부터 성기에서 어떤 감각을 경험하지만 세 돌 이후에나 쾌감의 초점으로서 관심을 받게 된다. 세 돌 무렵이 되면 성기에 대한 관심이 늘고 좀 더 자주 성기에 손을 대는 모습이 관찰된다. 세 살 이후에는 성기가 특별한 즐거움을 주는 기관이 되기 때문에, 아이에게 더욱더 중요한 기관이 된다.

이와 같이 아이가 몸을 소중히 여기는 두 가지 중요한 이유가 있다. 신체적 및 본질적 '나'의 느낌의 근원이 되기 때문이며, 쾌감의 원천이기 때문이다. 세 돌배기가 왜 자신의 몸, 신체의 안전감, 신체의 온전함에 그토록 관심을 갖게 되는가 하는 의문을 가질 수 있다. '자기'로서 그리고 쾌락 기관으로서의 몸의 가치는 자기 인식의 증가와 직접적인 비례관계에 있기 때문이다. 신체 손상에 대한 두려움은 기본적으로 신체 통증에 대한 두려움이라는 현실적 이유를 무시할 수는 없지만, 이것만으로는 세 살짜리 아이의 신체 훼손에 대한 두려움 증가를 설명할 수 없고 이러한 두려움에 동반된 생각들을 설명할 수 없다.

꼬마들에게서 보이는 신체 손상에 대한 환상에는 아이의 원시적 사고 체계가 중요한 역할을 한다. 아이의 몸에 대한 이미지는 바깥세상의 현상에 대한 개념과 관련이 있다. 외부의 물체와 사건을 연구하고 관찰하여 자신의 몸에 형태와 기능을 부여한다. 어린아이는 자기 몸의 형태를 다른 사람이나 동물 신체의 개념 모델로 삼는다. 아이가 남자아이라면 자기 몸이 생긴 것처럼 모든 사람들도 그렇게 생겼을 것으로 상상한다. 세상 모든 이들이 머리 하나, 팔 두 개, 다리 두 개, 고추가 있을 것으로 여긴다. 여자아이라면 자기 몸을 관찰한 것을 토대로 사람 몸의 개념을 갖게 된다. 따라서 자신과 자신을 닮지 않은 창조물 사이의 성기 모양 차이를 최초로 관찰하기 전까지는 '남자아이'와 '여자아이'의 차이, 남성과 여성의 차이에 대한 분명한 개념이 없다. 아이가 최초로 이러한 차이를 목격한 것은 우리에게도 상당한 흥미를 불러일으킨다. 예를 들어 엄마의 임신에 대해 알게 된 꼬마가 원시적 사고방식으로 자기가 관찰하고 알게 된 것을 설명하기 때문이다.

직접 관찰을 통해 성기의 차이를 처음 알게 된 꼬마는 놀람 또는 쇼크 반응을 보인다. (물론 아이가 놀란 정도가 더 강도가 크겠지만, 이는 마치 어른이 손발 없는 장애인을 갑자기 맞닥뜨렸을 때와 비슷할 것이다.) 자신의 몸과 다른 인체 모양을 상상해 본 적도 없는 아이는 자기의 성기 모양을 토대로 새로운 발견을 해석할 것이다. 여자아이를 관찰한 남자 꼬마는 뭔가가 '사라졌다고' 생각한다. 여자아이는 남자아이가 자신에게는 없는 뭔가를 가지고 있다고 생각할 것이고, 자기에게서 뭔가가 '사라졌다고' 생각한다. 아이가 이러한 관찰 내용을 스스로 납득하려면 원시적 사고방식에 기댈 수밖에 없다. "누군가 그것을 가져갔어요."

"잘린 게 틀림없어요." 남자아이는 여자아이가 손상을 입은 것으로 여길 수도 있다. 남자아이는 뭔가 비슷한 비극이 자기 고추에도 일어날 수 있다는 두려움에 떨게 된다. 여자아이는 실제로 자기 몸에 손상을 받은 것처럼, 정말로 뭔가가 없어진 것처럼 반응할 수 있다.

자신의 성과 남성성 및 여성성의 최초 발견은 피할 수 없는 고통과 혼란을 동반하며, 신체 손상과 절단 같은 유아적 공상을 불러일으킨다. 이러한 느낌이 이후의 발달단계까지 이어진다면 남자아이들의 경우 자신의 남성성에 대한 태도, 여자아이들의 경우 여성성에 대한 느낌에 상당한 혼란을 초래할 것으로 예상할 수 있다. 그러나 정상적인 경우라면 아이들은 이러한 느낌을 여러 방식으로 잘 극복하고 사내아이로서, 여자아이로서 적절한 자부심과 기쁨을 느끼게 된다. 먼저, 원시적 이론은 현실에 부딪쳐 시험에 들게 되면 꺾이고 만다. 계속된 관찰을 통해 아이는 두 가지 다른 몸의 형태가 있으며 자신은 그중 한쪽에 속하는 것으로 결론을 내린다. 누구도 자기 몸에 해를 입히지 않을 것이라는 것을 알게 되면서 신체 손상에 대한 두려움은 점차 사라진다. 부모도 아이의 원시적 이론을 교정해 나가는 데 필요한 정보를 제공한다. 여자아이 몸에서 잘려 나간 것도 없고 자기 몸에서 뭔가를 떼어 가지도 않을 것임을 배우게 된다. 여자아이들은 여자아이대로, 남자아이들은 남자아이대로 원래 다르게 태어났다는 것을 깨닫는다. 남자아이라면 아빠와 같은 몸을 갖게 되고, 여자아이라면 엄마와 같은 몸을 갖게 되는 것도 배운다. 그런 과정을 통해 사랑하는 부모와 같은 몸을 갖는다는 것을 알게 되고 자신의 성에 대해 자부심을 느끼기 시작한다.

이러한 교육이 완성되려면 시간이 많이 걸린다. 세 살에서 다섯 살에 이르는 다음 단계에서도 성별 차이에 대한 원시적 이론의 일부 요소가

(완전히 의식 수준에서는 아니더라도) 남아 있음을 알 수 있다. 이러한 원시적 이론을 더 이상 사용하지 않게 되고 그러한 것들이 터무니없는 생각이라고 여기게 된 후에도 오랫동안 때때로 아이를 괴롭힐 수 있다. 주로 악몽이나 왜곡된 공상 속에서 나타난다. 하지만 훗날 그러한 내용들이 사실이 아님을 **알게 되고**, 이러한 지식은 끔찍한 생각들을 다룰 수 있는 도구가 된다.

'나'

'나'라는 단어는 말을 배우는 초창기에는 아이가 사용하는 말 중 정확하게 사용하기 어렵고 불확실한 용어이다. 아직 '나'와 '너'의 개념이 정립되지 않아서 대화 중에 헷갈리게 섞어 쓰는 대명사이다. '내가 할 거야' 단계에 있는 두 돌 반짜리 꼬마 로리가 생각난다. 옷 입는 것을 도와주려는 엄마에게 "싫어, 싫어,"라고 반항하면서 외친다. "내가 니 스스로 할 거야! 니 스스로 할 거라구I do it yourself."

최초의 '나'는 만족을 추구하는 '나'이면서 뭔가를 원하는 '나'이다. '나 할꺼야Iwanna'와 쌍둥이처럼 꼭 닮은 언어 표현이다. '나 할꺼야'는 매일 아침부터 저녁까지 지칠 줄 모르고 계속된다. '나 할꺼야'는 마술 주문이며, 단순히 이 주문만 외우면 원하는 게 물건이든 사물이든 사건이든 다 이뤄진다. 농장을 지나칠 때 로리는 한껏 고무되어 소리쳤다. "마르horsie!" 부모는 숨을 딱 멈추었다. 올 것이 왔구나. "나 마를(말을) 갖고 싶어, 나 마르 갖고 싶어, 나 마르 갖고 싶어." 농부와 트랙터가 시야에 들어오자 주문을 노래처럼 흥얼대면서 반복한다. 새로운 기쁨이 로리를 사로잡는다. "트랙터다, 트랙터, 나 트랙터 할거야." 시외버스가 지나간다. "버스, 아빠, 버스! 나 버스 할거야!" "또 뭐를 갖고 싶니?" 엄마가 묻는다. "나 큰 트럭할래, 농부할거야, 아빠차할거야, 가게 가서……" 받아 적기 힘들 정도로 이것저것 말하다가 지쳤는지 잠에 빠진다.

강력한 욕망과 급한 요구의 대명사인 두 돌배기는 고맙게도 달라지기 시작한다. 도달할 수 없는 소망 대신 대체물을 받아들이며, 상상 속의 만족을 위해 현실적 만족을 포기할 수도 있다. 말을 가질 수 없다면, 끈으로 말고삐를 만들어서 협조 가능한 친척이나 가구에 걸치려고 한다. 더 좋은 방법은 자기 몸에 끈을 두르고 스스로 말이 **되는 것이다**. 혹은 장난감 말이나 말 모양의 흔들의자로 대신할 수도 있다.

초기 발달단계에서 만족하지 못한 '나'가 어떻게 현실 요구와 조화를 이루도록 욕구를 제한하는 '나'로 서서히 변해 가는지 과정을 지켜보자. 초기 단계에서 '나'는 긴장과 긴장의 해소, 욕망과 즉각적 성취의 생물학적 원리와 연관이 있다. 심리학적 용어로 자아라고 할 수 있는 '나'는 인간 행동을 조절하는 두 개의 강한 힘 사이의 중재자가 된다. 한쪽은 신체적 욕구와 요구 만족으로부터 생겨난 충동, 즉 생물학적 힘이며, 다른 한쪽은 충족 가능성을 제한하는 물리적 및 사회적 현실감으로부터 나온다. 생물학적 요구가 현실적 요구와 충돌할 때 자아 내부에 갈등이 생겨난다. 갈등 해결책을 찾아내고 두 가지 상반된 힘 사이에서 양측이 만족할 만한 합의점을 찾아내는 것이 판단력 있고 이성적으로 사고하는 자아의 특별 업무가 된다. 해결책은 항상 불화와 관련된 양측에 중재자로서의 자아가 뭔가를 제공함으로써 마련된다. 양측이 어느 정도 자기주장의 일부를 접고, 일부는 만족할 수 있도록 동등한 권리를 양측에 인정해 줌으로써 논쟁이 수그러진다.

자아 발달의 후기 단계는 지금 기술하고 있는 초기 단계에 비해 공평한 판사가 주재하는 법정 논쟁과 훨씬 유사한 형태로 진행된다. 두세 살짜리 자아의 방식을 적용한다면 하급 재판정에서는 타락하기 십상이며, 논쟁 단계에서 뇌물, 편견, 노골적 속임수가 판을 치게 된다. 다음 사례들을 살펴보자.

〈사례 1〉 30개월 된 줄리아는 엄마가 전화 받으러 간 사이 부엌에 혼자 있게 되었다. 탁자 위에 있는 계란 바구니가 눈에 들어온다. 갑자기 스크램블 에그를 먹고 싶어진 줄리아는 계란을 향해 다가간다. 순간 현실의 목소리가 들려온다. 엄마가 용납하지 않을걸. 자아 내부의 갈등도 일어난다. '나 할거야' '아니, 하면 안 돼' 양쪽 모두 주장을 굽히지 않고, 순간적으로 결정을 내린다. 부엌으로 돌아온 엄마는 줄리아가 즐겁게 부엌 리노륨 바닥에 계란을 퐁퐁 던지며 놀고 있는 것을 본다. 매번 깨뜨릴 때마다 자신을 꾸짖는다. "안돼안돼안돼, 하아면 안돼! 안돼안돼안돼, 하아면 **안돼!**"

— 줄리아 사례를 통해 갈등을 겪고 있는 양쪽의 입장이 하급 법정에서 공정하게 청취되고 양쪽 모두 승리를 거둔 것을 알 수 있다. 판사는 양쪽에서 모두 뇌물을 받아서 죄책감을 느낄 것이다. 하지만 그에 대해 비난을 받는다면 양쪽 주장을 다루는 데 있어서 양쪽에 모두 완벽하게 공정하게 대했다고 판사는 흥분해서 항변할 것이다.

〈사례 2〉 두 돌배기 토미는 도통 아기용 변기에 앉지 않으려 한다. 토미의 테디 베어처럼 어떤 사람들은 종일 앉아 있을 수도 있지만 토미는 기저귀가 더 좋다. 다 큰 애들은 기저귀를 안 쓴다고? 걔네는 그러라 그러지 뭐. 기저귀 차는 것을 좋아하지만 전적으로 그런 것은 아니다. 엄마를 기쁘게 해 주고 싶어 한다. 때때로 응가하고 싶은 충동을 느끼기 직전에 갈등에 휘말린다. 쌀 것이냐, 말 것이냐? 팬티에 쌀 것이냐, 변기에 쌀 것이냐? 갖고 있을까 버릴까? 자신을 만족시킬 것인지 혹은 현실 요구에 맞출 것인지. 어느 날 각오한 듯 화장실로 들어가더니 문을 닫는다. 잠시 후 흥분된 목소리로 엄마를 부른다. 엄마는 혹시나 하는 기대를 걸고 달려온다. 입가에 승리의 미소를 함빡 머금은 토미가 아기용 변기에 앉아 있다. 바지를 입은 채 기저귀에 응가하기는 했지만 **아기 변기에는 앉아 있는 것이다.** 토미의 자아는 기막힌 타협을 했다. 양쪽 주장을 모두 만족시킨 셈이다. 토미는 엄마가 왜 그렇게 심란해 하는지 이해할 수 없다.

　—이 경우 판사는 사건의 신청인 중 하나와 합작하여 상대를 속였다. 타락한 판결이라고 비난받으면 판사도 할 말이 있다. 재산 분쟁에서 양쪽 모두에게 공정하기는 불가능하고, 이러한 사례에서 대부분의 재판에서 이기는 '현실'은 (보상받아야 할 금액의) 일부만 지급받아도 만족해야 한다고 주장한다. 큰 회사(현실)는 소규모 상인들(환상의 세계)을 이용해 먹으면 안 된다는 것이다. 어차피 이 사건에서의 재산이라야 별 볼일 없다.

　〈사례 3〉 32개월 된 샐리는 거의 완전히 대소변 가리기가 끝났다. (하급 법정 사례는 대부분 배설과 관련 있다.) 우수함의 상징이며 자신감의 보증서인 러플 달린 팬티를 입는다. 새로운 성취감을 보여 주는 셈이다. 집 밖에서 같은 또래인 매기와 논다. 매기는 아직 방광 조절 훈련이 충분치 못해서 방수 바지를 입는다. 노는 도중에 샐리는 오줌이 마려웠지만 집에 들어갔다 오는 시간이 아까웠다. 오줌을 싸고 싶은 충동과 현실 요구 사이에서 순간 갈등을 겪는다. 갈등은 잠깐이었다. 잠시 후 샐리 엄마가 나타나 자기 딸이 오줌 싼 것을 발견한다. 엄마가 가볍게 타이르지만, 샐리는 자신의 주름장식 비단 바지의 명예를 지키지 못한 것에 대해서 후회막급이다. 그러더니 오줌싸개 매기의 방수 바지를 흘겨보며 비난의 목소리로 외친다. "매기! 나쁜 지지배. 매기가 내 바지에 오줌 쌌어."

—샐리의 사례에서 좀 더 복잡한 하급 법정 비리를 볼 수 있다. 자아가 충동에 동조하는 동안 판사 역할을 하는 자아의 일부는 잠시 잠잠하다. 현실이 변론을 하려 해도 판사는 증거를 무시하고 순진무구한 매기에게 혐의를 넘기는 데 협조한다.

다행스럽게도 하급 법정에서의 이러한 부패 사례들을 경험하면서 인간에 대해 절망할 필요는 없다. 오히려 대단히 유익한 발달 조짐이다! 이렇듯 뇌물과 눈감아 주기, 교활한 타협이 오가는 각 사례에서 한 가지 중요한 사실이 눈에 띈다. 두 살짜리 아이의 자아가 현실을 피해 가기 위한 전술을 구사하면서도 현실의 요구를 고려하고 있다는 점이다. 줄리아가 마룻바닥에 계란을 떨어뜨리고 놀면서 그렇게 하는 자신을 꾸짖는 것은 불안정하지만 자기조절의 첫 발을 떼고 있는 것이다. 첫 발을 떼는 시절에는 행동 **뒤에** 비난이 따라 나온다. 곧 이어 행동 이전에 비난이 일어나게 되고 행동을 예방하고 저지한다. 아주 어린 아이에게 충동을 조절하도록 가르치기 시작할 때마다 같은 기제가 작동하는 것을 알 수 있다. 대소변 가리기 훈련 중인 아이는 기저귀에 응가를 한 **뒤에야** 변기에 가려는 신호를 보낸다. 이는 일이 잘 진행되고 있다는 조짐이며, 얼마 지나지 않아 아기가 응가를 하기 전에 신호를 보내기 시작하리라고 기대해도 좋다. 토미가 화장실 변기에 앉아 옷을 입은 채 응가한 것도 타협의 일종이며, 나름대로 변기를 사용하는 첫 걸음을 뗀 것이며, 엄마를 기쁘게 해 주려는 자신의 **소망**을 나타내는 것이다. 곧 토미는 변기를 사용하게 될 것이다. 샐리가 옷에 오줌을 싸고서 친구인 매기 탓을 하며 비난하는 것도 자신이 실수한 것을 용납할 수 없으며 더 잘해 나가기 위한 과정에 있음을 말해 주는 것이다.

이 나이 또래에서 양심 수준의 것을 언급하기는 어렵다. 아이가 충동이나 욕구를 다스리는 힘이 약간 생기기는 했지만 이를 양심이라고 부르기에는 아직 충분치 못하다. 이 나이 또래 아이들은 잘못을 저지른 것에 대해 죄책감을 느낄 수도 있지만, 자기의 행동이 발견되기 전까지는 죄책감을 느끼지 못한다. 줄리아 경우도 엄마가 부엌에 들어와서 리노튬 바닥이 계란 범벅이 된 것을 발견하고서야 자기 행동을 부끄러워했다. 좀 더 나이가 들어서 양심이 있는 아이라면 발견되지 않았더라도 자신의 잘못된 행동에 대해 창피함과 자기비판이 뒤따른다. 그렇게 되면 권위 있는 인물의 비판의 목소리가 자아에 영향을 미쳐서 양심의 목소리가 된다. 두세 살짜리들은 외부로부터의 불승인이 예상되거나 느껴질 때 죄책감을 경험하고 양심이라는 목표를 향해 첫 걸음을 내딛는다. 하지만 외부에 있는 경찰관이 아이 내부에도 생기려면 아직 갈 길이 멀다.

"그 정도도 못하면 안 되죠!" "수백 번도 더 말해 줬다고요!" 두 살짜리 부모가 좌절하는 이유는 뭘까? 모든 걸 이해하고 있으며 커서 미국 대통령이나 프린스턴 대학 교수가 될 성싶은 싹이 보이는 아이, 그런 아이가 어떤 면에서는 한참 모자라는 아이처럼 보이기 때문이다. 열 조각짜리 퍼즐 맞추는 것을 딱 **한 번** 보고 스스로 맞출 수 있는 두 살 반짜리 아이가 어찌하여 수백 번 '안 돼'라고 했는데도 아빠의 레코드를 만지면 안 된다는 것은 깨닫지 못하는지 설명하기란 쉬운 일이 아니다.

이제 이들 두 가지 학습 형태의 차이를 알아보자. 먼저, 퍼즐 맞추기를 보자. 단순한 소망과 실행이 합쳐져서 퍼즐을 맞추게 된다. "나 마르 (퍼즐 조각을 맞춰서 말을) 만들 거야!" 퍼즐 맞추기 문제를 해결하는 데 타고난 지적 능력 이외에 더 필요한 것은 없다. 두 번째 사례를 보자. 학습이 제대로 일어나려면 (아빠의 레코드를 가지고 놀고 싶은) 소망을 차단해야 한다. 즉, 자신의 소망을 꺾어야만 아빠의 레코드를 가지고 놀지 **않는** 것을 배울 수 있다. 살아가면서 가장 어려운 학습 형태는 충동의 차단, 소망의 부정을 요하는 학습이다. 문명화된 사회에서는 그러한 학습이 필요하다. 하지만 아동의 자기조절 교육을 시작할 때 교육과 생물학적 요소는 반대라는 어려움이 도사리고 있음을 알아야 한다. 욕동 drives이란 인간 본성의 생물학적 장치의 일부이므로 목적 지향적이라기보다는 충족만을 추구한다.

교육에서는 아이가 자신의 욕동을 억제하도록 요구한다. 이는 자신에게 반대하는 것을 가르친다는 의미이다. 욕동 조절이 일부 사례에서는 충족 시기 연기만을 필요로 한다. 어떤 경우는 부분 만족일 수도 있고, 혹은 충족을 대체해야 하는 경우도 있다. 특수한 방어기제를 통한 욕동 만족의 차단과 같은 특별한 경우도 있다. 각각의 경우마다 흥미로운 연구 주제가 아닐 수 없다.

두 살짜리 아이에게 만족 지연은 무슨 의미일까? 생각나는 아이가 있다. '웃는 호랑이'의 주인공인 제인이 두 살 반 되던 무렵, 달콤한 음식에 푹 빠졌었다. 식사 때가 되고 후식(디저트) 먹을 때가 다가오면 제인은 점점 흥분하기 시작해서 아기용 식탁 의자에 달린 식판을 숟가락으로 두드리기 시작한다. "띠저뜨! 띠저뜨!" 시끄러워서 귀가 멍멍할 정도이다. 아기는 밥 먹을 때를 기다리고 있고, 아빠는 퇴근해서 집으로 오는 중이고, 식사 준비가 끝나려면 좀 기다려야 하는데, 아이를 끔찍이도 귀여워하는 엄마라도 아이의 이런 행동이 예쁠 수만은 없다. 이날 디저트는 아이스크림이었고, 엄마는 냉장고로 꺼내러 가야 했다. "띠저뜨!"를 외치는 째지는 소리와 숟가락 두드리는 소리에 엄마는 화가 폭발했다. "제인, 좀 참아 봐!" 엄마가 짜증을 내며 소리를 지르고 아래층 냉장고로 아이스크림을 꺼내러 갔다. 부엌으로 돌아온 엄마는 제인을 보고 기겁을 했다. 간질 발작을 일으키고 있는 것 같았다. 주먹을 꽉 쥔 채 아기용 식탁 의자에 뻣뻣하게 앉아서 눈은 고정되고 얼굴은 시뻘개졌으며 숨을 쉬지 않는 것처럼 보였다. 엄마는 손에 들었던 것을 떨어뜨리고 아이에게 달려갔다. "제인, 왜 이래?" 제인은 숨을 내쉬며 주먹을 풀었다. "나 참는 중이야."

이것이 바로 만 두 살 아이에게 있어서 '참는'의 의미이다. 절박한 소망을 지연시키기 위해서는 그러한 노력이 필요하다. 소망을 억누르기 위해서는 자신의 활용 가능한 에너지를 모두 모아서 노력한다. 그 나이 또래 아이에서 소망이나 충동이 너무 강할 때는 반대 세력을 다 모아도 대적할 수가 없어서 두 살배기 아이는 가족들의 속을 썩인다.

모든 사람이 두 살짜리 아이에 대해 불평을 늘어놓는다. 엄마는 아이가 제멋대로이고 고집 센 것이 불만이다. 누나는 아이가 가족이라는 공동체 의식이 없다고 투덜거린다. "걔는 나눠 쓰려고 하지 않아요. 모든 걸 혼자 가지려고 한다고요!" 혹시 갓난아기 동생이 있다면, 그 녀석 또한 울음으로 이 불평의 합창에 끼어들 것이다. 드물게 집안이 조용하고 두 살짜리 아이 소리가 들리지도 않고 보이지도 않을 때가 있다. 통찰력 있는 엄마라면 아기방 쪽에서 곧 들려올지도 모르는 아픈 비명 소리를 예상하면서 긴장의 끈을 늦추지 않는다. 식구들 모두 불만이 쌓이지만, 쫓겨도 안전한 소파 밑 자기 구역으로 도망가면 되는 강아지만 불평하지 않는다. 하지만 놀랍게도 이렇듯 불길한 조짐으로부터 문명화된 아이가 나타나기 시작한다. 안 좋은 모습을 많이 본 부모는 걱정이 태산이다. 그러나 아이에게는 희망찬 미래를 엿볼 수 있는 또 다른 면이 있다.

아이는 부모의 사랑을 깊이, 귀중하게, 지나치게 사랑하며, 세상 그 무엇보다 소중하게 여긴다. 아이는 자기 자신도 많이 사랑한다. 양쪽 모두에 공평하다. 자기애와 남을 사랑하는 것 사이의 갈등은 이 또래 아이들에게 어려운 문제를 불러일으키는 근원이다. 하지만 일단 시험에 들면 승리는 부모를 향한 사랑에게 돌아간다. 부모를 불쾌하게 만들고 나면 아이는 슬퍼지고, 부모의 불쾌감을 느끼면 심지어 자기애도 줄어든다. 아이는 부모의 사랑과 인정을 받기 위해 착한 아이가 되려고 한다. 자신을 사랑할 수 있도록 착한 아이가 되고자 한다.(훗날 이를 자긍심이라 부르게 된다.) 자신의 수용될 수 없는 충동을 대하는 부모의 태도를 채택함으로써 사회의 일원으로서 진보하기 시작한다. 자신도 그러한 충동을 좋아하지 않게 된다. 수용할 수 없는 충동을 다루는 데 있어서의 최초의 진보는 어른이 보기에는 진보라고 즉각 받아들이기 어려운 방식으로 나타난다. 그러한 충동을 자신에게서 내쫓아서 외부의 사람이나 사물 탓으로 돌린다.

도덕 우화극*에 나오는 악역을 의인화한 여러 친구, 상상 속의 사람들이 등장한다. (미덕은 자신 안에 간직한다. 자비, 선행, 진실, 이타주의는 모두 자기 안에서 조화를 이루고 지낸다.) 이기심, 증오, 불결함, 질투, 기타 악의 근원들은 악마처럼 추방되어 다른 객체로 옮겨간다.

저녁식사 때 스티비가 말하기를 "나 제럴드 싫어, **제럴드는 물어요!**" 엄마가 어리둥절해서 묻는다. "제럴드가 누구니?" "내 친구." 엄마가 감을 잡지 못하고 계속 묻는다. "어디 사는 애니?" "우리 집 지하실에." "스티비도 화나면 무니?" 아빠가 예리한 질문을 던진다. "아, 아니, 스티비는 안 물어!" 스티비가 대답한다. "스티비는 좋은 애야."

---

*도덕 우화극: 영국에서 15~16 세기에 유행. 악덕, 미덕이 의인화되어 등장함.

이런 식으로 제럴드는 함께 살게 되었고, 식구들 생활을 꼬이게 만들었다. 아빠의 담배 파이프가 부서졌다. 유력한 용의자인 스티비가 제일 크게 화를 내며 제럴드를 다그친다. "제럴드, 너 우리 아빠 담배 빠이뿌 부쉈지?" 제럴드는 전혀 변명하지 않는다. 제럴드가 죄를 진 것이 명명백백하다. 문제를 많이 일으키지 않는 날도 다른 사람이 자신의 사악한 계획을 실천하도록 만드는 교활한 놈이다. 정황 증거상 여동생 인형을 변기에 처박은 것은 스티비임이 분명하다고 밝혀지면 스티비는 불쌍하게 말한다. "제럴드가 시켰어요!" 반대로 그 악마가 집 안으로 초대받기도 한다. 어느 날 아침, 스티비가 몹시 화가 나서 식탁으로 와서는 이름을 불러도 대답을 하지 않는다. 이런 날은 마음을 단단히 먹어야 한다. "스티비, 오렌지 주스 줄까, 파인애플 주스 줄까?" "나 스티비 아니야." 반응이 어쩐 불길하다. "쭈스 다 싫어." "스티비야, 어떤……?" "내 이름은 스티비 아냐. 난 제럴드야." 가족이 모인 아침 식탁에서 제럴드는 잊을 수 없는 화내기 장면을 연출한다.

제럴드의 역할을 단지 속죄양, 희생자 정도로 볼 것이 아니다. 물론 제럴드는 희생양이지만 중요한 것은 스티비 자신의 허용될 수 없는 충동에 반대하는 자기비판이 시작됐다는 사실이다. 그렇게 가닥이 잡히면 첫 번째 단계는 그러한 충동을 자신에게서 내쫓는 것이다. 그게 뭐가 특별하다고? 다른 사람에게 뒤집어씌우는 것이 충동을 조절하는 가장 원시적 방법임을 누구나 다 아는데 왜 이를 문명화 과정의 한 단계라고 부르는가? 맞는 말이다. 이러한 기제를 성인이나 더 큰 아이들에게서 보았다면 그 사람의 인격 구조를 의심하게 된다. 자신의 결점을 인식하지 못하고 다른 사람한테서 문제를 찾아내고 비판하는 경우가 있다. 성숙한 뒤에라도 이러한 원시적 성향에서 완벽하게 벗어날 수 있는 사람은 없다. 그렇지만 이를 문명화된 흔적으로 여기지는 않는다. 스티비의 경우에는 이 과정을 왜 진보라고 부르는 걸까?

스티비의 경우 받아들여지지 않는 성향을 반대할 수 있도록 준비할 때 첫 번째 단계는 내쫓기이다. 어른들의 경우 유혹과 싸울 때 유혹이 우리 내부에서 온 것임을 알고 있다. 악마는 우리 내부에 있으며, 양심의 힘을 빌어서 달갑지 않은 충동을 반대 처리한다. 충동과 양심의 저지 사이에 갈등이 생긴다면 내부적 갈등, 즉 인격 내부에서 파생되는 두 가지 힘 사이의 힘겨루기로 느끼게 된다. 여기서 중요한 것은 나쁜 충동이 자신의 것임을 깨닫는 것이다. 싫지만 없앨 수도 없다. 스티비 또래 아이들은 나쁜 충동이 자신의 것이 아니고 자기 밖에서 생겨난 것이며, 실제로 다른 사람 속에 있는 것처럼 행동한다.

스티비는 사실 제럴드가 꾸며 낸 이야기일 뿐 실제로 존재하지 않음을 알고 있다. 그렇지만 제럴드가 있음으로 해서 스티비는 몇 가지 중요한 것들을 얻는다. 무엇보다도 가장 분명한 것은 자기의 잘못과 허용될 수 없는 충동들에 대한 부모의 비난으로부터 피해 가기 위한 시도가 가능하다는 점이다. "제럴드가 그랬어요." 두 번째 기능 역시 중요하다. 자신에 대한 사랑을 유지할 수 있다. 나쁜 충동이 자신으로부터 나온 것을 인식한다면, 또한 말썽꾸러기 아이가 자기 안에 살아 있다면, 즉, 바로 자신임을 안다면, 자신을 사랑할 수 없을 것이고 그 사실을 감당할 수 없을 것이다. (어른들도 자기 내부에서 불쾌한 성향을 발견하고 인식할 때 비슷한 식으로 반응한다. 자긍심은 땅에 떨어진다. 받아들일 수 없는 성향을 처리할 수 있는 길을 찾을 때까지는 스스로를 사랑할 수 없다. 이때 받게 되는 상처 역시 견디기 힘들다. 자신을 사랑할 수 없을 때 마지막 남은 친구마저 잃은 느낌이다.)

제럴드의 세 번째 기능은 악마의 역사적 사명과 맥락을 같이한다. 악마의 존재 목적은 어떠한 형태로든 사람들에게 지는 것이다. 추상적 형태로 존재하는 악과 싸우기는 대단히 어렵다. 문명화의 역사를 살펴보더라도 인간을 귀찮게 하고 유혹하던 악마와 악령들이 인간 내부의 성질 속에 의인화돼서 녹아 있음을 알기까지는 오랜 시간이 걸렸다. 내부의 적보다 외부의 적과 싸우는 전쟁이 훨씬 쉽다. 자신과의 싸움이 어려운 이유가 있다. 내가 이겨도 내가 지는 것이고, 내가 져도 내가 이기는 것이다. 악마는 그 자체가 객관적 적군이므로 악마를 상대로 승리를 거두면 논쟁의 여지가 없다는 이점이 있다.

자신의 원래 성질을 누름으로써 최초로 문명인이 된 야만인의 영혼으로부터 축출된 악마는 두말 할 것도 없이 문명화 초기에 등장하였다. 따라서 제럴드의 축출은 스티비의 꼬마 시절 삶에서 기념비적 사건이다. 욕동 및 충동이라고 부르는 힘과 환경의 영향에 의해 크게 좌우되는 이성과 판단이라고 부르는 힘 사이에서 고유 성격의 분열을 느끼고 있음을 의미한다. 성격의 두 부분 사이의 대립은 이성적 부분이 생물학적 부분을 어느 정도 조절하느냐에 달렸다. 스티비의 첫 갈등에서 아이는 악마를 자신으로부터 추방한 먼 조상님들의 경험을 되풀이한다. 스티비는 상대하기 수월한 객관적 적군으로 제럴드를 창조해 낸다.

어떤 싸움인가? 바로 앞에 나왔던 스티비의 대사를 다시 살펴보자. 스티비와 악마 사이에 어떤 싸움의 조짐도 찾아볼 수 없다. 오히려 서로 손발이 잘 맞는 어울리는 한 쌍처럼 보인다. 둘 사이에 의견 불일치가 있을 때면 제럴드가 쉽게 이긴다는 명백한 증거가 있다. 악마와 씨름해 본 경험이 있는 사람이라면 누구든 첫 단계에서는 비슷한 경험을 한다. 사실 실제로 중요한 것은 스티비가 **악마와 대화를 나누는 방식**이다.

농담이냐고? 천만에, 그럴 리가. "제럴드, 너 우리 아빠 담배 빠이뿌 부쉈지?" 화가 난 목소리로 스티비가 물어본다. 거짓으로 화내는 게 뻔하지만 이 상황 자체가 다 위선인 셈이다. 이 정도만 해도 믿어 줄 만하다. 중요한 것은 제럴드에게 잘못했다고 야단치는 부모의 목소리 톤과 태도를 스티비가 따라 하고 있다는 점이다. 장난꾸러기를 대하는 부모의 태도를 따라 하며 제럴드로 표현되고 있는 자신의 일부를 향해 부모처럼 행동한다. 웃기기도 하고 엉뚱하기도 해서 인간성 발달의 한 단계로 받아들이기는 쉽지 않다. 그러나 궁극적으로는 아이가 자신의 충동을 조절할 수 있게 만드는 자아비판의 기능이 나타나고 있다는 명백한 조짐이다. 임상적 표현을 빌리자면 아이가 부모, 부모의 기준, 부모의 금지사항 등을 동일시하기 시작했음이다. 물론 진정한 의미의 부모 기준과의 동일시는 아직 일어나지 않았다. 이러한 기준을 자기 것으로 만들고, 자기 인격의 일부로 만들고, 자기조절을 위해 활용할 수 있게 되려면 갈 길이 멀다. 앞으로도 몇 달 동안 자기 행동을 제한하기 위해 외부 조절에 기댈 수밖에 없다. 자기 자신을 즐겁게 하기 위해 '착하게' 행동하기보다는 자기를 사랑해 주는 부모를 즐겁게 해 주기 위해서이다. 자기 스스로 못된 충동을 허락할 수 없어서가 아니라 부모로부터의 반대와 비난이 예상되기 때문에 참는다. 아직 양심은 없다. 단지 양심 형성의 예비 단계일 뿐이다.

제럴드의 네 번째 기능은 일선에서 후퇴하는 것이다. 특정 발달단계의 목적을 수행하기 위해 그가 필요하지만 영원히 남기는 어렵다. 어느 시점에서인가 원래 왔던 곳으로 돌아가야 한다. 스티비는 제럴드의 책임을 이어받아야 하고, 동의할 수 없다고 하더라도 자아 내부의 불협화음을 인정해야 하며, 자신의 사악한 충동과 싸워야 한다. 왜냐하면 제럴드가 인격체 바깥에 존재하지 않는다는 것이 사실이기 때문이다. 제럴드와 스티비가 하나라는 사실 혹은 아이가 알고 있는 것처럼 각각 다른 부분일 수도 있음을 받아들여야 한다. 이러한 과정은 부모가 제럴드를 대하는 태도에 따른 자연스런 결과라고 할 수 있다. 가짜 제럴드가 실제 생활을 혼란스럽게 만드는 것을 묵인할 부모는 없다. 아빠 담배 파이프를 부러뜨린 것이 스티비라는 것을 부모는 알고 있다. 여동생 인형을 변기에 빠뜨리도록 사주한 악마가 사실은 지어낸 인물이라는 것도 안다. 아침 식탁에서 투정 부리는 꼬마가 전설 속의 제럴드라는 것도 부모는 믿지 않는다. 제럴드 이야기는 모든 현실의 벽에 부딪히게 되고, 극복하려 애써 보지만 실패를 거듭하고 점점 줄어든다. 제럴드는 점차 기능을 상실하고, 스티비는 자신의 내부로부터 솟아나는 사악한 충동과 유혹을 못마땅하지만 수용해야 한다. 제럴드 이야기가 점점 자취를 감추던 어느 날 스티비에게 물었다. "얘야, 요새 제럴드에게 무슨 일이 있니, 통 보이질 않아." "제럴드가 누군데요?" 정말로 모르는 듯한 표정으로 스티비가 말한다.

5
현실 교육

양심 형성

두 살짜리에게는 양심이 없는 것으로 알려져 있다. 그러다 보니 어린 아이를 둔 부모에게는 이 문제가 최대 관심사이다. 양심은 어떻게 생기는 걸까?

'발달단계'에 대해서 논의할 때 어려움 중의 하나는 "아이는 크면서 저절로 달라진다."는 추론이다. 애벌레에서 나비가 되는 변태 과정과 유사하게 삶의 주기에서도 새로운 단계가 저절로 출현한다는 식으로 이해하고 있음을 의미한다. 하지만 안타깝게도 아이에게는 변태 과정이 없으므로, 만일 느긋하게 기적이 일어나기만 기다리며 아이의 사회성 발달과 양심 형성에 관여하지 않는다면, 쾌락을 쫓는 이 꼬마 친구는 이 문제를 있는 그대로 방치한 채 전혀 해결하려고 하지 않을 것이다.

아이 발달에서 두 가지 유형을 혼동하지 말아야 한다. 신체 발달은 명확하고 예측 가능한 과정을 거쳐 성숙에 이른다. 예를 들어, 기는 방법을 터득한 아이는 이 단계를 넘어서 걷게 된다. 이러한 성숙 과정은 인간의 타고난 성향에 따른 것이며, 교육과는 대체로 무관하다. 그러나 행동 기준의 습득, 충동과 욕구의 제어 같은 사회적 발달은 교육 없이 성취할 수 없다. 꼬마에게 충동을 제어하도록 요구하지 않는 한 충동 조절을 습득하지 못한다. 아이에게는 자신의 욕망과 화를 조절하고 '말 잘 듣고' '남을 배려할' 동기도 없고 타고난 성향도 없다. 동기는 부모가 제공하는 것이다. 먼 훗날 아이가 더 큰 뒤에는 스스로 동기를 부여할 수 있다.

아주 어린 아이의 '양심 형성'에 대해 말이 나와서 말인데, 최상의 교육 프로그램을 적용한 두 살짜리가 세 살이 될 무렵, 자기조절에 큰 향상을 보인다고 해도 엄격한 의미에서의 양심은 아직 없다! 이때까지도 자기조절은 아직 외부 요인, 다시 말해, 부모의 승인 여부에 좌우됨을 의미한다. 양심이라는 단어는 인격이 조절하는 규범과 금지 사항으로 구성되며, 내부로부터 행동을 조절한다. 이러한 규범은 내적 체계 유지를 위해 외부의 조절을 필요로 하지 않는다. 양심이 생기면 외부의 '경찰관' 없이도 스스로 특정 행위를 금지할 수 있고, 자기 충동을 억누르며, 범죄에 대한 죄책감을 경험한다. 이러한 양심은 다섯 살 내지 여섯 살이 되어야 생긴다. 그리고 아홉 살 내지 열 살은 되어야 양심이 아이 인격의 안정된 한 부분으로 자리 잡는다. 부모로부터 독립하는 후기 청소년기가 되면 아이는 외부 권위로부터 완전히 독립할 수 있다.

그렇다면 두 살짜리 아이에서 양심 형성을 언급하는 이유는 무엇인가? 생애 첫 몇 해 동안 아이에게 형성된 부모의 조절 **패턴**이 훗날 아이의 자기조절 패턴, 즉, 양심 패턴이 되기 때문이다. 이러한 이유 때문에 양심이 나타나기도 전에 생애 초기의 양심 **형성**에 대해 말하고자 한다.

18개월에서 만 3세 사이 아이는 대부분 외부 요인에 의해 충동을 조절한다는 사실은 이미 알고 있다. 줄리아에게 부엌 바닥에 계란을 깨뜨리고 싶은 충동이 일어날 때 엄마가 함께 있었다면 그 충동이 쉽게 사라진다. 양심 비슷한 그 무엇이 없다면 계란을 깨고 싶은 충동에 대해 자기 제어self-restraint가 힘들다. 착한 두 돌배기라고 해도 잘해야 엄마의 불승인을 떠올리며 계란 깨기 프로젝트를 포기한다. 양심 때문은 아니다.(174쪽 참조)

"두 돌 된 아이가 무슨 수로 자기 행동을 조절하죠?"라고 묻는다면, 무엇보다 부모에게서 이유를 찾을 수 있다. 바로 부모에 대한 사랑과 부모의 승인 여부에 가치를 두기 때문이다. 이것은 말할 필요도 없이 다 아는 이야기 같지만 다시 한 번 확인하고 충분히 이해하고 넘어가야 한다. 아이가 자신의 행동에 대한 부모의 승인 여부를 신경 쓰지 않는다면, 당연히 자기 행동 조절에 필요한 동기가 생기지 않고 그저 자기 하고 싶은 대로 할 것이다.

"말도 안 돼요!" 두 돌배기 부모들이 이구동성으로 항의하듯이 말한다. "몇 달째 매일매일 수만 가지 방법으로 안 돼, 안 돼, 안 돼 외쳐도 애가 아빠의 레코드를 가지고 놀고, 벽에 붙은 전기 콘센트를 가지고 놀고 있어요. 게다가 그렇게 놀면서 우리한테 **미소까지 짓는** 걸요. **안 돼**라는 말이 부모가 승인하지 않겠다는 말이잖아요? 아니면 우리가 뭘 잘못하고 있나요?"

이렇게 항의하는 부모들에게 사과와 함께 설명을 해야겠다. 부모가 금지하는 데도 불구하고 두 살배기가 하던 짓을 계속한다고 해서, 그것이 반드시 부모의 문제 혹은 아이를 향한 부모의 사랑 또는 부모를 향한 아이의 사랑이 질적으로 문제가 있음을 의미하지는 않는다. 앞에서 살펴보았듯이, 아이는 아직까지 충동성이 강하고, 그 충동을 조절할 만한 장치가 부실한 꼬마일 뿐이다. 언어가 발달해서 충동을 조절하는 데 도움이 될 수 있으려면 하지 말라는 말을 수도 없이 반복해야 하고, 그 누적된 효과는 너무나 천천히 나타나서 보통 부모들이 잘 알아차리기 힘들 정도다. 그렇지만 이제는 부모가 잔소리를 할 때마다 두 살배기는 하던 일을 반복하려다가 잠깐 주저하고 살짝 자책하는 표정을 짓는다. 이는 아이가 부모의 태도를 알아차리고 그에 반응한다는 신호이다. 두 돌이 좀 지난 그 어느 순간, 아이는 자기 충동을 약간이나마 조절할 수 있는 능력을 보여주는데, 이는 마침내 용납되지 않는 행동을 하고 싶은 소망보다 부모의 승인을 얻고자 하는 소망이 더 커졌기 때문이다.

그러므로 아이에게 양심이 없다는 원래 생각을 바꿀 이유는 없다. 결국 부모를 기쁘게 하고 싶은 소망 덕분에 아이는 충동을 극복한다. 아이가 자기 소망의 만족을 포기하는 이유는 부모의 승인을 통해 더 큰 만족과 더 큰 보상을 얻기 때문이다. 따라서 아주 어린 아이에 대해서는 다음과 같이 정리할 수 있다. 꼬마가 부모의 승인이라는 또 다른 만족을 얻기 위해 자신의 쾌락 추구를 포기할 수 있기까지는 많은 시간이 걸리고 수 없이 반복이 필요하다.

앞 장에서 보듯, 두 살짜리가 자신의 소망에 스스로 **반대해 가며** 조절을 배우는 것은 매우 어려운 일이다. 꽤 많은 양의 말귀를 알아듣고 꽤 복잡한 지적인 일을 해낼 수 있는 매우 똑똑한 아이도 '안 돼'라는 단어를 '이해하지 못한다.' 이러한 어려움은 아는 바와 같이 지적인 무능력도 아니고 '단지 고집불통'이기 때문도 아니다. 아이의 소망은 매우 강력하며, 자신에게 '안 돼'라고 말하는 방법을 아직 터득하지 못했다. 그래서 경솔한 부모는 이 시기에 걸음마기 아기와 다툼을 벌인다. 하지 말라는 말이 통하지 않을 때 부모들은 더 강력한 조치를 취하게 된다. 손이나 엉덩이를 때리는 것이 좋지 않다고 믿는 부모들도 막상 닥치면 자기도 모르게 아이를 때린다. 아이를 때린다면 새로운 악순환이 시작된다. 즉, 화가 나서 반항하는 두 살짜리가 금지된 행동, 다시 말해, 보복을 하게 만드는 또 하나의 동기가 된다. 그러한 다툼은 부모와 아이의 관계를 심각하게 손상시키고, 서로에게 더욱 더 강하게 권리 주장을 하도록 만드는 실질적인 위험 요소가 된다. 부모가 아이에게 충동 조절을 효과적으로 가르치기 위해서는 아이와의 관계가 전쟁 상황으로 치닫게 해서는 안 된다. 전쟁으로 접어들면 모든 가르침은 수포로 돌아간다.

"하지만 이 또래 아이와는 말도 안 통해요! 대체 어떤 방법을 **써야 하나요?**" 이성이 발달되기 전에, 그리고 이 꼬마 아이의 언어가 어른과 의사소통이 될 정도로 발달하기 전에는 아이를 설득하는 방법에 한계가 있는 것이 사실이다. 단호하고 명확히 '안 돼'라고 하는 것과 부모의 불승인을 보여 주는 것이 훈육의 한 방법임을 인정하지만, 자기조절을 가르치는 수단이 단순히 금지여서는 안 된다. 언어로 자신을 통제할 수 없는 두 살 반 된 아이에게 '안 돼'라는 완전한 금지와 '차단' 기법을 적절히 사용하면서, 충동의 방향을 바꿔 주고 대체 만족을 제공하는 '대체' 기법에 중점을 둔다면 부모의 교육에 대한 아이의 협력을 이끌어 낼 수 있다.

아이는 자신의 충동을 효과적으로 저지하지는 못하더라도 충동에 대한 새로운 방향과 새로운 혹은 대체 목표를 받아들일 준비가 되어 있다. 두 돌 된 아이가 아빠의 레코드를 가지고 노는 경우, '안 돼, 안 돼, 안 돼'라고 계속 반복해 말하는 것보다 금지된 물건 대신 아이가 좋아할 만한 대체물을 줘서 보고 싶고 만지고 싶은 강한 욕구에 대해 다른 방향을 제시해 주는 것이 (실제로는 쉽지 않지만) 더 쉽다. (축음기 레코드를 안 보이게 치워 버리는 것이 훨씬 더 쉽겠지만, 지금은 잠시 그렇게 할 수 없다고 가정하자.) 두 돌짜리와 '안 돼, 안 돼, 안 돼'라는 경쟁을 시작하기 **전에**, 아빠의 레코드를 가지고 싶은 욕망이 강할 때마다 어차피 버릴 오래된 레코드를 주는 게 좋을지 모른다. "이것은 조니가 가지고 놀 수 있는 아빠의 레코드야, 여기 놓을 건데 조니가 가지고 놀아도 된단다. 다른 레코드 말고, 알겠지?" 이 레코드들이 아빠의 레코드라는 사실은 조니에게 특별한 의미가 있음을 짐작할 수 있다. 조니는 아빠를 사랑하고 아빠의 어떤 물건을 원함으로써 아빠에 대한 긍정적인 느낌을 표현하고 있다. 따라서 대체물을 아이가 받아들이기 위해서는 아빠의 물건이어야 한다.

"말이야 쉽죠! 두 살 된 아이에게 놀고 싶어 하는 물건 대신 마음을 바꿔서 대체물을 가지고 놀도록 해 본 적이 있기나 하세요?" 부모들이 따지듯 묻는다. 물론, 대단히 어려운 일이다. 꾹 참고 반복해서 가르쳐야 한다. 그렇지만 이러한 가르침을 통해 뭔가를 배울 가능성이 높고, 반면 이 시기에 계속해서 '안 돼, 안 돼, 안 돼'를 반복하게 되면, 단지 엄마와 아이 사이를 날카롭게 만드는 나쁜 상황만 초래될 가능성이 있다. 다시 말하지만 안 돼, 안 돼, 안 돼라는 경쟁이 아이에게 자리 잡기 **전에** 대체 기법을 사용하는 것이 쉽다는 것이다. 일단 아빠의 레코드를 경쟁에서 이긴 상으로 인식하게 되면, 대체물을 받아들이도록 만들기는 더욱 어려워진다.

눈에 보이는 모든 것을 만지고 다뤄 보는 것은 걸음마기 아이에게 필요하기 때문에 그렇게 하고 싶어 하는 몇 개월 동안 비싸고 깨지기 쉬운 물건들을 치워 두면 분명 불필요한 갈등을 피할 수 있다. 하지만 어떤 부모들은 이 충고에 이의를 제기한다. "아이 때문에 내 거실을 그렇게 만들고 싶진 않아요. 아이도 언젠가 그런 물건들을 존중해야 한다는 것을 배워야만 하잖아요. 그걸 지금 가르치면 안 될 게 있나요?" 분명히 맞는 말이다. 언젠가는 배워야만 한다. 지금은 왜 안 되느냐? 아이는 아직 조절 능력이 충분치 않다. 그리고 아직 말로 의사소통하기가 수월치 않다. 이제 막 자기조절을 시작하는 단계에 있는 아이에게 '만지지 않기'를 가르치기는 힘들고 사람을 지치게 한다. 몇 달이 지나면, 다시 말해 아마도 세 돌 반 이후라면 충동 조절 능력이 향상되기 때문에 자기를 조절할 준비가 된다. 이미 아이에게 대소변 훈련, 공격성 다루기, 남의 이익을 위해 자신의 이득을 희생하기 등을 통해 자기조절을 요구하고 있음을 기억해야 한다. 또한 일부 교육상의 문제는 아이의 흥미와 가족의 화합을 위해 연기해야 할 수도 있다. 두 돌 지나고 첫 몇 달 동안, 재떨이 또는 유리 장식품을 조심스럽게 다루도록 하는 것이 교육 프로그램에서 가장 중요한 목표는 아니다.

그러나 다소 논점에서 벗어났으므로 다시 아이의 관심 돌리기, 원하는 것 대신 대체물을 주고 자기조절을 시작하는 교육으로 돌아가자. 두 살배기에게는 축음기 레코드나 커피 테이블 장식품과 관련된 문제 외에도 포기할 수 없는 비교적 실제적이고 심각한 교육 문제들이 있다. 그러한 문제들은 상당 부분 '공격성'과 관련된다.

몇 달 전에 있었던 꼬마 친구의 문제를 살펴보자. 28개월 된 로리에게 여동생이 태어났다. 로리는 여동생을 맞이할 준비가 되어 있었고, 언젠가 엄마 배 속의 아기가 태어날 것을 알고 있었다. 중요한 새로운 일에 대해 아이를 준비시키는 것은 중요하지만, 어린아이는 아기가 태어나는 **현실**에 대해 준비한다거나 가족에게 실제로 아기가 생기는 새로운 상황을 예견하거나 상상할 수 없다. 동생이 태어날 때 대수롭게 생각지 않았던 것이 하나 더 있다. 엄마가 로리를 **남겨 두고** 병원으로 가는 바람에 로리는 처음으로 엄마와 오랫동안 떨어지게 되었다. 엄마가 없는 동안 배 속의 여동생에게 경쟁심을 느끼기보다는 엄마와 떨어짐으로 인한 상실과 유기를 더욱 더 크게 느끼게 된다. 엄마가 태어난 아기를 데리고 돌아오면, 라이벌 의식과 버림받은 느낌이 더해져서 특히 격렬한 반응을 보인다. 마치 엄마가 다른 아이를 사랑하기 위해 로리를 실제로 버린 것과 같다.

로리는 엄마가 돌아온 첫 몇 주 동안 열심히 노력했다. 아기에게 어른처럼 '까꿍' 소리를 내기도 하고 아기를 어르는 소리를 내기도 했다. 아기 돌보는 것도 '돕는다.' 그러나 때때로 사랑과 미움 사이의 갈등 때문에 힘들어 했다. 아기를 안고 좋아한다고 속삭이다가도 갈등 때문에 꽉 껴안아 버리기도 했다. 종종 공격성이 강해지면 아기를 꼬집거나 때리기도 하고, 막대기나 블록을 들고 위협적인 태도를 취하기도 했다.

로리든 누구든 당연히 갓난아기를 공격하도록 내버려 둘 수는 없다. 로리의 심정은 알겠지만 아기 때리기는 막아야 한다. 이에 대해 부모는 로리에게 엄하게 대했다. 아기를 다치게 해서는 안 된다고 말해 주었고, 아기를 다치게 할 때마다 불승인 태도를 확실히 했다. 물론 이렇게 하는 것은 필요하다. 그러나 문제는 좀 더 복잡해진다. 로리는 아기에 대해 (항상 성공적이지는 않았지만) 자기를 조절하기 위해 엄청난 노력을 했건만, 그 결과로 지금은 하루에도 수십 번씩 '별 것 아닌 일에' 걸핏하면 분노를 폭발시킨다. 이 꼬마 소년은 몇 주 전만 해도 아주 명랑하고 선량한 성품을 가졌었는데 지금은 사납게 날뛰고 반항적인 아이로 변했다. 부모는 앞으로는 더 어려워질 것이라고 생각하고 지금 로리를 돕고자 했다. 로리를 사랑한다는 것을 확인시켜 주기 위해 부모가 할 수 있는 것은 무엇이든 했다. 도움이 되기는 했지만, 마음속 분노는 줄어들지 않았다. 표현되어야만 풀리는 강력한 감정이다. 이 아주 어린 아이가 그 감정들을 표현할 수 있는 방법은 행동으로 옮기는 것 밖에 없다. 왜냐하면 **말로 표현할 능력이 없기 때문**이다. 물론 그렇다고 해서 로리가 아기를 공격하게 놔둘 수는 없다.

그래서 로리 또래에게는 이런 문제가 있다. 여동생에 대한 공격성을 신체적 공격으로 표현하게 할 수는 없고, 말로 표현하기에는 28개월 된 아이의 어휘력이 충분치 못하다.

만일 로리가 좀 더 나이가 든다면, 그리고 자기 마음대로 쓸 수 있는 단어가 풍부해진다면, "엄마는 네가 아기를 해치는 걸 그대로 둘 수 없단다. 하지만 동생에게 너무 화가 날 때, 화났다고 엄마한테 말해 주렴." 이라고 말할 수 있다. 이렇게 해서 질투심을 말로 표현하도록 돕는다. 좀 더 나이 먹은 아이, 세 살쯤 된 아이라면 "엄마 아빠는 나보다 아기를 더 좋아하잖아." 또는 "아기가 돌아가면 좋겠어. 동생이 없었음 좋겠어." 라고 말할지도 모른다. 좀 더 나이 든 아이는 파괴적인 감정을 이렇게 표현할 수도 있다. "아기가 개미였으면 좋았을 텐데. 그러면 밟아 버릴 텐데!" 말로 감정을 표현하면 아기를 질투하는 행동과 파괴적인 행동의 욕구를 줄일 수 있다. 말은 행동의 대체물이어서, 감정을 말로 표현하면 충분히 해소가 되고 아기에 대한 적대적인 행동을 저지할 수 있다.

하지만 아직 말로 자신의 감정을 충분히 잘 표현할 수 없는 로리는 어떻게 해야 할까? 만일 로리가 말로 이러한 감정을 표현하지 못한다면, 아기에게 금지된 행동을 하지 않게 하고 감정을 발산하도록 할 수 있는 대체물은 무엇일까?

나의 친구이기도 한 로리의 부모와 나는 로리를 어떻게 도울 수 있을지 상의한 결과, 공기를 넣어 부풀린 펀초Puncho라는 플라스틱 인형을 사서 공격성을 풀 수 있는 대체물로 쓰기로 했다. 화가 날 때 펀초는 때려도 되지만, 아기는 때리면 안 된다고 말했다. 로리의 부모는 펀초를 가장 가까운 가게에서 서둘러 구입해 놓고 기대에 부풀어 있었다. (아동심리학자와 부모에 대한) 동화 속에서는 모든 게 성공적으로 해결되고 조화를 이루는 해피엔딩이다. 실제로는 무슨 일이 일어났을까?

다음날 로리의 엄마가 전화로 말했다. "뭔가 잘못된 같아!" 나랑 친한 사람들이 항상 그러듯이 그녀는 차분하게 내가 틀렸다고 말했다. (전문적으로 내게 의뢰하는 부모들은 내 충고가 효과가 없으면 항상 **자신들에게** 잘못이 있다고 믿는다.) "무슨 일이야?" "로리가 펀초를 때리고 싶어 하지 않아. 펀초가 자기 친구래. 펀초를 안아 주고 잘 때도 데리고 자려고 해. 지금은 이 플라스틱 고릴라가 피아노, 소파, 장난감 트럭 같은 거 다 빼고 조금 남은 거실 가운데에 떡하니 자리 잡고 있고. 여하튼 그건 됐고, 이론적으로 어떻게 설명이 되는 거야? 이제 뭘 해야 되지?"

전체적 상황을 주의 깊게 검토해 본 결과, 로리의 태도는 당연한 거였다. 로리에게 아무 짓도 하지 않는 펀초에 대한 불만이 없었다. 진짜 불만은 여동생 카렌에게 있었다. 친구로 여기는 플라스틱 인형에게 동생에 대한 원한의 감정을 전이시키는 것은 어려웠다. 그러나 로리 또래에서 우정은 매우 불안정하므로, 만일 펀초를 로리 주변에 계속 놔두면 펀초에 대한 애정이 식고 언제든지 준비되어 있는 반대의 감정이 결국 펀초를 향할 수 있다. 그래서 일주일 또는 그 이상 펀초를 그대로 두기로 했다. 로리가 아기를 때리려고 할 때마다 다음 설명을 되풀이했다. "화가 날 때 펀초는 때려도 좋지만 아기는 때릴 수 없단다."

로리의 공격성 대상이 카렌에서 펀초로 넘어가는 데 거의 2주일이 걸렸다. 몇 주 동안 펀초는 거의 만신창이가 됐다. 그러나 이젠 상관없다. 로리가 적응하는 과도기 동안 편초는 유용하게 쓰였다. 카렌을 공격하지 않았고, 분노 발작도 줄었으며, 카렌에 대해 남아 있는 경쟁심과 분노는 평균 수준이었으며 다루기 쉽고 조절이 가능해졌다.

태어난 아기에 대한 꼬마 오빠의 적개심이 지나친 정도가 아닌데, 적개심을 극복하는 방법에 대해 지나치게 많은 지면을 할애한 것처럼 보일지 모르겠다. 그러나 로리 이야기는 조절을 가르치는 초기 단계에서 공격성을 다루는 원칙을 정하는 데 도움이 된다. 로리에게 여동생에 대한 공격성을 차단하도록 요구할 수 있으나, 로리에게 이러한 요구를 할 때에는 그 감정의 강도와 그 나이 또래에 보이는 부적절한 조절 수단을 이해해야 하고 아이가 대체 목표를 향해 수용 가능한 방법으로 충동을 표현함으로써 조절 방법을 익히도록 돕는다.

이 나이 또래에서 이러한 문제를 다른 방식으로 다루다 보면 또 다른 어려움이 생길 수 있다. 로리의 경우 처음에 여동생에 대한 공격을 멈추도록 강요하자 직접적인 행동으로는 공격성을 표현하지 않았지만 여전히 바람직하지 않은 방법, 즉 분노 발작이 생겼다. 비슷한 상황에서 다른 형태로 문제를 일으켰던 다른 아이의 경우를 보자. 남동생을 반복적으로 때리던 여자아이가 얼마 후 공격성의 기미를 전혀 보이지 않는 모범 아동이 되었으나, 심각한 수면 문제와 여러 종류의 두려움을 보이면서 하루 종일 엄마에게 매달렸다. 여동생에 대한 적대적인 행동을 사랑하는 행동으로 대체하도록 배운 다른 여자아이의 경우, 적개심을 느끼는 모든 사람에게 오히려 과장된 사랑을 표현했고, 억제된 분노 표출의 증상으로 야뇨증이 생겼다.

이러한 예를 통해 부모가 사용하는 방법이 충분히 강력하다면 두 살 된 아이의 공격성을 완전히 억제할 수도 있겠지만, 이른 나이에 그러한 조절이 달성되면 일부 부모들처럼 훗날 그 대가를 감내해야 할지도 모른다. 천천히 조절 **교육**을 하려면 처음에는 더 많은 시간과 인내가 필요하지만, 이렇게 조절을 배운 아이는 이후에 건강한 자기 훈육을 터득하게 될 것이다. 로리에게 여동생에 대한 공격적 감정을 플라스틱 인형에게 표현하도록 가르치는 일이 지겹기는 하겠지만, 훗날 하루에 수십 번씩 분노 발작을 보이는 아이 달래기, 불안해서 밤마다 여러 차례 깨는 아이 재우기, 또는 몇 년째 오줌 싼 이불 빨래하기보다는 훨씬 낫다. 만일 아이들을 변화시키는 과정에서 부분적으로나마 만족을 주지 않는다면, 좌절된 본능은 다른 형태의 복수로 나타난다.

공격성에 대한 대체물과 플라스틱 인형에 대해 살펴보는 것을 잠시 접어 두고, 어린아이의 공격성 다루기를 비판적 측면에서 바라보자. **로리의 공격성을 다루는 데 사용된 방법은 아직 언어 발달이 안 된 아이 또는 아직 적절한 언어를 구사하지 못하는 아이들에게만 적합하다.** 이는 원시적인 교육 전략이고, 네다섯 살짜리 아이에게 적용하는 경우는 드물다. 학령기 아동에게는 더더욱 드물다. 아이가 언어를 배우기 시작하면 단순히 공격성 발산 줄이기부터 언어로 감정 표현하기, 언어로 갈등 해결하기, 언어로 충동 조절하기와 같은 요구를 늘리기 시작한다. 좀 더 나이가 들면 공격성을 단순하게 신체적으로 발산하는 대신 게임과 놀이로 적절히 대체할 수 있다. 나이가 들어서도 가족 또는 이웃과의 생활에서 단순한 긴장 발산을 사용할 수는 없다. 즉, "네게 몹시 화났어. 그래서 널 때릴 거야," 또는 "너 땜에 몹시 화가 나서 지금 당장 여기서 분노 발작을 일으킬 거야." 같은 방식은 점차 사라지게 된다.

언어를 사용하면 교육이 수월해진다. 향상된 언어 능력을 조절 훈련에 활용할 수 있다. 아이가 분노 폭발로 자기 감정을 표현할 때 냉담하게 반응함으로써 아이가 자기 느낌이나 원하는 것을 그런 식으로 알리는 것을 인정하지 않는다. 자기가 원하는 것 또는 감정을 그대로 알리는 갓난아기 방식을 불승인하면서 무시한다. "너도 이제 컸으니까 말로 하려무나. 무엇을 원하는지 **말해** 보렴." 감정을 말로 표현하도록 격려하고, 원시적인 감정의 방출 대신 말로 표현하려는 노력을 인정해 준다. 분노 발작으로는 아무것도 얻지 못하지만, 말로 감정을 표현하면 잘 들어줄 것이고, 가능하면 매번 원하는 바를 들어줄 수도 있다고, 경우에 따라 약하게 또는 강하게 말해 준다. 물론, 언어 능력이 향상된다고 해서 분노 발작이 자동적으로 멈추지는 않을 것이고, 조절할 수 없을 때도 있겠지만 원시적인 감정 표현 대신 좀 더 고차원적으로 감정을 표현하도록 교육하여 아주 어린 아이 때는 꼭 필요했던 단순하고 원시적인 긴장 방출 기제 대신 고차원적인 사고 과정을 사용하여 더욱더 많은 조절이 가능해지기를 기대한다.

이 과정은 아이가 필요 이상으로 긴장 방출 단계에 오래 머물러 있는 것을 허용하는 오늘날 더욱 큰 의미가 있다. 요즘은 조절 수단이 생겼을 만한 나이가 꽤 지났음에도 불구하고 분노 폭발, 신체적 공격, 소리 지르기, 즉각 만족이나 주의를 끌기 위한 요구를 눈감아 준다. 요즘 다른 면에서는 완벽하게 정상적인 예닐곱 또는 여덟 살짜리가 여전히 어릴 때처럼 원시적인 감정 방출을 하는 경우가 흔한데, 이는 그 이상을 요구받은 적이 한 번도 없기 때문이다.

특정 나이에 어느 정도의 조절을 아이에게 기대할 수 있는지 부모들이 잘 모를 수 있다. 게다가 미처 준비되지 않은 아이에게 너무 일찍 조절을 강요하게 될까 봐 부모들은 거의 강요하지 않는 쪽을 택한다. 그러나 아이에게 요구하는 것이 너무 적어도 위험하기는 마찬가지다. 충동적인 것을 받아주고 원시적 방출 기제를 계속 쓰도록 내버려 두면, 버릇이 없을 뿐 아니라 지적 발달도 느려진다. 제 아무리 지적으로 타고났다고 하더라도 행동의 기본 원칙이 하고 싶은 대로 행동하기와 즉각 만족이라면, 논리적으로 생각하기, 창조적으로 상상력 사용하기, 승화시키기 등과 같은 보다 고차원적인 정신 과정의 발전을 달성하기 어렵다. 다시 말해서 아이에게 즉각적인 행동 대신 차츰차츰 좀 더 고차원적인 정신 활동을 하도록 요구하지 않는다면, 아이는 원시적인 수준의 방출이 더 편하기 때문에 그 상태에 머물러 있으려고 할 것이다.

아이의 준비 상태와 부모의 조절 요구가 잘 맞아떨어지도록 조율이 가능한 아동 발달 원칙은 무엇일까? 분명한 것은 언어나 생각이 행동을 대체할 수 있을 때까지는 아이의 신체적 감정 표출의 필요성에 대해 관대해야 한다는 점이다. 정상 발달에서 세 돌 초반과 후반의 편차가 크고, 세 돌 중반까지는 조절할 수 있을 정도로 정신적 과정이 충분히 발달하지 않았으므로 아이에게 너무 많은 것을 기대할 수 없다. 좋은 행동 칭찬해 주기, 못된 짓과 파괴적 행동을 승인하지 않기 등으로 아이의 조절 능력 발달을 돕되, 아이의 작은 일탈 행동이 있더라도 정신 과정이 발달해야 나타날 수 있는 조절 수단이 아직 없어서 그렇게 행동한다는 것을 알고, 그러한 행동에 대해서 놀랄 필요가 없음을 의미한다. 점차 정신 과정이 발달하면서, 또한 언어가 발달하면서 행동이 사고로 대체되고 아이에 대한 기대도 늘어난다. 충동을 다루기 위해 더욱더 많은 부분에서 말과 생각을 사용하도록 요구할 수 있게 된다. 그러나 이러한 교육에는 시간이 많이 걸리고, 조절 능력이 향상되는 세 돌 말경에도 아이는 여전히 쾌락을 쫓는 꼬마일 뿐이므로 자주 조절에 실패하더라도 놀라지 않아야 한다. 부모는 교사이다. 종종 아이의 능력 이상의 기준을 아이에게 제시하지만 이러한 학습이 얼마나 어려운지 알고 있기에, 불가피하게 실수와 퇴보, 그리고 정체기가 있더라도 이를 받아들일 수 있어야 한다.

조절 체계의 취약점

언어가 정신 기관의 작동 임무를 맡게 되면서 조절 체계가 시작된다. 그 조절 체계는 어떤 충동은 그대로 발산되게 하고, 어떤 충동은 다른 쪽으로 방향을 돌려 주며, 위험 수위에 이른 어떤 충동은 차단해 주기도 한다. 안타깝지만 아이는 앞으로도 수년간 고도로 조직화된 조절 체계를 완성하지 못할 것이며, 두 살짜리 아이의 정신 기관과 같은 초기 모델을 운영할 때 생기는 사소한 문제에 시달리게 된다. 이러한 초기 조절 체계 모델의 비효율성의 예를 들어 보자. 즉흥적인 충동에 사로잡힐 때마다 "안 돼, 안 돼, 그거 하무는 안 돼No, no, mustn't dood it."라고 스스로에게 말해야 하는 두 살 반짜리 아이는 자신을 멈추기 위해서 엄청난 에너지를 소모한다. 아이는 충동을 다룰 필요가 있을 때마다 무엇을 해야 할지를 스스로에게 말해야 한다. 아이에게 이것은 점차 성가신 일이 된다. 이럴 때 아이가 귀찮게 느끼는 정도는 비슷한 상황에서 두 돌 반짜리 아이에게 무엇을 하라고 매번 말해 줘야 하는 부모가 귀찮게 느끼는 것과 다르지 않다. 그러다 보니 어린아이는 자주 자신에게 신호 보내기를 무시하거나 아예 늦게 보내기도 한다. 이렇게 '수동으로 작동하는' 기계와 훗날 이를 대신할 자동 체계 모델을 비교해 보자. 대여섯 살이 되면 이러한 체계의 대부분은 완전히 자동적이다. 신호가 번쩍하고 반응이 일어나면 아무런 의식 수준의 생각 없이 곧바로 충동이 멈추거나 방출된다. 그 장치는 참신한 해결책이 필요한 문제와 맞닥뜨리지 않는 한, 많은 결정들을 논의 과정 없이 처리할 수 있다! 일상적인 환경 하에서라면, 식탁 위의 계란바구니를 본 여섯 살짜리 아이는 그것을 박살내고 싶은 충동도, 혹은 박살내는 것을 막으려는 자기 금지도 의식할 수 없다. 유해한 충동이 일어나면 그것은 완전히 의식화되기 전에 검열에 걸린다. 하루 내내 수백 가지의 사안들이 이렇게 결정된다. 두 살짜리는 의식적인 수준에서 그러한 충동과 힘들게 투쟁해야만 하는 반면, 좀 더 나이가 들면 자동 신호체계가 충동 관리의 대부분을 담당한다.

그래서 두 살짜리의 기계적인 결함으로 가득 찬 비효율적인 조절 체계는 잦은 고장으로 이어진다. 신호들이 뒤죽박죽되거나 아예 보내지지 않기도 하고 이 모든 상황을 너무 복잡하다고 생각한 아이는 연결 상의 실수를 스티비의 '제럴드'처럼 자신 밖의 사악한 누군가의 탓으로 돌린다. 그러나 이러한 발달단계에서의 많은 불안이 조절 체계의 취약함으로부터 기인할 수 있다는 것을 알아야 한다. 자신의 충동을 다루는 데 애를 먹고 있는 어린아이는 상반되는 소망들 간의 압박을 견뎌야 하고, 그 갈등을 해소하려는 시도에 대해 괴상하고 불가해한 공포가 생길 수 있다. 그러한 경우에 조절 체계는 아이가 할 수 있는 것보다 더 많은 것을 요구하는 것처럼 보인다. 이 초기 조절 체계의 기계적 난점은 낮은 효율성부터 과도한 수준까지 다양하며, 심지어 한 아이의 행동에서 모든 영역을 경험할 수도 있다.

이러한 어린 시절의 혼란에서 어떻게 안정된 조절 체계가 생겨날 수 있을까? 잠시 우리 친구 스티비를 보자. 충동 극복 시도를 하던 초기 단계에서 자신의 충동을 부인하고 가공인물인 제럴드 탓으로 돌렸다. 그런 성향을 몽땅 제럴드 탓으로 돌리고 스티비 자신이 조절에서 일탈한 것에 대해서도 제럴드를 비난했다. 이는 자기비판의 첫 단계이다. 이는 또한 자기 내부의 반대되는 경향들을 중재하고 자신의 충동에 책임을 지는 데 있어서 꼬마가 어려움을 겪는 것으로 볼 수 있다. 나중에 아이는 못된 충동이 자신에게서 나오고, 자신의 한 부분이며, 스스로 조절해야 한다는 것을 인정하면서 제럴드 같은 존재와의 관계를 청산해야 한다.

그러나 일부 사례에서는 자기 내부의 두 부분이 타협하는 데 어려움을 겪는 아이도 있다. 그런 아이는 발달의 후기 단계에서도 자신의 버릇없음을 남의 탓으로 돌리고, 아동기임을 감안하더라도 부적절하게 느껴질 정도로 자기 행동에 대한 책임을 지속적으로 부정한다. 두 살짜리에게도 자신의 행동에 대하여 책임을 받아들이는 어떤 징조와 잘못된 행동에 대하여 가책이나 죄책감을 느끼는 조짐이 나타나야 한다. 다섯 살 또는 여섯 살 배기가 자신의 행동에 대한 책임을 극도로 회피하고, 그에 따른 죄책감을 경험하지 못한다면, 무엇인가가 아이의 정상적 발달을 방해했음이 분명하다. 두 살짜리 아이의 행동 분석과 대여섯 살짜리의 행동 분석은 차원이 다르다. 나이 든 아이의 경우라면 중요한 자아 발달 단계가 아직 진행되지 못한 것으로 볼 수 있다. 즉, 특정 발달단계에 손상을 입은 것으로 가정할 수 있다. 가장 흔히 발달에 장애가 일어나는 시기는 결정적 시기인 두 살, 세 살 무렵이다.

그러나 이 단계에서 정상적인 인격 발달 과정을 방해한 것은 무엇이었을까? 자기 행동에 책임감을 갖게 만드는 능력이 있느냐에 따라 자아 발달을 평가하게 되는데, 이러한 자아 발달의 필수 단계가 진행되는 데 실패하는 이유는 무엇일까? 두 가지 상황 중 하나라도 자아 발달의 이러한 영역에서 정상 발달을 방해할 수 있다.

우선 생각할 수 있는 것으로, 부모 쪽에서의 과도한 방임이 아이 자신의 행동에 대하여 책임을 느끼지 못하게 만드는 상황을 불러올 수 있다. 만일 부모가 꾸짖지 않거나 또는 아이의 행동에 책임감을 기대하지 않는다면, 아이가 그렇게 할 동기를 갖게 되지 않는 것은 당연하다. 아이가 자신의 충동을 따른다고 해서 자신에 대한 부모의 평가에서 손해 볼 것이 없다고 느낀다면, 쾌락을 추구하는 두 살짜리로서는 자신의 행동을 제한하거나 그것에 대해 스스로 비판할 이유가 없다.

역설적이지만, 어린아이의 행동에 대해 과도하게 엄격하고 모질게 대하는 부모의 태도도 꼭 같지는 않지만 유사한 상황을 만들 수 있다. 버릇없는 행동으로 인해 심한 체벌을 받게 될 것이라고 느낀다거나 또는 인간적으로 완전히 심각할 정도로 거부당할 것이라고 느끼게 되면 아이는 버릇없는 자기를 내버림으로써 이 특별한 발달 과정의 첫 번째 단계에 접어들게 된다. 그러나 버릇없음이 자신의 일부임을 받아들이고, 자신의 행동에 대해 책임을 지고, 그것들을 조절하는 수단을 찾는 두 번째 단계로 가는 데 큰 어려움을 겪는다. 다시 말해 그런 아이에게는 버릇없음을 '자기 외부'에 남겨 두게 되는 두 가지 동기가 생긴다. 첫째, 과도한 처벌에 대한 두려움, 둘째, 버릇없는 아이를 자신의 일부로 받아들임으로 인한 자기애의 상실 때문이다. 피상적으로 심한 불안에 대해 저항하는 아이는 위의 첫 번째 경우처럼 과도하게 방임된 아이를 닮았다. 엄격한 부모 밑에서 자란 두 번째 아이 역시 대여섯 살 혹은 그 이상이 되었을 때 '행동 문제'를 보일 수 있다. 아이는 효과적으로 자신을 조절하는 수단이 부족하다. 자신의 행동에 대한 개인적인 책임감을 부정하고 자신의 잘못된 행동에 대하여 적절한 죄책감이 없다. 그러나 이러한 행동 기저에 깔린 기제는 첫 번째 경우에서보다 더욱 복잡하다.

마법의 시간 첫 6년

(어떤 쪽이든) 부모의 극단적인 처리 방식이 어떻게 인격 발달에 문제를 일으키고, 정상적으로 필요한 자기조절 단계의 출현을 어떻게 차단하게 되는지 알게 되면 어린아이에게 자기조절을 가르치는 훈육과 관련된 전반적 문제에 대해 수많은 의문이 생겨난다. 이 문제에 대해 수많은 논란이 있지만 한 가지는 단정할 수 있다. 극단적으로 관대한 훈육 또는 극도로 가혹한 훈육 모두 양심 형성 과정을 방해할 수 있고 비슷한 결과를 초래할 수 있다. 양 극단에서 모두 아이는 자기조절에 실패한다.

　이렇듯 두 사례 모두 욕동 조절에 실패한다는 것을 알게 되었다. 충동과의 초기 투쟁에서 생길 수 있는 다른 결과를 보자. 만일 18개월부터 세 살까지 정상적인 아동 발달을 따라 가다 보면 특정한 갈망이나 충동이 이미 약간 변했음을 알 수 있다. 그중 일부는 완전히 사라져서 아이가 세 살이 되면 원형은커녕 흔적조차 찾을 수 없다. 다른 일부는 유지되고 있더라도 표현 방식이 바뀌었다.

　두 번째 결과는 가장 알기 쉽다. 두 살짜리 캐롤이 몇 시간째 찰흙 놀이에 열중할 때, 특별히 심리학적인 직관이 없더라도 이 놀이 안에 변형된 케케묵은 유아적 쾌락이 담겨 있음을 알 수 있다. 심지어 그 또래 아이들 특유의 솔직함으로 응가 또는 지지를 만들고 있다고 말할지도 모른다. 자기 응가에 흥미를 느끼고 심지어 응가를 가지고 놀던 18개월짜리 캐롤이 문명화된 세상에서는 그러한 즐거움을 싫어한다는 것을 알게 되면서, 지금은 사회화된 관점을 받아들이고 지키며 문명화된 사회가 허용하는 대체 행위에서 즐거움을 찾아내는 두 살 반짜리 캐롤이 되었다. 대체 행위는 원래의 쾌락과는 동떨어진 것이어서 캐롤은 응가를 가지고 놀고 싶은 충동은 부끄러워해도 찰흙을 가지고 하는 이런 놀이는 부끄러워하지 않는다.

포기해야만 하는 유아기의 갈망에 대해 새로운 목표나 대체 행동을 제공할 수 있는 경우, 훈련에서 가장 좋은 성과를 얻는다. 어린아이가 유아적 형태의 쾌락을 추구하는 것을 포기하기는 쉽지 않다. 그러나 다른 형태로 충동을 충족시킬 수 있다면 마침내 목표가 바뀌는 것을 받아들인다. 심지어 어린아이의 강력한 공격 성향도 원래의 목표에서 대체물로 바뀔 수 있다. 앞서 보았던 것처럼 로리가 아기를 때리는 것은 용납될 수 없다. "화가 나면 테디 베어나 펀초를 때리는 것은 좋아, 하지만 아기는 안 돼." 로리는 자기 공격성에 대한 대체 목표를 찾는 일에 시큰둥하다. 아기는 때리면 반응을 하겠지만 대체 목표는 별 반응이 없기 때문이다. 하지만 아이의 발달에 있어서 그 시점에서는 충동 자체를 바꾸거나 충동을 완전하게 억제하는 것보다는 목표를 바꾸는 것이 훨씬 쉬울 것이고, 바로 이러한 이유 때문에 아이는 우리의 뜻을 따르게 된다.

아까 하던 이야기를 계속하자. 앞에서 말했듯이, 어떤 충동은 초기 발달 과정 중에 사라지는 것처럼 보인다. 찾아보려고 해도 원형 그대로의 충동은 흔적도 없다. 지금 이야기했던 두 가지 사례와는 매우 다르다. 캐롤의 경우 대상은 바뀌었지만 여전히 더럽고 지저분함에서 즐거움을 찾는다는 것을 알 수 있다. 로리가 공격적으로 때리는 행동은 대체물을 찾아낸다 해도 여전히 공격성이다. 그러나 두 살에서 세 살 사이에 스티비가 다른 사람들을 물던 행동은 어떻게 된 걸까? "그게 뭐 그렇게 중요해요?"라며 엄마는 눈살을 찌푸린다. "다행스럽게도 아이가 깨물기를 포기했어요." 스티비가 부적절한 취향을 극복한 것을 우리 모두 감사하게 생각한다. 또한 사람 깨무는 행동을 포기함으로써 스티비의 정신세계에 손상이 생겼음을 암시하는 것도 아니다. 아이의 식인 충동이 충족되는 것에 저절로 반발심이 생기는 것에 대해 부모 입장에서 자신들을 질책해야 한다는 것도 물론 아니다. 그러나 어쨌든 궁금하다. 어떻게 된 걸까? 그리고 남을 깨무는 행위 속에 숨어 있던 **생각**, 즉 다른 사람을 먹는다는 생각은 어디로 갔을까?

동료들을 잡아먹음으로써 자신의 일부가 될 수 있다는 생각과 함께 사람 깨물기도 포기해야만 했다. (단, 이를 모두 파괴적 생각으로 몰아붙일 수는 없다. 아이들은 화가 나면 물지만 사랑스러울 때도 문다. "넌 너무 사랑스러워, 먹어 버릴 거야!"라고 말하는 것도 마찬가지다.) 그래서 부모는 단호하게 스티비의 깨물기를 금지했다. "엄마는 깨무는 게 싫어! 허락할 수 없단다! 깨물면 다치잖아!" 스티비는 다른 사람을 물고 싶은 충동을 조절해야만 했다. 조절 능력을 획득해 가는 과정에서 다른 사람을 깨무는 나쁜 소년 제럴드를 창조해 냄으로써 깨물기에 대해 스스로 비난하고 있음을 보였다. 그러나 아이가 결국 깨무는 행위를 포기하기 시작할 무렵, 물고 싶은 충동을 성공적으로 조절하기 시작할 무렵, 쉽게 간과하거나 잘못 해석할 수 있는 일이 일어난다.

스티비는 다른 또래들과 비슷한 두려움과 걱정을 가진 그야말로 건강한 작은 꼬마이다. 그러던 어느 날 밤 놀라서 소리를 지르며 깨어나서는 엄마와 아빠를 찾는다. "진저가 나를 무쩌(물었어)!" 울며 소리친다. 진저는 이웃에서 기르는 작은 코카 스파니엘 강아지다. 스티비는 그날 오후에도 진저와 같이 놀았다. 엄마도 내내 함께 있었다. 진저는 스티비를 물지 않았다. "아니야, 아가야, 진저는 너를 물지 않았어!"라고 엄마가 아이를 안심시켰다. "진저가 무쩌. 개가 내 발을 무쩌." 스티비는 꿈을 꾼 것이다. 그러나 다른 두 살 반짜리 아이들처럼 그것이 꿈이라는 것을 모른다. 꿈에서 일어난 사건을 실제처럼 받아들인다. 아무튼 스티비는 금세 안심하고 다시 잠이 들었다. 다음날 아침 진저가 스티비네 마당으로 온다, 스티비가 기겁을 하고 엄마를 찾는다. 계속 악을 쓴다. "진 저가 나를 무쩨. 저 녀석이 나를 무쩨!" 스티비가 진저에 대한 두려움을 극복하도록 돕기 위해서는 많은 참을성이 필요했다. 그리고 둘이 다시 친구가 된 후에도, 그 오래된 공포가 때때로 되살아난다.

이러는 동안에도 스티비는 계속 자라고 조숙해져서 부모를 놀라게 하였으며, 자기조절 및 합리성을 성취하여 부모를 놀라게 했다. 그리하 여 **스티비가 더 이상 사람을 깨물지 않는다**는 사실은 이제 이야깃거리도 되지 않게 되었다.

"사람을 깨무는 충동은 어떻게 된 것일까?"라고 묻는다면 그저 "사라 졌네."라고 대답할 뿐이다. 스티비는 사람 깨물기를 그만두었다. 나쁜 요정들이 쫓겨갔다가 나중에 알아볼 수 없게 모양을 바꾸고 나타나는 것은 요정 이야기에만 있는 것이 아니다. 요정 이야기는 정신 과정 자 체를 모방한 것이다. 스티비가 개한테 '물렸던' 꿈은 스티비가 쫓아버렸 던 바로 그 나쁜 요정이 모양을 바꾸고 나타난 것이다. 스티비를 깨무는 그 개는 스티비의 충동, 즉 부모뿐 아니라 이제는 스티비도 금지하게 된 사람을 깨무는 충동을 상징한다. 깨어 있을 때는 충족될 수 없는 깨물고 싶은 **소망**이 꿈을 꾸게 만드는 동기가 된다. 꿈속에서 가장된 형태로나 마 만족을 추구한다. 따라서 다음과 같이 말하는 것이 더 정확한 표현이 다. 꿈에서 스티비가 개를 두려워하는 것은 물리는 데 대한 두려움과 물 고 싶은 자신의 소망에 대한 두려움을 모두 포함한다.

물려고 하는 소망을 다루는 초기의 노력과 이러한 후기의 노력 사 이에 몇 가지 매우 중요한 차이가 있다. 제럴드가 등장하면서 깨물려 는 소망은 제럴드에게 투사되었다. 스티비는 단순히 다른 사람에게 나 쁜 소망을 줘 버림으로써 그 나쁜 소망을 '제거했다.' 자신은 깨물기나 깨물고 싶은 소망을 포기하지 않았다. 제럴드가 물었다고 말할 뿐이다. 발달 후기에 접어들면서 그 소망이 제럴드 것이 아니고(제럴드는 사라진 지 오래다) 자신의 것임을 알게 되었다. 소망을 막으려고 노력하고 소망이 충족되는 것을 예방하려고 애를 쓴다. 그러나 이제 꿈에서 다른 사람을 물고 싶은 소망을 같은 원시적 기제에 의해서 다른 대상, 아주 적절한 대상인 개에게 전가한다. 이때 새로운 뭔가가 추가된다. 개가 **스티비**를 물 것이라는 두려움이다! 수개월 전 믿음직한 공모자였던 제럴드는 결코 한 번도 스티비를 물거나 물려고 겁준 적이 없었다. 단지 다른 사람에게만 그렇게 했다. 이제 스티비는 새로운 방법을 찾아냈다. 물고 싶은 소망을 외부 대상인 개에게 투사하고 원래 그 소망을 가졌던 꼬마가 개한테 물리는 경험을 하게 되는 부메랑 효과 같은 새로운 발달이 동반되면서 물고 싶은 소망을 극복한다. 이것은 무슨 의미일까? 스티비한테 물린 누군가가 복수하겠다고 스티비를 위협했을까? 아이가 개에게 물렸던 경험이 있는 것일까? 희한하게도 아이가 위협받거나 물린 경험이 없을 때에도 이러한 일이 생길 수 있다. 그것은 다음과 같이 설명할 수 있다.

스티비에게서 비롯된 물고 싶은 소망이 외부 대상인 개에게 투사되고, 투사의 결과로 스티비는 더 이상 물고 싶은 소망을 자신의 내부 소망으로 간주하지 않는다. 이것은 무의식적인 정신 과정으로, 금지된 소망은 부분적으로 억압된다. 그러나 완벽한 억압은 가능하지 않아서 다른 사람을 물려고 하는 충동은 계속 튀어나온다. 이제 그 충동이 나올 때마다 스티비는 그 자신으로부터 기원한 소망이 아니고 개에게서 시작된 것으로, 즉 내부의 소망이 아니라 외부에서 생긴 소망으로 인식한다. 스티비 자신이 이러한 소망과 관련이 있다고 느끼는 위험도 같은 기제에 의해서 외부로 처리되고 제거된다. 스티비 안에서 물려고 하는 충동이 들 때마다 스티비는 외부에서 자신을 위협하는 것으로 인식한다.

　이러한 새로운 발달에 대해 경계해야 할까? 그럴 필요는 없다. 모든 정상 아동들이 이와 매우 유사한 단계를 거친다. 이는 특정 연령대의 아이들이 특정한 형태의 두려움을 갖게 되는 이유를 이해하는 데 도움이 된다. (앞으로 아이들이 이러한 공포를 극복하도록 돕는 데 있어서 부모의 역할에 대해서도 다룰 것이다.) 정상적으로 진저에 대한 스티비의 공포는 스티비가 자신의 충동을 다루는 데 성공하고 그것들을 두려워할 필요가 없어질 때쯤 사라진다. 그러한 공포는 스티비가 세 살 혹은 네 살이 되고 아이를 압도할 만한 어떤 다른 충동들을 처리해야 할 필요가 있을 때 다시 나타날 수도 있다. 하지만 아이가 정상적으로 발달하고 있다면 그러한 충동들을 성공적으로 극복하고 공포도 잦아질 것으로 기대할 수 있다.

　스티비 연령대에 흔히 겪는 다른 공포에도 비슷한 기제가 작용하는 것을 볼 수 있다. 동물원 가는 것을 좋아하고 포효하는 사자를 보고도 크게 불안해 하지 않던 피터가 이제는 사자가 으르렁거리면 아빠에게 꼭 달라붙는다. 아이는 사자가 포효하면 화가 난 것으로 생각한다. 요즘 피터는 자신의 공격성을 조절하기 위해 '두 살 반짜리 아이로서는 최선'을 다하고 있었고, 그것이 피터가 사자를 두려워하는 이유이다.(뒤에 209쪽 피터와 사자 이야기 참조) 샐리는 두 살 때 몇 주간 비에 대해 공포를 보였고, 그 때문에 가족들은 당황했다. 아이는 왜 비를 싫어할까? "저저!It's vet!" 아이가 야무지게 대답했다. "물론, 비를 맞으면 젖겠지."라고 엄마가 말한다. 그러나 샐리가 말하고자 하는 건 그것이 아니다. 샐리는 밤에 오줌을 싸지 않으려고 노력하고 또 노력하고 있었다.

그래서 아침에 소변을 실례한 채로 (젖은 채로) 일어나게 되면 실망하고 신경질을 부린다. "저저!"라고 불평한다. 그래서 비에 대한 공포("저저!")는 샐리가 밤에 오줌 싸는 것을 두려워함을 의미한다. 이 나이 또래의 아이들이 자신의 충동을 조절하려는 노력은 꽤나 다양한 종류의 두려움으로 나타난다. 이러한 예에서 볼 수 있는 아이의 공포는 바로 외부 대상이나 현상으로 옮겨 간 그 자신의 충동에 대한 공포이다. 각각의 경우마다 아이가 자신을 괴롭히는 특별한 충동들을 성공적으로 조절하는 법을 터득하게 되면 공포는 사라진다.

그러나 이러한 '전형적인' 두려움들이 정상과 비정상의 경계를 넘나들고 걱정스러울 때가 있다. 예를 들어, 만일 스티비가 개를 두려워해서 일상생활까지 영향을 받는다면 특별한 배려가 필요하다. 개에 대한 공포가 너무 커서 아이가 집 밖으로 나가려 하지 않고, 종일 엄마 곁을 떠나지 않으려 한다면 심각한 주의를 요하는 뭔가가 생긴 것이다. 만일 피터가 공격성을 완벽하고 철저하게 극복하고, 그 결과 수동적이고 절대 복종하는 작은 꼬마가 되었다면 관심을 가져 줘야 한다. 만일 샐리가 오줌 싸는 것에 대한 두려움이 너무 심해져서 자다가 실수할까 봐 잠들기를 두려워하고, 모래집에서 물장난 하는 것을 두려워하며, 목욕하는 것마저 두려워한다면, 즉 그렇게 많은 부분에서 물과 젖는 것을 기피한다면 이러한 반응을 더 이상 정상 발달의 범위라고 생각하기는 어렵다. 이러한 사례들에서 보면 아이의 두려움이 정상 활동을 제한하게 되고 두려움은 다른 영역으로 확산되며, 아이 스스로 두려움을 극복할 수단을 찾아낼 가능성이 없다. 그러한 경우에 대개 전문가의 도움이 필요하다.

두려움을 극복하도록 돕기

아이는 부모의 도움으로 소소한 불안을 극복한다. 지금도 사용되는 몇 가지 방법들은 인류의 역사만큼이나 매우 오래된 것이어서 굳이 여기서 언급할 필요도 없다. 흔히 있는 이 또래 아이들의 두려움은 간단하게 부모가 안심시켜 주기만 해도 사라진다. 이 또래 아이들이 보기에 부모는 마법의 힘을 가지고 있어서 부모가 몇 마디 말을 해 주거나 두 팔로 안아 주는 것만으로도 두려움이 사라져 버린다.

그러나 때때로 부모의 안심시키기가 아이의 두려움에 전혀 효과가 없는 경우도 있다. 하지만 두려움 그 자체는 실제로 그리 대단하지도 않고 병적이지도 않다. 비에 대한 샐리의 두려움을 살펴보자. "샐리야. 비 맞아도 다치지 않는단다." 부모가 몇 번이고 말해 주지만 샐리는 안심이 되지 않는다. "저저, 저저!"라고 고집을 부린다. 안심시키기가 효과가 없으므로 이 두려움에 대해 좀 더 알아보아야 한다. 샐리를 괴롭히는 것은 비 때문에 '저즘'이고, 오줌을 실수해서 '저즘' 때문에 아이가 힘들어 한다는 것을 암시한 바 있다. 또한 잠에서 깨었을 때 이불이 '저즘'을 알게 되면 괴로워한다. 샐리는 이불에 오줌을 싸지 않으려고 무척 애를 썼고, 비에 '저즘'에 대한 반응은 오줌 쌌을 때 보이는 반응과 같다. 아마 이불에 오줌 싸지 말라고 엄마가 좀 많이 부담을 주고 있는 것일 수 있고, 샐리 스스로 조절하기 위해 매우 노력하고 있어서 이따금 생기는 실수에 너무 강하게 반응하는 것일 수 있다. 소변 실수에 대한 엄마의 태도를 누그러뜨리고, 가끔 실수하는 것에 대해 샐리를 안심시켜 주도록 충고하였다. 오줌을 싸지 않은 날 아침, 성공한 것에 대해 적당히 칭찬해 주고 실수한 날도 기분 좋게 받아들여 주다 보면 좀 더 쉽게 조절을 달성할 수 있게 되고, 부담감과 불안감은 해소될 것이다. 이러한 전략이 효과가 있었다. 비에 대한 두려움이 사라지고 오줌 싸는 데 대한 불안감도 사라졌다. 자신의 수준에 맞는 소변 조절 목표에 도달한 것이다.

(206쪽에 나왔던) 피터가 약 두 살 반이 되었을 때, 동물원의 으르렁거리는 사자에 대한 두려움은 몇 주 후 다른 영역으로 확장되기 시작했다. 진공청소기가 으르렁대기 시작하면 피터는 잼싸게 방을 빠져나갔고, 변기에 물이 왈칵 쏟아져 나올 때 허둥지둥 욕실에서 나갔으며, 동화책에 사자 그림이 나오면 책을 덮고 도망쳤다. 그러나 부모를 더욱 난처하게 만들었던 것은 아빠를 피하기 시작한 것이다. 사소한 잘못에 대해 아빠가 한마디만 해도 쉽게 울음을 터뜨렸다. 어느 날 피터가 허락 없이 뒤뜰에서 나간 것에 대해 아빠가 야단치려 하자 울면서 자기 방으로 들어가 버렸다. "아빠가 으르렁하면 싫어!" 엄마가 방으로 들어가 보니 훌쩍훌쩍 울고 있었다. 피터가 두려워하는 것은 역시 아빠의 고함소리였으며, 몇 주 동안 시끄러운 소리를 두려워했던 것도 설명이 된다.

엄마로부터 이 말을 전해 들은 피터 아빠가 되물었다. "내가 **소리를 질렀다고?**" 정확하게 말하자면, 아빠가 피터를 꾸짖을 때 '고함을 치지는' 않았지만, 이 작은 소년에게 화난 아빠의 우렁찬 저음의 목소리는 사자가 으르렁거리는 소리처럼 들렸음에 틀림없다. 아빠가 화내는 것을 두려워하는 것처럼 보이지만, 아빠는 결코 어떤 식으로든 피터를 때리거나 위협한 적이 없다. 이것을 어떻게 설명할 수 있을까? 아빠가 피터에게 바르게 행동하라고 압박을 많이 가한 것은 사실이다. 피터의 빈둥거림, 고집부리기, 가끔 보이는 분노 발작 등은 두 살배기들에게서 흔히 볼 수 있는 특성의 조합이지만, 재빠르고 일 처리가 빠른 사업가 아빠에게는 짜증 폭발을 일으켰다. 피터의 아빠는 본래 온화한 사람이었지만,

어린아이를 다루는 면에서는 서툴러서 아이의 이러한 특성들을 미래의 불길한 징조로 여겼다. 그래서 아빠는 피터가 고집을 부릴 때 엄격하게 대했다. 피터가 화를 내면 아빠도 화를 냈다. 이러다 보니 아이에게 하루에 한두 시간밖에 못 보는 아빠는 심하게 으르렁대는 사자 같은 존재가 되었던 것이다.

하지만 이 사자가 사실 해롭지도 않고 결코 이 꼬마를 해치지도 않았는데 피터는 왜 그렇게 아빠가 화내는 것을 두려워할까? 이렇듯 과장된 두려움은 두 가지 원인에서 생겨난다. 한 가지는 아빠에 대한 사랑과 아빠의 강한 불승인에 대한 불안이다. 다른 한 가지는, 피터 자신의 충동에 대한 두려움이다. 화가 날 때 누군가를 해치고 싶은 것은 **피터**이고, 자신의 화를 조절할 수 없는 것처럼 느끼는 것도 **피터**이고, 사자처럼 '으르렁'대는 것도 **피터** 자신이다. 앞에서 동물원의 으르렁거리는 사자와 피터에 대해 언급하면서 시사한 바와 같이, 피터는 항상 조절할 수 없는 자신의 분노를 두려워하는 것이 사실이다. 그러나 이 과정의 다음 단계에서 자신의 분노에 대한 두려움과 아빠의 분노에 대한 두려움이 합쳐지면서 자신의 분노를 아빠 탓으로 돌린다. 그렇게 되면 아빠가 화를 낼 때 마치 자기에게 뭔가 파괴적 행동을 할 것처럼 느껴서 심하게 겁을 먹게 되는 것이다. 사실 그러한 파괴적 행동은 피터 자신이 화가 날 때 다른 사람들에게 하고 싶은 행동이다.

피터가 충동을 좀 더 잘 조절할 수 있게 되면, 위험한 행동을 하고 싶은 동기를 다른 사람 탓으로 돌리는 경향이 줄어들게 될 것이다. 내부의 사자를 길들이게 되면, 아빠를 덜 무서워할 것이다. 하지만 당장은 피터와 아빠의 관계는 심각할 정도로 망가졌으며, 아빠는 피터의 자기조절 훈련에 방해가 될 뿐이다. 부모에 대한 두려움은 아이의 자기조절 훈련에 필요한 동기가 될 수 없다.

　이 시점에서 분명히 해야 할 일은 아빠와 아이 사이에 좋은 관계를 수립하여 안정성을 갖도록 하는 일이다. 그렇게 해야 아빠가 부득이하게 아이를 야단쳐야 할 때 아이가 일방적으로 당한다는 느낌 없이 비난을 받아들일 수 있고, 아빠에 대한 사랑을 자기 행동 수정의 중요한 동기로 활용할 수 있다. 이는 또한 부자 관계에서 아빠의 역할을 수정할 필요가 있음을 의미한다. 주중에 함께 지내는 몇 시간 동안 서로에 대해 알 수 있는 기회를 만들 수 있다면 아빠는 피터에게 좀 더 많은 영향을 줄 수 있다. (직장에서 돌아와서) 저녁 여섯 시부터 일곱 시 사이, 아이 생활에 잠깐 등장하는 아빠가 이 황금 시간을 야단치고 잔소리하는 데 사용하게 된다면 피터에게는 아빠가 으르렁거리는 사자라는 환상이 생겨나게 된다. 이러한 환상을 바로잡을 수 있을 만큼 아빠의 인간적이고 사랑이 넘치는 면을 충분히 보여 주지 않았기 때문이다.

　일반적으로, 피터 아빠가 아이의 좋은 행동에 대한 기대치를 두 살배기 아이에게 실제로 가능한 정도로 낮춘다면, 아이는 자기조절을 더 잘 달성할 것이고, 어쩌면 더 빨리 성취하게 될 것이다. 아무리 노력한들 엄하고 비판적인 부모가 세워 놓은 기준을 달성할 수 없음을 알게 된 꼬마는 절망에 빠져서 조절을 포기하거나, 조절과 관련된 극심한 불안을 보인다. 피터의 행동에서 이미 보았던 위험한 결과이다. 또한 화를 자주 내는 아빠의 행동은 자기 자신을 조절할 필요가 있는 꼬마 소년의 모델이 될 수 없다. 행동 기준을 달성하는 데 있어서 가장 강력한 동기 중의 하나는 사랑하는 부모를 모방하려는 아이의 욕구이다.

　사실, 실제 피터 아빠는 따뜻한 사람이며, 아이에게 권위를 세우고 싶어 하지도 않았고, 피터의 반응 때문에 크게 고민에 빠져 있었다. 많은 선의의 부모들처럼 피터의 아빠도 왜 그러는지도 모르면서 아이와 싸우고 있음을 알게 되었지만, 어찌할 바를 몰랐고 부모의 권위가 도전받고 있다는 막연한 느낌 때문에 더 무섭고 엄격해졌고, 결국 더 자주 화를 내게 되었다.

부자 관계를 회복시키는 것과 피터의 지나친 두려움을 완화시켜 주는 것은 그다지 어렵지 않다. 전반적인 상황을 좀 더 이해하게 되면서 아빠는 편안해졌고 꼬마 아들과의 관계를 즐기기에 이르렀다. 피터의 아빠는 이렇게 어린 꼬마의 인생에서 아빠가 얼마나 중요한가를 이전에는 이해하지 못했다. 피터와 아빠의 관계가 새롭게 발전하고 함께하는 시간 동안 즐겁게 친구처럼 지내면서 아빠에 대한 피터의 두려움은 빠르게 줄어들었고, 동시에 소음과 사자에 대한 두려움도 극적으로 사라졌다. 이제는 아빠의 사랑과 칭찬이 자기조절에 대한 동기로 작용하게 되었고, 피터의 충동 조절도 정상 궤도에 접어들었다.

초기 아동기의 많은 두려움들은 있는 그대로 모습을 드러내지 않고 또한 알아볼 수 있는 형태로 나타나지도 않는다. 위장되어 나타나기 때문에 어떤 유형의 행동을 불안의 표현이라고 인식하기가 상당히 어렵다. 한 가지 예를 보자.

21개월 된 낸시는 항상 목욕하기를 즐겼는데, 어느 날 갑자기 엄마가 욕조 안에 내려놓기만 하면 갑자기 저항하며 고집을 부리기 시작했다. 엄마가 살살 달래면서 목욕하자고 해도 심하게 짜증을 낸다. 엄마는 목욕 시간만 되면 신경이 곤두섰다. 낸시의 행동 때문에 엄마는 금세 참을성을 잃고 만다. 낸시의 고집 세고 완강한 저항 때문에 엄마는 더욱 격해지고 단호해졌다. 그러면 낸시는 더 반항하게 되고 둘은 곧 전쟁에 돌입한다.

이게 뭔가? 단지 이 또래 아이의 반항의 또 다른 표현인가? 낸시는 그냥 더러운 게 좋은가? 엄마를 '시험해 보는' 것인가? 놀러 왔다가 이 광경을 목격한 왕고모는 "**그건 맞아야 고쳐질 거다.**"라고 충고한다. 그러면 폭발 직전의 낸시 엄마는 자기가 아이한테 너무 느슨하게 대하는 것은 아닌가 하는 고민에 빠진다. 물론 체벌이 낸시의 행동을 무엇으로부터 '고친다'는 것인지 전혀 확신이 없으며, 체벌 옹호론자들의 그러한 충고에는 문제가 있다. 모든 상황에서 체벌은 그 사례에서 나타난 사실과 관련이 없는 행동이다. 낸시의 경우도 낸시가 그런 식으로 반응하는 이유를 아무도 모르기 때문에 체벌을 하게 된다면 의미 없는 행동에 대해 의미 없는 처벌을 가하는 꼴이 된다.

왕고모 세대에서는 요즘 아이들한테 체벌만큼 좋은 게 없다고 하겠지만, 여기서는 다른 방법을 찾아보자. 반항의 의미를 생각해 보자. 반항은 많은 것을 의미한다. 자러 가고 싶지 않은 두 살배기의 반항은 단지 더 놀고 싶은 즐거움을 포기해야 하는 데 대한 분함일 뿐이다. 가위 가지고 노는 것을 알게 된 두 살 반 된 아이는 엄마가 가위를 빼앗을 때 반항할 수 있고, 이는 단지 재미있는 장난감을 잃는 데 대한 반응일 뿐이다. 이럴 때 부모는 단호하면서도 재치 있게 대처함으로써 반항을 다룰 수 있으며, 즐거운 놀이 도중 필요한 경우 부모가 간섭하는 것을 아이가 받아들이도록 교육할 수 있는 꽤 좋은 기회이기도 하다. 하지만 이제 다른 형태의 반항을 살펴보자. 당신이 두 살이고 옆집의 개가 당신을 물어 갈기갈기 찢을까 봐 무서워하는데 아빠는 이렇게 말한다고 가정해 보자. "오, 이리 와 봐라. 저쪽으로 가서 예쁜 강아지를 보고 쓰다듬어 보자. **쟤는 안 물어!**" 그리고 아빠는 당신의 손을 잡고 강아지 쪽으로 데려가려고 한다. 그러면 당신은 반항한다. 울고, 반항하고, 도망치려고 하고, 만일 아빠가 가자고 더욱더 강요한다면 비명을 지르며 발작을 일으키기도 한다. **이러한** 반항은 상상의 위험 속으로 이끌고 가려는 어른에 대한 반항이다.

어떤 사례에서든 어떤 반항이 재미있는 경험의 방해에 대한 저항이고, 어떤 반항이 불안에 대한 방어를 나타내는지를 알아내는 것은 어렵지 않다. 헌데 목욕 시간에 엄마에 대해 반항하는 낸시의 경우는 확실치 않다. 즐거움이 중단되는 것과 관련이 있어 보이지도 않는다. 더구나 지금까지 목욕은 낸시의 일상에서 큰 즐거움 중의 하나였다. 분명히 두려움과 연관되지도 않았다. 욕조는 깨물지 않는다. 두려움이 생길 만하다고 여길 만한 사고도 없었다. 목욕을 피하는 이유를 말할 수 있을 만큼 낸시가 말을 잘하는 것도 아니다. 어떻게 이러한 행동의 의미를 파악할 수 있을까?

대개 초기 아동기에는 사건과 아이의 반응 사이에 밀접한 관련이 있어서 기억을 더듬어 보면 어떤 단서를 찾아낼 수 있다. 목욕에 대한 낸시의 행동이 단순히 두 살짜리 고집이라는 엄마만의 생각을 접고 나니 당시에는 별로 중요해 보이지 않았던 뭔가가 떠올랐다. 목욕 반란이 시작되던 날인가 하루 전 날인가 있었던 일이다. 그날따라 낸시가 욕조에서 나오지 않으려고 해서 엄마는 욕조의 물을 빼내기 시작했다. 물 높이가 천천히 낮아져서 처음에는 잘 모르는 것 같더니 나중에 마지막 남은 물이 배수구로 빨려 내려갈 때는 넋을 잃고 쳐다보았다. 그러다가 갑자기 욕조에서 벌떡 일어서더니 다급하게 나오겠다고 떼를 썼다. 이 일이 있고 나서부터 낸시는 목욕하는 데 까다롭게 굴기 시작했다. 엄마는 또 그 사건이 있기 몇 주일 전부터 낸시가 반복해서 변기 물이 내려가는 것을 보게 해 달라고 졸랐던 일이 기억났다. 한번은 변기에 테디 베어를 던졌던 일도 있었다. 다행히도 엄마가 제때 건져 올렸다.

이렇듯 별개의, 그리고 그다지 중요하지 않은 사건들을 조합해 보면 어른에게는 터무니없어 보일 수도 있는 결론에 도달할 수 있다. 욕조 배수구로 물이 사라지는 것과 물체가 변기 속으로 사라지는 것을 본 후 목욕을 회피하게 된 낸시는 자기도 배수구 속으로 사라질까 봐 두려워한다고 볼 수 있다. 어른들은 물론 좀 더 나이가 든 아이들조차 이런 생각을 터무니없다고 무시한다. 그 작은 구멍으로 아이가 떠내려갈 수 없음은 누구나 다 안다. 우리는 이것을 어떻게 알지? 크기를 비교할 수 있기 때문이다. 우리 몸의 크기를 알고 몸과 배수구 직경의 상관관계를 안다. 그러나 21개월 된 낸시는 모른다. 오랜 세월 수많은 실험을 거친 뒤에야 낸시는 자기 몸이 차지하는 부피를 알게 된다.

낸시 또래 아이들한테서 자기가 없어지는 두려움, 아무것도 남지 않는 두려움이 두드러지게 나타나는 또 다른 이유가 있다. 자기감의 출현, 즉 자기 정체감은 몸의 개념과 밀접한 관련이 있다. 아이는 결코 몸이 사라지는 경험은 해 본 적이 없지만, 수면 중 혹은 잠결에 의식 수준의 자아가 사라짐을 경험한다. 자기 정체성을 새로 발견한 아이 입장에서는 잠드는 순간 의식이 분해되어 사라지는 것을 보는 것이 괴로운 일이다. 그것이 이 또래 아이들이 잠과 싸우는 이유 중의 하나라고 앞서 언급한 바 있다. 낸시의 배수구 속으로 사라진다는 두려움도 이와 같은 맥락으로 이해할 수 있다. 그것은 자신을 상실하는 두려움, 해체돼서 아무것도 남지 않는 것에 대한 두려움이다.

"정말 아주 흥미롭군요." 엄마가 묻는다 "하지만 그동안 무엇을 해야 하나요? 낸시가 몸의 크기의 개념을 알게 되거나 정체성 상실에 대한 두려움을 극복할 때까지 목욕을 포기해야 하나요? 그리고 낸시는 말을 잘 못하는데 낸시한테는 어떻게 설명하죠?"

물론, 낸시가 크기의 상대성에 대해 배울 때까지 씻기지 말고 기다리라는 것은 아니다. 아이는 목욕을 해야 하므로 만일 불안이 너무 강하지 않다면 계속 욕조 안에서 낸시를 씻겨야 한다. 하지만 두려워하는 이유를 알고 나면 낸시를 다룰 때 다르게 해야 한다. '단지 고집불통' 아이 대하듯 하지 말아야 하고, 부모의 권위를 세우기 위해 다룰 필요도 없다. 특별히 부드럽게 안심시켜 주면서 즐겁게 목욕할 수 있도록 가능한 모든 것을 해 주고, 욕조 안에서 놀 수 있도록 격려한다. 당분간 낸시가 목욕하는 동안, 그리고 욕조에서 나온 후에도 물을 빼지 말고 남겨 두면 일이 더 수월할 것이다.

낸시가 변기 물 내려가는 것에 대해 관심을 보이는 것은 배변 훈련과 관련된 불안이 있을 수 있음을 시사하기 때문에 고려해 볼 필요가 있다. 배변 훈련 동안 아이들은 흔히 대변이 사라지는 것에 대해 불안한 반응을 보인다고 언급한 바 있다. 이 부분에 대해서 약간 안심시켜 주고 배변 훈련의 압박을 줄여 주면 배수구로 빨려 들어가는 불안도 줄어든다.

무엇보다도 낸시가 두려움을 극복하는 데 필요한 다양한 실마리를 제공할 수 있는 것은 바로 놀이다. 낸시 스스로 조절할 수 있는 물놀이가 있을 것이다. 아마도 낸시는 세면대에서 고무 장난감 목욕시키기가 재미있다는 것을 알게 될 것이다. 세면대에서는 자기가 원할 때 물을 뺄 수도 있고, 사람이 아닌 다른 물체를 넣고 물을 채우거나 빼거나 할 수 있다. 장난감이 배수구로 사라지지 않음을 실제로 보여 줄 수도 있고, 낸시 스스로 해 볼 수도 있다. 이렇게 낸시가 불안을 느꼈던 상황을 낸시 자신에게 위험한 상황을 반복하지 않으면서 재현할 수 있다. 낸시는 세면대에서 게임하는 데 푹 빠진다. 엄마가 자기한테 했던 대로 인형에게 한다. 이 놀이 활동 자체가 무력감과 두려움을 느꼈던 무서운 상황을 극복하는 수단이 된다. 자기 몸과 다른 물체 크기의 관계를 알려 주고 스스로 깨달을 수 있도록 하기 위해서 일과 중 가능한 모든 기회를 활용해서 낸시가 두려움을 극복하도록 도울 수 있다.

물론, 낸시의 욕조에 대한 반란의 의미를 몰랐다면, 낸시에게 신경증이 생길 것이라고 말하기도 어렵다. 아마도 때가 되면 낸시 스스로 극복했을 것이다. 그러나 그렇게 해 나가는 동안, 이러한 행동이 두려움의 표현이라는 점을 이해하지 못한다면 이러한 상황을 다루는 데 있어 잘못을 저지를 수 있다. 겁에 질린 아이에게 부담을 준다거나, 아이가 위험하다고 생각하는 상황으로 몰아간다거나, 엄마와 아이가 옥신각신하는 분위기를 조성해서 오히려 아이의 두려움이 강화될 수 있다. 그렇게 되면 꼭 신경증까지는 아니더라도 아이 생활의 다른 영역에까지 어려움이 넘쳐나는, 즉 반항과 분노 폭발이 늘어나는 문제에 봉착한다. 또한, 앞으로 몇 년 동안 목욕이라면 질색을 하고 목욕과 관련된 다툼이 생길 가능성이 높다. 따라서 행동의 의미를 이해하고 나면, 그것을 다루는 기술을 찾아낼 수 있고, 아이의 긴장은 물론 우리 자신의 긴장도 완화시킬 수 있으며, 현재와 미래에 나타날 수 있는 유쾌하지 않은 상황에 대해 미리 손을 쓸 수 있다.

Part 4

3세에서 6세까지

'나'라는 인식이 어느 정도 조직화되고
자신이 '누구인지' 알게 되는 서너 살 무렵,
아이의 지성은 새로운 문제를 풀기 위해 열중한다.
모든 것에는 원인이 있다는 것을 배우게 되고
모든 것의 '때문에'를 알고 싶어 한다.
사물들이 어떻게 만들어지는지 알고 싶어 한다.
무엇보다도 가장 흥미로운 일은
자기가 어떻게 만들어졌고, 어디에서 왔는가이다.

6

우주 중심의 이동

이성의 시대를 향하여

여섯 살짜리 로저는 자기 의견을 낼 때마다 '제 경험상'이라는 말을 앞에 붙인다. 화학, 천문학, 정부 관련 업무, 인간 행동, 빙하 시대의 생활 등에 대해 자신만의 생각이 있다. 어떤 것은 맞고 어떤 것은 틀리기도 한다. 아이는 그런 주제에 대해 말하면서 사려 깊고 분별 있어 보이는 표현인 '제 경험상'이라는 말로 시작하는 것을 좋아한다. 한 번은 '경험'이란 말에 내가 웃음을 참고 있다는 것을 알아채고는 책망하듯이 쳐다봐서 나를 부끄럽게 하기도 했다.

그래, 왜 안 되지? 나중에 스스로에게 물었다. 그게 그렇게 웃긴가? 로저의 경험상, 6년 동안의 삶 동안, 실제 세상과 자연계의 인과관계에 대한 지식을 습득하였고, 여러 면에서 1세기 전 일반 성인들의 지식을 능가하는 수준이었다. 아이의 과학 지식은 양이 적고, 불확실하고, 부분적으로 왜곡되어 있었지만, 객관적 증거를 갖추려고 했고 여러 면에서

100년 전 보통 사람들의 마음속에 있던 마술적 사고와도 거리가 멀다.

아이는 마녀 혹은 귀신의 존재를 믿지 않는다. 왜? "본 적이 없어서요." 꼬마의 설명이다. "아주 옛날 제가 작은 꼬마였을 때는요, 걔네들이 있다고 생각했어요. 근데 그건 아마 책에서 걔네들에 대한 이야기를 읽었거나 그런 꿈을 꾼 적이 있었기 때문에 그렇게 생각했을 거예요." 내 기억이 정확하다면, 이 나라에서 마지막 마녀 재판은 한 세기 전에만 해도 있었고, 그 시절 보통 사람들은 로저라면 코웃음 칠 꿈 내용을 믿었다. 언젠가 내가 "로저야, 꿈은 어디에서 오는 걸까?"라고 물은 적이 있다. 아이가 신중하게 대답했다. "글쎄요, 몇 년 전 제가 아주 어렸을 때 물어보셨다면 다른 나라에서 왔다고 했을 거예요. 하지만 이제는 (이마를 톡톡 치며) 바로 여기에서 온다는 것을 알아요." "로저야, 만일 작은 꼬마가 너한테 꿈이 뭐냐고 묻는다면 어떻게 설명해 주겠니?" "음음음, 자면서 하는 생각 같은 거라고 말해 줄 거예요, 근데 그건 다른 종류의 생각이에요." 50년 전만 해도 이것을 아는 사람은 거의 없었다.

아이는 모든 것에 대하여 증거를 요구했다. "보이지 않는데 그것이 사실인지 아닌지 어떻게 알 수 있어요?"라고 말한다. 또 이렇게 묻기도 한다. "뭔가를 볼 수 없다면 그것이 **진짜**일까요? 세포처럼요. 세포는 눈으로 볼 수 없잖아요. 그런데 그게 **진짜**일까요?" 나는 로저에게 크리스마스 선물로 작은 현미경을 주었다. 아이는 양파 조직의 단면을 현미경 아래에 비추어 보고 처음으로 세포를 보았다. 아이 얼굴은 황홀한 표정 그 자체였다. 내게로 와서 나를 안으며 경외심에 찬 목소리로 물었다. "그냥 제 눈으로 양파 껍질을 볼 때보다 지금처럼 현미경을 가지고 그걸 볼 때가 더 **진짜**인 거예요?"

네 살 무렵 로저는 자기의 '나쁜 생각들'에 대해 걱정했다. 사람을 죽이고, 도둑이 되고, 불을 지르는 생각을 했었다. 그리고 때때로 그 생각들이 너무 정말 같아서 진짜로 끔찍한 일을 저지르게 될까 봐 두려워했고, 나쁜 소망들은 무시무시한 처벌이 기다리고 있는 두려움으로 바뀌었다. 그러던 로저가 다섯 살이 되었을 때 일이다. 로저네 집 맞은편에 건축 중인 새 집에 두 소년이 불을 질렀다는 뉴스를 듣고 와서는 진지하게 말했다. "아시겠지요, 이 형들은 저보다 더 나쁜 문제를 가지고 있다고 생각해요. 뭔가 그렇게 하겠다고 **생각**만 해서는 다른 사람이 다치지 않아요. 하지만 그걸 **한다면** 정말로 누군가가 다쳐요." 마침내 아이는 생각과 행동이 다르다는 것, 생각은 마법처럼 효과가 없다는 것을 깨달았다.

그러나 로저의 생각 안에는 낡은 생각들과 새로운 생각들이 결합되어 사이비 과학을 구성하고 있는 어두운 부분이 있다. "사람이 세상 밖으로 떨어질 수 있어요?" 어느 날 내게 물었다. (로저는 거의 여섯 살이 다 되었다. 지구가 둥글다는 것을 알고 구체에 대해서도 배웠다.) 계속 묻는다. "사람이 지구 가장자리에 다다르면요, 아래로, 아래로, 아래로 떨어지지 않을까요?" 평평한 지구에 대한 낡은 생각과 평평한 세계의 가장자리에서 떨어지는 것에 대한 낡은 공포가 공 모양의 지구라는 진보된 개념으로 옮아간 것이 틀림없다. 거기 대해서 설명을 해 준 후에도 그 생각을 떨쳐 버리지 못한다. 이런 말도 한다. "제가요, 가끔 꿈에서 아래로, 아래로, 아래로 떨어지다가 깨요." 그제야 우리는 아이가 과학적 진보에도 불구하고 그러한 낡은 생각을 고집하는 이유를 알 수 있다. 꿈에서 '세상 밖으로' 떨어지는 것 **같고**, 꿈과 동반된 감각적 체험이 너무나 실제 **같아서** 아이는 새로운 지식을 알고 있음에도 불구하고 여전히 이전의 원시적인 생각에서 벗어나지 못한다.

이 영민한 여섯 살짜리는 다른 특정 지식 영역에서도 혼동된 모습을 보인다. 엄마가 성과 관련된 문제에 대해 꽤나 적절하게 설명을 해 주었으나, 아이는 이러한 교육의 특정 핵심 요소를 기억하지 못한다. 아이가 물어볼 때마다 되풀이해서 대답을 해 주었음에도 불구하고 마찬가지다. "아기가 엄마의 **어디에서** 나와요? 또 까먹었어요." "너는 어디라고 생각하니?" "음, 계속 머리에서 온다는 생각이 들어요. 하지만 틀렸다는 것을 **알아요.**"

자기 경험으로부터 더 어려운 문제들을 해결한 적이 있는 똘똘한 여섯 살짜리 꼬마에게서 볼 수 있는 흥미로운 실수이다. 경험, 바로 그것이 문제다. 나이가 몇 살이든 과학자는 자신이 가진 자료만 가지고 작업할 뿐이다. 자신이 가진 장비 범위 내에서 실험과 관찰을 통해 가설을 확정할 수 있다. 로저는 성교육에서 여자 어른이나 소녀에게는 '특별한 통로,' '틈새'가 있고, 아기가 태어날 준비가 되면 그 틈새로 나온다고 배웠다. 아이로서 취할 수 있는 모든 관찰 방법을 동원했지만 그런 곳이 있다는 것을 증명할 수 없었다. 기저귀 찬 여자 아기들을 살펴보았지만 '특별한 통로'는 볼 수 없었다. 한번은 꼬마 여자 친구를 설득해서 과학적인 근거를 찾기 위해 볼 수 있도록 허락을 받았다. 이 실험은 아무런 소득도 없이 창피만 당하고 끝났다. 하필 중요한 순간에 여자 친구 엄마가 도착했고 그 엄마가 속사포처럼 쏘아 대는 바람에 연구는 막을 내려야만 했다. 이런 특별한 통로가 존재한다면(이후에도 때때로 의심이 들었다), 그것은 비밀의 주문을 아는 사람만 들어갈 수 있는 알리바바의 동굴처럼 숨겨진 문이 있는 비밀 통로일 것이다라고 결론지을 수밖에 없었다. (물론, 이러한 생각이 어느 정도는 사실이다.)

그렇게 로저의 탐사는 결론을 내리지 못하고 끝났다. '특별한 통로'의 존재는 증명할 수 없었고, 따라서 믿고 받아들여야 했다. 로저는 납득할 수 없었고, 그래서 아기가 태어나는 이야기에서 꼭 그 사실은 빠지게 된다. 또한 꼬마 여자 친구 엄마가 로저의 호기심에 대해서 엄청 화를 냈었기 때문에 로저는 그 신비로운 장소가 뭔가 위험한 곳이라고 느꼈다. 망각의 또 다른 동인은 불안이다. 그래서 그는 아기가 어디를 통해 엄마 몸 밖으로 나오는지 여러 차례 답을 들었으면서도 기억할 수 없다. "음, 계속 머리에서 온다고 생각이 들어요. 하지만 틀렸다는 것을 **알아요**." 왜 머리인지 궁금하다. 아기가 머리에서 나온다는 상상은 어디서 왔을까? 글쎄, 여섯 살짜리 시각으로 보면 머리는 우리가 해 준 설명만큼 납득할 만한 위치이고*, 게다가 그 꼬마 여자아이의 엄마가 가장 강력하게 허락하지 않았던 그 장소로부터 해부학적으로 멀찌감치 떨어져 있다는 장점도 있다.

로저의 과학은 그 또래에서 보면 상당히 앞서가고 있지만, 확인할 수 없는 사실에 직면할 때마다 아이는 원시적 사고로 후퇴한다. 생각이 강한 감정에 휩쓸리면 아이는 객관적 사실을 왜곡할 수 있다. 그러나 크게 보면 마법이 물러나고 있다는 인상을 준다. 마법은 더 이상 (정치권에서 말하는) 집권당이 아니고 의사 진행 방해자의 행동과 유사하다. 가끔 발언권을 얻고 회의 진행을 넘겨받기도 한다. 완전하게 순위를 정할 수는 없겠지만 거의 항상 더 강력한 이성에 굴복한다.

그래서 자연스럽게 마술사로서의 '나'와 이성에 의거해 사는 사람으로서의 '나'를 비교하게 된다.

---

*입이 머리에 있음

생쥐와 사람에 대해

"생쥐는 자기가 생쥐라는 걸 아나요?" 로저가 다섯 살 때 내게 물었다. "무슨 말이니?" "음, 저는 제가 저라는 걸 알잖아요. 생쥐도 자기가 생쥐라는 걸 아냐구요." 조심스레 되물었다. "넌 어떻게 생각하니?" "음, 제가 생각하기에 생쥐는 자기가 생쥐라는 걸 몰라요. 하지만 저는 제가 그걸 왜 아는지 모르겠어요." 로저는 좀 더 생각했다. "음, 개는 생쥐보다 영리하죠. 개는 자기가 개라는 걸 아나요?" 정말 궁금해 보였다.

로저의 생각은 바르게 전개되고 있었다. 자기에 대한 지식과 개인의 정체성에 관한 지식이 어떻게든 지능과 연관이 있고, 인간 지능은 동물 지능과 다른 체계임을 알고 있었다. 그러나 이 생각들의 결론까지는 도달하지 못했다. 개는 자신이 개라는 것을 모른다. 생쥐는 자기가 생쥐임을 알지 못한다. 고등 영장류 중에서 가장 진보된 침팬지조차도 자기가 침팬지라는 것을 알지 못한다. 어린 침팬지의 특정 정신 능력이 인간 아이의 정신적 성취물과 필적할 만함을 보여 주는 정교한 실험이 있었지만, 아직까지는 다섯 살짜리 로저가 보여 준 것 같은 "나는 내가 나라는 것을 안다"는 정도의 근거를 보여 줄 만한 침팬지는 없었다. 이러한 이유 때문에 침팬지가 아무리 조숙하다고 해도 침팬지에게는 미래가 없다. 침팬지는 자신 또는 자기네 종을 진보시키지 못할 것이고, 다섯 개의 바나나 중 하나 혹은 그 이상을 실험자가 자기 우리에서 집어 갔다는 것을 발견해서 '수를 세는' 능력이 있음을 인정받는 것 이상으로 더 영리해질 수는 없다.

인간 지능의 기본 특성은 외부 세상과는 별개의 분리된 자신의 이런 지식에서 유래하기 때문에, 앞 장에 나왔던 아기 마술사가 자기 행동과 생각을 세상 모든 일의 원인으로 간주하는 한 외부의 원인과 사건에 대한 지식을 얻을 방법은 없다. 걸음마기 아기가 그렇듯이 자기가 작은 남자 사람과 여자 사람을 텔레비전 밖으로 나오게 했다고 믿는 아이는 텔레비전이라고 알려진 기구, 또는 이러한 이미지가 전달되는 방법에 대한 가장 기본적인 개념조차도 배울 수 없을 것이다. 천둥소리가 자신의 분노와 같다고 믿는 아이 또한 천둥에 대한 자연계의 원인에 대해 아무것도 발견할 수 없다. 자기 자신과 다른 사람들이 별개라는 것을 모르는 아이는 자신의 의도와 타인의 의도를 혼동할 것이고, 자신의 생각을 다른 사람의 생각 탓으로 돌려 (초기 걸음마기 아기에서 보았듯이) 세상 사람들에 대한 아이의 지식은 왜곡된다. 반면, 아이가 자신이 분리되고 차별화된 주체라는 것을 알더라도 다른 인간 존재와 유사하다는 것을 모른다면, 사회 구성원으로서 살아가기 위해 다른 사람과 동일시하고 우리 자신을 다른 사람의 입장에 놓아 볼 수 있도록 하는 데 필요한 사회적 지능을 갖추지 못하게 된다.

로저가 세 살일 적에 한번은 자기가 다니던 교외의 유아원을 발칵 뒤집은 적이 있었다. 자기가 신이고 수지, 피터, 마지, 앨런, 그리고 다른 모든 사람들을 자기가 원하는 대로 **해 버릴** 수 있다고 선언했기 때문이다. 물론 바렛 선생님과 패터슨 선생님까지도 말이다. 로저는 무섭게 성미를 부렸고, 이 보육원의 작은 꼬마들은 이 노기등등한 예언자를 두려워하고 불안해 했다. 물론 아무도 로저를 믿지 않았지만, 누구도 나서서 가짜 예언자를 비난하지 못했다. 세 살짜리 아이의 마음속 깊이 전지전능에 대한 믿음과 마법이 가득 숨겨져 있기 때문에 비범한 힘에 대한 주장을 전적으로 부정하지 않았을지도 모른다. 그날따라 로저를 화나게 한 것은 무엇이었을까? 아무도 기억하지 못한다. 아마도 누군가가 그네 또는 세발자전거를 양보하지 않았을 것이다. 그것은 중요하지 않다.

로저도 스스로를 신이라고는 믿지 않았을 것이다. 하지만, 이러한 감정폭발의 이면에는 전지전능해지고 다른 사람들이 자신의 명령을 따르며, **자기**가 만든 세상을 갖기를 소망하는 백일몽이 있다. "네가 신이라면 무엇을 할 거니?"라고 언젠가 물어본 적이 있다. "그러면, 저는 제 자신의 주인이 될 거예요." 로저가 씩씩하게 대답했다. 신의 나라에 사는 아이의 소망은 백화점에서 저임금을 받으며 혹사당하던 점원이 뜻밖의 행운으로 자신이 주인이 되는 기쁨에 대한 꿈으로 밤새 자신을 위로하는 것과 매우 비슷하다. "만일 제가 하느님이라면, 잠을 자러 가지 않아도 되죠. 그리고 아침에 일어나서 버스 타고 유아원에 가지 않아도 되잖아요." 이 모든 것이 적당한 바람이라고 인정할 만하다. 하지만, 이 백일몽에 대해 좀 더 알아본 결과, 만일 로저가 지위에 걸맞은 비범한 힘을 사용해야만 한다면 망설이지 않고 사용하리라는 것을 알았다. 로저는 결코 용서할 수 없는 음흉하고 개선의 여지가 없는 죄인의 명단과 각각에 대한 사건 서류를 가지고 있었다. 마이클(걔는 내 총을 훔쳤음), 바바라(얘는 모래사장에서 나한테 모래 뿌림), 쉬라(나한테 침 뱉고 욕했음). 로저는 준엄한 하늘의 뜻에 따라 이런 죄인들에게 결정된 처벌이 전적으로 정당하고 마땅한 죗값이라 여겼다. 마이클? 글쎄요, 전기의자에 앉힐 거예요. 물론, 걔가 내 총을 돌려주지 않는다면. 바바라는 목구멍에 병균이 들어가 숨을 못 쉬고 죽을 거예요. 그런데 침 뱉고 욕한 쉬라는 용서할 수 없어. 차에 치일 거야. 그래도 안 죽으면 집에 강도가 들게 만들어서 죽일 거야.

이 이야기를 듣고 있노라니 또 다른 독재자의 탄생을 보는 듯해서 마음이 편치 않다. 독재자들의 자서전적 이야기에는 항상 그렇듯이 그들의 업적에 영감을 불어넣어 준 그러한 어린 시절의 몽상이 있다. 하지만, 다행히 이런 몽상들은 대부분 유아원 시절 이후에는 사라졌고, 여섯 살 된 로저가 어느 날 새로운 계획에 대해 상의하겠다며 나를 찾아오기 전까지도 까맣게 잊고 있었다.

앞에서 말했듯이, 여섯 살짜리 로저는 신중한 이성주의자이자 과학 자이다. 아이디어와 계획은 여전히 너무 거창하게 들렸지만, 아이가 강 조한 것처럼 스스로는 **실현될 수 있다**고 믿고 있었다. 아무튼 로저는 내 게 새로운 계획을 펼쳐 놓는 동안 감자칩 한 봉지를 전부 비웠다.*

"저어, 미국에 또 다른 도시를 지을 만한 장소가 있을까요?"

"그렇고말고."

"하지만 모두 누군가가 **소유하고** 있지 않을까요?"

"아니야. 아직도 정부는 그 땅을 개발할 만한 사람이 나타나면 돈을 조금만 받고도 팔 만한 땅을 수백만 에이커나 가지고 있단다."

"그 땅에 나무가 **많이** 심어져 있나요?"

"그럼, 많이."

"잘됐다! 나무가 많이 필요하거든요!"

"무엇 때문이니?"

"이 아이디어 때문에 많은 땅이 필요해요. 그것은… 뭐… 도시 같은 거 예요, 단지 조금 더 큰. 아마도 디트로이트** 크기보다, 단지 조금 더 큰."

"네 소유의 도시를 세우고 싶구나?"

"맞아요."

"왜?"

---

*여섯 번째 생일이 지난 지 한참 되었는데도 아이는 조리 있게 설명하지 못하고 장황하게 늘어놓았다.
**저자는 디트로이트에서 태어났으며, 디트로이트 소재 미시간 대학에서도 1963~1979년 사이에 근무했다.

"저는 이 세상이 싫어요. 너무 작아요. 제가 원하는 것을 다 하기에는 충분치 않아요. 그래서 제 도시가 있다면 원하는 것은 무엇이라도 할 수 있겠죠."

"무슨 말이니?" 내가 의아해 하며 물었다. "그리고 그곳에서 너는 무엇을 하는 사람이니?"

"글쎄요, 물론 제가 왕이 될 수는 없겠죠. 왜냐하면 거기에선 더 이상 왕이 없기 때문이죠."(슬픈 아이 목소리에 주목) "하지만 내가 바로 도시를 만든 사람이기 때문에 제일 힘이 센 사람이 될 거예요."

"알았다. 그럼 이 도시가 네가 원하는 것을 모두 할 수 있는 장소라면, 그것이 무엇을 의미하는 거니. 예를 들어, 네가 누군가를 좋아하지 않는다면 너는 그를 때릴 수 있는 거니?"

"글쎄, 아니요. 실은 제가 좋아하는 사람만 이 도시에 들여보낼 거예요."

"알겠다. 하지만 그렇다면 네가 좋아하는 것은 뭐든지 할 수 있다는 것이 무슨 뜻이니? 법은 있니?"

"그럼요. 속도제한과 그 비슷한 것들이 있죠. 미국의 법 같은 거지만 그렇게 엄격하진 않죠, 속도 내는 것 때문에 심하게 벌주진 않을 거예요."

"좀 더 심각한 것에 대해서는 어떠니. 예를 들면, 훔치는 것에 대해서는? 만일 도시에 사는 누군가가 자기가 원하는 것을 보고 그것을 바로 가져갈 수 있니? 그처럼 그가 원하는 것은 무엇이든 할 수 있니?"

"아. 아니에요. 이해를 못하시는구나. 제 도시에선 모든 것이 모든 사람 소유예요. 모든 사람이 똑같은 것을 가지고 있죠. 그래서 훔칠 **필요**가 없어요."

"어디서 그런 아이디어를 얻었니? 그와 같은 곳에 대해 들어 본 적이 있니?"

"아니요. 저 혼자 생각해 낸 거예요."(의심스러웠지만 확인해 보지는 않았다.)

"좀 더 이야기해 줄래. 네가 어떤 사람이 좋아서 이 도시로 초대했고 처음에는 그가 착했는데, 이후에 그가 나쁜 사람이었다는 것을 알게 됐다고 가정해 보자. 너는 어떻게 할 거니?"

로저는 주먹을 쥔 채 엄지손가락으로 바닥을 가리키며 말했다. "땡! 도시를 떠나야만 합니다."라고 짧게 말했다.

"도시의 다른 점에 대해서도 설명해 줄래?"

"글쎄요, 도시 주변으로 큰 벽이 있어요……." 잠시 사색에 잠겼다. "하지만 왜 벽이 필요하담? 다른 사람이 들어오지 못하도록 주변에 표시판을 달았는데."

여섯 살짜리 로저의 유토피아에서 유아원 시절의 "나는 하느님이다"라는 옛 환상의 일면을 볼 수 있다. 유아원 시절의 환상과 여섯 살짜리의 유토피아, 두 가지 모두 자기가 조절할 수 있는 세상에 대한 열망과 강력해지고자 하는 소망에서 비롯된 것이다. 단지 유아원에서의 꼬마 독재자가 이 특별한 도시의 지휘를 맡고 있는 시민으로 바뀐 것이다. 지배 영역도 온 세상에서 디트로이트보다 단지 약간 큰 지역으로 축소되었다. 그리고 로저의 유토피아를 지배하는 아이디어는 현실 범주 안에 있는 것인 반면, 하느님 환상은 전지전능에 대한 믿음과 마법으로 지배되는 유아기 정신세계의 조악한 산물이었다.

여섯 살짜리 로저가 상상하는 사회는 특정 범위 내에서는 융통성 있게 윤리 기준을 적용하지만, 범위 밖에서는 엄격한 윤리의 적용을 받는다. 아주 합리적이고, 권위적인 면은 없다. 지배권과 법에 대한 필요를 이의 없이 받아들인다.(세 살배기 로저의 유토피아는 자신의 욕구에 딱 맞추어진 것이다. 그곳에는 법도 없고, 통치 원칙도 없었다.) 로저의 도시에는 위법에 대한 형벌이 있기는 하지만, "속도를 내는 데 대해 처벌하지만 그렇게 심하게 하지 않는다."처럼 그다지 강력하지 않다. 로저의 유토피아에서는 여섯 살짜리 소년의 생각이라고 하기에는 놀라울 정도로 악의 문제를 잘 이해하고 다루고 있다. 예를 들어, 도둑질이 탐욕, 질투, 충족되지 않는 열망과 관련되었음을 인지하고 "모든 사람이 똑같이 가지고 있는, 그래서 훔칠 필요가 없는" 사회를 제안한다. 로저가 그런 사회에 대해 들은 적이 있는지, 아니면 스스로 생각해서 고안해 낸 것인지는 중요하지 않다. 중요한 것은 그가 사회 그 자체의 장치를 통해 인간의 사악함에 대한 예방책과 구제책을 모색했다는 점이다. 세 살짜리의 몽상에서는 인간의 단점에 대한 유일한 해결책이 범죄자를 지구에서 말살하는 강력한 보복이었다. 세 살 적 로저의 사회였다면 만회할 가망이 없이 파멸된 사람, 즉 나쁜 사람으로 드러난 시민은 사형을 당했을 텐데, 이곳에서는 사형당하지 않고 추방당한다. 아마 디트로이트로 다시 돌려보낼 것이다.

세 살짜리의 하느님 환상과 여섯 살배기 유토피아의 차이는 단순히 세 살과 여섯 살의 지적인 능력의 차이만은 아니다. 그 차이는 세 살과 여섯 살 사이에 일어나는 문명화 과정에서 기인한다. 자기가 우주의 중심이고 자기의 소망과 욕망이 마법처럼 효과를 낼 수 있다고 믿는 자만이 하느님이 된다는 환상을 전개할 수 있다. 이는 세 살 무렵의 로저의 정신 상태와 부합한다.(비록 보통 대부분의 세 살배기는 이런 극도의 자아 중심적인 위치에서 벗어나기 시작하지만.) 하지만 3년 후 문명화 과정을 통해 로저는 우주의 중심으로부터 인간 사회의 적절한 위치로 옮겨 갔다. 야망을 빼앗기거나 자기 이익을 포기한 것은 아니지만, 야망과 자기 이익을 자신뿐 아니라 다른 사람의 입장도 고려해 조절했고, (공상에서조차) 야망의 가능성을 현실과 조화를 이루도록 제한했다. 로저의 유토피아가 실현되기란 쉽지 않겠지만, 불가능하지 않다. 백일몽에 대한 동기가 자아 중심적이지만, 사회적이기도 하다.

로저 이야기를 통해 자기애의 변형에 대해 고려하게 된다. 자기애는 하느님 환상과 유토피아 환상의 시기 사이에 변하였다. 세 살짜리 백일몽은 단지 자기애를 살찌우는 데 도움이 될 뿐이다. 이렇게 거대한 자기애의 규모는 로저의 세계에서는 몰살시키기 위한 목적을 제외하고는 다른 사람들을 전혀 고려하지 않는다는 사실에서 쉽게 드러난다. 이 당시 로저는 자기 소유의 작은 집에서 혼자 살기를 원했다. 하지만 여섯 살짜리 로저의 유토피아에서는 사회 전체가 풍족함을 공유한다는 점에서 다른 사람과 함께하는 생활의 필요성이 공상 속에 함축되어 있다. 자신에게만 투자되었던 세 살배기 사랑의 상당 부분이 다른 사람에게 전해졌다. 그가 자신을 위해 바라던 것을 다른 사람에게 주었기 때문에, (어쩌면 그런 꼬마 소년에게 말하기에는 너무 거창할 수도 있겠지만) 아이가 자신을 사랑하는 것처럼 다른 사람을 사랑하는 것을 배웠다고 말할 수 있다.

로저에게 '사회적 민감성social sensitivity'이 발달했다고 할 수 있다, 즉, 다른 사람과의 관계에서 자신을 인식하게 되고 다른 사람의 감정과 권리에 대해서도 바르게 평가할 수 있게 된 것이다. 하지만 이것을 어떻게 터득했을까? 로저의 생쥐를 예로 들면, 생쥐는 다른 생쥐의 감정을 파악해 가면서 관계를 맺지 않는다. 생쥐의 낮은 지능은 논외로 하더라도, 다른 쥐의 감정에 대한 민감성의 부재는 아마도 자신이 생쥐라는 것을 알지 못한다는 사실에 기인할 수 있다. 생쥐는 자신을 인식하지 못하고 자기 관찰을 하게 될 리도 없다. 생쥐가 제한적이나마 '감정'이 있다고 하더라도, 생쥐는 자기가 '감정'을 가지고 있다는 것을 모른다. 생쥐는 자신의 '생쥐다움'의 특성을 모르기 때문에 다른 생쥐의 '생쥐다움'을 인식할 수 없다. 따라서 생쥐의 사회적 관계는 물론 고등동물의 사회적 관계 역시 본능과 제한된 수준에서의 경제적 필요에 의해 조절되고, 인간 사회와의 유사점은 찾을 수 없다. 인간 사회는 인간 지능만의 특별한 성질, 즉 상상 속에서 자신을 남의 입장에 서도록 할 수 있는 능력에서 사회적 관계가 유래한다. 로저는 자신이 비슷한 상황에서 어떻게 느낄지 알기 때문에, 다시 말하면, 다른 사람들과 **동일시할**identify 수 있기 때문에, 타인이 어떻게 느낄지 안다. 동일시의 이러한 요소가 인간관계의 행동에서는 당연하게 여겨지지만, 아이가 이러한 능력을 어떻게 획득하는지 알아보기 위해 아이 발달 연구에서 그 점을 새로운 시각으로 보아야 할 필요가 있다.

로저의 세 살짜리 백일몽에서는 다른 사람의 입장에서 '자신을 느낄 수 있는' 능력을 찾아볼 수 없었다. 세 살짜리의 행동에서도 그러한 점을 고려할 만한 능력은 없었다. 세 살짜리 아이는 대부분 단지 이 정도 수준의 동일시에 머물고 있다. 예를 들어, 타인에 대한 세 살배기의 심술궂은 행동에 대해 자문을 의뢰받았다고 가정해 보자. "누가 너에게 그렇게 한다면 **너는** 기분이 어떻겠니?"라고 말해 봤자 훈계를 듣는 아이는 들은 척도 안 한다. 그 순간 아이는 다른 아이가 어떻게 느끼는지 전혀 신경 쓰지 않고, 상상으로도 피해자의 입장이 되어 볼 수 없다. 자신의 감정 외에는 아무것도 중요하지 않고, 이 또래 아이의 자아 중심성은 여전히 대단해서 자기 외부로 향하는 단계로 나아가기가 쉽지 않다.

세 살과 네 살 무렵의 아이는 심지어 잔인한 행동을 통해서 즐거움을 찾기도 한다. 몇 년 전 어느 날 오후, 이웃의 네 살배기 마르샤를 지켜보고 있었다. 애벌레가 인도를 따라 조심조심 기어가는데, 예쁘고 마음씨 고운 소녀 마르샤가 얼굴에 야릇한 미소를 띠며 애벌레를 향했다. 그러고 나서 갑자기 발을 치켜들더니 애벌레를 콱 밟았다. 아이는 짓뭉개진 벌레를 살피면서 즐거워했다. 하지만 겨우 2년 후, 나와 함께 공원에서 산책하다가 토막 난 벌레 또는 죽은 새를 보며 무서워하고 혐오스러워했다. 죽은 것을 보면 메스껍다고 하였다. 거의 울음을 터뜨릴 지경이었다. "죽으면 다시는 살아 돌아올 수 없잖아요!"

어쨌든 이 2년 동안에 마르샤는 파괴적인 행동에 흥미를 잃었다. 또한 죽음은 끝이고, 잃어버린 삶은 되돌릴 수 없으며, 애벌레의 생명조차 귀중한 것이라는 것을 깨달았다. 아이 수준에서는 인간 생명에 곤충의 생명보다 더한 가치를 두지 않았다. 벌레와 새도 인간처럼 의식이 있다고 믿었고, 따라서 벌레와 새 역시 엄마와 아빠, 형제자매를 사랑한다고 믿었다. 또한 잔인한 행동 때문에 영혼을 잃어버린다고 믿었다. **아이는 상상 속에서 자신을 벌레의 위치에 놓고 동일시**identification**를 통해 괴로워하였다.**

이제 마르샤가 '문명화되었다civilized'라고 한다고 해서 죽은 곤충에 대한 애도 반응이 문명화된 특성이라는 뜻은 아니다. 오히려 자신이 살아 있는 다른 피조물의 입장에 설 수 있는 능력, 즉 자아의 고유 경계를 넘어 자아의 범주를 확장하는 능력이야말로 인간 지능의 고유한 특성이고 인간 도덕성이 갖는 필수불가결의 특성이다. 이러한 동일시 능력은 다른 사람과 마르샤의 관계에서 더 중요하다. '다른 사람이 어떻게 느끼는지' 마르샤가 이해하게 되면 아이의 행동을 조절하고, 공격적이고 파괴적인 말과 행동을 제한할 수 있는 중요한 요소가 된다. 문명화라는 개념 속에는 이러한 동일시 능력이 포함된다.

하지만 이런 의문이 생긴다. "네 살 때 가지고 있던 파괴를 통한 즐거움은 어디로 갔을까?" 이것은 사라졌고 그 자리를 역겨움과 도덕적 혐오감이 채웠다. 가학적 즐거움은 반대로 고통과 불쾌, 특히 마르샤의 사례에서는 혐오감으로 변했다. 사실 마르샤에게 애벌레 밟아 죽이는 것을 즐긴 적이 있다고 상기시켜 줘도 믿지 않는다. 아이는 전혀 기억하지 못한다! 파괴를 통한 즐거움, 가학적인 즐거움은 억압되었다.

억압repression? 억압은 안 좋은 거 같은데? 이런 억압된 가학성 때문에 신경증이 생기지 않을까? 가능하다. 하지만 꼭 그런 것만은 아니다. 이미 말했듯 억압은 그 자체로 신경증을 만들어 내지 않는다. 그 내용은 더 중요한 사실로 연결된다. 문명화된 사회에서 고통을 주면서 쾌락을 얻는 가학성은 억압될 필요가 있다. 인간 존재 또는 인류 업적의 파괴에 대한 반감과 혐오감은 인간 가치의 보존에 필수적이다.

로저와 마르샤의 이야기로부터 분명히 알 수 있는 것은 인간적 공감, 동일시, 자기애를 초월하는 사랑, 생명 그 자체에 대한 높은 평가, 파괴를 추구하는 행위는 물론 그에 대한 생각조차 반대하는 도덕적 혐오감 등, 이 모든 특성이 인간 본성으로 타고난 것이 아니라, 초기 몇 년에 걸친 가정교육의 성과라는 점이다.

오늘날 아이 양육에서 생기는 다음과 같은 엄청난 오해가 없었다면 이 말을 할 필요가 없었을 것이다. 많은 부모들은 아이가 저절로 성장과 발전을 거쳐 결국 결론에 이를 것이라는 기대, 즉 아이는 (어쨌든 해야 할) '과제와 단계는 달성하고 넘어간다'는 믿음 때문에 '그 단계' 기간 동안 스파르타식으로 꾹 참는 태도를 취한다. 각 단계가 고유의 특성을 가지고 있는 것이 사실이지만, 연속된 발달단계를 지나는 과정은 아이의 환경에 의해 지대한 영향을 받는다.

만일 마르샤의 파괴적 쾌락에 대해 사랑하는 부모님이 야단치지 않는다면 아이가 그것을 포기할 이유가 없다. 어떤 아이는 파괴를 통한 즐거움을 포기하지 않아서, 결과적으로 도덕성 발달에 장애가 생겼다. 하지만 야단치는 것만이 가학적 쾌락을 포기하게 만드는 방법은 아니다. 파괴적 행동을 포기한 결과, 부모님의 사랑과 칭찬이라는 더 큰 즐거움을 성취한다는 것을 깨닫기 때문이다. 더구나, 그렇게 받아들일 수 없는 행동을 대하는 부모의 태도를 물려받음으로써 점점 부모처럼 되고 부모를 동일시할 수 있다는 것을 깨닫는다.

요약하면, 아이의 '인간화humanization'는 동일시의 두 가지 과정이다. 아이는 자기 자아의 경계를 넘어 자신을 확대시키는 능력, 즉 상상 속에서 다른 사람의 자아에 자리 잡는 능력을 갖게 되고, 그렇게 함으로써 '다른 사람이 어떻게 느끼는지를 알게 되는' 능력을 갖게 되고, 이것이 '동일시'라고 부르는 과정의 한 면을 구성한다. 그러나 아이는 또한 다른 사람의 자아를 자신의 자아에 받아들이는 능력과 인격 또는 다른 사람의 인격의 특정 측면을 통합해서 자신만의 인격 특성으로 만들어 나가는 능력을 가지고 있다. 도덕 발달의 경우에는 사랑하는 사람의 판단, 기준, 가치 등이 아이에게 전달되고 아이 자신의 인격의 일부가 된다. 이 역시 동일시라고 한다.

"나는 누구인가?" "나는 어디에서 왔을까?"

자기가 누구인지 아는 동물, 자기 고유의 정체성을 가진 존재는 이

별에 머무는 동안 자기를 위한 새로운 문제를 창조해 내도록 운명을 타고난 불만투성이의 창조물이다. 생쥐나 침팬지는 자신이 무엇인지 모르기 때문에 이러한 발견에 따르는 성가신 문제에 시달릴 이유가 없다. 그러나 스스로 이러한 질문을 던지는 인간이라는 동물은 출현하자마자 자신과 자신의 후손들을 무한한 의심, 고찰, 사색, 진실 추구의 늪 속으로 빠져들게 만든다. 그리하여 배고픔과 성적 갈망만큼 끊임없이 자신을 몰아세우게 된다. 자신이 존재한다는 것을 알지 못하는 침팬지는 자신이 어디에서 유래했는지 밝히려고 하지 않고, 그 자신의 종말에 대해 심사숙고하느라고 사서 고생할 필요도 없다. 동물 연구자들이 침팬지에게 100개의 바나나를 세게 하거나 체스를 가르치는 데 성공할지라도, 침팬지는 어떤 과학도 발전시킬 수 없으며 아름다움에 대한 식견을 표현할 수도 없다. 왜냐하면 인간 지혜의 가장 큰 부분은 자기 존재의 의미, 즉 생애 그 자체에 대한 탐구와 시작과 끝에 대한 영원한 질문까지 거슬러 올라가야 하기 때문이다.

그런데 이 모든 것들이 아이의 정신적, 정서적 발달과 무슨 상관이 있단 말인가? 기다려 보세요. 좋은 비유를 들려드리지요..

궁극적으로 인류의 모든 지식은 자기를 탐구하는 데서 시작된다. 인간이 처음 자연현상을 설명하려고 시도할 때, 관찰되는 현상에 인간적 특성, 즉 그 자신의 특성을 부여했다. 바람은 보이지 않는 초인적 존재, 또는 신의 숨소리였다. 천둥은 거대한 혼령의 격노와 복수다. 나무와 구름 속에서 인간의 형태를 발견하였고, 계절이 바뀌고 밤낮이 바뀌는 것을 사람 탓이라고 생각했다. 자신의 몸과 성질을 관찰한 결과를 통해 자연적 세계를 설명할 수밖에 없었다. 지적인 성취의 결과였을 뿐이지만, 그래도 인간만이 그 자신에 대한 관찰이 가능했다. 인간이 자연을 지배하는 독립적인 법칙을 발견하고 자신의 관찰 내용을 자기 관찰로부터 분리시킴으로써 더 큰 지식을 성취하기까지는 수백만 년이 걸렸다.

역사상 초기 단계에서는 인간 자신의 본성을 파악하고자 하는 강한 욕구가 지적 호기심의 추진력이 되었다. 인간은 이러한 방식으로 지적 능력을 얻었고, 동시에 같은 과정을 통하여 자신의 생물학적 특성도 알 수 있었다. 지성intellect의 힘으로 몸과 충동을 조절할 수 있었으며, 지성을 통해 오늘날 인간으로 불리게 된 모든 성취가 가능해졌다. 한마디로 말해서 자기 관찰에서 자기조절로 이어졌다. 우리가 '자아ego'라고 부르는 자기self의 관찰 담당 성분은 생물학적인 자기로부터 점점 더 많은 힘을 얻게 되었고, 더 큰 지적 활동을 위해 욕동drives 그 자체의 에너지 일부를 빌렸다.*

이러한 모든 관점을 고려할 때 인간의 아이는 인류 역사의 축소판이다. 아이가 최초로 '나'를 발견하는 것은 자신의 몸을 통해서이다. 앞선 장에서 영아가 자신의 육체 경험을 통해 '자기'와 '자기 아님', 내부와 외부의 구별을 어떻게 하는지 보았다. 자기 몸을 만지고, 손가락을 빨고, 눈앞에 지나가는 자기 손을 보는 등의 감각과 기타 많은 감각들은 점차 '자기'라는 원초적 개념으로 체계화된다. 훗날 두세 살 무렵, '나'라는 개념이 어렴풋이 모습을 드러내고, 새로이 언어를 터득한 아이는 '나'라는 단어를 통해 자기와 자기 아님에 대한 구별이 더욱 가능해진다. 같은 시기 동안, 원시인 수준의 어린아이가 자연현상을 '설명하기' 위해 어떻게 자신의 신체, 신체 기능, 자신의 감정 사이에서 유사성을 찾아내고 이용하는지 알게 된다. 같은 시기 동안 바쁘게 발달을 이루어

---

*자아는 생물학적 및 심리적으로 점점 더 역할과 기능이 확대되었다.

나가면서 또 다른 이정표가 나타난다. 자기 몸을 관찰하고 우연히 다른 사람의 몸을 관찰하다가 '남성성'과 '여성성'을 발견한다. 성적 차이가 있다는 사실('나는 소년', '나는 소녀')을 발견하면서 '나'의 개념이 강화되고, '나는 아빠 같은 소년' 또는 '엄마 같은 소녀'라는 지식에 의해 굳어진다. 자신과 동성인 부모를 동일시하게 되면서 이 시기의 '나'라는 느낌은 확고해진다.

아이가 자신에 대해 어떻게 느끼고 평가하는지는 자신의 신체에 대한 느낌과 관련되어 있음을 (이 시점에서) 언급하고 넘어가고자 한다. 아이는 자기 몸의 생산품을 소중하게 여기기 때문에, 즉 신체의 한 부분으로 생각하기 때문에, 자신의 몸과 몸에서 나온 생산품에 대한 초기의 태도를 통해 자신에 대해 '좋은' 그리고 '나쁜' 느낌을 갖게 된다. 자신의 똥이나 오줌이 더럽고 구역질나고 부끄러운 것이라는 느낌을 가지는 아이는 자아 내부에서 이러한 태도를 자신의 몸에 함입시키게 되고, 따라서 한 인간으로서 자신이 혐오스럽다거나 가치가 없다는 느낌과 다툼을 벌이게 된다. 자기 생식기가 자신에게는 좋은 느낌을 주지만 엄마나 아빠처럼 사랑하는 사람에게는 구역질이나 공포를 일으킨다는 것을 알게 된 아이는, 그러한 느낌들은 나쁜 것이고 자기 몸도 나쁜 것이고, 더 나아가 인간으로서 자신이 나쁜 사람이라고 느낄 수도 있다. 또한 자신의 남성성 또는 여성성에 관한 아이의 느낌은 자신의 생식기에 대한 태도와 관련이 있기 때문에, 자기 몸을 역겹다고 느끼게 된 아이는 그의 성별 또한 역겹다고 생각하게 될 수도 있다. 이러한 모든 것들이 신체에 대한 초기 태도를 건전한 성격 형성을 위한 기본으로 받아들이는 오늘날 성교육 이론으로 연결되었다.

'나'라는 인식이 어느 정도 조직화되고 자신이 '누구인지' 알게 되는 서너 살 무렵, 아이의 지성은 새로운 문제를 풀기 위해 열중한다. 모든 것에는 원인cause이 있다는 것을 배우게 되고 모든 것의 '때문에 because'를 알고 싶어 한다. 사물들이 어떻게 만들어지는지 알고 싶어 한다. 무엇보다도 가장 흥미로운 일은 자기가 어떻게 만들어졌고, 어디에서 왔는가이다.

"태어나기 전에 저는 어디 있었어요?" 다섯 살짜리 샐리가 엄마에게 묻는다.

"기억 안 나? 엄마가 말해 줬는데."

"아니, 그게 아니고요!" 샐리는 살짝 토라지듯이 말한다. "엄마 몸 안에서 자라기 **전에** 말예요."

"음, 너는 작은, 아주 작은 알이었어." 엄마가 머뭇거리며 대답한다.

"저는요, 작은, 아주 작은 알이 되기 **전을** 말하는 거예요."

"음, 너는, 음, 글쎄, 그래, 너는 아무것도 아니었어."

"아무것도 아니라고요!" 샐리가 기겁을 한다. "어떻게 **아무것도** 아닐 수 있어!"

이제까지 샐리가 자신의 유래에 관련되어 들었던 모든 괴상한 설명 중에서도 가장 터무니없는 것이었다. 내가 어떻게 아무것도 아니었을 수 있담? 아이는 자신의 존재가 사라질 수 있다는 것을 상상할 수 없는 것처럼, 자신이 한때 존재하지 않았다는 것을 상상할 수가 없다. 이미 성인이 되고 나서도 상상하기 어려운 문제다. 시인이 개인의 죽음에 대해서 가장 비극적이고 무시무시하게 표현하고 싶을 때 '존재하지 않음'이라는 생각 속에서 답을 찾으려 한다. "내 존재가 사라지는 것 같은 두려움을 느낄 때……,"라고 키이츠는 말한다. "사느냐 죽느냐……,"라고 셰익스피어는 말한다. 고유의 인간성 소멸은 죽음의 공포 중에서도 핵심이다. 아이가 자신을 한 인간으로서 완전히 인식할 때, "존재하지 않음"은 두 가지 측면으로 다가온다. 시작("태어나기 전 나는 어디에 있었을까?")과 종말("죽으면 무슨 일이 일어나나?"), 양쪽에서 온다. 아이는 많은 질문을 한다. 우리는 아이에게 대답해 준다. 어른들이 해 주었던 설명이 충분치 않은 듯 아이는 반복해서 묻는다. 아이와 그 문제를 이야기해 보면 자신이 어디에서 왔는지에 대한 아이의 생각들이 우리가 아이에게 전해 주었던 사실들과 자신이 세운 이론들의 묘한 혼합물임을 알게 된다. 아이는 사실 우리를 전적으로 믿지 않았던 것이다!

"작은, 아주 작은 알……," 아이에게 말해 준다.

"얼마나 작은?"

"오, 너무 작아서 거의 보이지 않을 정도란다."(그것을 보여 주기 위해서 백지에 연필로 점을 찍어 보여 줄 수도 있다.)

아이는 의심이 많다. 네다섯 살짜리 아이한테는 이런 이야기보다는 차라리 아기를 물어다 주는 황새 이야기가 더 그럴듯할지도 모른다. 아마도 개미라면 작은, 아주 작은 알에서 나올 수 있지만 자기는 그럴 수 없다. 자기 이론을 근거로 이러한 사실을 수정한다. 그러다 보면 그 알들은 보통 달걀이나 타조 알 만큼 커지게 되는데, 그래야 어른들이 아이에게 설명했던 개미 알보다 훨씬 납득하기가 쉽다.

"아빠가 씨를 심는다……." 최근 두 세대에 걸쳐 부모들은 성교육에 관한 책들에서 소개된 이러한 완곡한 표현을 즐겨 사용했다. 그러다 보니 아이는 어른의 도움 없이 자기 나름대로 만든 성 지식에 포함되어 있는 오류 모음에 그러한 잘못된 성 지식을 추가하게 된다. 이러한 정보의 한 부분만 듣고 희망에 부풀어 가벼운 죄를 짓게 된 고지식한 여섯 살짜리 꼬마가 생각난다. 아이는 잡화점에서 오이씨 한 꾸러미를 훔쳤고 꾸러미 채로 전신주 밑에 심었다. "이제 내년 여름이면 나와 폴리에게 아기가 생길 거야."

"아빠가 엄마 안에 씨앗을 심는다."라고 부모가 부수적인 정보를 준다고 해도 실제로는 별로 달라질 것이 없다. 씨앗을 어떻게 심는지 상세히 알고 있는 아이들 중에서 이러한 농사 개념의 유사성으로부터 깜짝 놀랄 만한 이론을 만들어 낸다. 농사에 대한 설명을 듣고 자란 아이들은 내게 씨앗이 엄마에게 어떻게 전달되는지에 대한 다양한 원격조종 이론들을 알려 주었다. 여섯 살짜리 꼬마 하나는 그것이 엄마 몸속으로 날아 들어간다고 생각했는데, 아이의 추론 과정을 들어 보면 매우 그럴 듯하다. 식물계의 꽃가루를 이용한 생식 과정을 인용하며 사람의 씨도 공기 중을 날아 이동한다고 강력하게 주장했다. 어떤 아이들은 종자 뿌리는 일을 현대 의학의 진보 덕택으로 생각한다. 의사는 종종 이 과정의 중재자로 언급된다. 당연히, 아빠의 몸에서 씨를 빼내고 엄마의 몸에 심는 복잡하고 섬세한 과정은 고도의 의술을 필요로 하며, 아마추어들이 할 일이 아니다.

나는 항상 아이들의 이러한 이론에 관심이 있었기 때문에, 내게 설명해 달라고 부탁했고 아이들은 기꺼이 그렇게 해 주었다. 여섯 살짜리 빌리는 아빠에게서 씨를 얻기 위해 의사가 무엇을 하는지는 정확히 몰랐지만 뭔가 간단한 수술로 씨를 얻고 그 후 엄마 몸속 어딘가 '적절한 장소'에 심는다고 했다. "그게 어딜까?" "그것은 6만 4천 달러짜리 질문이에요!"라며 입을 다물었다. 마르샤의 이론은 그렇게 복잡하지 않았다. "처음에 의사가 아버지의 몸에서 씨앗을 꺼내요." "의사가 그것을 어떻게 하지?" "제가 그걸 어떻게 알겠어요? 그리고 의사는 그걸 알약처럼 만들고 엄마는 그것을 삼켜요." 마르샤는 아빠 고양이 마이크, 엄마 고양이 베씨와 새끼 고양이 서너 마리를 부엌에서 키우고 있다. "마이크와 베씨는 새끼 고양이를 어떻게 가졌지?" "아, **걔네들**은 짝짓기를 했어요! 잘 아시잖아요!" "고양이들은 의사가 필요 없었던 거야?" "물론이죠. 고양이와 개는 의사에게 가지 않아요. 그들은 단지 짝짓기를 하죠. 그렇지만 사람은 **그걸** 할 수 없어요!"

자, 보다시피, 농업적 개념의 추론에는 함정이 있다. 어느 정도 나이가 든 아이들에게 아빠를 씨 뿌리는 사람, 엄마를 좋은 토지나 사과 꽃으로 위장하지 않고 있는 그대로 사실을 알려 준다면 어떻게 될까? 물론, 그렇게 할 수도 있다. 대여섯 살짜리가 질문했을 때 답해 줄 만한 간단한 답변들이 있기는 하지만, 문제는 솔직하게 답해 주는 경우 그것은 아이들이 보기에 자신들의 이론보다 더 황당하게 들릴 수 있다는 점이다. 몇 주에 걸쳐 여섯 살짜리 꼬마 환자가 이런 씨앗들이 어떻게 엄마에게 전달되는지 생각하는 것을 도와주었다. 모든 것을 검토한 뒤 아이는 자신이 의심이 많았음을 인정했다. "음," 진지하게 말했다, "아마도 어떤 부모들은 그럴 거예요. 그러나 우리 부모는 아니에요!"

꼬마가 신경증이 있어서 이런 반응을 보이는 걸까? 누군가 아이에게 성적인 문제에 대해 수치심을 갖도록 만든 것일까? 아니, 그렇게 단순한 것은 아니었다. 완벽히 정상적인 아이들도 이러한 사실을 처음 접했을 때 똑같이 반응한다. 그들은 부모가 그렇게 했다는 것을 노골적으로 부정하지는 않지만, 다른 방법으로 그것을 부정하려 한다. 가장 일반적인 방법은 배우고 나서 곧바로 이러한 사실들을 까먹는 것이다.

보통 아이들은 물론이고 매우 개방적인 부모 밑에서 자란 아이들조차 자기들 부모에게 성생활이 있음을 납득하기가 쉽지 않다. 그리고 학령기가 되어 출산에 관해 더 정확한 사실을 알게 되더라도 부모가 아이를 갖는 것 이외의 다른 목적으로 성생활을 할 수 있다고 생각하지 못한다. 이러한 행위가 사랑과 즐거움의 행위일 수 있다는 사실을 납득할 수 없으며, 아이의 관점에서는 여전히 이질적이다. 아무리 전문적인 자료를 제공해도, 아이는 여전히 성교를 공격적 행동, 심지어 고통을 주는 행위로 생각한다. 아이는 이런 생각을 수정할 만한 경험도 없고 상상도 할 수 없다. 사실 아이 입장에서는 자기 경험상 몸을 관통하는 행위와 가장 유사한 것은 병원에서 '주사 맞는' 경험뿐이다. 아이는 이러한 행위를 '사랑하는 것'으로 생각할 수 없기 때문에, 단지 아이를 만들기 위한 수단으로만 간주할 뿐이고, 부모가 즐거움을 위해 그런 행동을 할 수 있다는 것을 이해하지 못한다. 예로 들 만한 일화가 있다. 여섯 살배기 케이티의 엄마는 두 달쯤 있으면 태어날 아기(세 번째 아이)에 대한 딸의 질문에 대답을 해 주고 있었다. 케이티가 물었다. "엄마, 어떤 엄마랑 아빠는 아기를 가지려고 해도 못 가질 수가 있어요?" "그래, 맞아." 엄마가 대답했다. "와, 우리 식구는 운이 좋구나!" "엄마 아빠는 시도할 때마다 아기가 생기잖아요!" 엄마는 더 이상 깊이 설명하지 말아야겠다고 생각했다.

아기가 생기는 과정에 대한 이해를 돕기 위해서 해부학적 그림, 고배율로 확대한 정자와 난자 사진, 기타 이 복잡한 과정을 이해하는 데 도움이 될 만한 모든 도표 등 가능한 모든 방법을 이용한다. 이러한 교육 수단이 도움이 되기는 하지만 이러한 삽화들이 오히려 아이들의 혼란을 부채질할 수도 있다.

의사가 아버지에게 간단한 수술을 해서 씨를 얻고 그것을 엄마 몸속 어딘가 '적절한 장소'에 심는 이론을 제시했던 빌리에 대해 좀 더 이야기해 보자. "그런데 왜 하필 수술이지? 빌리야?" "그것을 꺼내기 위해서 다른 방법이 없기 때문에요." 안됐다는 듯이 말한다. "이유가 뭘까?" "씨앗이 너무 커서요.” “크다고? 얼마나 큰데?” “어, 거의 자갈만큼 커요.”
“자갈만큼 크다니? 그걸 어떻게 아니?” “그림에서 봤어요. 책에 있어요.”
아이는 내가 자기 이론에 동의하지 않을 뿐 아니라 더구나 ‘책’에 나온
내용에 의문을 갖는 태도를 보이자 점점 화가 났다. (이 나이 또래 아이
들은 책에서 얻은 지식에 대해 한 치의 의심도 없다.) “책에서 본 것을
그려 줄래?” 그러자 빌리는 억지로 그려 주었다. 작은 꼬리를 가진 조약
돌 크기의 ‘씨 한 개’를 그렸고, 그것이 고배율로 확대한 정자 그림이라
는 것을 알았다. 그러나 몇 가지 질문을 한 후, 빌리가 확대의 법칙을 이
해하고 있으며 정자가 현미경 하에서가 아니면 보이지 않을 수 있고 그
책의 그림이 확대된 것이라는 것을 이해하는 영리한 작은 꼬마라는 것
을 알고는 순간 당황했다. 자, 그렇다면 아이는 어떻게 그런 이론을 갖게
된 것일까? 아이 입장에서는 너무 작아서 보이지도 않는 작은 정자보다
는 고배율로 확대한 정자 그림이 더 진짜처럼 다가왔던 것이다. 보이지
도 않는 것을 믿는 것보다는 조약돌 크기 정도의 정자를 믿는 게 쉽다.

막 마법에서 빠져나와서 증거 없이는 믿지 않게 되었을 때, 한 번도
본 적이 없기 때문에 마녀를 불신하고, 한 번도 **본** 적이 없기 때문에 요
정 이야기를 비웃게 되면서 아이들은 새로운 현실을 알게 된다. 그렇지
만 어른들이 묘사하는 생식과 출산 과정을 아이들 입장에서 이해하려
면 새롭게 눈뜬 현실 감각을 최대한도로 발휘해도 충분치 않다. 보이지
않는 정자가 있다. 보이지 않는 알. 소녀나 여자에게 있는 보이지 않는
특별한 틈새. 성적 결합이라는 신비로운 과정 역시 아이들은 본 적도 없
고 상상할 수도 없다. 그래서 부모가 생각하기에 ‘모든 것을 아는’ 아이
가 그런 내용에 대해서는 거의 이해하지 못하고 있다는 사실을 알고 놀
랄 필요는 없다.

우리가 알려 준 사실을 아이가 얼마나 이해했는지 확인할 수 있을까? 앞서 제시한 여러 사례에서 보았듯이, 아이들은 원래 가지고 있던 구 버전의 개인 이론에 우리가 전해 준 신 버전의 정보를 덧붙인 결과, 사실과 환상의 묘한 혼합물이 탄생하게 되는데, 이것이 바로 아이만의 독특한 이론이 된다. 마이크라는 아이를 예로 들어 보자. 부모는 마이크가 네 살 때 '모든 것을 알았다'고 했다. 마이크가 질문하기 시작했을 때 엄마는 아이에게 (좀 더 나이 든 아이에게 적합할 만한) 책을 읽어 주었고 마이크는 진지하게 들었다. 때때로 어떤 부분을 다시 읽어 달라고 했고, 부모가 원시인의 생활이나 천문학에 대한 아동용 서적을 읽어 준 후에 이러한 새로운 내용을 빠르게 이해했던 것처럼, 그 내용을 이해하는 속도도 빨랐다. 처음 만났을 때 마이크는 '정자가 알을 만나다'부터 '아기는 특별한 통로를 통해서 나온다'까지 고스란히 외우며 아기에 대해 자세한 이야기를 할 수 있었다. 그러나 아이에게 몇 가지 질문을 하다 보니 다음과 같은 사실을 알게 되었다. 아이는 '엄마 배 속에서 알을 만나는 정자'는 (알 수 없는 방식으로) 엄마의 입을 통해 길을 찾아낸 것이라고 생각했고, '특별한 통로'는 별로 특별할 것이 없다고 했다. 그 통로가 쉬가 나오는 곳인지 응가가 나오는 곳인지 모르고 있었지만 둘 중의 하나라고 알고 있었다. 또한 전혀 들어 본 적이 없는 새로운 이론을 제시하였다. 진지하게 말했다. "있잖아요, 엄마의 알 중에 일부는 **절대로** 아기가 될 수 없어요. 왜냐면요 아빠가 먹어 버리기 때문이에요. 그거 아셨어요?" 아이에게 설명을 부탁했다. "책에 그렇게 나와 있어요!"라고 우겼다. 아이는 그 주제에 대해 더 이상 말해 주지 않았다. 나중에 그 책을 구해서 마이크가 한 이야기가 무슨 뜻인지, 어디서 왜곡이 생긴 것인지 찾아보았다. 책에 이런 말이 쓰여 있었다. "비록 물고기가 수백만 개의 알을 낳지만, 아빠 물고기나 다른 동물들이 그것을 먹어 치우기 때문에 그중 일부만이 아기 물고기가 될 수 있다!"

나중에 마이크와 이야기를 나누면서 아이가 이 문구를 잘못 이해한 것이 아니라는 것을 알았다. 아이는 단지 물고기 알의 운명을 사람 난자의 운명에 적용했을 뿐이다. 마이크 입장에서는 엄마가 실제 아기보다 더 많은 알을 가지고 있다는 사실을 설명할 수 없었던 차에, 책에 나온 내용들은 자신의 섬뜩한 이론과 딱 맞아떨어졌다. 마이크에게는 아빠가 알들을 먹어 치운다는 생각이 이 책에서 읽은 다른 것들보다 더 이상할 것도 없었다. 그러나 주목할 것이 있다. 아이는 생식과 출산에 대한 중요한 사실을 모두 알고 있고, 기억하고 있는데도, 여전히 먹고 배설하는 것에 근거한 이론을 가지고 있었다. 부모가 알려 주기 전에 세운 아이만의 이론은 내용 면에서는 자신의 신체 기능 관찰에서 얻은 전형적인 어린아이들만의 이론이었다. 무엇인가가 '위' 속으로 들어갈 수 있는 방법은? 물론, 먹었기 때문이다. 그것은 어떻게 나오게 될까? 물론, 배설에 의해서다. 책이나 부모가 제공한 사실보다는 이런 식의 논리가 마이크 나이 또래 아이들에게는 더 잘 먹혀 들어간다. 하지만 마이크는 책은 물론 부모와 같은 훌륭한 권위자가 자신에게 제공한 정보를 적절히 존중했고, 따라서 자신만의 이론과 새로 배운 사실을 적절히 조화시켜 마음속에서 절충안을 만들어 낸다.

이 모든 자료를 두고 성교육 결과를 평가하다 보면 실망스러울 수밖에 없다. 이러한 결과는 성교육을 그만두거나 황새나 양배추* 이야기로 돌아가야 한다는 것을 뜻하는 것일까? 낙심할 필요는 없다. 아이가 사

---

*서양 속담에는 아기를 황새가 물어다 주거나 배추밭에서 주워 온다고 되어 있다.

실과 원리를 이해하기 어려워한다고 해서 다른 교육 양식들도 포기할 필요는 없다. 그러나 성교육을 하기 위해서는 어린아이들이 알고 있는 성 이론에 대한 이해가 필수적이다. 꼬마 아이들이 성 관련 정보를 이해하는 데 있어서 어려워하는 점을 충분히 이해한다면 현재 성교육 기법을 그에 따라 적절히 수정할 수 있다. 성과 관련된 정보 전달을 할 시기와 제시 방법에 관한 의문은 모두 특정 발달단계에 있는 아이의 정신 과정을 이해함으로써 답을 찾을 수 있다.

성교육의 방법과 문제에 대해서는 다음 장에서 자세히 기술할 것이다.

오이디푸스 콤플렉스에 대하여

"커서 엄마랑 결혼할 거야." 지미가 저녁을 먹으면서 말했다

"너 미쳤구나!" 여덟 살짜리 누나가 쏘아붙인다. "너 엄마랑 결혼 못해. 그럼 아빠는 뭐가 되니?" 왜 여자들은 화만 내고 이치에 맞는 소리만 한담! 누가 그런 재미없는 소리에 귀를 기울인담! 누나 질문에 대한 대답은 바로 이거야! "아빠 늙을 거야." 지미가 한 입 가득 완두콩을 물고 말했다. "그러면 죽을 거야!" 그리고는 자기가 한 끔찍한 말에 놀라서 황급히 덧붙인다. "근데, 안 죽을지도 몰라, 그러면 대신 마르샤와 결혼하면 되지."

물론 황당한 이야기다. 아동기의 불가능한 백일몽 중 하나이다. 지미가 자라서 엄마와 결혼하기로 결심했다고 저녁 식탁에서 발표한다면, 이 네 살짜리의 풍부한 상상력에서 쏟아져 나오는 다른 계획들과 무엇이 다를까? 아이는 어른이 되면 버스 운전사가 된다고도 한다. 지난주

에는 정원사가 될 거라고 했다. 최근에는 달로 가는 첫 번째 여행객으로 예약했다. (스푸트니크 호*보다 5년 전에!) (친절하게도 가족 중 다른 사람들에게도 예약을 하도록 권했으나 가족들이 흥미와 관심을 보이지 않자 놀랐다.) 그리고 이제는 자라서 엄마와 결혼하겠다고 청혼한다.

만일 이것이 아동기의 백일몽 중 하나라면 우리는 왜 다른 백일몽보다 더 의미를 두는 것일까? 물론, 무엇보다도 아이가 스스로 그러한 생각에 큰 의미를 두기 때문이다. 이 아동기의 환상에서 드러나는 사랑은 마음속에서 우러나는 것이다. 꼬마 소년의 환상 속에서 아버지를 대체하려는 소망은 어머니를 대체하려는 꼬마 소녀의 환상과 마찬가지다. 소년 소녀 모두 그 소망의 본질은 자신과 같은 성을 가진 부모와의 경쟁의식과 그 부모에 대한 공격적 소망을 함축하고 있기 때문에, 그러한 소망은 이 시기를 갈등의 시기로 바꿔 버릴 수 있을 만큼 강력하다. 초기 아동기의 이러한 사랑은 경쟁하는 부모가 동시에 사랑의 대상이라는 불가능한 상황을 연출하기도 한다. 지미는 아버지의 죽음과 자신이 아버지를 대체하는 상상을 하면서 크게 상반된 느낌을 접하게 된다. 아이는 아버지를 무척 사랑하기 때문에 아버지의 죽음에 대한 생각은 아이를 공포에 빠뜨렸다. 훗날 겪게 될 사랑 경험에서는 대체로 그런 어려움은 없을 것이다.

반대 성의 부모에 대한 초기 아동기의 이러한 사랑 애착**과 경쟁자

---

*스푸트니크 호: 1957년 10월 4일 러시아에서 세계 최초로 쏘아 올린 인공위성. 최초의 유인우주선은 보스토크 호이며 1961년 4월 12일 러시아에서 쏘았다. 인류 최초로 달에 발을 디딘 것은 1969년 미국 아폴로 호에 탑승했던 닐 암스트롱이었다. 이 책은 1959년에 최초로 출판되었으므로, 지미 이야기는 아마도 1950년대 초로 보인다.
**love attachment. 이 당시는 보울비Bowlby의 애착이론Attachment theory이 자리 잡기 전이라서 사랑 애착이라고 쓴 것임.

인 동성 부모와의 갈등의 파생물, 즉 공격성, 죄의식, 그것이 해소된 형태 등을 프로이트는 '오이디푸스 콤플렉스'라고 명명했다. 알려져 있는 것처럼 프로이트는 자기분석과 신경증환자들의 분석을 통해 이를 발견했다. 훗날, 어린아이들을 직접 관찰한 결과 모든 정상 아동들이 발달 과정에서 그와 같은 시기를 겪지만, 그로 인해 신경증이 야기되는 것은 아니라고 밝혀졌다. 오이디푸스 콤플렉스 그 자체로는 병리적이지도 않고 병인적이지도 않다. 그와 관련된 갈등은 해소되며, 또한 매우 흥미롭게도 보통 기억조차 할 수 없다.

이 불가능한 백일몽은 아마도 인간이라는 종족만큼 오래되었고, 그것이 발견되고 정신분석적으로 탐구되기 수천 년 전에도 어린아이들은 그런 불가능한 백일몽을 꿈꾸고 모순된 격정을 경험하고 결국 아무도 모르게 그러한 생각을 단념했음을 기억할 필요가 있다. 오늘날에도 오이디푸스 콤플렉스에 대해 전혀 들어 본 적이 없고 아이들에게서 그것을 보더라도 알아채지 못하는 부모들이 수없이 많지만, 이런 부모들 대부분이 이러한 지식 없이도 아이들을 성공적으로 양육하고 있다. 중요한 사실은 우리가 오이디푸스 콤플렉스를 알든 모르든 간에 아이들에게 있어 결과는 같다라는 것이다. 그것은 현재 혹은 앞으로도 이루어질 가능성이 전혀 없는 백일몽이다. 그것은 모든 아이들에게서 낙담과 단념으로 끝나게 되는 사랑의 꿈이다. 불가능한 소망을 단념하면서 끝이 나고, 소망에 의해 야기되었던 갈등도 결국 해소된다. 대립관계는 사라지고 인격은 가장 바람직한 방식으로 재통합된다. 동성 부모와의 대립관계는 결국 긍정적 관계의 힘으로 극복할 수 있다. 여섯 살 무렵의 아이는 바로 최근까지 경쟁자였던 부모와 강한 동일시를 보인다. 그것은 마치 아이가, "내가 아빠 자리를 차지할 수 없기 때문에, 아빠가 될 수 없기 때문에, 나는 아빠**처럼** 될 거야."라고 말하는 것과 같다. 이제는 아빠를 모델로 삼기 시작한다. 이는 모든 소년들에게서 정상적으로 나타나는 결과이며, 소녀들이 어머니를 동일시하는 과정과 같다.

그러나 아동 발달 연구에서 보면, 세 살부터 다섯 살까지의 감정 발달에 있어서 오이디푸스 콤플렉스의 역할을 강조할 필요가 있다. 아이들이 이 연령대의 갈등을 극복하는 데 부모의 이해가 큰 도움이 된다. 개방적인 부모들 사이에서도 오이디푸스 단계의 의미와 '옳은' 또는 '잘못된' 부모 태도에 대해 많은 오해가 있었으며, 이에 대해 명확히 해야 할 필요가 있다. 더구나, 이 시기의 어떤 장애들은 오이디푸스적 경쟁을 중심으로 하는 아이와 부모 사이의 사랑 관계에서 빚어진 장애로밖에 볼 수 없다.

언뜻 보기에 이러한 장애들은 오이디푸스 콤플렉스와 전혀 연관성이 없는 것처럼 보인다. 왜냐하면 그 누구도 세 살에서 다섯 살 사이의 아이가 노골적으로 연인 사이를 표방하면서 가족 내에서 사랑과 경쟁의 드라마를 펼치고 있다고 상상하기는 어렵기 때문이다. 또한 이 시기의 발달 과정에서 아이가 하는 모든 것들이 어떤 식으로든 오이디푸스 콤플렉스와 연관되어 있을 것이라고는 상상할 수도 없다. 더구나 아이는 이 시기에 다양하게 여러 방향으로 발달하고 있는 중이며, 그 몇 년 동안 생각해야 할 것들도 많다. 오이디푸스 갈등이 위장을 하고 나타나기 때문에 즉시 관련이 있음을 간파하기는 어렵겠지만, 분명 이 연령대에 전형적으로 나타날 수 있는 오이디푸스 갈등과 연결된 걱정거리들이 있다.

지미 이야기를 조금 더 해 보자. 이 또래 아이의 두려움과 뚜렷이 드러나면서도 이해할 수 없는 행동의 일부가 어떻게 오이디푸스 갈등들과 연관될 수 있는지 보자.

저녁 먹으며 지미가 자신의 백일몽을 드러냈을 때 제인 누나만 그 화제에 대해 관심을 보이고 냉소적 반응을 보였을 뿐 다른 어른들은 관심을 보이지 않았지만, 그 후에도 지미는 계속 불편했다. 아이는 아버지가 늙고 죽는 것을 사실 원하지 않았었다. 아이는 아빠를 무척 사랑한다. 그렇지만 네 살짜리한테는 이러한 생각을 입 밖에 낸 뒤 자신이 크게 불편해질 만큼 (실제로 일어나게 할 수 있는) 엄청난 마법이 있다. 그런 나쁜 생각들이 실제로 일어난다면? 아빠가 죽는다면?

저녁 시간 내내 지미는 시무룩하고 짜증스러웠다. 아이는 무척 힘든 시간을 보내고 있는 것처럼 보였다. 잠자리에서 아이는 아빠에게 이야기를 읽어 달라고 했다. (아이가 투정부리듯이 말한다) 아니, 그 이야기가 아니라고요. 그래 그렇다면 이 이야기는 어때? 아니야. 오, 이야기를 원하는 게 아니구나. (아빠가 묻는다) 그럼 뭘 해 줄까? 그러면, 보자, 음악은 어때? 음악 틀어 줄까? 아냐, 이거 말고 저거. 아니, 저거 말고 이것. 도대체 아이는 무엇을 **바랐던** 걸까? 마침내 아이는 모두가 자기에게 심술 맞게 굴고 자기는 이 낡은 집이 지긋지긋하고, 그래서 친구 알렌 집으로 가서 살며 다시는, 다시는 안 돌아올 거라면서 울음을 터뜨렸고, 점점 화를 내더니 결국 아빠를 때리며 덤볐다. 당황한 부모는 왜 아이가 이러한 행동을 하는지 알 수 없었다. 결국, 아빠가 지미에게 말했다. '이제 할 만큼 했으니 네 방에서 진정될 때까지 있거라. 오늘은 이야기도 안 해 줄 거고 음악도 못 틀어 준다.' 아하, 지미는 이 말을 기다리고 있던 것처럼 보였다. "아빠는 못됐어. 온 세상에서 가장 심술궂은 아빠야. 난 아빠가 죽었으면 좋겠다요!" 그리고는 쿵쿵 소리를 내며 자기 방으로 가서는 문을 쾅 닫았다.

"도대체 오늘밤 쟤가 왜 저럴까?" 부모는 서로 물었다. 이 순간 식구들 모두 저녁식사 시간의 대화는 까맣게 잊고 있었다. 바쁜 일과 속에서 그런 일들을 기억하는 사람이 누가 있겠는가? 저녁 식탁에서 있었던 대화를 기억한다 해도 어떻게 아이의 신경질적인 행동과 그것을 연결시킬 수 있겠는가?

확실히 잠자리에 들면서 일어났던 일들을 각각 생각하면 명확한 관련성이 없다. 그러나 사건을 진행 순서대로 살펴보자. 저녁 시간에 지미는 아버지가 죽은 뒤 엄마와 결혼한다는 몽상을 털어놓았고, 그러고 나서는 죄책감이 들고, 당황하고, 급히 자신의 말을 취소하려고 했다. 나중에 평소에는 아빠와 보내는 가장 즐거운 시간 중 하나인 이야기 시간 동안 아이는 짜증을 내고 투덜거린다. 아무것도 아이를 만족시키지 못한다. 아이는 이렇게 해 달라고 했다가 또 아니라고 부정한다. 아주 단순한 결정에 관해서도 결심을 못하고 화가 나서 이랬다저랬다 갈팡질팡한다. 여기에서 우리는 지미가 이야기나 음반을 선택하는 것보다 훨씬 더 중요한 무엇인가를 결심하지 못하고 있음을 눈치 챘다. 저녁식사 시간에 아이를 사로잡았던 것은 틀림없이 "내가 원하나?" 아니면 "내가 원하지 않나?"라는 것이다. "나는 아빠가 죽기를 원하나?" "나는 아빠가 죽기를 원하지 않나?" 이 끔찍한 문제와 관련된 우유부단함은 이야기와 음반의 선택이라는 비교적 중요하지 않은 문제로 전가되었다.

지미 아빠는 이 이야기 시간에 '응-아니-아니-응' 반응이 계속되는 동안 잘 참고 넘겼지만, 정작 지미 자신의 불만은 강도가 점차 심해지면서 더 이상 참을 수 없을 정도가 된다. 이제 아이는 모든 사람이 그에게 심술궂게 굴고, 그래서 자기는 이 낡은 집을 증오하고 친구 집으로 가서 결코, 결코 돌아오지 않겠다고 비난하면서 소리를 질러 댄다. 이게 무슨 날벼락 같은 소리인가? 이것을 단지 이야기나 음반을 선택하는 문제에 대한 반응으로 받아들인다면, 이날 일은 그저 하룻저녁 소동으로 끝나고 만다. 좀 더 깊이 생각해 볼 필요가 있다. 첫째, 무엇보다도 지미 아빠는 아이에게 못되게 굴지도 않았고, '응--아니' 장면을 통해 보았듯이 참을성 있는 아빠의 모범을 보였다. 둘째, 이야기 선택과 집 떠나는 게 무슨 상관이 있단 말인가? 다시 말해, 우리가 연극 속에 숨은 연극의 의미를 모른다면 앞뒤가 맞지 않을 것이다. 내부의 드라마는 엄마를 원함과 동시에 원하지 않음, 아빠를 제거하기를 원함과 동시에 원하지 않음 등 부모와 관련된 지미의 갈등을 다루고 있다. 지미 자신도 왜 이야기나 음반 때문에 그렇게 화가 나는지 몰랐고, 부모 역시 몰랐다. 집을 떠나겠다는 발표는 잠자기 전 이야기 시간과는 실제로 전혀 관련이 없고, 이야기에 대한 아빠의 태도와도 관련이 없다. 그것은 무의식적 대화의 한 부분이다. 그 연극 속에 숨어 있는 연극의 속뜻을 알아야 한다. 이렇게 말하는 것과 같다. "그런 문제에는 답이 **없어**. 다른 가족을 찾아가는 게 더 낫겠어."

그러나 역시 다른 무엇인가가 있다. 아이는 아빠의 참을성을 시험하면서 아빠의 부아를 돋우고 있다. 무의식적으로 아이는 아빠가 화를 내고 이 상황을 끝내 주기를 바란다. 결국, 아빠의 참을성이 한계에 도달하고 단호하게 지미에게 네 방으로 가라고 말한다. 그러자 아이는 기다렸다는 듯이 아빠는 못됐고 죽어 버리면 좋겠다고 소리 지른다. 이는 마치 자기의 나쁜 소원들에 대한 징벌을 청하고, 동시에 징벌의 순간을 아빠에 대해 화난 감정과 나쁜 소원을 정당화하는 데 이용하는 것처럼 보인다. 이어서 아이는 분노에 찬 목소리로 말했다. "아빠가 죽었으면 좋겠다요!"

지미의 하루에 대한 이 이야기에서 빼먹을 수 없는 마지막 장면이 있다.

그날 밤 지미는 무서운 꿈 때문에 깨서 아빠를 소리쳐 불렀다. 호랑이가 동물원의 우리를 부수고 나와서 거실의 창을 통해 들어왔고 집안을 가로질러 지미를 쫓아왔다. 지미는 자기 방으로 달려가서 문을 쾅 닫았다. 호랑이는 지미를 죽이기 위해서 문을 부숴 버리려고 했고 지미는 문이 열리지 않게 문고리를 잡고 목이 터져라 아빠를 불렀지만 아무도 오지 않았고, 그래서 아빠가 죽었을까 봐 겁이 났다. 그리고 그때 잠이 깼다.

아빠는 아이를 안정시키고 안심시켜 주는 것 외에는 아이를 도울 길이 없었다. 그러나 특정 공포와 이 나이 또래의 오이디푸스 갈등 사이의 연결을 찾아내는 것은 흥미로운 일이다. 지미의 불안몽의 내면을 들여다보자.

꿈속에서 지미는 자기를 죽이려는 화난 호랑이한테 쫓기고 있다. 실제로는, 그 꿈을 꾸던 날 저녁, 화가 난 소년은 아빠에게 아빠가 죽기를 바란다고 말했고, 화를 내며 자기 방으로 들어가 버렸다. 꼬마의 분노가 꿈속에서 호랑이의 분노로 변했다. 누군가 죽기를 바라는 소망은 자신에게로 돌아와 작은 소년의 생명이 위태롭게 됐다. 그러나 그 꿈에서 우리는 또한 지미의 분노와 나쁜 소망들을 자기를 쫓아오는 호랑이 탓으로 돌리는 것을 알 수 있었고, 꼬마의 상상 속에서 호랑이는 그의 나쁜 소망들을 벌하고 아이가 아빠한테 하려던 것을 자기에게 하려는 아빠를 상징한다. 그리고 실제로 자기 방으로 달려가서 화난 채로 문을 쾅 닫았던 꼬마는 꿈속에서 쫓아오는 호랑이를 피해서 자기 방으로 도망갔고, 호랑이를 들여보내지 않으려고 문을 쾅 닫는다. 그날 저녁 여덟 시 독립을 선언한 꼬마, 그리고 아빠가 필요 없다던 꼬마가 바로 꿈에서 아버지의 보호와 도움을 애타게 청하던 꿈속의 소년이다. 지미는 자신의 나쁜 소망들이 두려웠고, 자신의 나쁜 충동으로부터 보호받고 싶었던 것이다. 아이는 진심으로 아빠를 사랑하는데 꿈속에서 아빠를 불렀을 때 아빠가 오지 않았고 정말로 나쁜 소망이 이루어져서 아빠가 죽었을까 봐 **두려웠다.**

이제 우리는 그 꿈에서 나쁜 소망에 대한 처벌이 어떻게 나타났는지, 모든 나쁜 생각들과 그날의 사건들이 어떻게 역전되었는지, 그 처벌은 나쁜 소망에 대한 마땅한 징벌이었음을 알았다.

지미의 이야기로부터 오이디푸스 갈등이 (잠자리에서의 책이나 음반과 관련된 장면에서처럼) 때때로 왜곡된 행동, 극도의 죄의식, 간혹 꾸는 나쁜 꿈들, 오이디푸스 콤플렉스와 관련된 것으로 즉시 인식할 수 없을 만큼 다양한 현상들 속에서 어떻게 나타나는지 알 수 있다. 사실, 아이가 엄마에 대한 사랑과 아버지를 대신하고 싶은 소망을 거리낌 없이 그대로 말하는 것을 듣게 되는 것보다는 산발적으로 일어나는 일련의 행동이나 불안감 속에 감춰진 오이디푸스 갈등을 발견하게 되는 경우가 훨씬 더 많다. 오이디푸스 시기로 알려진 기간 내내 저녁식사 때 지미가 말한 계획 같은 사례를 접하는 경우는 그리 흔치 않다. 이러한 생각들은 아이에게 죄의식을 유발하기 때문에 더 어린 시절에 이미 부분적으로 억압된 상태이기 때문이다.

만 5세 또는 6세 혹은 그 후부터 불가능한 백일몽은 사라지기 시작하고, 마침내 버림받은 백일몽 유령들이 모두 모여 있는 지하 깊은 곳으로 추방된다. 다시는 기억나지 않을 수도 있고, 전혀 기억할 필요도 없다. 백일몽의 불가능한 목표를 단념하고 나서도 아이와 부모 사이가 지장 없이 잘 연결되고, 훗날 사랑을 수용하는 데 장애가 남지 않도록 해야 한다.

7

사랑에 대한 교육

성교육의 의미

지금까지 나왔던 성교육을 종합해 보면, 출산과 관련된 내용이 차지하는 비중은 극히 일부에 지나지 않는다. 출산이 중요한 부분이기는 하지만, 성교육의 초기 지지자들처럼 성에 대한 모든 것을 아우를 만한 의의가 있다고 믿지는 않는다. 성교육이 시작된 초창기에는 성적인 내용에 대한 솔직함과 정직함 그 **자체가** 훗날 성적 역할 수행의 방해 요소를 예방할 수 있다고 믿었었다. 어른의 성적 만족감은 초기 아동기의 성교육과 다음 여러 요소들을 포함한 여러 요인에 의해 결정된다. 남성의 경우 자신의 남성다움에 대한 자신감과 즐거움의 정도, 여성의 경우는 자신의 여성다움에 대한 만족과 즐거움의 정도, 남녀 공통 요소로는 부모에 대한 애착을 어느 정도 포기했느냐 하는 것과 자신과 반대 성을 가진 사람을 완전하게 사랑하는 방법을 터득한 정도에 따라 성인기 성적 경험의 수행 정도가 결정된다.

그런 점에서 넓은 의미의 성교육은 아이가 소년 또는 소녀인 것에 최대한 만족하면서 성적 역할을 수행하도록 교육해야 함을 의미한다. 부모와의 연결은 부드러우면서도 탄탄해서 사랑으로 충만한 삶이라는 것을 확신할 수 있어야 하지만, 훗날 새로운 사랑 애착(250쪽 참조)을 통해 성숙한 사랑과 결혼을 이루어 나가는 데 방해가 될 만큼 강하거나 매달리게 되지 않아야 한다. 이는 참으로 어려운 일이다.

성교육이 사실 전달 기능뿐 아니라 이와 같은 큰 문제들을 다룰 수 있으려면, 다음과 같은 내용을 담고 있어야 한다. 성교육이 성공하려면 아이 자신의 성 역할에 대한 만족감과 필연성 강화를 목표로 해야 하며, 또한 아이의 죄책감과 불안을 감소시키고 자신감과 부모에 대한 사랑이 깊어질 수 있도록 출산, 해부학, 성적 느낌과 관련된 사실을 다루어야 한다. 알려 준 내용을 아이가 제대로 이해하지 못하고 자기 생각대로 왜곡시키는 것을 발견하더라도 성교육을 잘못한 결과라고 크게 고민할 필요가 없다. 최상의 교육을 제공한다 해도 아이의 신체와 경험이 이를 받아들일 만큼 충분치 못하므로 완벽한 이해를 기대하는 것은 무리이고, 왜곡된 사실을 바로잡을 시간은 충분하다.

하지만 아이가 자신의 성 역할에 대해 우호적이지 않다면 그 아무리 철저한 성교육일지라도 제대로 효과를 거두기는 어렵다. 어린 소녀에게 출산의 과정과 미래의 어머니가 되기 위한 신체적인 준비에 대한 모든 것을 가르쳐 줄 수 있다. 그러나 자신이 소녀라는 것이 실망스럽고 역겹고, 어머니가 되는 것이 여성상의 가장 비참한 모욕이라면, 그리하여 실망하고 스스로를 얕잡아 보게 된 아이에게 '네 모습 그대로가 네가 만들어진 이유'라는 사랑스런 사실을 알려 주더라도 무슨 소용이 있겠는가? 만일 어린 소년에게 출생의 비밀에 대해 가장 솔직하고 멋진 방식으로 알려 주더라도 여성은 위험한 창조물이고 남성다움을 위협하는 존재라고 여긴다면, 언젠가 자신이 남편이 되고, 아버지가 되고 여성과 성관계를 갖게 될 것이라는 사실에, 아이는 아무것도 모를 때보다 더 큰 갈등을 겪게 될 것이다.

그러므로 성교육의 목적은 사실을 가르치는 것뿐 아니라 자신의 몸, 자기 성의 특성, 현재와 미래의 성 역할에 대한 바람직한 태도를 형성하도록 하는 것이다. 즉, 성교육에는 아이의 자위행위나 성과 관련된 놀이에 대한 부모의 태도, 부모가 오이디푸스적 애착을 다루는 방식, 아이가 자신과 같은 성별의 인물을 동일시하고 자신의 성 역할에 대해 만족하도록 만드는 부모의 영향까지도 포함된다. 성에 관한 지식을 전달함으로써 이들 각 영역의 부분별 교육 목표를 달성한다. 그렇다고 해서 성에 대한 정보 전달이 각 영역별로 분리된 별개의 교육과정은 아니다.

부모의 딜레마*

오늘날 지각 있는 부모라면 아이들의 자위행위와 성 놀이에 맞닥뜨릴 때 무엇을 하지 **말아야** 하는지 알고 있다. 아이들이 수치심을 느끼지 않도록 해야 한다. 겁을 줘서도 안 된다. 이런 방면으로 지식이 있는 부모라면 성기와 관련된 과도한 부끄러움이나 불안감이 아이의 인격 발달에 심각한 장애를 줄 수 있고 성인기의 성적 기능을 손상시킬 수 있

---

*이 내용은 미국아동연구학회에서 출간한 〈Child Study〉 1954-55, 겨울호에 저자가 게재한 "Helping children develop controls"에서 인용하였음.

음을 알고 있다.

그러나 전문가들조차 다음 질문에는 별 도움을 줄 수 없다. 아이들에게 무한한 자유를 주지도 않고, 해로운 태도도 취하지 않으려면 부모들은 아이들의 성적 행동을 어떻게 다뤄야 할까?

부모의 딜레마를 엿볼 수 있는 좋은 예가 있다. 여섯 살 난 토미의 엄마는 토미가 자신의 그림엽서 수집을 보여 주기 위해 여자친구 폴리를 자기 방으로 초대하는 소리를 우연히 들었다. (유치원 버전의) 상투적인 남자들의 작업 수법이었다. 아이들이 위층으로 올라가서 문 닫는 소리를 들으며 엄마는 기가 막혔다. 불과 몇 주 전 두 아이가 폴리네 집 뒤뜰에서 화장실 놀이에 몰두해 있는 것을 발견한 폴리 엄마가 엄중 경고 후 토미를 집에 돌려보낸 적이 있음을 떠올리자 심기가 불편해졌다. 어떻게 해야 할지 갈피를 잡을 수가 없었다. 잠시 고민한 끝에 위층으로 향했다. 토미의 방문으로 다가가면서 이러한 상황에 적절한 말을 찾아내려고 애썼다. 이러한 상황에서 잘못된 말을 하는 것이 해로울 수 있음을 알고 있었기에 떠오른 생각을 차례차례 지워 나갔다. 지금 시점에서 이러한 간섭이 부모의 특권인지조차 확신할 수 없었다. 마침내 노크를 하고 물었다. "들어가도 되니?" 잘 알아들을 수 없는 아들의 대답이 들렸고 엄마는 문을 열었다. 토미와 폴리는 둘 다 옷은 제대로 입지 않았지만 비교적 침착해 보였다. 엄마는 평정을 유지하려고 노력하면서 얼떨결에 "니네들 춥지 않니?"라고 물었다. "아니요." 더할 나위 없이 솔직한 대답임에 틀림없다.

더 이상 할 말이 없어져 버린 막다른 상황이 되기는 했지만 해가 될 것은 없었다. 토미가 이런 놀이를 하고 있다는 것을 모르는 척하기보다는 엄마가 알고 있다는 것을 토미에게 알리는 것이 바람직했다. 비밀스런 놀이를 하고 있다가 걸렸을 때 토미가 취했던 더할 나위 없이 침착한 태도에도 불구하고, 아이가 이런 놀이에 대해 부끄러워하고 걱정했다는 것을 엄마는 나중에 알게 되었다. 토미는 엄마가 자신의 비밀을 알고서도 폴리의 어머니와는 다르게 그것을 부끄러운 짓 또는 나쁜 짓이라고 생각하지 않는 것을 알고는 안심이 되었다. 토미는 많은 다른 아이들과 마찬가지로 엄마가 '알아차리도록' 행동하였다.

그렇지만 토미는 성적 호기심을 만족시키기 위해서 어린아이들이 하는 놀이를 통해서가 아닌 다른 방법들이 있다는 것을 이해할 수 있는 나이이기 때문에 단순 확인보다는 그 이상의 무엇이 필요하다. 토미 방 사건의 경우에도 엄마는 간단히 들어가도 되느냐고 묻고, 조용히 옷을 입으라고 한 뒤, 사태를 수습한 후 따로 개인적으로 토미와 그 상황에 대해 이야기를 나눌 수도 있을 것이다. 남자아이가 어떻게 만들어지는지, 여자아이가 어떻게 만들어지는지 호기심을 갖는 것은 자연스러운 일이지만, 토미가 했던 게임을 하거나 보는 것만으로는 그 해답을 얻을 수 없다는 사실을 알려 준다. 아이가 엄마, 아빠에게 궁금한 점을 질문하면 부모가 그 해답을 찾을 수 있도록 도와줄 수 있고, 그렇게 하면 토미는 부끄러워하거나 두려워하지 않을 수 있다. 반대로 안심하게 된다. 만족을 위해 다른 수단을 제공할 수 있으므로 정상적이고 필수적인 아이의 호기심이 사라지는 것을 막을 수 있다.

아이의 성적 행동과 관련해서 우리가 취하는 행동이나 말의 대부분은 아이의 나이와 성적 행동의 유형에 달려 있다. 어떤 발달단계에서는 '정상적'이거나 '전형적'인 행동 유형이 다른 발달단계에서는 부적합한 것이 된다. 아이 행동의 평가와 행동을 다루는 방법은 발달단계에 따라 달라진다. 한 가지 예를 들어 보자.

유치원에서 세 살짜리 사내아이가 여자아이들 오줌 누는 것을 보는데 빠져 있다면 이는 성적 차이에 대한 관심의 정상적인 표현으로 볼수 있다. 즉, **그 나이에서 정상적**인 것이다. 유치원에서 이러한 아이의 관심을 다루는 방법은 아이가 소변보는 것을 지켜보도록 자연스럽게 허용하는 것이다. 학교에 들어갈 때쯤 되면 이러한 관심은 킬킬거리며 웃거나 농담거리 정도로 바뀌는 것이 정상이며, 직접 관찰하는 것에는 관심을 보이지 않게 된다. 그러나 세 살 때 가졌던 관심이 줄지 않고 여덟 살이 되어서도 여자 화장실을 끈질기게 반복적으로 엿봄으로써 여름 캠프에서 문제를 일으킨다고 상상해 보자. 여덟 살 아이의 이런 행동은 적절하지 않다. 이러한 유아기적 성적 행태가 지속되는 것은 성격 문제에서 기인한다고 가정할 수밖에 없다.

여덟 살짜리 소년이 화장실 엿보기를 즐기는 문제에 대해 세 살짜리 아이의 호기심 문제에 적용했던 방식으로 대처한다면 여덟 살짜리 아이의 문제를 해결할 수 없을 것이다. 아이의 궁금증에 대한 해답이 된다면 세 살짜리에게는 직접 관찰이라는 정상적 기회를 제공해서 보고 싶은 욕구를 충족시켜 주는 것이 합당하다. 그러나 여덟 살 아이는 엿보는 행동이 호기심을 충족시켜 주지 못함에도 이러한 행동을 지속한다. 소년의 행동은 호기심이 아닌 불안에 의해 야기되는 것이다. 이것은 마치 자신의 눈을 믿을 수 없어 반복해서 봐야만 하는 것과 같다. 만약 우리가 화장실 엿보는 기회 주기 같은 유치원 방식대로 이 사례를 다룬다면, 여덟 살 소년과 친구들 모두에게 해를 끼치게 된다. 캠프의 스태프는 이러한 행동을 허락해서는 안 되며 가능한 부드럽고 확고하게 실제적 제한을 두어야 한다. 이러한 문제를 가진 아이를 돕는 길은 아이 문제를 표현할 수 있는 탈출구를 제공하기 위해 노력하기보다는 그 문제의 의미를 찾는 것이다.

비슷한 말이지만 자위행위도 나이에 따라 의미가 달라진다. 두세 살 아이들은 자위행위를 매우 편하게 받아들인다. 놀이를 하는 동안 또는 조용한 시간에 아이는 자신의 성기 주변을 만지작거리면서 주변에 어른이나 다른 아이가 있든 없든 별 신경을 쓰지 않는 듯하다. 이럴 때 어린 꼬마에게 이 일에 대해 언급하는 것은 불필요하다. 나이가 들면 아이는 혼자 있을 때 한하여 가끔 자위행위를 한다. 우리는 이를 아이의 사회적 감각이 성장하면서 생기는 정상 발달로 간주하고, 자위행위가 부끄럽거나 나빠서가 아니고 사적인 행위로 간주되는 것이기 때문에 개인의 일이라는 현실감이 생길 수 있도록 돕는다. 학령기 아이가 자주 열린 공간에서 자위행위를 하거나 자신의 성기 주변을 만진다면 이는 유아의 우발적 행동과는 다르게 생각할 수밖에 없다. 나이 든 아이에게서 이런 형태의 자위행위가 지속된다면 해결되지 못한 불안함이 있는지 관심을 가져야 한다.

사실 우리가 자위행위라고 칭하는 아이의 모든 행동이 모두 다 자위행위는 아니라는 것을 알아야 한다. 하루 종일 자신의 성기를 붙들고 있거나 반복해서 만지고 싶어 하는 소년은 이러한 행위가 즐겁지 않다. 이러한 행위는 불안의 지표이다. 아이는 성기가 멀쩡하다고 스스로 안심하기 위해 성기를 반복해서 만지거나 놓지 않으려 한다. 일정 연령이 지났는데도 여전히 공개적으로 자신의 성기를 만지는 것은 자위행위보다 더 복잡한 행위를 하는 것이다. 자신의 자위행위에 대한 관심을 바라는 것이고 고백을 하는 것이며, 반응을 바라고 있는 것이고 때로는 처벌이나 비판을 바라고 있는 것이다. 이 모든 경우에, 부모들이 아이 행동을 평가하고 적절히 다루는 데 대한 조언이 필요하다.

아이의 호기심을 어디까지 충족시킬까?[*]

아이가 엄마나 아빠의 몸이 어떻게 만들어져 있는지 궁금해 한다면 호기심을 만족시켜 주기 위해서 부모의 알몸을 직접 볼 수 있는 기회를 주어야 할까? 최근 수년간 많은 가정에서 부모가 옷 갈아입는 모습을 아이가 볼 수 있도록 하고, 욕실에 들어오게 하며, 또는 함께 샤워를 하도록 함으로써 아이의 호기심을 해결해 주려고 시도했다. 그러나 그렇게 허용적인 가정에서 자라난 아이들을 관찰한 결과, 이러한 자유가 결과적으로 다양한 죄의식이나 불안감을 야기하였다. 역설적이지만 너무 많은 자유는 너무 많은 제약에서 오는 것과 아주 유사한 갈등을 유발한다. 알몸을 본다고 해서 실제로 설명되는 것은 아무것도 없기 때문에 이러한 직접 관찰은 아이의 호기심을 만족시키지 못한다. 오히려 이러한 관찰을 통해 아이 스스로 인지하지 못했을지라도 무의식적으로 흥분된 경험을 할 수 있고, 결과적으로 자신의 반응에 대해 부끄러워하게 된다.

여전히 아이들은 자기 부모와 어른들이 어떻게 생겼는지 궁금해 하고 그 호기심을 거리낌 없이 표현하는 경우가 대부분이다. 정직하게 사는 게 중요하다고 생각하지만 자신의 사생활을 유지하고 싶어 하는 부모들은 이러한 상황을 해결하기 위해 어떻게 해야 할지 모른다. 네 살배기 딸의 문제를 해결하기 위해 내 의견을 물었던 어떤 아빠가 생각난다. 딸이 화장실 가는 아빠를 따라가겠다고 졸랐다. 최근에는 아빠의 성기에 관심을 보였고 그것을 만져 보고 싶어 한다. 아빠는 이것을 허락해

[*] 이 내용은 미국아동연구학회에서 출간한 〈*Child Study*〉 1954-55, 겨울호에 저자가 게재한 "Helping children develop controls"에서 인용하였음.

야 할까? 아내는 아이의 호기심이 만족된다면 그러한 행동을 허락해야 한다고 느꼈다. "근데 솔직히 말씀드리자면 저는 이런 일이 당황스럽습니다." 아빠는 곤혹스러워 하면서 말했다. 현대 심리학에서는 아이의 이런 호기심을 만족시켜 주어야 한다는 주장을 지지하고 있다고 아빠는 믿고 있었다. 어린 딸에게 그런 식으로 호기심을 만족시켜 주는 것이 꼭 필요한 것은 아니며 좋은 방법 같지도 않다고 말해 주자 아빠는 정말 많이 놀랐고 한편 안도의 한숨을 내쉬었다.

그러나 만일 아이의 호기심을 제한하고 이러한 성적 표현을 간섭한다면, 아이가 그런 것들은 비밀스럽거나 부끄러운 것이라고 여기게 되지는 않을까? 물론 그렇지 않다. 만일 우리가 이러한 호기심 때문에 놀라고 충격을 받고 아이를 위협한다면 확실히 아이에게 수치감이라는 불필요한 감정을 유발하게 될 것이다. 하지만 내게 도움을 청했던 아버지가 딸에게 이렇게 말한다고 상상해 보자. "애들 때는 누구나 어른들이 어떻게 생겼는지 알고 싶어 한단다. 근데 어른들도 때로는 아이들처럼 혼자 있고 싶을 때가 있어. 만일 어른들이 어떻게 생겼는지 알고 싶으면 아빠한테 질문하려무나. 엄마한테 물어봐도 된단다. 잘 설명해 주실 거야. 자, 네가 알고 싶은 게 뭔지 아빠에게 말해 보렴."

그렇게 대답해 주면 여러 가지를 해결할 수 있다. 아이가 궁금해 하는 것이 당연함을 인정한다. 아이의 욕구가 위험하거나 나쁘다고 말하지 않는다. 직접 보거나 만져 보는 대신 호기심을 말로 표현하도록 한다. 아빠와 너무 밀착되는 특권은 거부하지만, 궁금해 하고 질문할 수 있는 권리는 부정하지 않는다.

아이들 간의 성과 관련된 놀이를 다룰 때도 같은 원칙을 적용할 수 있다. 병원 놀이를 초기 아동기의 성에 대한 관심과 호기심의 정상적 표현으로 간주할 수는 있지만, 진찰하듯이 직접 보고 만지는 탐색을 통해서 궁금증의 답을 구할 수 있는 경우는 그다지 많지 않다. 그나마 찾아낸 내용 중 어떤 것들은 오히려 아이를 더 불안하게 만들고 혼란에 빠지게 한다. 현명한 부모라면 아이가 궁금한 점을 질문하도록 유도하고 이해가 되지 않는 부분은 말로 충분히 설명해서 명확히 하도록 도울 것이다. 성적 행동 역시 다른 행동과 마찬가지로 합당한 근거를 토대로 제한할 필요가 있으며, 이런 점에서 성에 대한 정보를 제공하는 것은 직접적인 성적 활동을 통제하는 수단이 될 수 있다.

성에 관련된 정보를 줄 때

아이가 처음 출산에 관한 질문을 할 때, 그리고 그 이후에도 오랫동안 이미 자신의 견해, 즉 출산에 관한 자신만의 이론을 가지고 있음을 알게 되었다. 이러한 이론은 신체 기능에 대한 아이 자신의 관찰에 바탕을 두고 있으며, 먹고 배설하는 것으로부터 유사성을 도출해 낸 결과이다. 대개 우리가 제공한 사실들은 아이의 상상을 뛰어넘는 것들이며, 아이 입장에서는 이상하게 느끼거나 심지어 환상적일 수도 있다. 그 교육적 성과는 단지 어떤 이론(아이의 이론) 위에 다른 이론(어른의 이론)을 덧씌운 꼴이 된다. 그 결과 아이는 더 혼란스러워 할 수도 있다.

그러므로 아이에게 새로운 사실들을 소개하기 **전에** 아이의 개인적 이론을 알아보는 것이 큰 도움이 된다. "아가는 어디서 오는 거야, 엄마?" "**넌** 어디서 온다고 생각하니, 대니야." 또는 "네가 한번 맞춰 보렴. 그리고 나서 엄마가 도와줄게." 이런 식으로 하면 우리는 아이가 세운 이론을 알아낼 수 있고, 아이가 사실을 제대로 알 수 있도록 도와줄 수 있다.

네 살 난 데비는 '갓 태어난' 사촌 헬렌을 보러 갔다.

"마가렛 이모는 어디서 헬렌을 데려왔어, 엄마?"

"글쎄, 니 생각은 어때, 데비야."

"구멍가게에서 사 왔어!"(낄낄대며)

"구멍가게에서 아기들을 본 적이 있니, 데비야?"

"아뇨!"(여전히 낄낄대며)

"자, 다시 생각해 보렴. 맞출 수 있게 도와줄게."

침묵. "조니의 엄마는 뚱뚱해요!"(데비는 조니네 집에 새로 아기가 생길 것은 알고 있었지만 조니네 엄마에 대해 물어본 적은 없었다. 하지만 조니 엄마가 뚱뚱하다는 것에 대해 이론을 제시함으로써 자기 나름대로의 추리를 했다. 물론 데비 생각이 옳다.)

"넌 왜 조니의 엄마가 뚱뚱하다고 생각하니, 데비야?"

"뭔가 아주 큰 것을 먹었기 때문에!"

"그런 것 같니? 다시 한 번 생각해 볼래."

"조니는 새 아기가 생길 거야. 조니가 그렇게 말했어."

"넌 그게 조니 엄마가 그렇게 뚱뚱한 이유라고 생각하는구나, 데비야?"

"근데 왜 그렇게 뚱뚱한 거야, 엄마?"(아직 자신의 결론을 확신하지 못하고 있다.)

그래서 데비 엄마는 조니 엄마의 몸 안에서 아기가 자라고 있다고 설명했다. 데비가 이미 알고 있었거나 상상했던 내용이다. 그러나 아이에게는 엄마가 그것을 말해 주는 것이 필요했던 것이다. 데비는 사실 다른 질문도 가지고 있는 듯했으나 아직 묻지 않았다.

이 시점에서 가장 중요한 것은 데비의 엄마가 더 이상의 정보를 제공하지 않고 기다린다는 점이다. '씨앗이 알을 만나다'로부터 시작해서 '아이는 특별한 틈새로 나온다'까지 이르는 전반적인 이야기를 해 주기는 쉽다. 그러나 이것이 우리가 아이에게 정보를 전달하면서 가장 흔히 실수하는 부분이다. 아이가 자기 이론을 포기하고 사실을 하나씩 이해하기 전까지는 어른들이 말해 주는 내용은 별 의미가 없다. 그래서 데비 엄마는 기다렸다.

다음 며칠 동안 데비는 더 이상 질문을 하지 않았지만 혼자 골똘히 생각에 빠진 듯했다. 하니라고 불리는 낡은 인형의 배를 갈랐지만 해부학적 비밀이나 몰래 숨어 있는 아이를 발견하지 못했다. 오줌싸개 인형 낸시에게 빵과 사과 조각을 먹이고 하루에도 몇 번씩 변화의 조짐이 있는지 검사했다. 데비 자신은 거울을 보면서 임신한 여성을 똑같이 흉내 내기 위해 작은 배를 앞으로 볼록 내밀며 구부정한 자세를 했다. 어느 날 아빠가 딸의 특이한 자세를 보고 깜짝 놀랐다. "무슨 일이 있니, 데비야? 어디 아프니?" "아기를 갖는 중이에요." 진지하게 딸이 대답한다. "네가 자라서 아가씨가 되면 아기를 가질 수 있어."라고 아빠가 재치 있게 답한다. "저는 **지금** 갖고 싶어요."라고 데비가 반항적으로 말한다. 잠시 후 저녁식사 시간에 음식을 집어 들며 혼잣말처럼 중얼거린다. "근데 아가씨가 아기를 가지려면 도대체 뭘 먹는담?"

잠시 후 취침 시간에 데비와 단 둘이 있게 되었을 때 엄마가 묻는다. "넌 아가씨가 아기를 가지기 위해 특별한 그 뭔가를 먹어야 한다고 생각하니?" "물론이죠." "그럼 그게 뭐라고 생각해?" "어떤, 어떤 큰 것. 아마 수박이나 호박 같은 거요." "그렇지만 아가씨가 어떻게 수박이나 호박을 먹고 아기를 가지게 될까?" "아가씨는 좀 작은 것을 먹는데 그것이 점점 자라서 커지는 걸 거예요."

데비 엄마는 적절히 장단도 맞춰 주면서 딸의 이론을 감상한다. 결코 딸의 이론을 비웃지 않는다. 만약 아이들의 생각을 공유하고 싶다면 아이들이 자기 생각을 표현할 때 스스로가 어리석다고 생각하지 않도록 특별히 주의해야 한다. 그래서 데비 엄마는 데비가 이렇게 자기 생각을 말해 준 것에 대해 참 기쁘다고 말하고, 엄마가 설명해 주기를 원하는지 묻는다. 엄마들은 아기를 만들기 위해 그 어떤 특별한 것을 먹는 것이 아니고, 다 큰 아가씨는 내부가 특별하게 만들어져 있어서 아기를 만들 수 있다고 설명해 주었다. 그러고 나서 엄마는 매우 작은 알과 아기가 그 알로부터 어떻게 만들어지는지 설명한다. 아기가 엄마 몸속에 있는 아주 **특별한** 장소에서 자란다는 것을 조심스럽게 설명한다. 그 장소는 위장과 같은 우리가 먹은 음식이 이동하는 곳이 **아니라고** 말해 준다. 데비가 이해하기 어려울 수도 있지만 아기가 자라는 곳과 위장을 구분함으로써 정확한 교육이 시작되도록 해 주는 것이 엄마의 바람이다.

데비는 자기도 몸속에 작은 알을 가지고 있다면 원할 때 아기를 만들 수 있는지 알고 싶어 한다. 엄마는 데비가 다 큰 아가씨가 됐을 때 알을 가지게 되고 아기를 키울 수 있을 것이라고 설명한다. 아기는 아빠가 있어야 하기 때문에 물론 남편이 있어야 한다. 엄마는 여기서 멈췄다. 데비가 특별히 묻지 않는 한 아빠의 역할에 대해서는 아직 말해 주지 않는다. 대부분의 아이들은 아기가 엄마 내부에서 어떻게 자라는가에 대해 먼저 질문하게 되는데, 이 시기에 아버지의 역할을 묻지는 않는다. 데비에게는 이날 저녁 엄마가 말해 준 몇 가지 사실들을 소화하기에도 벅차다. 또한 엄마는 아기가 어떻게 나오는지에 대해서도 아직 설명하지 않았다. 얼마 후 데비가 이것에 대해 궁금해져서 질문하면 그때 설명해 줄 것이다. 아이가 자발적으로 던지는 질문을 지표로 삼는다면 성교육에서 불필요하게 진도를 앞서 나가는 실수를 예방할 수 있다.

몇 주가 지나고 데비가 엄마에게 작은 알과 그것이 어떻게 자라는지에 관해 다시 설명해 달라고 한다. 엄마가 전에 들려준 이야기에 대해서 한 번 설명해 보라고 하자 세세한 내용을 잘 기억하지는 못했지만 데비는 엄마에게서 들었던 이야기를 한 가지 크게 왜곡된 내용을 제외하고는 꽤나 꼼꼼하게 들려주었다. 엄마가 작은 알을 **먹는다**는 것이다. (이즈음 데비는 아침식사용 달걀에 대해 까탈스럽게 굴면서 그 안에서 자라는 작은 병아리들에게 무슨 일이 일어나는지 관심을 보였다.) 그래서 엄마는 다시 데비의 먹기 이론을 다뤄 주고 끈기 있게 작은 알에 대해 이야기해 주었다.

몇 주가 지난다. 조니의 남동생 아기가 태어났고 조니 어머니가 퇴원해서 집으로 왔다. 어느 날 깊이 생각에 빠진 데비가 묻는다. "사람들이 조니 엄마를 잘랐을 때 아프지 않았대요?"(설마, 조니 엄마는 제왕절개술을 받지 않았고 데비도 그런 문제에 대해 어른들이 하는 이야기를 들은 적이 없다. 순전히 아이 생각이다.) "너는 아이를 꺼내기 위해서 엄마를 잘라야 한다고 생각하니?" "바로 그거예요." 데비는 꾸밈없이 말한다. 엄마가 질문했다. "아기가 나올 수 있는 또 다른 방법은 없을까?" "뻥터져요!" 데비가 겁에 질린 표정으로 말한다. "풍선처럼." (이 말을 듣는 순간 엄마는 며칠 전에 있었던 설명할 수 없던 사건을 이해하게 되었다. 데비가 풍선을 크게 불다가 펑 하고 터지자 아이는 심하게 겁에 질린 채 울었고 오랫동안 달랠 수 없었다.) 데비 엄마는 아기 엄마가 수술을 받아야 할 필요가 없고 펑 하고 터지지도 않는다고 알려 주고 데비에게 다른 방법이 있는지 물어본다. "글쎄, 그렇다면, 똥꼬로부터 나오는 게 **틀림없어!**"라고 데비는 내키지 않는 듯이 말한다. 데비의 엄마는 아기가 음식과는 다르고 무엇인가를 먹어서 생기는 것이 아니라고 다시 알려 준다. "아기가 엄마의 특별한 곳에서 자란다면, 그곳에 아기가 나올 수 있는 구멍이 있는 게 좋지 않을까?" 데비는 놀라움과 의심에 찬 눈으로 엄마를 본다. "그게 어디에 있는데?"라고 아이는 의심스러워 하며 묻는다. 엄마는 인형을 집어 든다. "얘가 진짜 소녀나 숙녀라면, 여기 아래에 구멍이 몇 개나 있을까?" "쉬하는 곳이랑 응가하는 곳." 그것들이 어디 있는지 보여 달라고 하자 데비는 손가락으로 가리킨다. "맞았어. 그런데 (데비에게 보여 주며) 바로 여기 하나 더 있어 그리고 거기로 아기가 나온단다." 데비는 자기도 그러한 곳이 있는지 알고 싶어 한다. 엄마는 데비도 가지고 있지만 어린 소녀에게는 그곳이 아주 작다고 말해 준다.

데비는 앞으로 오랜 시간 동안 이 정보에 대해 혼란스러워 할 것이다. 더 많은 질문을 할 것이고, 혼란이 계속되고, 이전 이론으로 돌아갈 것이며, 이런 사실들을 완전히 이해하는 데 몇 년이 걸릴 것이다. 그러나 데비의 부모가 선택한 접근 방법은 이러한 정보를 궁극적으로 소화해 낼 수 있는 가장 믿음직스러운 방법이다. 성에 대한 지식은 순차적으로 제공되어야 하며 아이의 질문과 연계되어 있어야 하고, 아이의 이론을 파악한 뒤에 주어져야 한다. 즉, 아이의 왜곡된 이론을 그대로 둔 채 성교육이 진행되는 것을 가능한 피해야 한다. 아이에게 이미 어떤 사실에 대해 잘 설명해 주었다 할지라도, 다음 단계의 질문에 답하기 전에 아이에게 먼저 자기가 이해하고 있는 바를 설명할 수 있는지 알아보는 것이 좋다.

데비가 임신에서 아빠의 역할에 대해 묻는 것은 몇 달 후일 수도 있고 아니면 바로 지금일 수도 있다. 언제가 되었든 간에 아이의 질문은 다른 새로운 정보를 받아들일 준비가 되었음을 알려 준다. 우리가 모든 사실들을 한 번에 전달할 수 있는 복잡한 이야기를 통해 성에 관한 정보를 알려 준다면, 아이는 이 난해한 교육을 소화해 내지 못할 뿐 아니라, 잘못된 개념을 수정할 기회도 잃게 된다. 이미 아이의 마음속에 들어 있는 혼란을 가중시킬 뿐이다. 그러나 이러한 원칙에도 고려해야 할 예외는 있다. 예를 들어 학령기의 아이가 아버지의 역할에 대해 묻지 않는다면, 이 또래에서 필수적인 질문을 하는 데 대해 뭔가 저항감이 있다고 가정할 수 있다. 이미 다른 아이들을 통해 이 사실에 대해 알게 되었을 수도 있고 그런 내용에 대해 불쾌해졌을 수도 있다. 그러한 경우 부모들이 적절한 방법으로 그 주제를 끄집어내서 아이가 질문할 수 있도록 유도하는 것이 바람직하다.

오이디푸스 시기에 부모의 교육적 역할

오이디푸스 시기의 사랑 애착이 세 살에서 대여섯 살까지의 수년 동안 아이의 발달에서 정상적으로 나타나는 과정임은 이미 잘 알려진 사실이다. 아이가 아버지나 어머니를 대체하려는 불가능한 몽상을 포기하게 되고, 이 기간에 두드러지게 나타나는 내면 갈등이 사라지는 것 역시 정상적이라고 알려져 있다.

이러한 아동기의 사랑과 그러한 갈등의 해소는 훗날 청소년기와 성인기의 사랑에 대한 태도에 영향을 미친다. 만일 엄마에 대한 아들의 애착 혹은 아빠에 대한 딸의 애착이 미래에도 변하지 않고 지속된다면 아동기의 낡은 사랑에서 성인기의 새로운 사랑으로 교체되는 데 어려움이 있을 것이다. 오이디푸스 콤플렉스에 대해 전혀 들어 본 적이 없는 부모를 포함한 모든 부모들은 이러한 갈등 해소에 핵심적 역할을 한다.

부모의 노력 덕분에 대부분의 아이들은 불가능한 몽상을 포기하고, 학창 시절의 관심사로 옮겨가며, 어른으로 성장하고, 아동기의 애착으로부터 새로운 사랑의 대상을 찾기 위해 필요한 자유를 얻게 된다. 이것은 어떻게 이루어질까?

(아이의 현실 세계의 한 부분인 부모를 포함한) 현실이 결정적인 역할을 한다. 꼬마 소년은 지금도 그렇지만 나중에라도 엄마를 자기만의 것으로 차지할 수 없다. 마찬가지로 꼬마 소녀도 아빠의 사랑을 받는 엄마의 자리를 차지할 수 없다. 소년은 아빠를 제거하는 것과 소유하는 것을 동시에 이룰 수 없다. 정말로 아빠를 너무 좋아하기 때문에 아이는 실제로 만족을 제공할 수 있는 다른 꿈을 위해 무익한 몽상을 포기한다. 나도 **아빠처럼** 될 수 있어. 언젠가 나도 결혼하고 아이들을 갖게 될 거야.

그러나 아이는 부모의 도움 없이 자기의 오이디푸스 소망을 포기하지 않는다. 오이디푸스 콤플렉스를 알든 모르든 간에 부모란 현실 그 자체이며, "그러한 소망은 지금도 아니 앞으로도 이루어질 수 없어."라고 말하는 것과 마찬가지다. 사실 말이 필요 없다. 이것은 부모의 태도를 통해 전달된다. 지미가 부모의 침대에서 자겠다고 다투는 과정에서 아빠의 권위에 도전하는 까닭을 알든 모르든 간에 아빠는 그 행동을 다뤄야만 하고, 지미를 자기 방으로 보냄으로써 "나는 네 아빠고 넌 단지 작은 꼬마일 뿐이야. 오늘밤 이런 철딱서니 없는 행동의 이유가 무엇이든 간에 난 그런 행동을 좋아하지도 않고 허락하지도 않아."라고 말하는 것과 마찬가지다.

부모의 태도, 부모의 행동을 통해 아이는 엄마를 가질 수 없고, 엄마의 애정에 대해 아버지와 경쟁자가 될 수 없음을 알게 된다. 이 모든 것들이 일일이 감지하기 어려운 수백 가지 방법을 통해 전달된다.

어린애들은 모두 어릴 때부터 부모들만의 사생활이 있으며 아이가 함께할 수 없는 서로간의 특별한 사랑이 있음을 알아야 한다. 이러한 사실에 대해 아이들은 흔히 화를 내고 반발하지만 어른들이 잘 도와서 이를 받아들이도록 해야 한다. 부모가 저녁 때 식사하러 나가거나 짧은 휴가를 떠날 때 꼬마들은 반항한다. 많은 부모들이 부모만의 생활에서 필히 아이를 배제시켜야 하는 상황에서도 실제로는 죄책감을 느낀다. 그러나 이는 부모가 아이와 공유하는 관계뿐 아니라 부모들 간의 사사로운 유대관계가 존재한다는 것을 아이에게 이해시키기 위해 필요한 교육이다.

부모의 침실은 그러한 사생활의 상징이 될 수 있으며, 아이가 아주 어릴 때부터 부모의 사생활을 유지하는 원칙은 매우 건강한 것이다. 물론 아이가 부모 방에서 자면 안 된다는 것을 의미하며, 또한 부부가 함께 있는 침대에 끼어들 수 없음을 의미한다. 아이가 악몽에서 깨어나 부모와 같이 있기를 원할 때에도 아이 침대에서 안심시켜 주는 것이 더 현명한 일이다. 이미 언급했던 여러 이유들 때문에, 부모가 옷을 갈아입거나 목욕하거나 화장실을 사용할 때도 아이가 들어오지 못하게 하는 것이 좋다.

그러나 부모의 사생활에 대해 너무 야단법석을 떠는 것은 아닐까? 부모들이 지나치게 비밀스럽다는 인상을 아이에게 심어 주는 것은 아닐까? 물론 그런 인상까지 줄 필요는 없다. 어릴 때 수립되고 아동기 내내 유지되는 사생활에 대한 상식이나 원칙이 가정 내에서 지속될 수 있도록 하는 것은 그다지 어렵지 않다. 이런저런 방법을 통해 아이는 부모 상호간 유대관계와 그들의 사랑을 존중해야 한다는 것을 배운다. 부모 사랑을 듬뿍 받고 있는 아이일지라도 이런 친밀한 유대관계에 끼어들 수 없고 부모 삶의 친밀감을 공유할 수 없으며 부모 한쪽의 사랑을 독점할 수 없다. 만일 아이가 자신이 선택한 부모와 결혼하는 환상, 또는 더욱 친밀하고 독점적인 사랑에 관한 환상을 가진다 해도, 부모는 그 환상을 부채질하는 어떠한 일도 하지 않기 때문에 환상은 그저 환상으로만 남고, 아이들은 환상을 포기할 것이다.

그러나 때로 부모 간의 유대관계가 불안한 가정에서 배우자의 사랑에 낙담한 부모가 아이를 자기의 독점적 사랑의 대상으로 삼을 수도 있다. 어떤 어머니가 아이에게는 애정 표현을 하면서 남편에게는 냉담할 수 있다. 어떤 아버지는 어린 딸이 예뻐서 아내에게는 거의 준 적도 없던 비싼 선물과 관심을 쏟아부을 수도 있다. 그러한 경우 라이벌인 부모를 배제하고 한 부모와 특별하고 친밀한 관계를 가지려는 아동기의 몽상이 실제 생활에서 어느 정도 이루어지는 것이다. 이 경우 부모의 태도에 의해 아이의 환상이 부풀려진다. 그런 아이는 일찍부터 엄마와 아빠가 서로 굳게 연결되어 있으며 부모 사이의 사랑이 아이 자신과 부모 사이의 사랑과 질적으로 다르다는 것을 알고 있는 아이에 비해 환상을 포기하는 데 어려움을 겪는다.

같은 이유로 아이가 이따금 엄마나 아빠에게 짐짓 부끄러운 체하거나 교태를 부릴 때 '귀엽다'고 방관해서는 안 된다. 그럴 때 어른이 생각 없이 던지는 여담이나 농담을 아이들은 충분히 이해하고 격려의 신호로 받아들인다. 아이가 성적인 표현을 할 때 즐거워하거나 추켜세우지 말아야 한다. 부모의 자아는 그러한 표현을 필요로 하지 않는다. 물론 그러한 표현에 심하게 충격을 받지 않아야 한다. 교태 부리는 행동을 즐거워하거나 장난으로 받아들이지 않고, 부모의 태도가 엄마 아빠답게 충분히 어른스럽다면 아이는 그러한 행동에 대해 흥미를 잃게 되고 곧 그만둘 것이다.

아이와 동성 부모 사이의 경쟁을 다룰 때에도 단호함과 요령이 필요하다. 때때로 부지불식간에 아빠는 어린 아들의 경쟁적 감정과 질투에 대해 실제로 경쟁자인 양 대응할 때가 있다. 이런 경우 아버지와 아들이 서로 상대의 도전에 대해 우위를 점하기 위해 장기전으로 접어드는 것을 볼 수 있다. 아빠나 아들이나 모두 그렇게 된 원래 동기 중 하나인 엄마를 향한 부자간의 경쟁심은 전혀 의식하지 못한다. 집안 곳곳이 다 전쟁터다. 텔레비전 채널 다툼, 평화로운 저녁 시간을 원하는 아버지의 권리 대 아들이 거실에서 슈퍼맨 놀이를 할 권리, 아빠의 의견이 맞느냐 아들의 의견이 맞느냐 등, 사사건건 시비가 생긴다. 때때로 이 경쟁은 더 공개적으로 되거나 큰 문제로 번질 수도 있다. 아빠가 엄마를 독차지하고 싶어 하는 권리 대 아들이 엄마를 홀로 소유할 권리, 잠자리에 드는 것을 거부하는 어린 꼬마가 밤마다 난리 치기, 또는 일단 잠자리에 들었다가도 침대에 머물기를 거부하면서 거실에 자주 들락거리기 등이 문제가 된다.

아이가 어릴 때 합리적이며 확고하고 명백한 권위를 세운 아버지는 꼬마 소년의 경쟁심에 의해 심각한 도전을 받지 않을 것이다. 그리고 아들 역시 그러한 아버지의 권위에 감히 도전하지 않을 것이다. 다른 말로 하자면, 초기 아동기부터 아버지의 권위와 권리에 대한 도전에서 성공을 거두고 있는 아이라면 오이디푸스 시기에도 어머니에 대한 아버지의 권위에 심각하게 도전할 것이다. 무수히 많은 소소한 방법을 통해 아버지와의 투쟁에서 '승리'할 수 없고 자신은 단지 꼬마 소년일 뿐이라는 것을 터득한 아이는, 자기가 사랑하는 사람과 관련된 이 투쟁에서 승리할 수 없다는 사실을 더 쉽게 받아들인다.

제대로 이해하기 위해 다시 한 번 짚고 넘어가자. 물론 아이가 겁을 먹도록 하자는 것이 아니고, 아빠의 권위와 존재 앞에서 수동적이고 무력함을 느껴야 한다는 것도 아니다. 비록 결정적 문제에서는 아버지의 권위를 받아들여야 한다고 하더라도, 아이 자신의 느낌에 대한 권리와 적절한 한계 내에서 그 느낌을 표현할 수 있는 권리가 있다.

잠시 지미의 이야기로 돌아가 보자. 우리는 지미의 끔찍한 꿈에서 아이가 아버지에게 표현했던 적대적 소망을 매우 두려워했다는 것을 알 수 있다. 그 꿈의 마지막 부분을 정확히 해석하면 다음과 같다. 아이는 성난 호랑이, 즉 지미 자신의 끔찍한 위험으로부터 자신을 보호하기 위해 아빠를 부른다. 자신의 나쁜 소망에 대해 내려지는 무시무시한 처벌을 두려워했고 또한 이러한 상상의 위험에 대해 아빠의 보호가 필요했다.

어쨌든 지미의 아빠는 지미에게 아빠나 다른 누군가가 아이 자신의 화난 생각을 처벌하지 않을까 두려워할 필요가 없으며, 나쁜 소망을 가졌다고 해서 그 소망이 실제로 이루어지는 것은 아니라는 것을 이해시키고 싶어 한다. "아빠가 죽었으면 좋겠다요."처럼 지미의 성난 생각이 아빠를 죽일 거라고 겁내지 않도록 하는 것은 지미 또래 아이들에게 전해 주어야 할 중요한 과제이다. 왜냐하면 일부 원초적 생각이 여전히 아이 생활의 특정 부분을 지배하고 있으며, 많은 어린아이들이 나쁜 소망이 실제로 나타날 것이라는 두려움에 스스로 괴로워하기 때문이다.

동일시

아버지나 어머니 자리를 차지하려는 소망은 포기되어야 하고 다른 무엇인가가 그 자리를 대신해야 한다. 사내아이가 아빠는 될 수 없지만 아

빠처럼 될 수는 있다. 어린 소녀는 엄마에 대한 아빠의 애정을 빼앗을 수는 없지만, 스스로 엄마**처럼** 변해 가면서 다른 종류의 만족을 얻는다. 따라서 초기 어린 시절의 사랑의 갈등을 잘 해결하게 되면 훌륭한 성적性的 동일시 패턴이 발달할 수 있다. 이 어린 시절의 사랑에서의 실망이 오히려 약이 돼서 소년에게는 남성성이, 소녀에게는 여성성이 강화된다.

어떻게 그렇게 될 수 있을까? 초기 어린 시절 부모와의 경쟁은 경쟁자가 또한 사랑의 대상이라는 사실 때문에 복잡해진다고 언급한 바 있다. 만일 지미가 아빠를 그렇게 깊이 사랑하지 않았다면, 자신의 나쁜 소망과 관련된 갈등도 그렇게 강렬하지 않았을 것이다. 결국 사랑이 승리하게 되고 아빠에 대한 소년의 사랑이 미움보다 훨씬 크기 때문에 아빠를 향한 백일몽과 적대적 소망들을 포기한다. 아빠에 대한 이런 사랑으로부터 남성성의 특성들이 나타난다. 아빠의 사랑을 받은 아이는 아빠를 남성성의 표본으로 삼고 모방하게 된다.

잠깐, 우리가 너무 앞서가는 것은 아닐까? 사실 아이는 유년 시절보다 훨씬 더 이른 시기에 자신과 동일한 성의 부모를 모델로 삼는다. 생후 30개월밖에 지나지 않은 마지는 엄마의 완벽한 작은 판박이이다. 아직 완전한 문장을 구사할 수는 없지만 일상적인 대화를 할 때에도 엄마처럼 감탄하듯 신나게 말한다. 뭔가 궁지에 몰릴 때면 동일한 상황에서 엄마가 보여 주는 것처럼 밉지 않게 고집을 부리기도 한다. 세 살이 채 안 된 아서는 '아빠 것 같은' 넥타이를 맬 때 목소리가 한 옥타브는 낮아진다. 세발자전거를 운전하면서 길을 막고 있는 가상의 운전자들을 향해 중얼거리면서 욕하는 것을 들으면서 놀라지 마시라.

물론 동일시의 뿌리는 아주 초기 어린 시절로 거슬러 올라간다. 이러한 최초의 모방은 부모에 대한 확고한 동일시의 초석이 된다. 동일시를 통해 아이는 다른 사람의 어떤 특성들을 받아들여서 자신의 영구적 성격의 일부로 만든다. 동일시는 다른 사람의 성격 특성 또는 다른 사람에게서 받아들여서 아이 자신의 일부가 된 특성을 포함한다. 여기에서는 이러한 과정이 어떻게 아이의 건강한 발달을 촉진시키는지 알아보았으며, 동일시의 과정 중 특히 성적 동일시에 국한하였다.

인격의 통합은 자신의 생물학적 자기, 즉 자신의 성을 받아들임으로써 상당 부분 이루어진다. 성격이 지향하는 바가 성이 갖고 있는 생물학적 특성과 조화를 이룰 때, 전체 성격은 최상의 안정을 기대할 수 있다. 잠깐만 시간을 내서 생각하면 충분히 이를 증명할 수 있다. 만일 어린 여자아이가 자기 몸과 여성적 운명을 받아들이고, 아이 자신에 대한 열망과 생물학적 특성들이 조화를 이룬다면, 미래에 신경증을 야기할 만큼 심한 갈등이 생길 이유가 없다. 그러나 아이가 자기의 신체를 경멸하고, 여자란 우리 문화에서 열등한 존재라고 믿고 남성적 목표를 열망한다면, 생물학적 특성과 자아 목표 사이에 부조화가 발생하고 성격에 있어서도 갈등이 초래될 것이다.

만일 어린 남자아이가 남성성은 세상에서 가치가 없고 남성적 목표 달성은 너무 위험하다고 느낀다면, 남성성을 필요로 하지 않는 과정을 택할 수 있다. 그러나 남성성의 생물학적 특성과 그러한 특성을 부정하려는 자아의 노력 사이에서 생기는 부조화 때문에 성격 내부에 갈등이 생긴다. 최초의 자기 이미지는 신체 이미지로부터 파생되고, 이 신체가 남자 또는 여자라는 사실은 변치 않는다. 이러한 특성을 부정하거나 부인하고 자기 이미지를 세우려고 노력하는 한 끊임없이 생물학적 자기와 갈등 내지 반목을 겪게 된다.

그럼에도 불구하고 여자, 남자 할 것 없이 아이들은 자신이 반대 성을 가진 체하며 '놀이하는' 단계를 거치며 자라난다. 여성용 모자를 쓰고 앞치마를 두르고 풀 먹인 속치마를 입은 귀엽고 대단히 여성스러운 세 살짜리 소녀가 자기 손가방에 벅 로저스*의 자동소총을 넣어 가지고 다닌다고 해서 걱정할 필요가 없다. 이 작은 숙녀는 부모의 감시가 소홀해지면 남자아이처럼 서서 소변을 보거나, 응석을 받아주다 보면 자기가 완성되기 전에(고추가 생기기 전에) 엄마 배 속에서 '내보냈다'며 엄마에게 화를 내기도 한다. 자기 몸 구조에 만족하고 있으며, 커서 트럭 운전수가 되고 싶어 하는 동갑내기 사내아이가 자기 위 속에서 아기가 만들어지고 있다고 말한다고 해서 부모가 깜짝 놀란다거나 병원을 찾을 이유도 없다.

하지만 초등학생이 자기 신체에 대해 강하게 반발한다면 이야기가 전혀 달라진다. 일곱 살 내지 여덟 살쯤 되면 아이는 자신의 남성성과 여성성에 관한 생물학적 특성들을 받아들일 뿐 아니라, 자기의 성을 가진 부모와 동일시를 통해 자신의 생물학적 특성에서 만족감을 얻게 된다.

소녀가 된다는 것

자기가 채 완성되기 전에 '태어나 버린' 것에 대해 엄마에게 불평하던 세 살짜리 여자아이는 몇 년이 흐른 뒤 여자라는 것이 자신에게 특별한 만족감을 준다는 것을 알게 되면서 자연스럽게 남자다움에 대한

---

*Buck Rogers: 1928년 〈*Amazing Stories*〉라는 잡지에 필립 프랜시스 놀런Philip Francis Nowlan이 발표한 단편 「2419년 아마겟돈」의 주인공 앤서니 로저스Anthony Rogers에서 따온 이름. 1929년 「25세기의 벅 로저스」로 바뀌어 발표됨. 용감한 우주 전사의 대명사.

야망을 포기하게 될 것이다. 물론, '언젠가' 자기도 엄마가 될 것이고, 특별히 만들어졌기 때문에 성장하면 자기 몸 안에서 아이를 자라게 할 수 있다는 것을 아는 것이 도움이 될 것이다. 그러나 그것은 '언젠가'의 일이고, 아마도 어린 소녀에게는 '엄마와 똑같이' 되는 것이 여자라는 것에서 얻을 수 있는 가장 큰 만족일 것이다. 엄마 스스로가 여성이 된 것에 만족감을 느낀다면 말로 하지 않아도 당연히 딸은 그것을 느낄 수 있다. 딸 가진 것을 기뻐하고 여성성을 그 자체로 가치 있다고 여기는 아빠라면 딸을 사랑하고 아이의 여성성을 높이 평가함으로써 여자아이가 여성다움을 동일시하는 과정에 큰 힘을 줄 것이다. (의식적 혹은 무의식적으로 딸을 가진 것에 낙담하고 딸을 아들처럼 만들려고 하는 아버지는, 아이에게 아빠로부터 진정으로 사랑받기 위해서는 아들처럼 행동해야 한다고 알리는 것과 같고 따라서 여자아이의 발달상 문제가 생긴다.)

그러나 '여성성'과 어린 소녀의 여성적 태도의 발달을 논할 때, 진정 여성적이라고 불릴 만한 가치가 있는 특징에 대해 말하고 있는지 짚고 넘어갈 필요가 있다. 예쁜 옷에 대한 아이의 태도는 항상 '여성적'이라고 간주되며, 실제로 바로 그것일 수도 있으나, 그 자체가 여성적 태도의 증거는 아니다. 이러한 여성적 꾸밈이 장식이 달린 핸드백 속의 벅 로저스의 자동소총처럼 단지 남성적인 태도를 감추려는 것일 수 있다는 것은 세 살짜리 여자아이는 물론, 아홉 살 혹은 스물아홉 살짜리 여자에게도 해당된다. 여성적 태도는 다른 더욱 심도 있는 증거들을 통해 증명되어야 한다. 엄마와 학령기 딸 사이의 균형 잡힌 관계는 여성성에 대한 아이의 긍정적 태도를 보여 주는 좋은 증거이다. 즉, 여성성의 대표 격인 어머니를 향한 긍정적 느낌을 통해 아이가 여성성에 대해 호의적 태도를 가지고 있음을 알 수 있다. 학령기 소녀에게 남자아이들과의 강한 경쟁심이나 사내아이와 남자들에 대한 적대적 태도가 없는 것은 여성성의 긍정적 지표이다. 여성적 활동과 다른 소녀들과의 어울림에서 기쁨을 느끼는 것 역시 여성성을 수용하는 징조로서 높이 평가되어야 한다. 꼬마 소녀의 백일몽과 열망을 통해 아이가 자신의 여성성을 받아들인 정도를 알 수 있다.

하지만 여성성(또는 남성성)이 절대적 가치나 특성은 아니다. 여성성을 받아들이는 일이 어떤 발달단계의 마지막에 갑작스럽게 일어나지도 않는다. 신경증을 야기하지 않고 갈등을 유발하지 않기 위해서는 성격 내부에서 여성적 그리고 남성적 목표들 사이의 수많은 타협이 필요하다. 인형을 내팽개치고 남자아이들과 나가서 인디언을 쫓아다니는 놀이를 하는 꼬마 소녀가 여성다움을 포기할 위험에 빠진 것은 아니다. (어린 시절 말괄량이였던 우리 친구들이 커서는 최고의 아내와 엄마가 되었다는 사실을 상기하라.) 앞으로의 발달에 대해 약간 신경을 써야 할 필요가 있을 때는 여자아이의 성격에서 남성적 경향이 두드러지고 여성성이 거부될 때이다.

여자애들이나 여성에 관련된 모든 것을 싫어하고 여성성에 대해 노골적으로 경멸감을 드러내는 한 꼬마 소녀를 알았던 적이 있다. 그 아이는 남동생이나 동네 남자애들과 경쟁을 했고 게임을 해도 남자애들을 이기려고 기를 썼다. 드레스, 머리에 다는 리본, 여자애들이 하는 게임을 혐오했고 '숙녀처럼 만들려는' 시도에 대해서도 엄마와 싸웠다. 남자아이들에 대한 시기와 자신의 성에 대한 평가절하는 남동생이 태어났을 때부터 시작되었다. 그러나 그것이 결정적인 요소는 아니었다. 남동생 아기가 생기는 꼬마 소녀들은 대부분 이것 때문에 자신의 여성성을 거부하지는 않는다. 그렇다면 무슨 일이 있었던 것일까?

딸은 남동생 아기가 가족의 일원이 되었을 때 통상적으로 보이는 질투심을 보였다. 다른 꼬마 소녀들 역시 그렇다. 아기가 남자아이라서 부모들이 더 좋아한다고 느꼈다. 사실이 아닐 수도 있지만 아이는 그렇게 느꼈다. 그래서 아이는 남자애처럼 행동해서 부모가 아기보다 자기를 더 사랑할 수 있기를 바랐다. 이 역시 남동생 아기의 탄생에 대한 꼬마 소녀들의 매우 전형적인 첫 번째 반응이다. 대부분의 여자아이들은 이런 실망과 부러움을 극복하나 이 꼬마 소녀는 그렇지 못했다. 그러므로 결정적 요소는 남동생 아기의 탄생이 아니라 그 이후에 소녀가 되는 것에서 만족감을 느낄 수 없게 되었다는 것이었다. 아이는 소녀로서 사랑을 받을 수 있다는 것을 믿지 않는 것처럼 보였다.

부모는 갈등의 한쪽 면, 즉 딸과 새로 태어난 남동생과의 경쟁을 알아차리고 딸이 겪는 고통을 줄이기 위해 최선을 다했다. 하지만 부모는 딸이 겪고 있는 갈등의 다른 면을 보지 못했다. 즉, 남동생에 대한 질투 때문에 여성이 되는 길이 순탄치 않다는 것이다. 다른 부모들도 종종 놓치기 쉬운 부분이다. 여성성에 대한 거부는 변함이 없고 오히려 시간이 지나면서 더욱 심해졌다. 엄마, 유치원 교사, 온 세상의 여성 세계와의 갈등은 시간이 지나며 점점 강해졌다. 자기의 여성적인 부분을 부정하는 것처럼 그들을 부정했다. 아빠나 가족 중의 다른 남자들 눈에 그녀는 섀도우 복싱, 펜싱, 레슬링처럼 남자 어른들이 남자아이들이랑 하는 놀이를 즐기는 장난꾸러기로 보였다.

여기서 우리는 이 여자아이가 자신이 남자라면 더 소중한 존재가 될 수 있다는 기대감에 남자아이처럼 보이려 한다는 것을 알 수 있다. 남동생 아기의 탄생에 대해 강한 질투를 보였을 때 부모는 아이를 좀 더 도와주었어야 했다. 자기가 사랑받고 있다는 것과 새 아기가 사랑을 뺏어가지 않는다고 안심시키는 것만으로는 충분하지 않았다. 그에 덧붙여서 **소녀로서** 사랑받고 있음을 알려 주었어야 했다. 물론 말보다는 부모가 소녀라는 존재로서의 자신, 여성다움에 기뻐하고 있다는 것을 느끼게 해 줄 필요가 있다. 남자아이처럼 행동한다고 해서 아빠에게 더 사랑을 받는 것이 아니고 여자아이 그 자체로서, 또한 여성의 특성 때문에 사랑받는다는 것을 알려 줄 필요가 있다. 여성다움에서 즐거움을 발견하고 여성이 되는 것에서 특별한 만족을 찾아가는 데는 엄마의 도움이 필요하다.

대부분의 부모들이 이들처럼 아이와 갈등을 겪는다. 엄마는 말괄량이 딸의 너저분함, 빗질하지 않은 머리, 청바지, 카우보이 같은 별난 짓을 견딜 수 없다. '우리 딸을 숙녀로 만들려는' 욕심을 참을 수 없다 보니 옷이라든가 예의범절이라든가 기타 수없이 많은 이유로 다투는 게 일과가 되어 버린다. 그러나 여성다움에 대한 아이의 저항을 꺾는다고 해서 숙녀가 되는 것은 아니다. 아빠가 말괄량이 딸의 떠들썩한 유희나 거친 놀이에 빠지기 쉬운 이유는 보통 여자애들이 하는(아빠가 잘 이해할 수 없는) 놀이에 비해 자기 딸이 하는 놀이는 자신의 어린 시절 놀이와 유사하기 때문이다. 아빠가 딸의 그러한 행동 뒤에 숨은 동기를 쉽게 추측하지 못하고 꼬마 소녀의 남자아이 같은 놀이에 무의식적으로 빠지는 것도 무리가 아니다. 말괄량이 같은 별난 짓이 다른 무엇보다도 자신과 아빠를 가까워지게 만들 수 있음을 알게 된 꼬마 소녀가 그런 행동을 접고 여성다움을 추구하려 들 리가 만무하다.

엄마가 강요한다고 해서 꼬마 말괄량이가 '숙녀가 될 리' 없으며, 사내아이 같은 모습과 태도가 자신에게 만족을 주는 한 포기하지도 않을 것이 당연하다. 부모가 해야 할 일은 아이의 여성적인 부분을 강화하고 증진시키며, 소년처럼 행동하면서 얻었던 만족을 줄이는 것이다. 그러면 청바지나 머리치장과 매너에 대한 갈등 없이, 차차 아이는 소녀로서의 모습에 더 큰 만족감을 느껴 소년 같은 모습을 포기하게 될 것이다.

물론 엄마는 딸의 여성다움 발달에 있어서 핵심 인물이다. 엄마는 소녀의 여성적 행동의 기준이다. 엄마의 사랑과 엄마와의 동일시를 통해서 아이는 자신의 성에 대해 긍정적 동일시가 가능하다.

이 모든 것들이 엄마가 딸과의 관계 형성을 위해 특별히 노력해야 한다는 것을 의미하는 것은 아니다. 엄마가 식당, 가게, 극장 같은 곳으로 딸과의 특별한 짧은 여행을 준비할 필요는 없다. 엄마와 딸이 그런 나들이에 진정 기쁨을 느낀다면 모를까, 이 계획적인 기분 전환 과제들은 그 자체로는 유대감을 형성할 수도 없고 동일시를 유도하지도 못한다. 동일시는 사랑과 사랑하는 사람을 닮고 싶은 소망을 통해 성취된다. 의식적 노력이나 계획이 없어도 매일 가정에서 일어나는 경험들을 통해 사랑이 생겨나는 것처럼 동일시도 자연스럽게 일어난다. 그러한 과정이 잘 일어나도록 격려하고 분위기를 조성함으로써 아이는 항상 동일시 교육을 받고 있는 것이나 마찬가지이다. 그러나 이것이 꼭 공식적인 훈련 과정은 아니다.

최근 수년간 여자아이들에게 여성성을 교육하기 위한 방법을 찾으려는 노력이 다양하게 진행되고 있다. 가사, 아이 돌보기, '가족 관계', '예쁘게 꾸미기', 심지어 성교육까지 엄마와 딸 사이의 유대감이라는 울타리를 벗어나 초등학교 교육과 걸스카우트 훈련 영역까지 옮겨졌다. 소위 여성다움의 기술을 가르치는 이러한 공식 훈련 과정은 소녀들의 여성적 역할에 거의 영향을 끼치지 못했다. 오히려 이러한 여러 가지 여성성 교육에서 (소녀의 여성성 발달의 핵심 인물인) 엄마를 소외시키고 가족마저 소외시킴으로써, 여성성의 여러 측면이 약화되고, 여성성 동일시를 유발하는 사랑, 친밀감, 마음속에서 우러나오는 동기들 사이의 끈끈한 연결을 잃은 채 여성성 상징만을 양산하는 결과를 낳았다.

요리법, 정확한 아기 목욕 기술, 화장과 머리 손질법, 과학적 성교육 등을 가르칠 수는 있지만 이러한 교육에 의해서 여성다움이 강화되는 것은 아니다. 겉으로 드러나는 여성성을 획득하기는 쉽다. 그러나 여성성의 상징들이 진실로 여성다운 태도와 결합되었을 때만 긍정적 여성성의 발달 징후로 인정받을 수 있다. 여성성은 학교나 걸스카우트 교육을 통해서 이루어질 수 없다. 바로 엄마의 몫이다.

소년이 된다는 것

꼬마 소년의 인격 발달 중 남성다움의 확립에 대해 생각해 보자. 남성다움이란 무엇인가? 자기보다 어린 꼬마들을 때리고 막대기나 돌을 던지는 등 동네에서 악명을 떨치던 여섯 살짜리 피터를 만난 적이 있다. 집에서는 곡예사처럼 피아노 꼭대기에서 뛰어내리는 슈퍼맨 놀이를 하거나, 로이 로저스*처럼 카우보이가 말을 타고 달리듯 집안을 뛰어다녔다. 거칠고 난폭하며 세상에서 가장 강한 남자였다. 그렇지만 밤에는 자다가 오줌을 쌌다.

부모는 아이의 야뇨증이 내적 갈등의 한 증상이라고 여기고 나에게

---

*Roy Rogers(1911~1998): 미국의 가수이자 카우보이 배우. 유명한 로이로저스 레스토랑 체인점을 설립했고, 그의 이름을 딴 로이 로저스 쇼는 1940년대 라디오 프로그램이었다가 텔레비전 프로그램으로 바뀌어 1951년부터 1957년까지 방영되었다.

데리고 왔다. 꼬마의 행동에 대해 이야기를 나누면서 부모가 '문제' 행동의 심각성에 대해 전혀 모르고 있음을 알게 되었다! 특히 아빠는 이웃들의 불평에 화를 냈다. 꼬마 피터야말로 그냥 남자애일 뿐이고, 이웃 사람들이 피터를 계집애처럼 만들고 싶어 해도 타협은 하지 않겠다고 했다. 남자는 강해야 한다. 소년은 스스로 돌볼 줄 알아야 한다. 아빠는 피터가 스스로 일어서는 방법을 가르쳤다.

그렇지만 과연 이러한 '강인함'이 피터의 남성다움의 지표인가? 다른 아이를 공격하는 것을 소년다움이 넘친다고 할 수 있을까? 집에서 슈퍼맨 놀이를 하는 것이 왕성한 남성다움과 활기찬 태도를 나타내는 것인가? 사실 피터는 자신이 공격받는 것이 두렵기 때문에 다른 아이들을 공격하는, 두려움에 떠는 어린 소년에 불과했다. 끊임없이 공격받고 위험에 처하는 환상 세계 속에 살고 있었다. 슈퍼맨 같은 괴상한 행동과 거칠고 강한 카우보이 놀이는 자신이 상상하는 위험에 대항해서 애써 만든 방어 대책의 일부이다. 자기가 슈퍼맨**이라면** 그 누구를 두려워하랴! 카우보이 영웅처럼 강해진**다면** 적들을 물리칠 수 있다. 다른 놈들이 **자기를** 겁내도록 할 수 있다. 하지만 낮에는 카우보이나 슈퍼맨 놀이를 하며 덮어 두었던 두려움들이 밤이 되면 되살아나 괴롭히기 시작한다. 잠이 들면 두려움에 대해 무력해지고 무방비 상태가 돼서 결국 오줌을 싸게 된다.

미국 문화권에서 생각해 볼 때 사내아이라면 위협받을 때 '자신을 지킬' 능력이 필요하며 '공격성(적극성)'은 남성다움의 속성으로 인정되고 있지만, 물리적 공격성 자체가 남성다움의 지표는 아니다. 대여섯 살까지는 물리적 공격성이 남성다움의 가치 체계에서 차지하는 비중이 적은 편이다. 게임이나 놀이가 바로 승화된 공격성의 형태이다. 건강한 아이들은 게임이나 놀이를 통해 변화된 목표를 향해 공격성 충동을 방출한다. 불만을 언어로 표현할 수 있는 단계에 이르며, 생각을 통해서, 또한 생각의 교류를 통해서 문제 해결에 도달한다.

미국 사회에서 남자아이가 남성다움을 획득하려면 수많은 장벽을 넘어야 한다. 미국 문화에서 여성은 문화의 전달자이다. 양심과 행동의 규범, 도덕적 가치를 가르치는 스승이 바로 어머니이기 때문이다. 어머니와 교사들은 지적 가치 교육에서 상당한 역할을 담당한다. 미국에서는 오래 전부터 그들이 문학, 음악, 예술, '삶을 풍족하게 해 주는 것들'을 가르치고 있다. 어떻게 해서 여성이 어린이 교육에서 이러한 영역을 떠맡게 되었는지 그 이유를 정확히 알 수는 없지만, 이것은 발달단계의 남자아이에게 중요한 영향을 미치며 심각한 문화적 의미를 전달할 수 있다. 어린 소년은 이러한 가치의 대부분을 여성으로부터 얻게 되므로, 그러한 내용들을 '여성적인' 것으로 간주하게 되고, 자신의 남성적 인격 속에 통합시키는 데 어려움을 겪는다. 만약 한 남자아이가 훌륭한 매너를 가지고 있다면, 자기 동년배들은 물론, 스스로의 평가에서도 '여자 같다'고 여겨질 위험이 있다. 이유가 뭘까? 미국 문화권에서는 훌륭한 매너를 가르치는 것이 여성이 하는 일이며, 훌륭한 매너를 갖추고 있음은 여성이나 소녀와 '유사하게' 되는 것을 의미하기 때문이다. 만약 소년이 공부를 열심히 하고 지적 탐구에 열심이라면 또래들로부터 따돌림을 당할 위험에 처하게 된다. 남성다움이 의심받게 되는 것이다. 만약 그가 악기를 연주한다면, 썩 잘하지 못하거나 아예 음악에 몰두하거나 해야 한다. 그도 저도 아니라면 친구들로부터 짓궂게 조롱을 당하거나 비난을 받을 것이다. 만약 문학에 깊은 조예가 있거나 혹은 시를 짓는 데 소질을 타고났다면, 이를 마치 숨겨야 할 악덕인 것처럼 혼자만 알고 있어야 한다. 왜냐하면 만약 이 사실이 알려진다면 그는 남성으로서의 위신을 상실하게 될 것이기 때문이다.

이는 무엇을 의미하는가? 예의 바른 행동은 남성적인 것도 아니고 여성적인 것도 아니다. 정신적 활동을 남성적인 것 혹은 여성적인 것으로 나눌 수는 없다. 음악, 예술, 시는 성의 구분이 없다. 그러나 만약 아이들의 이러한 활동을 전적으로 여성들이 교육시킨다면, 여자 선생님과 이러한 활동을 동일시함으로써 '여성스러움'으로 여기게 된다.

지적인 가치에만 국한된 문제가 아니다. 미국에서는 도덕성 획득 또한 상당 부분 여성에 의존한다. 소년들이 여성의 도덕적 기준에 대해 투덜거리는 것은 허크 핀과 톰 소여가 살던 시대나 지금이나 마찬가지이다. 세상 어디를 가든 시대를 막론하고 아이들은 항상 도덕적 가르침에 반항한다. 하지만 도덕 교육을 여성들이 담당하게 되면 이러한 가르침에 대해 남자아이들은 이분법적 태도를 갖게 된다. 톰과 허크는 폴리 이모와 미망인인 왓슨 부인이 목욕하라고 하면 심하게 저항한다. 어른들이 도덕적 가르침을 주려 할 때도 마찬가지이다. 그러한 도덕심을 갖게 되면 자신의 남성성에 금이라도 갈 것처럼 반항한다. 지적인 것의 가치가 남자아이의 인성에서 모호하게 '여성적'으로 여겨지는 것처럼, 여성을 통해 습득된 도덕성 역시 '여성적'인 것으로 여겨질 수 있다. 그러므로 '착한' 것은, 다시 말해서 합리적으로 행동하고 타인의 감정을 배려하며, 좌절과 실망을 받아들일 수 있다는 것은 미국의 소년 문화에서는 '계집아이가 되는 것'과 거의 유사한 의미가 된다.

그러나 실제로는 그렇게 간단하지가 않다. 왜냐하면 도덕 교육을 위임받은 어머니와 교사들은 그들이 여성이기 때문에 남성의 특성을 이해하는 데 어려움을 겪는다. 소년이 되어 본 경험이 없다 보니 여성 행동의 기준을 소년들에게 부과하는 것이다. 어머니와 여성 교사들의 시각으로 볼 때 더 온순하고 순종적인 같은 나이의 어린 소녀들에 비해서 넘치는 에너지와 활동성을 가진 남자아이들이 못마땅할 수밖에 없다. 일부 엄마들과 많은 교사들에게 있어 소녀들은 문제점이 적고 더 바람직스럽게 행동하는 '착한' 존재이며, 소년들은 가만있지 못하고 장난이 심하며 고집 센 '착하지 않은' 존재이다.

교실에서 착한 행동은 종종 여자아이의 행동을 기준으로 한다. 낮에 학교에서 크게 혼나고 찾아왔던 불쌍한 1학년 남자아이가 생각난다. 아이는 수업을 방해했다는 이유로 교장실에 불려갔다. 장난꾸러기 짝꿍이 아이의 옆구리를 손가락으로 살짝 찔렀고, 아이도 남자들의 명예로운 전통*에 따라 친구를 두 번 찔렀다. 소년이었던 적이 없는 담임 여교사는 이렇게 친구와 치고받고 한 것을 일촉즉발의 사태로 간주했고, 규칙을 어긴 죄로 이 아이들을 나무라기 위해 엄청난 폭동을 진압하는 데 쓰일 만큼의 에너지를 투입했다. 아이가 항의하면서 이번 일에 대해 설명하려고 하자 담임교사는 벌컥 화를 내면서 아이를 교장실로 보냈다. 거기서 아이는 호랑이 교장선생님으로부터 훈계를 들었다. 교장선생님은 이러한 소동이 벌어진 사건 자체에는 별 관심이 없는 듯했다. 왜냐하면 사내아이들 자체가 말썽꾸러기이며, 시끄러운 존재이고, 말이 많고 쑥덕거리며, 찌르고 때리는 행동을 하는 존재라고 여기고 있었기 때문이다. 교장선생님은 가족의 명예에 먹칠을 하는 짓이라면서 훈계를 끝맺었다. 이 말썽꾸러기의 **누나**는 이 학교가 배출한 최고 모범생 및 최우수 **시민** 중 하나였다는 말과 함께.

---

*미국 남성 사회에는 자기가 받은 피해를 배로 갚아 주는 것을 명예로운 것으로 여기는 전통이 있다.

"여자애들은 **절대** 혼이 안 나요." 소년이 생각에 잠기듯 말했다. "때로는 여자인 것이 더 나을 것 같기도 해요."

미국 문화권에서 소년은 이래야 한다고 딱히 정해져 있는 것은 아니다. 한편으로는 에이브러햄 링컨과 조지 워싱턴이라는 모델을 제시하고 다른 한편에는 깡패집단 모델을 제시한다. 한편으로는 남성다움을 강인함이나 폭력과 동일하게 간주하며, 다른 한편으로는 소년이 착한 어린 소녀처럼 온순하게 되기를 바라는 여성들에게 아이 교육의 대부분을 맡긴다.

미국 사회에서 어린 소년이 자신의 위치를 찾는 것이 얼마나 어려운 일인지 알기에 소년들을 옹호하고 싶다. 동시에 '남성다움'이라고 불리는 몇 가지 가치들에 대해 의문을 제기할 필요가 있다. 길거리 싸움에서 최강자가 되고, 씩씩하고 절대 울지 않으며 어떤 것에 대해서도 자신의 감정을 드러내지 않는다고 해서 더 '남성적' 존재가 되는 것은 아니다. 그렇지만 우리는 소년이 소녀일 수 없고, 여성과 여자아이의 코드를 수용할 수 없으며, 생물학적 성향 때문에 활동성과 공격성이 더 크다는 것 그리고 교육자들이 이를 이해해야 한다는 것을 인정해야만 한다. 타고난 생물학적 활동성과 공격성이 있음을 교육 프로그램에 포함시켜야 한다. 즉, 신체적 활동을 통해 에너지를 직접적으로 발산하게 하고, 학습과 '공격적' 에너지 사용이 가능한 창조적 활동을 통해서 간접 발산이 가능하도록 해야 한다. 교육은 공격성, 약자를 괴롭히는 것, 화, 파괴적이고 가학적인 행동들이 있는 그대로 나오지 않도록 하는 반면, 이러한 에너지들을 다른 형태의 활동으로 승화시키는 것이다. 수동적이고 여성적인 소년이 되면 어른들 눈에 좋게 보일 것이라는 생각 때문에 이런 성향들을 제거하거나 반대로 하겠다는 생각은 꿈도 꾸지 말아야 한다.

미국 아버지들이 가정에서 위신을 되찾아 가면서 소년은 자신의 남성다움에 관한 갈등이 줄어드는 것을 알 수 있다. 왜냐하면 아들 양육에 적극적으로 참여하는 아버지는 그 자체가 좋은 모델이며, 아이의 성격 속에 스며들어 통합되기 때문이다. 성장과정의 소년에게는 여성이 부여하는 것보다는 남성이 부여하는 가치를 남성적 인격에 통합시키는 것이 훨씬 자연스럽다. 부모 양쪽의 태도로부터 가치의 조화를 이루는 것이 가장 이상적이다. 그러나 아버지가 아들의 '동무'가 되어 주는 것만으로는 충분치 않다. 아들과 아버지가 함께해야 한다는 관계의 측면을 지나치게 강조하는 듯하다. 물론 공통된 관심사가 있어야 하고 함께하는 활동이 있어야 한다. 그러나 아버지는 아들의 놀이 친구가 돼서는 안 되고, 경우에 따라 부모로서의 권위를 살릴 수 있는 여지를 남겨 놓아야 한다.

민주주의사회에서 아버지의 역할을 규정하기란 쉬운 일이 아니다. 19세기 초 토크빌* 같은 예리한 관찰자는 이미 왕의 절대 권력이 땅에 떨어지고 유럽식 가풍이 사라진 미국식 가정생활 패턴을 간파했다. 대통령이나 선거에서 당선된 다른 공화국 지도자들처럼 미국의 아버지는 도전과 비판의 대상이다. 공화국의 아들들은 비록 국민의 의지를 대변하는 정부의 권위를 받아들이기는 하지만, 어떠한 권위에도 굴복하지 않는다.

민주적인 정부의 원칙을 가정에 적용시키기에는 몇 가지 어려움이 있다. 아이는 투표로 부모를 선출한 것이 아니며, 가족이라는 조직 사회에서 아이는 책임감 있고 역할이 분명한 시민도 아니다. 아버지는 책

---

*Alexis-Charles-Henri Clérel de Tocqueville(1805~1859): 프랑스 태생의 정치 및 역사학자. 미국 여행 후 1935년『미국의 민주주의Democracy in America』라는 저서를 남겼다. 자유주의와 사회학의 거장이다.

임져야 할 유권자나 정당의 대중적 의지에 따라 정치를 해 나가는 것이 아니다. 가정을 파탄 낼 생각이라면 몰라도 아이들 말에 따라 집안을 이끌어 나갈 수는 없다. 진지하고 민주적인 아버지라면 가족회의나 비슷한 일들을 시행할 수도 있겠으나, 다섯 살 꼬마도 금세 알아차릴 만큼 민주주의처럼 보이기만 하는 조작일 뿐이다.

오늘날 우리는 미국의 아버지들을 비이성적이고 잘못된 상황으로부터 구해 내야 한다. 이 상황은 민주주의라는 틀 속에 아버지를 잡아 두고 있다. 권위가 폭군을 의미하는 것은 아니므로 폭군이 되라는 말이 아니다. 여기서 말하는 권위는 물리적 힘을 필요로 하지 않으며, 힘을 유지하기 위해 힘을 기를 필요도 없다. 민주주의사회에 권위가 있어야만 하는 것처럼 아버지가 내세울 수 있는 특권이며 합리적인 권위일 뿐이다. 그 힘은 부모와 아이를 이어 주는 사랑이라는 끈에서 유래한다.

8

양심 교육

양심의 출현

아주 어린 아이의 양심 '형성'에 대해 이미 말한 바 있다. 두 살배기에게는 아직 양심에 대한 관념이 없다. 아이는 부모의 승인 여부에 따라 행동의 '옳고 그름'을 판별할 수 있다. 못된 짓을 들켰을 때 부끄러움을 느낄 수도 있다. 그러나 아직 양심이라고 부를 만한 내부의 조절 체계는 없다. 아이의 충동 조절은 단지 엄마가 방에 함께 있느냐 없느냐에 따라 결정된다. 버릇없게 굴었을 때 부끄럽다고 느끼는 것은 단지 짓궂은 행동이 발각되느냐 아니냐에 달려 있으므로, 조절은 아직 부모라는 외부 기관에 크게 의존하고 있다.

그러나 네다섯 살이 될 무렵, 아이의 인격 속에 내부 규제의 조짐이 보인다. 부모는 아이 내부에 양심의 형태를 띠고 일하는 관리인을 고용한다. 그 신임 관리인이 항상 일을 잘하는 것은 아니다. 가끔 그 관리인은 쉽게 매수될 때도 있다. 근무 중에 조는 것처럼 보이지만, 놀랍게도 분발하여 눈먼 광신도처럼 부모들이 원하는 것보다 더 많은 것을 불쌍한 꼬마에게 요구한다. 부모는 때로 관리인이 자신들보다 훨씬 더 엄격하다는 사실을 발견하고 놀랄 것이다. 공정하고 합리적인 부모들은 관리인이 아이의 나쁜 생각이나 행동에 대해 아이를 고문하고 잔인하고 무시무시한 처벌로 위협하고 있음을 알게 된다. 관리인의 관리가 시작된 초기 단계에서는 아이 내부에 불안을 불러일으킨다. 악몽을 꾸게 만들 수도 있다. 경우에 따라서는 신경증을 만들기도 한다. 때로 부모는 관리인의 영향력을 약화시키기 위해 간섭할 필요가 있다. 그러나 이제 관리인은 부모의 것이기도 하지만 아이 자신의 것이기도 하므로 간섭하기가 쉽지 않다. 정말 신기하게도, 관리인의 힘과 에너지는 아이의 충동에서 나온다! 어떻게 그럴 수 있나? 개심한 범죄자가 가장 열성적인 공창 폐지 개혁운동가가 되는 것과 매우 비슷하다. 본래의 충동이나 욕망이 강할수록, 반발도 만만치 않다. 그래서 아이는 용납될 수 없는 충동을 극복하는 첫 단계에서 '나쁜' 욕망을 억제하기 위해 스스로 무서운 환상과 상상의 벌을 만드는 것과 같은 가혹한 대응책을 쓰는 것이다. 훗날, 아이의 '나쁜' 충동이 조절될 수 있게 되면, 가혹한 대응책도 필요 없게 되고, 전체적 인격 차원에서 보다 훌륭한 조화를 이루게 된다.

정신건강의 관점에서 '좋은', 즉 효과적인 양심이란 어떤 것인가? 좋은 양심은 인간의 원초적 욕동을 사회의 요구에 따라 통제하고 조절할 수 있는 능력이다. 이는 도덕적 가치와 바람직하고 표준이 되는 행동의 원천이며, 스스로를 심판하고 비판하는 능력을 제공한다. 만일 양심이 자아 내부에서 독재자처럼 군림하면서 사소한 법규 위반에도 무자비한 고문, 금지, 비난, 체벌을 일삼는다면 정신건강 측면에서 유능한 양심이 아니다. 쉽게 타락하거나, 도둑이 들 때 잠들어 있는 경비원이거나, 적의 뇌물을 받는 고위관리이거나, 계산을 위조해서 장부의 균형을 맞추는 경리직원이라면 효과적인 양심이 아니다. 도덕적 규범을 유지하면서도 폭군 같은 과격함이나 속임수 없이 실행할 수 있어야 유능한 양심이다. 상황에 따라 적절한 죄책감을 만들어 낼 수 있어야 하며, 기본적 욕동에 대해 경우에 따라서는 직접적인 만족 또는 다양하게 간접적인 만족을 제공할 수 있어야 한다. 요컨대, **훌륭하고 유능한 양심은 훌륭하고 유능한 부모처럼 작용해야만 한다.**

유능한 양심의 정의는 이 정도로 마치고 양심 형성에 이르게 하는 부모의 교육 방식에 대해 검토해 보자.

훈육

훈육discipline이란 단어가 부정적인 느낌을 주기는 하지만 배움과 교육을 모두 포함하는 라틴어에서 유래된 훌륭한 말이다. 사전에는 '자기 조절, 성격, 순종과 능률을 발달시키는 훈련'으로 기재되어 있으므로 교육과 관련성을 갖고 있는 말이지만, 단어의 뜻이 점차 변질되어서 오늘날에는 '훈육'이 처벌, 특히 신체적 처벌과 같은 뜻으로 쓰인다.

나는 예부터 내려온 '훈육'의 고결한 의미를 복원시키는 데 찬성한다. 훈육은 가르침이자 교육이며, 육아에 적용할 때는 성격 교육의 의미가 있다. 훈육 방식을 논의할 때 그 용어의 실제 의미를 벗어나지 않도록 해야 하며, 배움을 가능하게 만드는 방법에 대해 다뤄야 한다. 신체적 처벌은 여러 가지 이유로 바람직한 교육 방법이 아니며 자기조절을 발달시키는 방법 또한 아니다. 신체적 처벌은 이후에 다시 논의할 것이다.

사실 아이에게 자기조절을 교육하는 특별한 비결은 없다. 아이가 충동 조절에 협조하게 만드는 현명한 전략과 많은 비법들은 공통적으로 한 가지 중요한 요소를 포함하고 있다. 즉, 아이는 부모의 사랑과 승인을 바라며, 부모의 불승인을 애정과 존중의 일시적 철회로 느끼기 때문에 훈련에 협조한다는 점이다. 많은 부모들이 이 말을 듣고 깜짝 놀랄지도 모른다. 아이는 자신이 무엇을 하든 언제나 '항상 똑같이' 사랑받고 있다고 느껴야 하지 않을까? 이 원칙을 잘못 이해함으로써 오늘날 아동 교육에 많은 혼란이 야기되었으므로 이러한 개념에 대해 주의 깊게 살펴보자. 물론, 실제로 사랑받지 못하는 아이는 건강한 발달을 위한 자극을 받지 못할 것이고 심각한 인격장애가 나타날 것이다. 스스로 보잘것 없다고 느끼도록 자란 아이, 어린 시절 잘못 때문에 격하된 아이는 자신이 무가치하고 사랑받을 만하지 못하다고 믿게 될 것이며, 자아의 타락으로 인해 정신장애자나 사회의 부랑자가 될 것이다. 그러나 지금 우리는 소위 거부당한 아이들에 대해 말하고 있는 것이 아니며, 사랑받지 못하고 버림받았다고 느끼는 아이를 만드는 부모의 훈육에 대해 말하는 것도 아니다. 사랑받고 자란 아기도 부모의 불승인이나 비난을 애정의 철회로 느낄 것이다. 그러다가 부모와 관계가 좋은 방향으로 회복되면 부모의 애정과 승인을 다시 얻는 것으로 느끼게 된다. 이것이 아이가 자라는 과정이며, 사랑을 경험하는 방식이다.

이 모든 경우에 짚고 넘어가야 할 민감한 사항이 있다. 아이가 성이 나서 아빠를 발로 찰 때도 자기가 이성적일 때만큼 '똑같이' 사랑받는다고 느낀다면, 아이 입장에서는 화를 다스려야 할 이유가 없다. 만일 아이가 이런 식으로 행동해도 아빠가 예뻐한다면 스스로 자기조절을 발달시키려고 노력해야 하는 이유는 무엇일까? 멍든 정강이를 어루만지면서, 아니면 그 이후에 '항상 똑같이' 아이를 사랑할 수 있는 아빠가 과연 있을까? 언젠가는 그런 아빠의 사례가 생길지도 모르지만 아직 그런 아빠는 없었고, 육아를 목적으로 하는 한 그렇게 해서 득이 될 것이 없다. 부모가 모든 상황에서 '항상 똑같이' 느끼지 않음을 아이가 알 필요가 있다. 그렇지 않으면 아이는 부모가 제시한 이상적인 목표를 위해 노력하거나 자신의 행동을 제한해야 할 동기가 생기지 않는다.

하지만 나쁜 행동을 한 아이에게 (평소 사랑이 충만한) 부모가 일시적으로 애정, 승인, 총애를 철회하는 것과, 애정과 사랑 없이 억지로 아이의 충동적인 행동을 처리하는 것과는 큰 차이가 있다. 부모와 아이 사이에 기본적인 사랑의 유대가 없거나 그것이 혼란스럽다면, 부모의 불승인이나 비난은 별 효과가 없을 것이다. 단지 사랑받지 못한다는 느낌과 자신이 무엇을 하든 부모님의 사랑을 얻지도 못하고 잃지도 않을 것이라는 느낌만 확인하게 될 뿐이다.

그렇다면, 부모와 충분히 애정 어린 유대를 맺고 있는 정상적인 아이가 버릇없게 행동하여 부모로부터 안 된다는 말을 듣고 비난을 받는다면 무슨 일이 벌어질까? 아이는 불승인을 애정의 일시적인 철회, 다시 말해, 짧은 시간 동안 '총애를 잃는 것'으로 생각한다. 부모에게 사랑받고 승인받는 느낌과 자기 자신을 사랑하는 느낌은 밀접한 연관이 있기 때문에, 아이의 자존감에 동요를 일으킨다. 다시 말해, 부모가 아이에게 보내던 존중의 눈빛이 약해지면 아이의 자존감도 떨어진다. 수많은 감정 반응들이 섞여서 소위 말하는 '죄책감'이라고 부르는 감정을 낳는다.

잘못한 행동에 대한 죄책감을 경험하는 것은 자기조절의 발달에 있어 필수적이다. 죄책감은 후에 못된 행동을 반복하고 싶은 충동이 아이를 엄습할 때, 아이 스스로 만들어 내는 경계 신호로 작용할 것이다. 어른이 옆에 있든 없든, 아이가 자신만의 경계 신호를 만들 수 있을 때가 바로 양심 발달의 길에 들어선 때이다. 훗날, 이 경계 신호는 거의 자동으로 작동되고, 충동이 행동으로 개시되기 전에 별 의식적 갈등 없이 멈추게 한다.

죄책감이 양심 발달에 절대적으로 필요하다는 것을 알 수 있다. 자기 조절을 돕기 위해 적절히 작동하는 양심은 죄책감을 만들어 내고 그에 따라 자기조절이 이루어진다는 것도 이미 알게 되었다. 오늘날 계몽된 많은 부모들 사이에서 '죄책감'은 나쁜 단어로 여겨지기 때문에 현대의 육아 방식에는 맞지 않는다는 논란이 생긴다. "아이가 죄책감을 갖는 것은 나쁜 것 아닌가요?" "죄책감 때문에 아이에게 신경증이 생기지 않을까요?"

그래서 건강한 인격에 의해 생긴 죄책감과 신경증적 죄책감의 차이를 짚고 넘어갈 필요가 있다. 이것은 본질적으로 합리적 양심과 폭군 같은 양심의 차이다! 건강한 양심은 어떤 행동에 대해 마땅히 받을 만한 적절한 수준의 죄책감을 불러일으킬 수 있음을 앞서 말했었다. 건강한 인격은 가치 없고 부끄러운 행동의 반복을 막기 위해 죄책감을 이용한다. 그러나 신경증적 양심은 인격 내에서 게슈타포 사령부처럼 위험한 생각이나 잠재적으로 위험한 생각들, 그리고 이러한 생각들과 조금이라도 관련 있는 모든 생각들을 무자비하게 철저히 조사하고, 꿈에서 범한 사소한 잘못 또는 범죄에 대해서도 비난, 위협, 고문 등 죄를 인정할 때까지 끝없이 엄하게 문초한다. 그러한 죄책감은 인격 전체를 구속한 것과 같은 효과를 나타내며, 결국 끝없는 심판이 이어지다 보면 현실과의 고리는 끊어지고 인격에 대한 터무니없는 재판은 주로 무의식적으로 이루어지기 때문에, 이런 유형의 죄책감은 건설적인 행동이나 인격 성장에는 아무 쓸모가 없다.

이러한 차이점에 대해 좀 더 자세히 알아보자. 형이 아끼는 비행기 모형을 홧김에 부순 아이는 자신의 행동에 대해 죄책감을 느낄 필요가 있고, 만일 이후에 양심의 가책과 자책을 보인다면, 이러한 죄책감은 상황에 적절한 것이다. 하지만 놀이 중에 공 던지기를 지나치게 겁내고, 반대 의견 내놓기를 두려워하는 다른 아이의 예를 보자. 아이는 자신이 공 던지기를 겁내는 이유와, 다른 사람에게 반대 의견을 감히 말하지 못하는 이유를 모른다. 정신 치료를 통해 그 이유를 알 수 있었는데, 자신의 공격성이 표출된다면 실제로 누군가 다칠까 봐 두려워했던 것이다. 그래서 게슈타포 요원 같은 아이의 양심이 '공격성'에 관련된 모든 생각들을 찾아내서 구속해 버렸다. '공 던지기'는 공격적 행위로 간주된다. 반대 의견을 표현하는 것은 공격적 행위이다. 그러나 아이는 이를 알지 못한다. 단지 아는 것은 공 던지기를 하지 말아야 하고, 반대 의견을 말하지 않아야 한다는 것인데, 만일 꼭 해야만 하는 상황이 온다면 죄책감을 느끼게 될 것이다. 이러한 죄책감은 지나치게 과장된 것으로 공놀이나 일상적인 토론 상황과 전혀 균형이 맞지 않는다.

자기조절 훈련을 위해 아이의 죄의식 반응을 이용하는 것이 필요하지만, 다정하고 현명한 부모라면 부모에 대한 아이의 사랑의 힘을 남용해 나머지 정상적인 충동마저 겁낼 정도의 수준까지 죄책감이 생기지 않도록 해야 함을 알고 있다. 자기조절 훈련에 대해 논의할 때 아이가 죄책감을 느끼지 **않도록** 해야 하는 부분이 있다는 것을 반드시 알아야 한다. 배변 훈련을 할 때 아이에게 조절 실패에 대한 죄책감이 생기지 않도록 해야 한다. 탐험을 즐기는 걸음마 단계의 아기가 자기 주위에 있는 물건을 만지고 살펴보고자 하는 정상적이고 필수적인 욕구에 대해 죄책감을 느끼는 것은 바람직하지 않다. 자신의 성기를 만지는 것이나 성적인 문제에 대한 정상적인 호기심을 부끄럽다고 느끼지 않게 해야 한다.

하지만 자기의 화를 제어하지 못하고 파괴적인 행동을 보이는 유년기 아이는 자신의 행동에 대해 죄책감을 느낄 필요가 있으며, 다른 아이에게 돌멩이를 던져 안전을 위협하는 아이도 마찬가지다. 제멋대로이고 목적 달성을 위해 온갖 허용될 수 없는 방법을 자기 마음대로 사용하는 아이는 갓난아기 같은 그런 방식에 대해 죄책감을 느껴야 한다. 밖에서 놀 때 조심하라는 부모 말을 따르지 않는 아이 또한 자신의 행동에 대해 죄책감을 느껴야 한다. 도둑질의 의미를 알 만한 나이에 구멍가게에서 자질구레한 장신구를 훔치는 아이 역시 자신이 한 일에 대해 죄책감을 느껴야 한다. 금지된 행동에 대한 책임을 회피하기 위해 거짓말을 하는 아이는 도덕적 회피에 대해 죄책감을 느껴야 한다. 죄의식 반응, 즉 어떤 행동에 대해 도덕적으로 거부하는 반응은 이러한 각각의 경우 이외에도 다른 수백 가지 사례를 거치면서 나쁜 행실이 다시 나타날 때 그 행동을 반복하고 싶은 충동을 제지하게 된다.

이렇게 표현할 수도 있다. 아이는 파괴적인 행동을 했거나, 가족과 사회의 도덕적 원칙을 따르지 않았을 때, 죄책감을 느낄 필요가 있다. 단, 건설적인 목적으로, 즉 용인될 수 없는 행동을 제지하는 수준으로 죄의식을 활용하고자 한다면 상황에 따라 적절한 죄책감이 필요하며, 죄책감이 자아의 정상적인 기능을 심각하게 구속할 정도로 자기 처벌적이거나 자신을 괴롭히는 행동이나 생각을 유발해서는 안 된다. 적에게 돌멩이를 던지는 아이는 돌 던지기를 멈추기 위해 필요한 죄책감을 느끼는 것으로 충분하다. 아이가 자신을 잠재적인 살인자처럼 느끼고 자신의 공격적인 충동들을 무서워할 필요는 없으며, 공 던지기조차 못하는 꼬마 소년같이 모든 공격성을 거부할 필요도 없다. 부모의 훈련 원칙을 다음과 같이 요약할 수 있다. 경우에 따라 아이가 불승인을 느낄 필요는 있지만, 만일 부모의 반응이 너무 강해서 아이가 자신을 쓸모없다고 느끼고 사소한 공격성마저 경멸할 정도라면 부모로서 힘을 남용한 것이며, 과장된 죄책감과 자기 증오가 아이의 인격 발달에 영향을 미칠 가능성이 있다. 자기조절 수단을 획득할 수 있도록 나쁜 행실에 대해 충분한 죄책감 또는 양심의 가책이 발달하기를 기대하지만, 개구쟁이 행동의 결과를 침소봉대하거나 조절 발달을 위해 과도한 죄책감이 생기도록 할 필요는 없다.

많은 부모들은 아이에게 죄책감을 갖게 한다는 생각에 걱정이 많다. 실제로는 죄책감까지 느낀다. "비난 또는 불승인한 것이 **아이**가 아니고, 단지 아이의 행동을 비판한 것으로 느끼도록 하는 것이 더 낫지 않을까요?"라고 한 부모가 물었다. 이론적으로, 자기 행동 조절에 대한 죄책감을 갖지 않더라도, 아이는 부모의 반대를 불러올 만한 행동은 반복하지 않을 것이다. 그렇지만 어떻게 그게 실제로 이루어지나? 아이들이 나쁜 짓을 저질러서 부모에게 야단맞을 때 자신의 행위에 대해서뿐만 아니라, **자기도** 미움 받을 것임을 안다. 줄리아가 부엌 바닥을 계란 범벅으로 만들었을 때, 자신이 깨뜨려지는 것을 방관한 계란이라는 놈을 비난한 것이 아니다.(171쪽 참조) 마치 유령이 한 것인 양, 계란 깨기에 대한 행위를 비난하는 것에 초점을 맞추지는 않는다. 계란을 깬 것에 대한 책임이 줄리아에게 있기 때문에, 줄리아에게 초점을 맞추고 줄리아를 비난한다. 아무리 뛰어난 웅변가라고 해도 그 순간에는 줄리아가 비난받아 마땅하다는 사실을 바꿀 수 없다. 만일 아이 행동의 책임이 자신에게 있음을 제대로 알려 주지 않고 마치 행동과 저지른 사람이 분리된 것처럼 취급한다면, 책임 회피에 적절한 시스템을 제공하는 꼴이 된다. 아이는 바람직하지 않은 자신의 행동을 상상의 친구 탓으로 또는 계란이 스스로 깨지는 것과 같은 초자연적인 이유 탓으로 돌리려고 하기 때문에 자신이 원치 않았던 충동과 행위를 부인하는 아이의 성향이 영구히 지속된다. 그러나 아이를 올바르게 교육시키기 위해서는 이러한 경향을 바로잡아야 한다. 자기가 행동의 근원이며 책임을 져야 한다는 것을 알아야 한다. 행위자를 행위와 분리하는 부모의 접근 방식으로는 양심 교육을 할 수 없다.

이 글을 쓰는 중에 〈뉴요커〉에 이러한 교육법의 결과에 대해 다음과 같은 기사가 실렸다.

학대받음

최근 일곱 살짜리 친구 아들이 새로 페인트칠을 한 자기 놀이방 벽에 찰흙을 잔뜩 묻혀 꾸지람을 들었다. "정말 지겨워요. 제가 하는 모든 일마다 부모님께서는 저를 나무라세요."

오늘날 많은 부모는 아이가 양심의 가책을 받는 것을 보면서 아이가 자기 자신에 대해 비난하고 있다고 느끼기 때문에, 아이의 잘못에 대해 불승인을 보인 뒤 성급하게 (죄책감을 느끼며) 포옹과 뽀뽀를 해 준다. 이상하게도 많은 가정에서 아이가 죄책감을 느껴야 하는 상황이 역전되어 부모가 대신 죄책감을 갖는다. 아이를 대하는 부모 자신의 행동에 대해 부모가 죄책감을 가져야 할 때도 물론 있다. 아이에게 과민반응을 보였거나, 사리 분별이 없는 위협을 가했거나, 불공평한 비판을 했을 때이다. 그러나 지금 말하고자 하는 것은 나쁜 행실에 대해 불승인 또는 비판을 보일 필요가 있는 가족 내의 일상적인 일들에 대한 것이며, 아이의 행실이 야단맞아 마땅한 때에도 아이의 죄책감에 부모가 죄책감을 느끼는 것을 보게 된다는 것이다.

얼마 전, 똑똑하고 성실한 한 엄마가 훈육에 필요한 죄책감에 대한 문제를 들고 찾아온 적이 있었다. 그 엄마는 잘못된 행동에 대해 아이가 죄책감을 느끼는 것을 바라지 않았다. "아이를 한 대 때리고 그것으로 끝내는 것이 훨씬 낫다고 생각해요. 분위기도 안 나빠지고요. 그러면 모두가 기분이 좋아지고 그것으로 끝이잖아요. 어렸을 적에 아빠의 비난보다 오히려 엄마에게 엉덩이 맞는 게 훨씬 좋았어요. 아빠는 그냥 나를 책망하듯이 바라보기만 하셨는데 그게 참 비참하더라고요. 엄마는 내가 도리에 어긋나게 행동하면 그 자리에서 한 대 때렸고, 그것으로 끝이었어요. 우리 형제들은 아빠 방법보다 엄마가 때리는 것을 오히려 좋아했어요."

아마도 이 엄마가 어릴 적 아버지의 꾸중보다 즉각적인 엄마의 체벌을 좋아했던 것은 사실일 것이다. 그러나 똑똑하고 정말로 자비로운 이 여성의 존경받아 마땅한 양심은 아버지의 꾸지람에서 생겼고, 어머니의 체벌은 거의 영향을 주지 못했다고 본다. 왜냐하면 아버지의 꾸지람 덕분에 그녀를 착하게 생각하는 아버지의 기대에 자신이 부응하지 못했다는 느낌과, 그녀 자신에 대한 스스로의 기준에서 벗어났다는 느낌이 생겨났기 때문이다. 죄책감이 동반된 꼬마 소녀의 자기 비난은 아버지의 꾸지람과 일맥상통한다. 이러한 기분은 불편하고 어쩌면 고통스럽기까지 하지만, 양심 발달에 지대한 영향을 끼친다. 이에 반해, '어머니의 체벌'은 죄책감이나 스스로 자기 내부에서 처리해야 할 고통스러운 감정을 남기지 않았다. "저는 잘못을 했고 그에 대한 대가를 치뤘어요. 이제 저는 깨끗하고 우리는 동등한 거예요. 이젠 아무 잘못 없어요." 그 엄마가 말했듯이 체벌은 분위기를 바꾸긴 하지만, 이후 효과적인 양심을 발달시키는 데 거의 영향을 주지 못한다. 이유가 무엇일까? 이 문제를 통해 육아에 있어서 처벌의 역할에 대해 폭넓게 다루게 될 것이다.

처벌의 심리학

물론 아이를 기를 때 부모들이 사용하는 처벌 형태는 다양하다. 처벌은 주로 물리적 처벌과 같은 의미로 사용되고 있으나, 여기서 말하는 처벌은 다른 많은 범주를 포함한다. 만약 아이가 버릇없게 굴어 특권을 박탈당한다면, 이것은 처벌이다. 만약 행동을 조절하지 못해서 자기 방으로 쫓겨 간다면, 이것 또한 처벌이다. 아무리 부드러운 것이라도 부모가 아이에게 강제로 주는 벌칙이라면 역시 처벌이며, 여기에서는 이 모든 범주의 처벌과 처벌의 등급에 대해 논의할 것이다.

이론상 처벌은 '버릇을 가르치는 것' 또는 '바로잡는 것'이다. 따라서 양심을 키워 나가는 여러 기술에 대해 검토하면서 아이가 무엇을 배우는지 알아보아야 한다.

처벌을 고려하게 된 것이 바로 체벌이므로 체벌을 먼저 살펴보자. 부모들과 토론할 때 체벌은 모든 주제 중에서 가장 어려운 주제이다. 학부모교사협의모임에 참석하는 모든 부모가 불안과 불편감을 느끼고 예상되는 비난에 스스로 마음의 준비를 하는 주제가 바로 체벌이다. 대부분의 부모가 때때로 자기 아이를 체벌하고, 체벌하는 거의 모든 부모들은 죄책감을 가지고 있기 때문에, 연사가 체벌 반대 입장을 취할 때, 체벌하는 부모들은 **자신들이** 연사에게 체벌을 당하는 것처럼 느낀다.

나 역시 체벌은 도움이 된다고 생각하지 않으며 선호하지 않는다. 내 견해를 더 자세히 설명하기 전에 체벌에 대한 부모의 의견에 대해 잠시 말해 보자. 대부분의 부모들은 교육 방법으로서의 체벌에 대한 확신이 없으며, 실제로 정당화할 수 없는 체벌을 하고 있는 것에 대해 스스로도 부끄러워한다. 그러나 어떤 부모들은 다음과 같은 이유 때문이라며 체벌을 강변한다. "때로는 체벌이 유일한 방법이에요." "농담이 아니라는 걸 알려 주는 거죠." "애들이 맞을 짓을 해요." "깔끔하잖아요." "나도 어릴 때 매 맞고 자랐지만 잘못된 건 하나도 없어요." 그러나 스스로에게 체벌을 정당화한 부모들조차도 체벌의 문제에 직면하게 되면 방어적이 되고 당혹스러워 한다. 모든 부모의 기억 깊은 곳에 있는 어릴 적 체벌에 대한 감정은 모욕감, 무력감, 두려움으로 인한 굴욕감이 아닐까 추측할 수 있다. 자신의 어린 시절의 그림자를 떨치지 못한 부모는 자기 아이를 체벌할 때 불편한 마음이 들고, 어린 시절 깊은 분노를 느꼈던 체벌을 아이에게 실행하는 것에 대해 반성한다.

그러나 체벌하는 어느 부모에게라도 "효과가 있습니까?"라고 묻는다면 "글쎄요, 그렇지도 않아요. 어쨌든 잠시 동안은 통해요."라는 대답을 듣게 될 가능성이 매우 크다. 감정적인 부분을 빼고 생각하면 체벌 옹호론자들조차 이 처벌이 아이에게 어떤 것을 가르친다고 주장할 수 없다. 말하자면, 체벌은 계속 체벌을 부른다. 처벌을 통해서는 어떠한 것도 배울 수 없으며 잘못과 처벌의 순환은 끝없이 반복된다.

이렇게 체벌을 통해 배워야 하는 '교훈'은 양심의 형태로 통합되는 데 실패했다. 그러나 다음에 아이가 나쁜 짓을 하고픈 충동이 들 때 체벌에 대한 기억이 경고로 작용하지 않을까? 물론 도움이 될 수도 있겠으나, 그때 못된 충동을 조절하는 동기는 외부 권위자에 대한 두려움과 체벌에 대한 두려움과 같이 외부로부터 오며, 이러한 원리로 작용하는 양심은 그다지 믿을 만한 것이 못 된다. 만약 아이 자신의 죄책감 대신, 외부 처벌에 대한 두려움이 경계 신호로 작용한다면, 아이에게 많은 핑곗거리가 생기게 된다. 못된 짓을 하고 싶으면 발각되지 않을 것이라는 사실을 자신이 확신하기만 하면 된다. 또는 나쁜 행동으로 인한 즐거움과 괴로움의 위험 정도를 계산해 본 후에 나중에 대가를 치러야만 하는 한이 있더라도, 재미있는 쪽으로 결정할 수도 있다. 하지만 '나쁜' 일을 하려 할 때 죄책감을 발휘할 능력이 있는 아이는 자신에게 경고를 발동해서 나쁜 행동을 억제할 수 있는 신호 체계를 내부에 가지고 있다. 조절 시스템이 '외부'에 있는 아이와 달리, 양심이 있는 아이는 자신의 행위를 조절하기 위해 주변에 경찰관(외부 요인)이 있을 필요가 없다. 양심 있는 아이에게 경찰관은 자기 내부에 있다.

　체벌은 부모가 의도하지 못했던 다른 여러 영향을 끼칠 수 있다. 처벌이 '범죄'를 상쇄해 주는 순환과정을 만듦으로써 나쁜 행실에 대한 어떠한 죄책감이라도 성공적으로 회피하는 방법을 배울 수 있다. 아이는 잘못에 대한 대가를 치름으로써 다음번에도 죄책감 없이 나쁜 짓을 자유롭게 반복한다. 어떤 아이들은 회계 장부의 '죄'변에 특정 양의 부채를 허용하고(죄를 짓고), (어느 정도 부채가 쌓이면) 주기적으로 체벌을 받음으로써 '처벌'변에서 그 부채를 청산하는 정교한 결산 체계를 갖추고 있다. 장부의 균형이 맞으면 아이는 새로운 출발을 할 수 있고 다시 부채를 얻을 수 있다. "때로는 아이가 체벌하지 않을 수 없게 만들어요!"라고 체벌 옹호론자들은 말한다. 부모들은 그 자체를 경고로 받아들여야 한다. 체벌을 유발시키기 위해 어떤 짓이든 하는 아이는 장부의 '죄'변에 비밀스러운 부채를 가지고 있어서 부모에게 체벌당함으로써 죄라는 부채를 청산하고자 하는 아이이다. 이런 아이에게 체벌은 필요하지 **않다**!

프레디라는 여섯 살 난 남자아이가 생각난다. 그 아이는 무인 신문판매기에서 동전을 훔쳐 학교 친구들의 점심식사 값을 종종 대신 내주었지만, 수법이 교묘해서 거의 발각된 적이 없었다. 마침내 잡혔을 때, 이전 수개월 동안 했던 다수의 도둑질을 인정했고 그 모든 일을 그다지 신경 쓰는 것 같지 않았다. 아이는 죄의식이 없었지만 부모는 자신들이 도둑질을 한 것처럼 마음이 어지러웠다. 아이는 어떻게 죄책감 없이 이러한 도둑질을 계속할 수 있었을까? 주기적으로 도둑질을 계속하는 동안 프레디는 집에서 곤란해 하거나 불안해 보이지 않았다. 대신 평소보다 더욱 공격적이 되어, 자신의 형제와 싸우고 끊임없이 소소하게 짜증나는 행동을 하거나 반항하고 고집을 부렸다. 이 모든 것이 아이가 원하던 체벌을 받기 위함이란 것을 나중에야 알게 되었다. 그 후 부모는 나의 조언을 받아들여 체벌을 중지했고 프레디가 행동 조절을 확립하는 데 도움이 되도록 다른 수단을 사용했다. 그러자 프레디는 나쁜 행동에 대한 죄책감을 경험하고, 결국 행동 조절 방법을 익힐 수 있었다.

프레디는 가벼운 비행 아동으로 간주될 수 있으나, 비행을 저지르지 않는 많은 아이들의 경우에도 체벌 위주의 훈육을 하다 보면 프레디 경우에 본 것 같은 나쁜 행위에 대한 장부 기재 방식을 익힌다는 사실을 알아 둘 필요가 있다. 다른 면에서는 정상이지만, 죄책감에서 해방되기 위해 체벌에 의존하는 아이들이 있다. 어떤 아빠는 이렇게 말하기도 한다. "가끔 애가 뭐에 홀린 것 같아요. 애는 나를 부추기고 별 거 아닌 걸

가지고 점점 고집을 부려서 때리지 않을 수 없게 만들어요. 내가 결국 화를 터뜨리고 따귀를 올리면, 그제야 진정되고 그러고 나면 가장 좋은 친구가 되죠. 아이가 그런 기분일 때 유일하게 효과가 있는 것은 체벌이죠." 이미 우리에게 낯설지 않은 이런 상황을 설명하면서 아빠는 체벌을 옹호했다. 그러나 이런 식으로 처벌을 유발하는 아이, 즉 꼭 '때릴 수밖에 없게 만드는' 아이는 장부의 반대쪽 변의 죄책감을 면하기 위해 체벌을 이용하는 아이이다. 아이가 이런 것을 알 가능성은 거의 없다. 아이에게는 단지 처벌을 받고 싶은 충동이 생길 뿐이다. 체벌은 시스템의 일부가 되고 장부 균형을 맞추는 데 필요하다. 아이가 처벌을 간절히 원하고 있다는 것을 알게 된 부모라면 이 시스템의 조력자가 되어서는 안 된다. 원인을 찾아내서 처벌을 추구하는 행위를 멈추게 하는 것이 훨씬 나을 것이다. 원인이 되는 범죄는 종종 프레디 경우처럼 실제가 아니라 지미 경우처럼 상상의 범죄이다. 아빠가 죽을지도 모른다는 무서운 생각을 표현하고 난 뒤 저녁 내내 지미가 아빠를 얼마나 지독히 자극하였는지 기억할 것이다. '처벌을 바라는' 이유가 무엇이든지 간에 체벌에 협조하는 부모는 아이의 도덕 교육이 아니라 아이의 회계장부 시스템을 돕는 꼴이 된다.

많은 어른들이 앞서 제시한 아동 사례에 대해 강력하게 반박한다. "저도 어렸을 때 매를 맞았어요. 그렇다고 해서 지금 제 양심에 무슨 문제가 있는 건 아니에요." 한 엄마의 항변이다. 실제로 그렇다. 엄마의 말이 옳지만 체벌을 변호해 주지는 못한다. 이 엄마의 양심은 부모에 대한 강력한 사랑과 부모에게 사랑과 인정을 받고자 하는 욕구를 통해 얻어졌기 때문이다. 도덕적 가르침은 부모의 체벌을 통해 이루어진 것이 아니라 애정 관계를 통해 달성됐다. 여기서 체벌은 아이와 부모 사이의 관계에 손상을 주지 않았으며, 양심 형성에도 문제를 일으키지 않았다. 아이와 부모 사이의 근본적인 연결이 탄탄했기 때문이다. 그렇다고 해서 양심 형성에 체벌이 한몫했다고 할 수는 없다. 아이와 부모 사이의 관계가 근본적으로 건강할 때 체벌은 양심 발달에 피해를 주지 않지만 **양심 발달을 촉진시키지도 못한다**고 결론지을 수 있다.

좋지 않다고 여기는 방법으로 아이를 벌주거나 체벌할 수밖에 없는 착한 부모의 무력감, 그리고 부모 삶 속의 시련과 괴로움을 이해하지만, 조절을 가르치는 데는 더 훌륭하고 성공적인 방법이 있다. 부모가 이러한 다른 수단을 이해하고 훈육에 적용할 수 있게 된다면, 무력감 때문에 물리적 조절 수단을 쓸 필요가 없다는 것을 알게 될 것이다.

그러나 부모의 처벌이 모두 체벌과 같은 부류인가? 아니다. 육아에 있어 처벌에도 서열이 있다고 생각한다. 어떤 종류의 처벌은 도덕적이고 사회적인 가치를 가르칠 수 있으며 양심 교육에 이용할 수 있다고 말할 수 있다. 육아에서 흔히 사용되는 몇 가지 처벌에 대해 고찰하고, 자기조절을 이루는 데 어떻게 작동하는지 혹은 어째서 작동하지 않는지 살펴보도록 하자.

가끔 부모나 교사는 용납할 수 없는 행동을 한 아이의 특권을 박탈할 필요가 있다. 하지만 그러한 처벌에서 지켜야 할 원칙은 처벌이 교육자의 복수나 앙갚음이 아니며, 또한 아니어야만 한다는 점이다. 가르침을 위한 처벌이라면 반드시 나쁜 행동에 대한 합당하고 필연적인 결과로 설명이 가능해야 한다. 간단한 예를 들어 보자. 여섯 살배기 마가렛은 말도 안 되는 일에 뿔이 나 있다. 일요일 오후였다. 부모님, 여동생과 함께 공원에 가고 싶어 했지만 비가 심하게 쏟아져서 집에 있어야 할 날씨다. 엄마는 마가렛에게 그림 그리기, 다음은 인형 옷 만들기, 다음은 스크랩북에 사진을 자르고 붙이기를 하도록 유도한다. 평소 같으면 이러한 놀이에 푹 빠져들 마가렛이지만 오늘은 어떤 것도 마음에 들지 않는다. 마가렛은 점점 더 신경질을 부리고 투덜댄다. 아기 동생을 괴롭히고 장난감을 빼앗는다. 아빠가 좋아하는 프로그램을 보고 있는데 텔레비전을 끄려고 한다. 그리고 크고 날카로운 목소리로 노래를 불러 텔레비전 소리가 들리지 않도록 방해한다. 야단을 맞으면 더 투정을 부리고 더 반항적이 되어 거실이 아수라장으로 변할 때까지 새로운 방법으로 부모님을 화나게 하고 아기를 괴롭힌다. 결국 아빠는 마가렛에게 네 방으로 올라가라고 단호하게 말한다. 정신을 차리면 내려와서 다시 가족들과 함께 있을 수 있다고 말해 준다.

여기에서 처벌의 교육 목표는 마가렛이 자신의 행동을 조절하지 못하고 가족에게 지장을 준다면 가족활동에서 일시적으로 제외된다는 것을 보여 주고자 함이다. 이것은 마가렛이 보인 행위에 대한 처벌로서 합당하고 필연적인 결과이다. 사실상 이렇게 말하는 것과 같다. "(그 행동이 얼마나 심오한 의미가 있든지 간에) 고집스럽고 삐딱한 네 행동 때문에 가족 전체가 피해를 보고 있잖니. 네가 식구들과 사이좋게 지낼 수 있다고 생각될 때까지 네 방에 있어야겠다. 네 마음이 바뀌면 그때는 우리 모두 대환영이다." 차분해지고 나면 여섯 살배기 마가렛에게 이 정도 논리는 충분히 소화 가능하며, 처벌이 갖는 정당성도 분명히 전달될 것이다.

그러나 아빠가 처벌 방식을 바꿨다고 가정해 보자. (지금이 오후 세 시라고 가정하고) 아빠가 마가렛에게 이렇게 명령한다. "지금 당장 네 방으로 올라가서 저녁 먹을 때까지 거기 있어." 이 경우 마가렛은 자기 방에서 세 시간 정도 애를 태우면서 머물러 있으라고 명령받은 것이고,

그 시간 동안 아기처럼 행동했음을 후회하는 대신 아마도 복수할 생각이나 하고 있을 것이다. 이 사례에서는 처벌로 아무것도 배울 수 없다. 여기에서 한 가지 원칙을 쉽게 발견할 수 있다. 만약 처벌이 지나치다면, 다시 말해, 아이의 참을성을 초과할 정도로 과도하다면 유익한 효과가 없을 것이고, 아이는 단지 부당한 대접을 받았다고 느끼게 되며 적대적이고 복수심에 불타는 감정을 기르게 될 것이다. 이렇게 극단적인 추방은 도움 될 게 없다. 대부분의 아이들에게는 가족의 평화를 어지럽힌 데 대한 죄책감을 유지하는 시간 혹은 추방을 당하게 된 사건에 대한 기억을 유지하는 시간으로 30분도 너무 길다. 그렇다면 이러한 추방에 시간제한을 두는 이유는 무엇일까? 아빠의 조건은 단순하고, 마가렛에게 어느 정도 재량권을 주는 셈이다. **마가렛이 스스로 조절할 수 있다**고 느낄 때 돌아와서 다시 가족과 어울릴 수 있다. 그 상황에서 스스로 진정하는 데 5분, 어쩌면 15분, 또는 그 이상의 시간이 필요할 수도 있다. 차분해져서 이성적인 자아와 스스로를 조절할 수 있는 능력을 되찾았을 때, 가족 모두 마가렛의 귀환을 환영할 것이다.

이 일요일 오후의 위기를 다루는 데 있어서 몇 가지 다른 가능성을 알아보자. 마가렛이 반항하는 동안 부모님이 마가렛을 설득하려 한다고 생각해 보자. 또는 그 행동의 배후를 밝히려 한다면, 즉 무엇이 마가렛을 괴롭혀 비이성적인 방식으로 행동하게 하는지 찾아내기 위해 노력한다고 가정해 보자. 가능하면 이유를 밝히고 이성에 호소하는 것이 당연하다. 그러나 아이가 통제력을 거의 상실하게 되면 오해를 풀거나 비이성적인 행동을 평가할 만한 이성적인 자아가 충분치 못할 가능성이 있다. 많은 선한 부모들은 승산이 없는데도 아이의 이성에 호소하려 한다. 아이가 소리를 지르거나 극단적으로 고집부리는 상황에서 부모가 논리적 대화를 시도하는 가족 간의 갈등을 흔히 볼 수 있다. 하지만 이성에 호소하는 것은 화가 가라앉고 최소한 이성이 약간이라도 돌아올 때까지 미루는 것이 낫다. 예를 들어, 마가렛의 경우 그러한 행동에 대한 대화는 아이가 진정되고 스스로를 돌아볼 수 있는 위치로 돌아온 **후가** 좋은 시점이다. '잘못한 행동을 들춰내서 괴롭히기 위해' 작정한 경우가 아니라면 혹은 논쟁을 처음부터 다시 시작하기 위한 것이 아니라면 이러한 대화 역시 자기조절을 교육하는 데 도움이 된다. 아이가 이성을 바탕으로 자신의 분별없는 행동을 검토할 수 있게 되면, 이미 불합리한 행동을 조절하는 데 있어 일보 전진한 것이기 때문이다.

마가렛의 아빠가 사용할 수 있는 다른 처벌을 상상해 보자. 마가렛은 자신의 새 자전거를 매우 자랑스러워한다. 아빠도 마가렛이 자전거를 얼마나 좋아하는지 알고 있어서 마가렛의 행동에 대한 벌칙으로 며칠 동안 자전거 타는 특권을 빼앗았다고 가정하자. 아이가 무분별한 행동을 할 때 많은 부모들은 흥분하게 되고, 아이가 가장 소중히 여기는 특권을 찾아내서 아무 생각 없이 이러한 특권을 박탈하는 것을 처벌로 이용한다. 그러나 잘 생각해 보면 일요일 오후에 있었던 마가렛의 행동과 자전거 타는 특권의 박탈 사이에는 아무런 논리적 연결점이 없음을 알 수 있다. 아이는 이를 잘못을 저지른 데 대한 합당한 결과가 아니라 보복 행동으로 받아들이게 된다. 이러한 처벌로부터 아무것도 배울 수 없으며, 그저 자신이 부당하게 대접받는다는 느낌만 들게 되고 아이로 하여금 처벌을 초래한 사건들을 자신의 기억에서 지워 버리게 만든다. 한편, 마가렛이 자전거 타는 특권을 남용했거나 부모가 정한 안전수칙을 어겼다면, 하루, 이틀 또는 사흘 동안 자전거 타는 특권을 박탈하는 것은 납득할 만하다. 오늘날 가장 선호되는 처벌인 텔레비전 시청 특권의 무차별적 박탈 역시 같은 비난을 받아 마땅하다. 많은 부모들이 집에서 할 수 있는 유용한 형태의 훈육이라고 주장하지만, 그러한 무분별한 적용은 아무것도 가르치지 못하고 부모들의 무기로서 이용될 뿐이다. 훈육할 때 학습의 원리를 제대로 알고 있다면, 텔레비전을 보는 특권 박탈은 가능한 한 텔레비전 시청과 관련된 잘못을 저지르거나 특권을 남용할 때를 위해 남겨 두어야 한다.

모든 배움은 사건과 개념 사이의 논리적 연결이 확립될 때 더욱 효과적이다. 가르침을 주는, 즉 효과적인 처벌이 되기 위해서 논리적 관련이 필수적인 이유이다. 아이들의 추론 능력이 마술적인 사고를 지배할 수 있는 나이에 이르면, 스스로 자신의 행동과 그 결과 사이의 논리적 연결을 짓고 싶어 한다. 다섯 살배기 앤은 유치원 선생님이 했던 논리를 무시한 훈육 행동을 비난했다. 앤의 엄마는 열정이 넘치는 화가인 딸이 며칠째 거실에 붙여둘 그림을 가져오지 않았다는 것을 깨달았다. 이에 대해 묻자 앤은 그동안 아무것도 그리지 않았을 뿐이라고 잘라 말했다. 며칠 후, 오후에 엄마가 앤을 데리러 유치원에 갔다가 담임교사와 우연히 이야기할 기회가 있었다. 앤은 며칠 동안 그림을 그리지 않았다고 했다. 낮잠 시간에 잡담을 해서 벌(!)을 받고 있는 중이었다. 앤은 낮잠 시간에 떠들면 그림 그리기 수업 시간을 박탈할 것이라는 경고를 받았다. 그런데도 앤은 매일 떠들었다. 어느 날, 앤이 떠들고 있을 때 마침 담임교사가 나타났고, 교사는 앤에게 떠드는 문제에 대해 말해 보라고 했다. "음, 저는 낮잠 시간에 떠드는 것과 그림 그리기 사이에 무슨 관계가 있는지 모르겠어요." 앤이 날카롭게 지적했다. 담임교사가 당황해서 되물었다. "그렇다면, 낮잠 시간에 계속 떠드는 꼬마 소녀에게 **너라면** 어떻게 하겠니?" "글쎄요, 꼬마가 낮잠 시간에 떠든다면, 다른 곳에서 낮잠을 자도록 하거나 방에서 나가도록 할 거예요, 떠드는 것과 그림 그리기는 상관이 없잖아요!"라고 앤이 말했다. 앤은 낮잠 시간에 떠들어서 다른 아이들 잠을 방해했다면 다른 아이들과 격리하는 처벌이 훨씬 더 합당하며, 그림을 그리지 못하게 하는 처벌은 비합리적일 뿐만 아니라 부당하다고 생각했다. 앤은 처벌이 기다리고 있음을 알면서도 화가 나고 공정하지 못하다는 생각 때문에 낮잠 시간에 일부러 떠들었던 것이다.

그러나 논리적인 처벌이 가장 훌륭하거나 적절한 처벌이 **아닐** 때도 있다. 다음의 처벌을 살펴보자. 낸시는 일곱 살이 되었을 때 처음 공공도서관 카드를 갖게 되었고, 책을 빌리려고 매주 한두 번씩 가장 가까운 도서관 분관까지 2마일(약 3.2km)을 걸어 다녔다. 낸시는 열렬한 독서광이었고 도서관에 가는 일은 낸시에게 가장 즐거운 일이었다. 그러나 책 반납에는 신경을 쓰지 않아서 도서관 연체료가 금방 확 불어났다. 결국 아빠는 책임감 없는 낸시의 행동에 매우 화가 나서 거듭 경고한 후에, 한 달 동안 도서관 카드를 압수했다. 사실 이것은 '논리적인' 처벌이지만 올바르지 못한 처벌이다. 왜 안 좋은 처벌인지에 대한 첫 번째 이유는 너무 극단적이라는 점이다. 왜냐하면 부주의함과 무책임함은 부모님의 손길이 필요한 일이고, 책을 반납하지 않는 것은 중대한 범죄도 아니며 그렇게까지 극단적인 벌을 줄 필요는 없다. (책을 아주 좋아하는 아이에게 이러한 처벌은 시베리아로 보내진 것과 같다.) 기본적으로 **어떤** 처벌이라도 한 달 동안 계속되는 것은 일곱 살짜리 아이에게 너무 길다. 두 번째 이유는 교육적 목적에 반하는 처벌을 사용했다는 점이다. 아이가 책 읽기를 즐겨하는 것은 초기 지적 발달의 가장 좋은 조짐이다. 만약 낸시에게 책을 읽지 못하게 해서 이 신세계를 '책임감'이 승리하는 전쟁터로 만들고, 의지와 벌칙이 싸우고 경쟁하며 도덕적 목표를 향한 교훈들이 이 신세계에서 출현한다면, 얼마 후 이 작은 소녀에게 책의 즐거움은 줄어들고 도서관까지의 2마일 여정은 굉장히 먼 것처럼 느껴지게 된다. 이 '논리적인' 처벌은 불합리하다.

대부분의 일곱 살배기들에게 책 반납과 같이 세세한 일까지 전적으로 책임을 지도록 하는 것은 무리다. 아이들에게 반납일을 상기시켜 줄 필요가 있다. (종종 큰 아이들은 물론) 어린아이들이 도서관에서 대출받은 책을 반납하는지 확인하는 일은 부모 역할에 속하는 잡일 중 하나이다. 낸시보다 좀 더 나이가 들고 용돈을 받는 아이들에게는 연체료를 자기 용돈에서 내도록 할 수 있으며, 그렇게 함으로써 책을 빌릴 때 더 책임감을 갖도록 하는 것은 그다지 어려운 일이 아니다. 그리고 도서관에 책 반납을 게을리 한 일고여덟 살짜리 아이를 구제하는 데 필요한 금액은 사실 그리 많지도 않다. 많아 봤자 한 달에 50센트다. 초기 지적 발달에 50센트라니, 괜찮은 투자 아닌가?

논리적인 처벌이 그다지 좋지 않은 다른 예를 더 들어 보자. 다섯 살짜리 래리는 가족이 함께하는 저녁 식탁에서 종종 못된 짓을 한다. 음식으로 장난을 쳐서 식구들 입맛을 떨어지게 하거나, 형에게 완두콩을 던지기도 하고, 시끄럽게 떠들거나 바보 흉내를 내기도 했으며, 수십 가지 방법으로 식구들이 싫어하게 만든다. 몇 번이나 아빠는 래리에게 저녁식사를 굶고 이층의 자기 방으로 올라가도록 했었다. 그러면 래리는 가혹한 처벌에서 교훈을 얻는 대신 발끈하여 방방 뛰고, 몇 시간 동안 뾰루퉁해 있으면서 방에서 복수를 계획한다. 이 처벌에서 잘못된 것은 무엇인가?

갈등의 뿌리는 바로 음식 박탈이다. 음식은 우리 모두에게 상당히 복잡한 상징적 의미가 있다. 음식은 인격의 심리 깊은 곳까지 연결되어 있다. 만약 음식을 처벌에 이용한다면, 당면한 문제의 결과로 예상한 것보다 더 많은 감정이 생겨나는 심리적 연쇄반응을 유발할 것이다. 처벌을 시행할 때 아이가 실제로는 배가 많이 고프지 않았다고 하더라도, 음식을 뺏는 상징적인 의미가 아이의 분노를 초래하고, 부모는 아이를 배고프게 만드는 괴물이라는 환상을 유발할 것이며, 그 결과 이러한 과정에서 의도했던 가르침은 어디론가 사라지고 학대당했다는 느낌만 남는다.

만약 식탁에서 아이의 태도가 래리의 행동처럼 참을 수 없을 정도라면 다른 방에서 혼자 식사하게 하고, 그래도 그러한 행동이 계속된다면 더 강한 처벌을 사용할 수 있다. 이렇게 하면 음식을 굶길 때 동반되는 심한 반발감 없이 저녁식사 때 소란에 대해 논리적으로 처리할 수 있다. "만약 네가 식구들이 모인 식탁에서 예의 바르게 행동할 수 없다면, 우리는 너랑 함께 있고 싶지 않구나."라고 말하는 효과가 있다. 이 방법은 가족이 함께하는 저녁식사의 사교적인 측면을 강조하기 때문에, 음식을 뺏는 것보다 좀 더 이성적인 처벌일 뿐만 아니라 합리적인 처벌이다.

"하지만, 다섯 살짜리 우리 아이는 따로 식사하게 되어도 별로 개의치 않는 것 같은데요!"라고 한 엄마가 말했다. 이런 경우에는 다른 방법을 찾아야 할 필요가 있다. 만약 아이가 가족과 함께하는 식사 시간을 즐겁게 느끼지 않았다면 당연히 가족과 함께하는 식사 시간에 격리되는 것이 아이에게 별 문제가 되지 않는다. 이 경우 가족들은 저녁 식탁에서의 분위기를 검토해 볼 필요가 있다. 만약 저녁식사 시간이 가족들의 긴장을 내뿜는 시간이거나, 부모가 피곤하고 예민해져서 어린아이들과 대화하는 것에 관심을 거의 갖지 않는다거나, 먹느냐 안 먹느냐와 같은 음식에 대한 낡은 갈등이 이 시간에 재현된다면, 음식으로 익살 부리고 장난치는 것이 아이가 긴장을 푸는 방법 중 하나일 수도 있다. 이쯤 되면 아이에 대한 처벌이 답이 아니라, 이러한 행동을 만드는 상황을 바로잡는 것이 답이 될 것이다.

이제 처벌 원칙으로 돌아가 보자. 가장 효과적인 처벌은 잘못에 대한 결과를 논리적으로 보여 줌으로써 가르치는 것임을 알게 되었다. 동시에 '논리적인' 것일지라도 지나치게 가혹하거나, 아이의 인내심을 넘어서거나, 더 중요한 다른 교육적인 목표를 무시한다면 교육에 도움이 되지 않을 수 있다. 원칙적으로 아무리 가벼운 처벌이라도 오랜 기간 지속된다면 전혀 그 효과가 없을 수 있다. 자전거를 못 타게 하는 것은 안전 수칙을 어긴 것에 대한 가벼운 처벌일 수 있으나, 만약 아이가 어린데다가 처벌이 며칠 동안 지속된다면 뉘우침은 없고 적대적으로 끝나게 된다. 만약 여덟 살 또는 아홉 살짜리 아이가 창문을 깨서 35센트씩 받는 일주일치 용돈에서 매주 창문 값을 지불하게 한다면, 아이는 몇 주 또는 몇 달 동안 빚을 지게 되고, 얼마 후에는 자신의 용돈에서 돈이 빠져나가야 하는 이유조차 기억할 수 없게 된다. 나쁜 행동으로 부모의 총애를 잃은 아이는 한 시간 동안은 죄책감과 후회를 느낄지 모르지만, 만약 냉담함이 오랜 기간 지속된다면 그저 화가 날 뿐이다.

끝으로, 가장 훌륭하고 지혜로운 부모란 어떤 처벌도 하지 않는 부모일 때도 있다. 다음 상황을 생각해 보자. 네 살배기 조지는 부모로부터 친구와 싸울 때 돌을 던지지 말라는 주의를 여러 차례 받았다. 어느 날 일이 터진다. 친구 샘과 싸우다가 날카로운 돌로 샘의 눈 위를 맞췄고, 비명을 지르고 얼굴에 피가 흐르는 샘을 샘의 엄마가 병원으로 급히 데려가는 공포를 조지는 눈앞에서 겪었다. 상처는 꿰매야 할 정도로 깊었으며, 만약 돌이 조금만 밑에 맞았다면 실명했을 수도 있었음을 조지는 충분히 알았다. 조지는 자신이 한 일에 대해, 그리고 일어났을 수도 있었던 일에 대해 공포와 죄책감으로 가득 찼다. 조지는 부모에게 처벌을 받아야 할까? 조지에게 돌팔매질의 위험에 대해 더 이상 가르칠 필요가 없다. 아이는 이미 끔찍한 결과를 보았다. 스스로 죄책감 느끼는 것만으로도 충분히 처벌 효과가 있다. 부모가 아이를 처벌함으로써 아이의 죄책감이 줄어들도록 하는 것도 바람직하지 않다. 스스로 죄의식의 영향을 충분히 느끼도록 내버려 두는 편이 훨씬 낫다.

처벌 방법의 몇 가지와 양심 형성과 관련해 그 역할에 대해 검토했고, 이제 처음 시작했던 곳으로 되돌아왔다. 요컨대, 어떤 방법을 쓰든 훈육의 '효과' 여부는 아이와 부모의 기본적인 관계에 달려 있다. "하지만 우리 아이에게는 **어떤 방법도** 통하지 않아요! 자기가 하고 싶은 대로 해요."라고 말하는 부모가 있다면, 더 훌륭한 훈육 기술이 필요하다기보다는 부모 자식 간의 관계를 살펴봄으로써 해결책을 찾을 수 있다. 만약 부모 스스로 자녀들의 '훈육 문제'에 압도된다면, 차분히 앉아서 무엇이 잘못되었는지, 무엇이 부모와 자녀 사이의 관계를 방해하는지 생각해 보는 것이 바람직하다. 때로는 새 아기의 탄생으로, 또는 아이가 새로운 발달단계에 들어서거나, 어린이집 또는 유치원에 다니기 시작한 것과 같은 새로운 상황에 의해 일어난 일시적인 관계의 혼란일 수 있다. 그러나 만약 오랫동안 아이가 훈육에 문제를 드러낸다면, 부모 스스로 혹은 외부 상담을 통해 전체적인 상황을 재검토할 필요가 있다. 처벌은 답이 아닌 것이다.

도덕적 가치의 습득

눈에 띄는 아이의 행동을 다루지 않고도 아이를 대하는 부모의 태도에 의해 좌우되는 다른 형태의 도덕 교육이 있다. 분명 아이의 행동을 대하는 부모 반응과 같은 태도에서 아이들이 배우기도 하지만, 사랑하는 사람들 사이의 친밀한 교제에서 일어나는 단순한 일상적 태도의 동화가 더 큰 교육 효과가 있다. 아이가 정직하게 말하지 않을 때 징계 처분을 하는 것보다 부모가 정직함의 본보기를 보여 주는 것이 아이의 정직함 발달에 더 도움이 된다. 주일학교에 기부금을 내거나 자선 모금에 한두 푼 내는 것보다는 약한 사람, 장애인, 고통받는 사람들을 대하는 부모의 태도가 좀 더 효율적으로 아이 몸에 배게 된다. 살인범이나 문화적 유산의 파괴자들에 대한 부모의 혐오감이 설교보다 더욱 설득력 있는 선생님이다.

요즘 부모들은 도덕을 가르치는 지도자로서의 역할에 대해 너무 확신이 없다. 이러한 불확실성 중 일부는 이전 세대가 도덕 교육에 사용했던 공포 기법에 대한 반작용이다. 요즘 부모들은 아이를 위협하거나 공포를 과장하거나 무시무시한 경고를 해서 도덕적 태도를 가르치고 싶어 하지 않기 때문에, 부모가 아이에게 도덕적 반응을 보이면 아이가 지나친 죄책감을 갖게 될까 봐 어떤 도덕적 반응도 보이기를 두려워하는 것 같다. 이는 거짓말, 도둑질, 살인, 파괴에 대한 굳은 도덕적 신념을 지니고 있는 많은 부모들이 마음에서 우러나는 진지한 방식으로 자녀들에게 그 신념을 물려주는 데 실패했음을 의미한다. 자녀의 인격 내부에 도덕적 가치가 심어져야 하는 시기가 훨씬 지났음에도 부모들은 자녀의 도덕심 결핍이나 도덕적 원칙의 부재조차 묵인한다.

꼬마 친구들과 함께 구멍가게에서 좀도둑질한 것을 인정하면서도 즐거운 표정을 짓던 여섯 살배기 아이가 생각난다. 좀도둑질은 아이들이 하고 노는 게임의 하나였다. 아이들 중 누구도 그 물건이 필요했거나 갖고 싶어서 훔친 것이 아니었다. 꼬마 친구에게 부모님도 네가 도둑질한 것을 알고 계시냐고 물었다. 아이는 두어 번 훔친 물건을 집에 가져왔을 때 엄마가 알아차렸다고 했다. 엄마의 반응은? "어머니께서는 도둑질이 좋지 않은 것이라며 두 번 다시 하지 말아야 한다고 하셨어요!" 이 엄마에 대해 상상해 보았다. 그 엄마는 굉장히 착하고 자기 자신은 도둑질 같은 부정직한 행동을 할 수 없는 사람일 것이다. 그 상황에서 '이해심 있는 엄마,' '응징하지 않는 엄마'가 되기 위해 필사적으로 애를 쓰고 있으며, 이 상황에 대한 그러한 자기 감정이 아이에게 전달될까 봐 두려워하는 상당히 무력한 모습의 엄마였을 것이다. 나중에 이 엄마와 이야기를 나누었다. 아이가 훔친 물건들을 집으로 가져왔을 때 엄마는 어떻게 느꼈을까? "솔직히 끔찍했어요. 제 아이에게 실망하고 제 자신에게 실망해서 제가 할 수 있는 것은 도둑질에 대해 아이와 이야기를 나누는 것뿐이었어요." "도둑질에 대해 엄마가 어떻게 느꼈고 아이에게 얼마나 실망했는지를 말해 주셨습니까?" 스스로 매우 객관적이고 이해심이 있다고 자부하는 이 엄마는 "당연히 아니죠!"라고 말했다. "따지고 보면 구멍가게에서 물건을 훔치는 것은 그리 심각한 일은 아니잖아요. 모든 아이들이 이런 단계를 거치지 않나요?"

물론, 구멍가게에서 물건 훔치는 것은 중대한 범죄가 아니다. 아마도 모든 아이들이 한두 번쯤 도둑질을 한 적이 있을 것이다. 그리고 이 아이가 비행 아동도 아니고 심한 문제가 있는 것도 아니기 때문에, 그 행동에 특별한 의미를 부여할 필요도 없다. 그러나 부모가 도둑질에 대해 도덕적인 태도를 보이지 않을 뿐만 아니라 잘못된 식사 예절을 다루는 정도로만 타이른다면, 어떻게 이 아이가 도둑질에 대한 도덕적인 태도를 배우고 앞으로 할지도 모르는 좀도둑질을 예방할 수 있겠는가? 이전 세대의 부모들이 했던 것처럼 경찰을 부르겠다든가, 소년원 또는 지옥불로 아이를 위협해 이 작은 죄인이 자신을 위험한 범죄자로 느끼게 하는 것도 적절하지 않다. 이렇게 악독한 방법들을 쓰지 않고도 도덕적인 태도를 가르칠 수 있다. 부모가 자녀와의 관계가 돈독하다면, 부모 자신의 도덕적 태도가 아이에게 전달되어 아이가 그것을 느끼고 활용해서 도둑질에 대한 아이 자신의 도덕적 태도를 발달시키기 위해서는 부모가 아이의 도둑질에 대한 부모의 느낌을 표현하고 아이가 그런 짓을 한 것에 대한 실망과 깊은 근심을 아이에게 보여 주는 것으로 충분하다. 물론 부모가 조절이 잘 안 되는 기질을 가지고 있거나, 구멍가게에서 물건 훔치는 것을 훗날 범죄자가 될 징조로 여기는 부모에게는 해당되는 방법이 아니다. 이러한 도덕적 불안을 갖는 부모들은 자신들이 느끼는 것을 아이에게 표현하지 않는 편이 낫다. 그러나 도덕적 히스테리를 부리지 않고도 도덕적 신념을 지켜 나갈 수 있는 대부분의 평범한 부모들은 문명화된 세상에서 도둑질과 같은 것에 대해 어떻게 느끼는지를 아이들에게 전달해 주는 것이 좋다.

도덕 교육에 있어 부모들의 불확실성은 텔레비전, 영화, 만화책 등에서 제공되는 혐오스런 내용에 대한 부모들의 태도에서도 볼 수 있다. 대부분의 부모들은 이 작품들을 비판하지만 어떤 부모들은 해롭지 않게 공격성을 방출하는 수단이라며 이를 옹호한다. 하지만, 비판하는 부모들 중에서도 아이들의 읽고 보는 취향에 대해 진정으로 도덕적 태도를 취하는 경우는 극히 드물다. 이러한 살인, 폭력, 가학적 이야기들의 교육 효과에 노출된 아이는 그 부모가 바라는 가치들과 확실히 거리가 먼 다른 종류의 가치들을 습득할 것이다. 자기 집 거실에서 하루에도 열 번 이상의 살인 장면을 영화에서 보고, 이런 날들이 매일매일 이어지고 수

년간 지속되다 보면 인간의 생명을 존중하지 않게 되고, 한 생명이 참혹하게 끝나는 것을 비극으로 여기지 않게 된다. 기껏해야 아이가 배우는 것은 청소부가 시체를 쓸어 담는 장면에서 흘러나오는 광고 문구의 가식적인 도덕적 교훈뿐이다. "범죄가 가져다주는 것은 아무것도 없습니다." 오늘날 사람 목숨을 빼앗는 데 대한 문명화된 시각의 배후에 있는 도덕 원칙은 "범죄가 가져다주는 것은 없습니다."가 **아니라** "너는 결국 잡힐 것이다."이다. 이것은 들켰냐 아니냐에 따라 '옳고' '그름'을 판단하는, 아직 양심이 없는 두 살배기 아이의 도덕성과도 같다. 범죄자의 도덕성도 마찬가지다. 그러나 문명화된 사람은 인간 생명의 가치를 고귀하게 생각하고, 그 범죄가 발각될 가능성이 없다고 하더라도 다른 사람을 죽인다는 것은 도덕적으로 불가능한 일이기 때문에 살인이라는 개념은 생각도 할 수 없다.

텔레비전과 만화책을 끼고 사는 아이가 사회에서 인간 생명을 신성시한다는 것을 스스로 깨우치기는 대단히 어렵다. 방과 후 오후 서너 시경부터 잠잘 때까지 권총 소리가 시끄럽게 귀를 때리고, 광고에서 나오는 유쾌한 목소리가 피비린내 나는 비명소리와 죽어 가는 이의 유언을 무시하며 건강한 아침식사에 대해 떠든다면 누가 죽음을 비극적으로 바라볼 수 있겠는가? 이러한 소음들 너머로 부모가 목소리를 낸다 해도 영화에 나오는 내용들과 대적하는 일은 만만치 않다.

대부분 부모의 목소리는 거의 들리지 않는다. 왜냐하면 대부분의 부모들이 인간의 존재와 가치를 격하시키는 이런 이야기들을 몹시 싫어함에도 불구하고, 부모들 또한 이것들을 묵인하기 때문이다. 부모들은 자기 스스로의 가치 기준을 가지고 있으며 그 기준대로 살아가지만, 자신이 받은 교육과는 다른 아이의 교육에 대해 이의를 제기하지 않으며, 아이는 다른 좋은 가정의 착한 아이들처럼 자기 집 거실에서 조폭, 마약중독자, 가학증 환자, 얼간이들이 주는 쾌락과 교훈을 받아들이는 특권을 누린다. 그렇다고 이러한 프로그램들이 탈선을 부추긴다는 의미는 **아니**다. 비행 청소년들은 이런 식으로 만들어지지 않는다. 단, 이러한 이야기에서 인간의 가치가 격하되고, 이러한 이야기와 주제가 끝없이 반복되면서 아이들의 마음은 인간 가치의 저하를 받아들이게 된다는 것이다.

이러한 생각에 초점을 맞추고 예를 들어 보자. 얼마 전, 링컨 탄생일에 그가 죽기 전 몇 년에 대한 이야기를 극화하여 텔레비전에서 방영했다. 이 프로를 본 아이들을 여럿 알고 있는데, 그 반응들이 다양했다. 물론 요즘 아이들에게 에이브러햄 링컨은 문화 영웅*이 아니다. 요즘 젊은이들의 기준으로 본다면 링컨은 재미없는 삶을 살았다. 겉으로 드러날 만한 업적도 없고, 곰이나 인디언을 죽인 적도 없었던 이 수줍고 겸손한 남성의 도덕적으로 용기 있는 행적은 내가 아는 어떤 아이에게도 깊은 인상을 주지 못했다. 요즘 아이들에게 외톨이가 되는 지름길인 수줍음은 치명적이기 때문에, 수줍고 어색한 링컨은 사실 아이들에게는 짜증나는 영웅과 같았다. 그걸 알고 있는 나에게 놀랍게도 아이들은 텔레비전에서 본 링컨의 이야기에 대해 열정적으로 이야기했다. 아이들의 말을 듣고 나서야 아이들이 그 프로그램에 열광했던 이유를 이해하기 시작했다.

부스Booth라는 남자가 극의 중반에 대통령인 링컨에게 총을 쏘고 달아난다. 실화이며 역사상 가장 엄청난 살인 사건이었다. 텔레비전에서

---

*culture hero: 주로 원시사회의 신화에 나오는 초인적이고 반신반인적인 존재. 문화를 창시한, 또는 사회의 이상을 구현한 신화적, 전설적 인물을 뜻하기도 한다.

하는 범죄 드라마에 물려서 냉소적이고 따분해 하던 어린 시청자들은 대통령을 쏜 부스라는 범인의 대담함에 압도됐다. 물론 FBI(!)가 이 남자를 추적해 잡았다.(아이들에게는 공룡도 살았던 것처럼 느껴지는 그 옛날인 링컨 시절에도 범죄는 득이 될 것이 없으며, FBI는 항상 범인을 잡는다는 완벽하게 만족스러운 결말이다.) 여덟 살짜리 꼬마에게 대통령이 살해당했을 때의 느낌을 물었다. "뭐, 그거야 대통령이라면 그 정도는 감수해야죠." "그게 바로 제가 대통령이 되기 싫은 이유에요."라고 달관한 듯이 말했다.

어린 친구들 중 그 누구도 이 드라마를 비극으로 여기지 않았다. 누구도 슬프다고 하지 않았고, 이 훌륭한 위인의 살해에 대해 분개하지도 않았다. 그렇다고 해서 이 아이들이 완전히 무감각한 친구들은 아니다. 어떻게 아이들 모두가 이 드라마의 요점을 이해하지 못했을까? 아이들은 그저 수년간 '범죄 이야기'를 통해 다져지고 습득한 고정관념으로 이 드라마를 시청했다는 인상을 받았다. 텔레비전이나 영화의 살인 각본 작가들과 만화책의 작가들은 살해된 희생자를 한 인격체 또는 소중한 생명체로서 의미를 부여할 생각도 하지 않고 그럴 시간도 없다. 희생자는 살해되기 전에도 이미 그저 시체에 불과하다. 희생자의 목숨이 시청자에게 별 의미가 없으므로 희생자의 죽음 또한 중요하지 않다. 물론, 하찮은 사람이 희생자가 됨으로써 관중에게 주는 부수적인 이익이 있다. 만약 희생자가 시청자들에게 아무 의미가 없다면 살인에 대해 복잡한 감정적 반응 없이 '즐길' 수 있다. 문학작품은 반대다. 만약 살인이 문학작품의 주제라면, 독자를 혼란에 빠트리고 희생자뿐만 아니라 살인자 모두에 대한 복잡한 감정 반응을 불러일으킬 때 작품은 성공한다. 이런 식으로 문학작품은 우리의 인간성을 깊어지게 한다. 그러나 요즘 꼬마 친구들은 살인의 희생자가 허구였다 하더라도, 그 사람에 대해 걱정하고 잔혹한 죽음에 대한 고통, 슬픔, 아픔 등을 경험할 기회를 가진 적이 없었다. 살인 이야기의 공식에서는 거의 그런 경험을 해 본 적이 없기 때문에 링컨 대통령 암살이라는 비극에 반응할 능력이 없었던 것이다.

이 문제에 대해 지나치게 파고드는 걸까? 다 아는 것처럼 텔레비전과 만화책의 세계는 아이들의 환경의 일부이다. 반복해 말하지만, 이 세상이 아이들을 부도덕하게 하거나 비행 청소년으로 만든다고 주장하는 것이 **아니다**. 도덕 교육이나 도덕성의 결핍은 부모와 아이의 관계라는 기본적인 자원으로부터 시작되는 것이기 때문에 그런 사소한 이야기들의 책임은 **아니다**. 내가 말하고자 하는 것은 별 가치 없는 목숨, 난폭하고 의미 없는 죽음, 추적, 납치, 처형, 천박한 도덕 교훈 등과 같은 범죄 이야기 공식에 단순 반복적으로 노출된 아이는 도덕적 감수성이 무뎌진다는 것이다. 이러한 공식은 인간의 가치를 끌어내려서 바보스럽게 만들기 때문이다. 이렇게 공식화된 이야기들의 단조로움과 공허함 때문에 아이들의 상상력이 무뎌지고 단조로워지는 것은 말할 필요도 없다. 아이의 도덕성 성장 역시 상상력에 의존하고 있기 때문에 여기에서 짚고 넘어가도록 하자. 아이의 이야기 세계를 통해 상상력이 제공하는 무한한 경험의 가능성이 펼쳐지고, 인간의 본성과 입장에 대한 이해가 깊어질 때 도덕적 감성 또한 깊어진다. 그러나 텔레비전과 만화책의 이야기 세계는 인간의 문제를 하나의 공식으로 축소시켜 상상력을 제한하고 도덕 발달을 저해한다.

동화 역시 단순한 공식을 사용하고 인간 본성에 대한 아이의 이해에 도움이 될 것이 없지 않느냐는 주장은 억지에 불과하다. 동화 세계는 명백하게 꾸며 낸 세상이고, 현실이나 인간의 입장을 나타내려고 시도하지도 않는다. 아이는 이러한 한계를 받아들여서 네다섯 살 이후부터는 환상 세계와 현실 세계 사람들의 행위를 연결해서 생각하지 않게 된다. 분명히 환상 세계는 '하는 척할 뿐이고' '일어날 수 없기 때문에' 꼬마들도 쉽게 자리를 잡고 완전히 현실을 접고 즐길 수 있다. 그러나 텔레비전 영화나 만화책에서는 상상의 세계가 실제 있는 것처럼 보이도록 시도한다. 예를 들면, 우주에 대해 완전히 허구적인 이야기를 다루면서도 '실제처럼 보이는' 장치를 사용하기 때문에 아이가 실제 세상과 이 사건들을 구분하기가 대단히 어렵다.

이러한 이유들을 종합해 보건대, 텔레비전, 영화, 만화책 같은 오락물들이 미치는 교육적 영향에 대해 진지하게 생각해 보아야 한다. 자기 부모에게 도덕 교육을 받는 동시에, 부모 허락 하에 자기 집 거실에서 원시시대에서나 통할 법한 사회적, 인간적 가치 기준을 가진 지하세계와 외계로부터의 방문객들이 제공하는 오락거리를 즐기고 있는 아이에게 이러한 오락물이 무슨 의미가 있을지 고려해 볼 필요가 있다. 일반적으로 이런 손님들을 집 안에 들이지 않거니와, 살인과 야만적 행위를 가정 오락으로 여기지도 않는다. 성실하고 도덕적인 부모라면 자녀에게 거친 공격성, 폭력, 가학성에 대응하는 태도를 훈련시키는 데 몇 년을 노력해 왔을 것이다. 파괴적 행위를 통한 원시적 쾌락을 포기하고 가학성을 혐오하는 문명화된 태도의 습득이 아이들에게 꼭 필요하다. 하지만 매일 살인과 폭력을 오락으로 접하게 된다면 아이가 어떻게 파괴적인 행위의 즐거움을 포기하겠는가?

많은 부모들은 이러한 오락물이 아이들의 공격적 충동을 해롭지 않은 형태로 해소시켜 준다고 주장한다. 이러한 시각은 인격 발달에 있어 공격성의 역할에 대한 잘못된 관념에서 비롯된다. 텔레비전과 만화책이라는 환상 세계의 도움이 없어도 아이들은 공격 충동과 공격적 환상을 가지고 있음을 인정하지만, 그러한 충동을 발산하기 위해 일정한 수단을 반드시 제공해야 할 필요는 없다. 앞서 나온 논의에서 본 바와 같이, 공격성의 노골적인 방출은 인격 발달에 도움이 되지 않으며, 충동 방출을 공격성 조절의 기본으로 삼는 인격은 가장 단순하고 가장 원시적인 형태이다. 아이의 이러한 충동을 변형시키고 공격 충동을 간접적으로 만족시키는 방법을 제공하며, 그러한 성향을 승화시킬 수 있는 사회적으로 가치 있는 목표를 제시해 주는 것이 우리가 할 일이다. 어느 정도의 공격적 에너지는 학습, 창조적 작업, 개인적 목표 달성 등에 이용되지만, 이러한 승화된 활동들을 살펴보면, '공격성'이라는 원재료가 '공격성'으로 거의 인식될 수 없을 정도로 변형되어 고차원적인 사회적 목적에 도움이 되는 것을 볼 수 있다. 공격성 방출을 위해 원시적인 수단을 더 많이 제공하면 할수록, 아이는 공격성을 변형시키고 승화시키는 노력을 **점점 덜 하게** 된다고 말할 수 있다.

아무튼, 억압된 공격적 갈망을 만족시키기 위해서 하루에 네다섯 시간씩 유혈이 낭자한 오락이 '필요하다'고 주장하기는 힘들 것이며, 오락의 수위를 낮추어 유지하다 보면 아이에게 오락이 정말 '필요한 것'인가라는 의문이 들게 된다. 확실한 것은 이러한 종류의 오락을 이따금씩 즐기는 것은 해가 되지 않을 것이며, 규칙적으로 꾸준히 오락을 즐기는 경우만큼 상상력과 가치관에 아주 나쁜 영향을 주지는 않을 것이라는 점이다.

아이들 교육이 중요하다고 생각한다면, 보다 좋은 학교, 좋은 교사, 도서관, 그리고 박물관을 위한 개혁운동을 추진하면서도, 아이들 교육의 상당 부분을 아침식사용 시리얼 제조 회사에게 떠넘기는 상황이 이상하다는 사실을 인정해야만 한다. 자기만의 교육 방식을 선호하는 부모들은 이런 상업성 교육에 대해서도 다른 영역의 아이 교육에서 하는 것과 같은 정당한 감독을 할 수 있을 것처럼 보인다. 그러나 부모들이 자신들의 세금 보조를 받는 교육기관(학교)에 대해 하고 있는 만큼 상업적인 교육에 대해서는 제 목소리를 내지 않기 때문에, 텔레비전 프로그램, 라디오, 영화, 그리고 만화책들에 대한 지도 감독은 부득이하게 부모의 검열 대상이 된다. 이는 부모가 텔레비전 프로그램의 주제와 만화책 내용을 자세히 파악하기 위해 별도의 노력을 기울여야 하고, 부모가 판단해 아이가 보거나 읽는 것을 허용할지 말지를 결정해 주어야 함을 의미한다.

많은 부모들이 검열하는 일에 대해 부담을 느끼며, 아이들의 항의를 어떻게 감당해야 할지 걱정한다. 언쟁 시작 전에 이미 부모들은 기가 꺾인다. "하지만 수지네 엄마는 허락해 주셨고, 지미는 자기가 원하는 만화책을 몽땅 살 수 있다고요." 이렇게 흔들리는 부모는 결국 "정말, 안 될 게 뭐 있어?" "왜 우리 애만 다르게 느껴야 하지?"와 같은 근거로 종종 아이의 의견을 따른다. 이러한 언쟁에 맞설 수 있는 부모들에게 임상적 경험으로부터 우러나오는 위로를 보내는 바이다. 아이의 텔레비전 시청 습관과 독서 습관을 부모가 확고하고 적절하게 검열, 감독한다고 해서 신경증이 생긴 아이를 나는 한 번도 본 적이 없다. 그리고 부모가 이런 특권을 행사한다고 해서 아이와 부모의 좋은 관계가 틀어지는 것도 본 적이 없다. 오히려, 부모와의 관계가 건강한 대부분의 아이들은 지도 감독을 부모의 권리라고 여긴다. 더욱이, 흉악범이 은행원에게 기관총질 하는 것을 볼 수 있는 특권이 없다거나 또는 이색적인 고문 방법을 그린 만화책의 재미를 함께할 수 없다거나 하는 것 때문에 아이가 동네 친구들과 '다르다'고 느낀다면, 부모가 걱정할 일이 아니다. 아이는 이 차이를 견뎌 낼 수 있다. 가학성의 욕망을 부정함으로써 따라오는 짧은 불행 역시 참을 만한 슬픔이다. 아이의 정신에 어떠한 상처도 남지 않을 것이며, 인류는 그로 인해 이익을 얻을 것이다.

느낄 권리

어느 이른 아침, 다섯 살배기 아들을 둔 친구로부터 전화가 왔다. 친구가 조그만 목소리로 말했다. "그렉이 듣지 않게 이층에서 전화하는 거야." 잠시 정적이 흐른 후 "어니스트가 오늘 아침에 죽었어! 그런데 그렉에게 뭐라고 하니?" "저런 어쩌나! 그런데 어니스트가 누구지?" "응! 그렉의 햄스터야! 마음에 슬픈 상처를 받을 것 같아서 어떻게 알려야 할지 모르겠어. 아이 아빠가 퇴근길에 애완동물 가게에 들러 비슷한 햄스터를 사올 건데, 그렉에게 나쁜 소식을 알리는 것이 무서워. 뭐라고 해야 할지 좀 알려 줘." "햄스터가 죽었다고 그냥 말하면 안 되니?" "죽었다고!" 친구는 직설적인 표현에 위축되어 말했다. "고통스런 경험을 덜어 주려면 어떻게 부드럽게 알려 줄 수 있을까? 어니스트가 천국에 갔다고 말하려고 하는데 그렇게 말해도 괜찮을까?" "정말 천국에 갔다고 믿는다면 그렇게 하려무나." 감정을 자제하고 최대한 사무적으로 말했다. 하지만 친구는 애원하듯이 "그만, 그만!" 하고 말했다. "햄스터가 중요한 게 아니고 그렉이 죽음을 처음 경험하기 때문에 심각한 거야. 아이가 마음 상하지 않았으면 하는 거라구." "좋아, 그렇다면 우리는 그렉을 자기 느낌으로부터 떼어 놓을 권리가 있을까? 자기 애완동물이 죽었는데 슬퍼해야 할 권리가 왜 없지? 죽음이 끝이고, 어니스트는 더 이상 없다는 것을 아이가 알았을 때 생길 고통을 왜 느끼면 안 되지? 왜 울면 안 되는 거니?" "하지만 아직 어리잖아! 죽음이 뭔지 어떻게 알겠어?" 친구는 반론했다. "그러나 이렇게 해서 죽음의 의미가 뭔지 알게 되는 게 아닐까? 사랑하는 누군가를 잃은 것에 대한 반응을 통해서 죽음에 대해 더 잘 배울 수 있지 않겠니?"

내 친구는 아들의 상실감을 막으려 하고, 나는 그렉이 인간으로서 상실을 느낄 권리가 있다고 논쟁을 벌였다. 그렉에게 알아야 할 것은 다 알려 주고 느껴야 할 것은 모두 느끼도록 해 줌으로써, 그러한 경험을 통해 애완동물의 죽음을 더 잘 견디게 될 것이라고 말해 주었고, 마침내 그렉의 엄마도 납득한 것 같았다.

부모가 아이들을 고통스러운 감정으로부터 지키고자 하는 노력이, 아이들이 고통스러운 경험을 극복할 수 있도록 하는 가장 좋은 수단을 빼앗을 수도 있다. 비록 죽은 햄스터를 위한 것일지라도 애도는 상실의 영향을 극복하는 데 필수적인 방법이다. 애완동물의 죽음 또는 그보다 더 중대한 상실에 대한 슬픔을 느낄 기회를 박탈할 경우, 아이에게 원시적인 방어 수단(예를 들면, 상실의 아픔을 부정하는 것 또는 아무것도 느끼지 못하는 것)으로 후퇴하도록 강요하는 것이다. 만약 슬픔을 경험할 기회를 박탈하는 이러한 토양에서 아이가 계속 자라난다면, 감정적인 면에서 특징과 깊이가 없는 메마른 사람이 될 것이다. 상실을 충분히 깊게 경험할 수 있는 아이의 권리를 지켜 줘야 할 필요가 있다. 이것은 또한 죽은 애완동물을 같은 것으로 대체하기 위해 죽은 놈을 묻고 새 것을 사러 애완동물 가게로 달려가지 않아야 함을 의미한다. 그러한 행동은 아이의 사랑을 평가절하 하는 것이다. "너무 나쁘게 생각하지 마!

네 사랑은 중요하지 않아! 햄스터든 강아지든 고양이든 다 바꿔다 놓으면 돼. 이놈이나 저놈이나 다 똑 같아. 그냥 하나 골라서 사랑해 주려무나."라고 말하는 것과 같다. 하지만 만약 사랑하는 모든 것들이 즉시 대체 가능하다면 아이는 사랑과 상실에 대해 무엇을 배우겠는가? 잃어버린 애완동물을 대체할 시기는 애도가 완료되고 아이 스스로 새로운 동물에게 애착을 가질 준비가 되었을 때이다.

아이의 고통스러운 감정을 다루는 데 있어서 부모들이 갖고 있는 문제에 대한 사례들이 생각난다. 사랑하는 사람의 상실과 이별에 대해 울지도 않고 불가사의한 무관심으로 반응했던 꼬마 소년을 알고 있다. 가끔 알레르기 증상을 보이기는 했다. 꼬마 환자는 종종 자신이 무척 사랑했던 외할아버지 이야기를 들려주었다. 할아버지는 아이가 다섯 살 때 돌아가셨다고 한다. 할아버지에 대해 애정이 듬뿍 담긴 많은 추억을 이야기했지만, 할아버지의 죽음이나 돌아가신 그해의 기억은 없었다. 또한 할아버지의 죽음에 대한 생각과 연관된 감정도 없었다. 그러나 할아버지의 죽음은 아이의 가족에게 큰 불행이었으며, 돌아가실 때 상황은 상당히 비극적이었다. 아이가 이러한 것들을 기억하지 못하는 이유가 무엇일까? 왜 아이는 할아버지의 상실, 또는 사랑하는 사람과의 이별 혹은 죽음과 관련된 감정이 없을까? 이유는 대단히 복잡했지만, 한 가지 큰 요인은 할아버지께서 돌아가셨을 때의 엄마의 반응이었다. 엄마 자신은 견딜 수 없을 만큼 슬펐지만 아이들 앞에서는 무너지지 않기로 결심했다. "내가 울면 아이들이 더 힘들어질 거야."라고 생각했기 때문이다. 영웅적인 자기통제로 자기 감정을 억눌렀고 겉으로는 아이들에게 평소 모습만 보여 주었다. 이것으로 죽음과 상실에 대한 꼬마의 이상한 반응을 이해할 수 있었다. 아이는 표면에 나타나는 것처럼 '무관심'

한 것이 아니라, 할아버지가 돌아가셨을 무렵 엄마가 보여 준 겉모습을 동일시한 것이다. 엄마가 자신의 슬픔이 드러나는 것을 스스로에게 허용하지 않았기 때문에, 아이는 슬픔이 용납될 수 없는 감정인 것처럼 행동했다. 울고 싶은 욕망은 억제되었고, 오직 알레르기 때 찔끔찔끔 우는 것으로 대체되었다. 엄마가 아이에게 슬픔을 숨기지 않았더라면 훨씬 더 좋았을 것이다. 만약 아이가 어떤 방식으로든 엄마와 슬픔을 나눌 수 있었다면 자신의 느낌을 받아들일 수 있었을 것이다. 사랑하는 할아버지에 대해 애도함으로써 할아버지의 죽음에 대한 충격을 극복하는 데도 도움이 되었을 것이다.

그런 감정들은 너무 고통스럽기 때문에, 우리는 거의 무의식적으로 자주 아이의 감정을 가로막는다. 여섯 살 된 더그란 소년의 이야기다. 그 아이는 낮에는 명랑하고 쾌활하며 근심 걱정이라고는 없는 아이였지만, 밤이면 밤마다 끔찍하고 불안한 꿈을 꾸고 침대에 오줌을 쌌다. 낮에는 아무것도 무섭지 않고 무서운 것을 생각한 적도 없다고 한다. 사실 더그는 매우 정직했고, 아이의 말은 사실이었다. 다른 아이들은 치과에서 충치 치료받는 것을 싫어한다. 더그는 아니다. 오히려 좋아했다. 왜냐고? "치료를 받고 나면 초콜릿 아이스크림을 받아요."라고 말한다. "하지만 그렇더라도 치과 치료가 아플 텐데 걱정되지 않니, 더그야?" "전혀요. 저는요, 어떻게 아플까 전혀 걱정하지 않아요. 단지 초콜릿 아이스크림만 생각해요." 다른 아이들은 충양돌기 절제술*에 대해 걱정한다. 그러나 더그는 걱정하지 않았다. "병원에 있을 때 받을 선물에 대해서만 생각해요." 대화 시 불쾌한 주제가 나올 때마다 자동적으로 내일

---

*일반적으로 말하는 맹장수술

갈 야구시합, 다음 주 토요일에 있을 생일파티, 방금 받은 전기기차 같은 즐거운 이야기로 화제를 돌렸다. 한번은 정말로 무서운 꿈을 꿔서 새벽부터 밤새 깨어 있었던 날 아침에 아이를 만났는데, 아이는 꿈에 대해서는 말하지 않고 반시간 이상 새 자전거에 대해서만 말했다.

물론, 더그가 치과 치료와 충양돌기 절제술, 기타 불쾌한 사건들이 일어나기 **전에** 이러한 사건들에 대해 걱정할 수 있었다면, 반복되는 불안한 꿈을 주된 증세로 하는 아이가 되지 않았을 것이다. 추측하건대, 어떤 이유에서인지 더그는 위기에 맞닥뜨릴 때 도움이 되는 예기불안이 생기지 않았다. 낮 동안 빼먹은 예기불안을 밤에 불안한 꿈으로 경험하였다. 더그가 비정상적인 방법으로 불안을 다루게 된 중요한 결정요소 중의 하나가 아주 어린 시절부터 쭉 이어져 온 위험에 처한 더그를 돕는 부모의 방식 때문이었음을 알게 되었다.

더그의 부모님은 헌신적이고 좋은 부모였으며, 더그가 첫 아이였다. 더그가 아기였을 때에도 부모는 아이가 괴로워하거나 아프거나 불안해하는 등의 일상적 표현에도 매우 당황했다. 그럴 때마다 부모는 충동적으로 즉각 개입하여 아이의 주의를 돌리거나 즐겁게 해 주거나 당장 위안이 될 만한 것들을 주었다. "울지 마라, 아가야. 여기 봐봐. 예쁜 새 있네! 아빠 열쇠 가지고 놀자! 여기 과자 있다." 이후에도 더그가 여러 가지 두려움이나 불쾌한 상황과 부딪히면 이런 원칙으로 해결해 주었다. 더그는 병원에서 주사를 맞고 나면 바로 굉장히 즐거운 깜짝 선물을 주겠다는 약속과 함께 주사 맞을 때 울거나 놀라지 않도록 교육을 받았다. 이러한 교육의 원칙은 다음과 같다. "불쾌한 주사는 생각하지 말자. 나중에 받을 좋은 깜짝 선물에 대해서만 생각하자." 이렇게 말했을 수도 있다. "엄마와 아빠가 여행을 떠나면 얼마나 외로울지 생각하지 말거라.

돌아올 때 가져다줄 선물만 생각하려무나."

거의 모든 부모가 불쾌한 경험과 마주친 아이를 돕기 위해 이따금 이러한 전략을 이용하는 것이 사실이지만, 더그의 부모는 이 교육 원칙을 아이가 불안이 생길 만한 모든 상황을 다루는 데 실로 광범위하고 꽤 지속적으로 사용했다. 부모는 더그에게 불안이 생기지 않도록 하기 위해 아이 스스로 불안을 인식할 기회가 없을 정도로 매우 신속하게 개입했다. 예기불안은 '허용되지' 않는 것이었으므로 더그는 예기불안을 발동시켜서 위험에 대한 준비를 할 수 없었다. 불안은 부모에게도 그만큼 고통스러운 것이었기 때문이다. 앞에서 본 바와 같이 더그는 점차적으로 부모가 자기의 불안을 다뤄 주던 방법을 터득하여 마침내 자신의 것으로 만들었다. 예기불안이 의식으로 떠오를 때마다 두려운 사건이나 위험 대신 즐거운 생각으로 바꿔치기했다. 이런 방식으로 더그와 부모 모두 불쾌한 감정 없이 지냈지만, 더그는 위험을 대비하는 예기불안이라는 중요한 수단 또한 빼앗겼다. 아이의 야경증 문제를 지나치게 단순하게 생각하고 싶지는 않지만, 더그가 악몽을 꾸는 원인 중 **하나는** 무지한 부모가 자신들도 모르게 아이에게서 예기불안을 박탈한 것, 즉 위험에 대처하는 능력이 없게 만든 것이다.

반세기 전, 아이가 부모와 형제에 대해 분노를 느낄 권리에 대한 논쟁이 있었다. 아이들의 느낄 권리에 대해 쓰면서 생각해 보니, 묘하게도 내가 아는 아이들 중에는 화낼 권리를 거부당하고 있는 경우를 찾기 힘들었다. 온갖 감정들 가운데 적대감이 최근 몇 년 새 어린이들의 특권으로 뽑혔다는 것과, 오늘날 그렇게 여기지 않는 부모가 드물다는 것은 이상한 일이다. 그러나 느낌을 가질 '권리'는 남에게 폐를 끼쳐도 좋다는 허가증과는 다른 것이며, 오늘날 아이들 교육에 있어 이러한 허가증 문제는 크게 잘못 다뤄지고 있다.

일정 한도 내에서는 아이가 분노를 느끼고 느낌을 표현할 권리가 있다. 그렇다고 해서 부모를 때리도록 내버려 둘 것인가? 앞 장에서 화가 난 지미가 아빠를 때렸을 때 아빠는 참다못해 지미에게 자기 방으로 가라고 했다(253쪽). 요즘 부모들은 대부분 이보다 더 관대하려고 노력할 것이다. 결국 요즘 부모들은 이렇게 말할 것이다. "아이가 매우 기분이 상해서 자제력을 잃었던 것일 뿐이고, 아마도 아빠를 때린 후에는 심하게 울적한 기분을 떨쳐 버리고 기분이 좋아질 겁니다." 하지만 그렇게 해도 지미의 기분이 나아졌다고 생각하지 않는다. 반대로 부모를 때린 후 아이가 더 불안해지는 것을 알 수 있다. 지미 아빠가 현명하게 행동했다고 생각한다. 아이에게 공격적인 행동으로 보복하지는 않았지만, 단호하게 아빠를 때리는 것을 멈추라고 주의를 주었다. "지미, 너의 그런 행동을 허용할 수 없어!"라고 말하는 것과 마찬가지다. 지미 아빠가 왜 아이의 행동을 그만두게 해야 한다고 생각했는지 모르겠지만 아빠의 직감은 옳았다. 아이가 부모를 때릴 정도로 자기조절이 되지 않을 때, 자신이 공격성을 조절할 수 없다는 것 때문에 실제로 크게 놀란다. 스스로 멈출 수 없을 때 부모가 개입하여 중단시켜 주면 안심한다. 화난 호랑이, 즉 지미 자신으로부터 자신을 구해 달라고 아버지를 불렀던 불안몽에서도 이 사실을 엿볼 수 있다.

조절 능력 상실에 대한 아이의 두려움에 대해 좀 더 폭넓은 부모의 이해가 필요하다. 이는 신경증을 만드는 주된 동기가 될 수 있다. 심한 신경증이 생긴 일곱 살짜리 꼬마가 생각난다. 신경증 증상과 더불어 화가 나면 손에 닿는 것은 모두 박살내 버릴 정도였다. 아이는 반복해서 꾸는 불안몽에 대해 이야기했다. 자전거를 타고 내리막길을 무서운 속도로 내려가고 있었고, 멈추려고 브레이크를 밟았지만 멈추지 않았고 아이와 자전거 모두 박살나기 일보직전이다. 아이가 꿈을 이해할 수 있도록 돕고, 브레이크의 작동이 필요할 때면 언제든지 브레이크가 작동할 수 있도록, 다시 말해, 자기조절을 달성할 수 있도록 도와줄 수 있다는 말에 아이는 놀랄 만큼 좋아졌다.

집에서 일어나는 공격성의 또 다른 한계에 대해 생각해 보자. 만약 부모를 때리는 것을 금지하는 이유가 충분하다면 요즘 너무 너그럽게 봐주고 있는 일부 언어의 공격성은 어떠한가? 부모에게 막말을 하고 쌍소리를 하도록 방치할 것인가? 조절되지 않는 언어적 공격성을 노출하도록 허용해 주는 것이 아이의 정신건강에 무슨 도움이 될지 모르겠다. 언어적 공격성은 육체적 공격과 매우 가깝고, 언어폭력이 허용되고 있는 아이는 부모를 때리는 것이 허용되고 있는 아이만큼 나쁜 영향을 받는다. 물론, 아이에게 너는 엄청난 죄인이고, 욕하는 것 때문에 벼락에 맞을 것이라고 느끼게 할 필요는 없다. 대신 아이에게 욕지거리를 멈추라고 주의를 주는 것으로 충분하다. "이제 그만, 더 듣고 싶지 않구나. 너 완전히 고삐가 풀렸구나. 더 이상 허용할 수가 없다. 네가 진정되면, 인간 대 인간으로서 이 일에 대해 이야기하자꾸나." 아이는 포악한 욕설을 하지 않고도 분노를 표현할 수 있다. 만약 아이가 욕을 하고 조절 능력을 상실했다면 부모는 아이에게 넘지 말아야 할 선을 넘었음을 알려 주어야 한다. 그렇지만 부모가 원하는 대로 아이가 따르지 않을 수도 있다.

형제간 공격성의 한계에 대해서도 살펴보자. '형제간 경쟁의식'은 요즘 아이들이 가진 또 다른 특권으로 간주되며, 이 허가받은 적개심은 때로 야만적 형태로 이어지기도 한다. 많은 부모들은 아이들이 서로 육탄전을 벌이는 것을 자연스러운 가족생활의 일부로 여긴다. 부모들은 대개 '서로 죽이지 않을 정도만' 한다면 괜찮다며 대수롭지 않게 넘긴다. 신체적 공격을 하지 않도록 유아기부터 교육을 시작해야 함에도 불구하고, 이 시기가 지나서도 약육강식의 법칙에 따라 다툼을 해결하려 드는 것은 바람직하지 않다. 아기가 태어났을 때부터 아홉 살, 열 살이 되도록 아이들이 싸우는 집은 흔하다. 아이들의 다툼은 마치 걸음마기 아기들의 다툼 같다. "그건 내 의자야! 누나가 내 의자에 앉았어!" "쟤 빵이 내 거보다 더 커!" 눈물, 발 구르기, 손찌검, 비명. 전쟁터가 따로 없다.

그렇다면 유아기적 경쟁이 여덟 살 혹은 그 이후에도 변하지 않고 지속되는 이유는 무엇일까? 질투심이 강해서 그런가? 혹은 어릴 때부터 경쟁에 대한 제대로 된 해결책을 찾지 못해서일까? 추측하건대 대부분은 유치한 경쟁을 그만두도록 요구받은 적이 없기 때문일 것이다. 형제간 경쟁이 현대식 가정에서 나름대로 권리로서 확고히 자리를 잡았으므로, 부모들도 그 권리를 지켜 주려는 경향이 있다. 다 큰 두 아이가 의자를 서로 갖겠다고 계속 싸운다면, 부모들은 근엄하게 논쟁의 의장 역할을 자청해서 두 아이의 주장을 진지하게 듣고 냉정한 판단을 거쳐 경쟁자 중 한 명에게 의자 소유권을 준다. 자신의 주장이 기각된 아이는 부모를 편파적인 재판관이라고 비난하고, 다른 형제만 사랑하고 자신은 사랑하지 않는다며 반발한다. 그러면 부모는 자신들의 자식 사랑에 대해 장황하게 설명하고, 이어서 말다툼과 비난이 다시 시작된다. 부모가 너무 심각하게 이 문제에 접근하지 않고 그저 하찮은 일로 치부해 버렸다면 좀 더 쉽게 해결되었을 것이다.

한편, 아이들이 말로나 좀 더 교묘한 방법으로 상대에게 해를 입힐 때 개입해서 이를 중단시키려고 하지 않는 부모들을 자주 보게 된다. 요즘 아이들은 형제간 경쟁이라는 미명하에 험한 욕설과 교묘한 괴롭힘으로 상대의 인격을 손상시켜도 좋다는 괴상한 면허증을 가지고 있다. 부모는 어린 아들의 남성다움을 비하시키려 하지 않는다 해도, 딸은 그렇게 할 수도 있다. 누나가 조롱, 헐뜯음, 잔인한 농담 등으로 남동생의 자신감을 해치는 데 몰두한다면 충분히 가능하다. 이 모든 것들에 대해 귀를 닫는다면("원래 남자애들이랑 여자애들이랑 다 싸우면서 크는 거야!"), 딸이 남자아이들에 대한 공격성을 극복하는 것에 아무 도움도 주지 못하는 것이며, 남동생의 인격 발달에 손상을 입히도록 허용하는 셈이 된다.

형제간 경쟁이 육체적으로든 언어적으로든 선을 넘어 파괴적 행동으로 이어질 때마다 한계를 지어 줘야 한다. 네 감정에 대한 사연이 **무엇이든 간에** 문명화된 해결책을 찾아야만 한다는 원칙이 필요하다.

형제간 경쟁에서 바람직하고 건강한 해결책은 무엇인가? 모든 형제자매 사이에 경쟁이 평생 지속되는 것은 아니다. 꽤 많은 아이들에게서 강력하고 지속적인 형제애가 발달하고, 경쟁심과 하찮은 질투심은 더 큰 사랑의 힘으로 극복한다. 발달선상의 일정 시점에 도달하면 경쟁자들은 부모의 사랑을 독차지할 수 없음을 받아들여야 한다. 이 사실을 인정함으로써 적대감은 사라지고, 모두가 동일하게 부모의 사랑을 공유하고 있으며, 이를 통해 서로 결속되어 있음을 알게 된다. 이것은 형제간 경쟁을 다루는 부모에게 명백한 함축적 의미가 있다. 즉, 아이에게 부모 사랑을 독차지하는 것이 불가능하다는 것을 받아들이도록 교육시키기, 부모는 어떤 식으로든 경쟁심 유발 행동을 하지 말기, 질투의 조짐에 대해 유쾌해 하거나 즐거워 하지 않기, 유아기 이후에는 유아적인 행태에 의존하지 않고 경쟁자들과 해결책을 찾을 수 있기를 기대하고 있음을 분명히 알려 주기 등이다.

결국 이 모든 것들은 아이의 감정 발달에서 또 다른 일련의 '권리'로 이어진다. 이 권리는 사랑 및 사랑의 가치와 관련된 것이다. 모든 아이는 부모의 사랑을 요구할 권리가 있다. 또한 자녀가 사랑을 수용할 수 있는 만큼 자라고, 성숙한 사랑을 할 수 있는 어른으로 성장하면, 부모들도 자녀에게 사랑을 요구할 수 있어야 하며 이 사랑에 대한 권리를 주장할 수 있어야 한다! 아무런 대가도 바라지 않고 아이에게 사랑을 퍼붓는 부모는 성자로서의 자격은 충분하지만, 부모로서의 자질은 없다. 부모로부터 아무런 요구 조건 없이 사랑만 받은 아이는 자기중심적이 될 것이다. 그런 아이들 중 다수가 오늘날 잘 삐치는 애인 또는 무뚝뚝한 결혼 상대자로 컸다. 왜냐하면 무조건적인 사랑의 약속은 실제 생활에서 실현 불가능하기 때문이다. 이렇게 버릇없게 자란 아이들은 결혼할 때 서로에게 이렇게 요구한다. "내가 이기적이고 성격도 비열하고 항상 변덕스럽고 낭비가 심한 사람인 줄 나도 알고 있어. 하지만 이런 내 결점에도 불구하고 너는 나를 사랑해야 해!" 그리고 이런 모든 약점에도 불구하고 자신은 사랑받을 권리가 있다고 믿기 때문에, 자신을 사랑받을 만한 가치가 있는 사람으로 변화시키려고 노력하는 대신 상대를 바꾸고 반복적으로 무조건적인 사랑을 요구한다. 이 변덕스러운 연인들을 구제불능의 낭만주의자로 봐서는 안 된다. 이들은 사실 자기 자신과 사랑에 빠져 있는 것이다. 자신의 가장 추악한 특성들조차도 이러한 자기 사랑 안에서 흡수되고 용서받으며, 그들이 원하는 상대는 자기가 스스로를 사랑하는 만큼 그들을 사랑해 줄 수 있는 사람이다. 이 모든 사례들을 통해 볼 때 사랑을 교육하는 데 있어 뭔가 잘못된 것이 있다고 결론지을 수 있다. 이들은 생애 초기의 자기애를 포기하지 못한 아이들이다.

어린아이에게도 사랑의 의무가 있다. 사랑은 주어지는 것이기도 하지만 획득해야 하는 것이기도 하다. 발달의 모든 단계마다 부모의 사랑과 인정을 얻기 위해 아이는 자기 사랑의 영역을 포기해야 한다. 아이가 자신의 개인적이고 이기적인 많은 소망들을 포기하려면, 부모의 사랑이 가치 평가에서 높은 점수를 받을 수 있어야 한다. 즉, 부모 스스로 자신들의 사랑은 '권리'일 뿐만 아니라, 아이 자신을 변화시킬 수 있을 만큼 강력한 동기가 될 수 있다는 것을 알아야 한다.

결론

굳이 부모가 완벽할 필요는 없다.
부모도 미숙할 수 있고 인간적 실수를 저지를 수도 있으며,
때로는 확실치 않은 기술이나 잘못된 방법을 택할 수도 있다.
그러나 부모 자녀 간 연결이 튼튼하고
아이의 발달과 성장에 동기를 제공할 수 있다면
건강한 아이를 기를 수 있는 기회는 무궁무진하다.

9

미래를 향하여

온갖 종류의 운명

아주 오래 전 여섯 살짜리 여자아이를 치료한 적이 있다. 아이는 내가 자기의 두려움을 어떻게 낫게 해 줄 수 있는지 상상도 못했지만 벅로저스 시대*에 살고 있었기에 내가 자기를 도와주기 위해 어떤 기적을 행할 것이라고 굳게 믿고 기다렸다. 얼마 지나지 않아 친구들 사이에는 그 꼬마가 문제 해결을 도와줄 수 있는 아줌마 점성술사에게 다니고 있다는 소문이 자자했고, 아이의 인기는 높아졌다. 다른 소녀들도 점성술 여사에게 보내달라고 부모에게 떼를 썼다. 그렇다고 환자가 늘어난 것도 아니었다. 어쨌든 그렇게 입소문이 나서 그해 핼러윈 저녁 우리 집은 문전성시를 이루었다.** 유령, 해골, 철 지난 부활절 토끼까지 찾아와서

---

*281쪽 참조
**Halloween: 만성절(모든 성인의 날 대축일. 11월 1일) 전날인 10월 31일 밤에 행해지는 축제. 저자가 점성술사로 잘못 알려져 아이들이 많이 찾아왔다는 뜻이다.

는 사탕이나 과자를 움켜쥐고 낄낄거리면서 혹은 째지는 소리를 지르면서 밤하늘로 사라져 갔다.*

나는 이러한 오해를 가라앉히기 위해 노력했고 그 결과 꼬마는 실망했지만 여전히 내게 찾아왔다. 몇 달 후 아이에게 물었다. "아직도 내가 점성술사라고 생각하니?" "아뇨." 꼬마는 슬픈 목소리로 대답했다. "저도 이제 알아요. 선생님은 지나간 일은 잘 맞추지만 앞으로 일어날 일은 맞추지 못해요."

그렇다. 아이 말이 100퍼센트 맞다. 간단히 말하자면, 정신분석을 통해 아이의 과거를 재구성하고 그 과거에 맞추어 성격을 파악해서 "아이의 성격이 무엇을 토대로 만들어졌고 지금 이 아이가 왜 이러나 하는 것"을 말할 수 있다. 하지만 정신분석은 물론 그 어떤 심리학 이론으로도 인격 발달이 어떤 경과를 밟게 될지, 즉 "이 자료와 세 살(혹은 여섯 살 또는 열다섯 살) 때 내린 아이의 성격 평가를 토대로 하여 아이의 성격이 어떻게 진행될지 예상할 수 있다"고 예언할 수는 없다.

이제까지 태어난 지 만 6년 동안의 아이 발달에 대한 이야기를 했다. 그러나 아이의 성격 발달은 여섯 살에 끝나는 것이 아니기 때문에 사실 여섯 살까지만 다룬 이 시점이 마지막 장이라는 것은 말도 안 된다. 성격도 영원히 변하지 않고 고정되거나 멈추는 것이 아니다. 생후 첫 6년간에 대해 기술하면서 독자들이 어린 시절의 성격은 되돌릴 수 없게 고정된다고 믿게 될까 봐 걱정이 된다. 사실 그것은 흔히 겪는 오류이다. "아동기가 운명을 결정한다." 즉, 아주 어린 시절의 경험이 개인의 미래

---

*헬러윈 저녁이 되면 동네 아이들이 갖은 분장을 하고 집집이 찾아다니며 '과자를 안 주면 장난칠 테야trick or treat'라고 을러대어 과자를 얻어먹는 행사

운명을 결정하고 성격을 형성해서 그에 따라 행동 패턴도 고정되므로, 훗날 정신분석을 해도 이 체계는 변하지 않는다는 믿음이 바로 그것이다. 하지만 아이의 운명이 젖먹이 시절에 결정되는 것은 아니다. 아기용 변기에 의해서 결정되는 것도 아니다. 동생이 생기거나, 또는 편도선 수술을 받거나 혹은 기르던 앵무새가 죽는다고 해서 미래가 끝장나는 것도 아니다. 그렇다고 정신 결정론을 신화에 나오는 아기 요람 위를 날아다니는 세 명의 괴상야릇한 마법 자매*로 바꿔 버린다고 해서 인격 발달이 더 쉽게 이해되는 것은 아니다. 이러한 인위적인 시각은 정신분석 이론을 잘못 이해해서 생기는 것이다. 아주 어린 시절의 경험이 인격 발달의 기초를 제공하기는 하지만 그러한 경험이 인격 발달에 어떻게 영향을 끼칠지 어린 시절에 예측할 수 있는 방법은 없다. 왜냐하면 아이 개개인의 인격 내 적응기제가 발달 초기부터 작동하므로 개인이 경험한 내용은 고유한 방식으로 성격 형성에 작용하기 때문이다. 따라서 인격의 산물은 궁극적으로는 자아 및 적응 방식에 달려 있는 것이지 경험 자체와는 무관하다.

예측은 불가능하며, 단지 노력할 뿐이다. 오늘날 심리학 실험실에서 인격과 관련된 불확실성을 과학적으로 밝혀내기 위해 고생하는 헌신적인 과학자들이 있다. 앞서 말한 평가 불가능한 것을 측정하고 계산해 낸다. 하지만 모든 것을 재고 계산했다고 하더라도 한 아이의 어떤 특성이 인격 구조에 고정될 것인지 또는 향후 발달 과정에서 그러한 특성이 변형 가능할 것인지 그 여부는 알 수 없다. 네 살짜리 꼬마가 보이는 과도한 공격성이 성격 구조에 영원히 남게 될지, 2, 3년 정도 지나면서 수동

---

*그리스·로마 신화에서 운명의 실을 잣는 세 자매를 말하며, 이들의 손에 인간의 운명이 달려 있음을 말한다.

적인 쪽으로 역전될지, 신경증적 갈등으로 발전할지, 또는 심한 품행장애로 진행될지 혹은 성공적인 승화를 통해 조절 가능하게 될지 누가 알겠는가? 수학적 계산으로는 답을 얻을 수 없다. 한 아이의 짧은 과거 인생사와 미래 발달의 무한한 변수들을 소화해서 유효한 예언을 뽑아낼 수 있는 전자두뇌electronic brain*는 없다.

"잠깐만요." 누군가는 이렇게 생각할 것이다. "실제 임상에서 예언 비슷한 것을 하지 않나요? 장애가 있는 아동을 진단하고 적절한 치료법을 권유할 때, 부정적인 예언이기는 하지만 아이가 치료를 받지 않으면 장애 때문에 앞으로 발달에 영향을 받을 것이라거나 점점 더 나빠지거나 혹은 저절로 낫게 되지 않는다는 일종의 예상을 하지 않나요? 그건 어떻게 알고 그렇게 하시나요?"

사실이다. 실제 임상에서 일종의 예언을 한다. 훌륭한 임상의사의 이러한 정서장애 영역에 대한 예언은 정상적인 인격 발달 영역에 대한 예언보다 훨씬 신뢰도가 높다. 그 이유는 다음과 같다. 심한 신경증은 인격의 경직성을 유발하고 그에 따라 실제 상황과 상당히 무관하게 정형화된 반응이 나타나며, 실제 환경 변화에 의해서도 변형되지 않는다. 심한 정서적 장애는 자아의 적응 기능이 제대로 작동할 수 없게 만들고, 그 결과 갈등이 발생했을 때 새로운 해결책 내지는 성공적인 결단이 힘들어진다. 매우 다양한 외부 사건에 대처하는 방식이 정형화된 행동 형태로 굳어진, 자발성을 상실한 인격체를 다루게 된다면, 병적 상황에 처하기 쉬운 기능의 상당 부분을 예측 가능하다.

이러한 상황과 정상적인 아동 발달에서 얻어진 상황을 대조해 보면

---

* 오늘날의 컴퓨터

인격 발달 과정의 예측이 어려운 이유를 알 수 있다. 정상적인 아이는 정서장애가 발생한 동안에도 적응하고 변신 능력을 유지한다. 성격은 아동기 내내 계속 변한다.(성숙된 후에도 이 문제는 마찬가지이다. 단, 인격발달의 주요 흐름이 정해진 부분의 성숙도는 예외이다.) 자아가 경직된 또는 정형화된 행동 양상을 보이지 않고 융통성을 유지한다면 성격에 관한 한 미래의 사건이 미칠 효과를 예측하는 것은 거의 불가능하다.

이것으로 또 다른 사실을 알아낼 수 있다. 실제 임상에서는 아동 발달상의 문제를 찾아내는 것이 어렵지 않다. 아이의 과거를 짜 맞춰서 과거 부모가 보인 어떤 태도, 또는 어떤 사건들 때문에 아이의 정서장애가 생겼는지 확정적으로 말할 수 있다. 그렇지만 정서장애가 발생하지 않은 아이들의 과거를 재조합하는 일은 임상에서는 더 어려운 일이다. 그럴 만한 이유가 있다. 병이 생기지 않은 아이들은 우리에게 올 이유가 없으며, 아이의 발달 자료를 자세히 분석할 필요도 없다. 최근 들어 정신분석가들이 임상 사례 이외의 아이들을 관찰하면서 아이 발달을 연구하기 시작했는데, 정상적인 아이를 유아기부터 성숙할 때까지 직접 관찰한다. 이 자료가 쌓이려면 몇 년의 세월이 지나야 할 것이다. 그때까지는 아동 발달에서 가장 민감하고 중요한 문제에 대한 답을 유보해야 한다. 예를 들어 보자. 병을 일으킬 수 있을 만하다고 생각되는 경험을 했던 아이들 중에 한 아이는 예상했던 대로 신경증이 발병하였고, 다른 아이는 성격 발달에 별다른 손상을 입지 않고 그 경험을 극복해 냈다. 우리가 안다고 생각하고 상당한 규모의 여러 관찰을 해 왔지만 성격에 대한 자세한 관찰 정보는 없는 셈이다. 병이 발생하는 기제를 설명할 수 있었던 것에 비하면 성공적으로 해결책을 찾은 아이의 성격 구조나 기제를 설명하기는 쉽지 않다.

다음 사례를 보자.(임상 경험으로부터 즉각 떠오른 사례 중 하나이다. 다른 사례를 예로 들 수도 있다.)

몇 년 전 문제 아동을 위한 클리닉에서 일하는 스태프 한 분이 에디라는 열 살짜리 남자아이를 만났다. 학교를 무단으로 결석하는 문제 때문에 의뢰한 경우였다. 그렇지만 잦은 결석에도 불구하고 학교 성적은 최소한 중간은 되었고, 선생님이나 반 친구들에게 다정다감했으며, 행실은 나무랄 데가 없었다. 왜 학교를 빼먹을까? 아이 대답은 이랬다. 아빠가 술에 찌들어 있을 때마다 아이는 집에서 아빠를 돌봐 드려야 했다. 게다가 음식 살 돈이 떨어지면 아빠가 다시 일하러 나갈 때까지 아이가 동네에서 잡일을 도와주고 음식을 구해야 했다. 아빠가 일하러 나갈 수 있게 되어야만 에디는 학교에 올 수 있었다.

에디 아버지는 엄청난 술고래였다. 어머니는 2년 전 정신적 문제로 주립 수용소에 입원했다. 두 형과 누나 하나도 정신박약으로 수용되어 있다. 현재는 혼자 살 수 있을 정도의 나이가 된, 네 형들은 어릴 때부터 전과가 있었다. 에디는 막내이며 자식들 중 유일하게 집에서 살고 있다. 지능은 최소한 정상 수준이었다. 학업 성적도 우수했으며, 비행을 저지른 적도 없었다. 신경증상은 없었지만 약간의 비만기가 있었다. (간단히 말해서 '음식은 곧 생존'을 뜻하는 아이에게 많이 먹는 것을 신경증상이라고 해야 할지 의사로서 따져 볼 필요가 있다. 학문적으로는? 신경성이라고 부를 수도 있을 것이다. 그토록 낙후된 그리고 희망이 보이지 않는 상황에서 자란 열 살짜리 아이가 약간 비만이 될 성향을 보이는 것 말고는 문제가 생기지 않았음을 어떻게 설명할 수 있을까?)

에디는 어떻게 살아남을 수 있었을까? 이렇게 병적인 가정에서 다른 아이들이 하나씩 쓰러져 간 것은 별로 이상할 것도 없다. 하지만 에디

같은 아이는 대체 어떻게 된 걸까? 지능이 높아서? 부분적으로는 설명이 가능하지만 그것으로는 그 집안의 타락과 방임을 극복해 낼 수 없다. 상투적 표현이기는 하지만 '강한 자아' 덕분이다. 그렇지만 '강한 자아'는 천부적으로 타고난 것이 아니다. 극심한 긴장을 견뎌 낼 만한 자아가 훌륭한 양육의 결과임은 경험적으로 증명할 수 있다. 아기가 타고난 기존 성분이 아무리 훌륭하다 한들 사람들과의 연결고리가 방치되거나 무력하다면 살아남을 수 없다.

따라서 이렇듯 흠집투성이이고, 무능하고, 병적인 사람들이 사는 집안에서 누군가가 이 꼬마에게 적절한 또는 그 이상의 돌봄과 사랑을 베풀었음이 분명하다. 하지만 그것이 도대체 누구란 말인가? 아이는 엄마에 대해 애정을 담아 말했지만, 엄마와 아이의 관계가 어떠했는지 상상이 되지 않는다. 정신박약으로 기관에 수용되어 있는 에디 엄마에게 생각이 미칠 때마다 그 집안의 다른 일곱 명의 아이들이 떠오른다. 확실히 무능한 엄마 밑에서 자랐고 정신적으로 문제가 있고, 비행을 저질렀으며 희망이 없을 정도로 무능한 아이들이다. 그 엄마가 어떻게 이 아이에게는 성공적인 엄마 노릇을 했는지 상상이 되지 않는다. 혹시 아빠가 아이를 돌본 것은 아닐까? 아니다. 더 말도 안 되는 가설이다. 엄마보다 아빠에 대해 더 잘 알고 있지 않은가! 아빠는 인간적 연결고리도 없고, 자기 아이들하고도 아무 연계가 없는, 잔인하고, 말이 없고 정이 안 가는 마음이 텅 빈 사람이다. 그는 단순하고 원초적인 방식으로 아내에게 의지하고 살았다. 아내는 남편을 먹여 살렸고, 남편이 자기 손을 필요로 할 때면 남편을 보살폈다. 꼬마 에디는 아빠에 대해 별로 애착이 없어 보이는데도, 아빠가 술 취하면 대신 음식을 구하러 다니고 식료품을 사기 위해 동네에서 허드렛일을 했고, 마치 엄마가 집에 계셨을 때 아빠에게 해 드렸던 것처럼 아빠를 돌봐 드렸다. 그렇지만 엄마와의 연결고리에 비해 아빠와 에디의 연결고리는 관계라기보다는, 그냥 엄마가 아빠를 돌본 것의 유사 행동에 불과했기 때문에 아버지와 아들 사이에 애착이 있었다고 보기는 어렵다.

있을 수 없는 일이다. 믿을 수가 없다. 하지만 사회에 폐만 끼치는 일곱 아이를 길러 낸 불쌍한 정신박약 엄마가 이처럼 감탄할 만한 인간적 소양을 지닌 열 살짜리 아이를 길러 냈다는 것은 사실이다. 에디는 머리가 좋고 인간적 애착이 있으며, 양심이 있고, 놀랄 만큼 협조적이며, 생존에 대한 욕구가 있다. 덕분에 자신이 속한 가정과 사회의 감당하기 어려운 장애물을 극복할 수 있었다. 정신박약 엄마가 어떻게 에디를 이토록 훌륭하게 키워 냈는지 알 수가 없다. 하지만 분명히 에디는 좋은 양육을 받았다. 에디도 그 집에서 태어난 아기가 틀림없는데 말이다. 첫애부터 연년생으로 줄줄이 임신을 했던 이 지적 장애 엄마가 마지막 아기인 에디에 대해서는 그토록 어렵고 수고스러운 엄마가 되는 과정을 어떻게 깨우칠 수 있었을까? 엄마에게 짐이 되는 새로운 아기가 더 이상 태어나지 않아서 마지막 아기를 잘 기를 수 있었던 것일까? 다른 아이들보다 신체적 및 정신적으로 더 많은 재능들을 타고났기 때문에 다른 아이들에 비해 반응을 더 잘하고 더 많은 혜택을 누린 것인가? 우리가 알지 못하는 그 어떤 방식으로든 에디는 엄마에게 특별한 사랑을 받았음에 틀림없다. 삶이 그다지 혼란스럽지 않고, 보채는 아이들이 많지 않고 역경이 심하지 않다면, 정신지체 엄마도 사랑을 줄 수 있는 능력이 있으며 좋은 엄마가 될 수 있다.

에디가 어떻게 그렇게 잘 자랐는지 확실히 알 수는 없지만 그 집의 다른 일곱 명의 아이들이 왜 그렇게 안 좋은 방향으로 흘러갔는지는 알 수 있다. 에디보다 나이가 많은 일곱 명 중 누구라도 어린 시절에 상담을 받았더라면 비행 청소년이 될 가능성을 예측할 수 있었을 것이다. 하지만 에디가 더 어릴 때 왔더라면 아이가 커서 그토록 정신적 안정을 잘 유지할 수 있었을 것이라고 예상하지 못했을 것이다. 에디를 네 살 때 만났다면 "이 아이는 평균 지능이네요. 자아 발달이 아주 좋기 때문에 아이의 열악한 집안이나 사회적 분위기를 극복하는 데 도움이 되겠습니다만, 아이가 그 병적인 집안에 계속 남아 있게 된다면 정상적 발달을 장담할 수 없습니다."라고 말할 수 있었을 것이다. 다시 말해서 '강한 자아'라고 부르는 것에 의거해서 말할 수 있으며, 이 '강한 자아'에 포함된 여러 가지 덕분에 정신건강에 대한 예측이 가능하다. 그렇지만 아무리 '강한 자아'라고 해도 특히 아동기에 수년간 극심한 정신적 압박에 시달리면 본래 모습을 유지하거나 병을 극복할 수 있을지 예측하는 것이 불가능하다.

위 사례를 통해 우리가 '앞날의 운세 읽기'를 못한다는 것을 간파한 여섯 살짜리 꼬마 환자의 총명함을 확인할 수 있다. 신탁의 예언보다 실제로 월등히 더 나을 것도 없는 징후의 한 기록만을 가지고도 에디가 엄마로부터 좋은 양육을 받았다는 것에 대해 긍정적으로 단언하는 데 대해 여러분은 어리둥절할 수밖에 없을 것이다. 어떻게 그렇게 자신할 수 있는지 궁금한가? 이 아이의 지난 역사에 대해 모르는 것이 그렇게 많은데도 '과거 운세 말하기'를 어째서 그렇게 자신 있게 할 수 있을까? 우리가 아는 방법은 바로 이것이다.

출생 시 아무리 뛰어난 정신능력을 타고난다 해도 인격 발달에 있어서 엄마의 돌봄과 강력하고 의미 있는 연결 없이는 달성될 수 없는 요소들이 있다. 열 살 된 에디가 훌륭한 인간관계 능력이 있으며, 현실이 아무리 고통스러워도 꾸준히 노력할 수 있으며, 학습을 잘 따라갈 수 있고, 가정과 사회에서의 극단적인 유혹을 견뎌 내는 양심의 소유자라는 사실들은 엄마로부터 좋은 양육을 받았다는 증거이다.

"하지만 어떻게 **증명**할 수 있담!" 독자들은 반발할 수 있다. "에디가 자신이 처한 역경을 극복할 수 있을 정도로 강력한 욕동을 지닌 예외적으로 특출한 인간이 아니라는 것을 어떻게 알 수 있겠어요? 에디의 사례와 같은 경우에 적용했던 가설들을 실험적으로 증명하는 것은 불가능하잖아요." 그렇지 않다. 그래서 또 한 편의 이야기가 이어진다.

인간이 저지른 잘못과 재난의 실험실로부터 얻는 교훈

인간적 연결이 인격 발달에 미치는 효과를 연구하기 위해 유아와 어린이들에게서 인간적 연결을 박탈하는 실험을 계획하는 사람이 있다면 그는 제정신이 아닐 것이다. 인간의 잘못과 재난은 그러한 연구에 필요한 일종의 무시무시한 실험실 역할을 대신한다. 부실한 보육원에서 자라는 버려진 아기들, 부모가 원치 않아서 이 집 저 집 떠돌아다니며 크는 아기들, 전쟁 통에 엄마 잃은 아이들, 기관이나 강제 수용소에서 허용되고 있는 학대와 잔혹행위 등, 이들 모두가 그 증거자료이다. 이들 기관에서는 아기가 신체적으로 필요로 하는 것들을 제공하지만 대개 충분치 않다. 많은 수의 아기와 꼬마들을 몇몇 직원들이 돌보게 되므로 아이와 성인 간 애착 발생 조건을 충족시키기는 어렵다. 어린이와 담당 직원 사이의 인간적 결속도 미약하고 안정적이지 못하다. 담당자가 바뀌기도 한다.

유아기와 초기 아동기를 그렇게 보낸 아이들은 영양결핍 때문에 초기에 형성되어야 할 신체 조직이 영향을 받고 성격 형성에서도 활력이 떨어지는 것처럼 인격의 빈곤 현상을 보인다. 사랑을 전혀 경험하지 못한 아이들, 누군가에게 속해 본 적이 없는 아이들, 먹고 생존하는 가장 원시적인 목적을 제외하고는 누군가에게 애착을 형성해 본 적이 없는 아이들은 훗날 다른 사람과 관계를 형성할 수 없고, 깊이 사랑하고 감정을 느끼는 것도 불가능하며, 인간 성격의 특징이라고 할 수 있는 다정함, 슬픔, 수치심 등을 경험할 수도 없다.

애착 형성이 없는 아기와 아이들의 지적 발달 또한 대단히 느리다. 가족과 함께 자란 아이들이 말 달리는 속도로 배운다면, 이 아이들은 거북이 기어가듯 한다. 애착이 없는 아이들은 자신의 몸 이외에는 아무것도 없다고 느끼는 것처럼 주변 사물에 관심을 갖는 데 오랜 시간이 걸린다. 활기가 없고 감정이 없다. 장비나 시설의 문제가 아니라 자신의 신체 이외의 바깥세상에서 즐거움을 주는 사람이 없었기 때문이며, 신체적 필요성을 충족시켜 주는 것 이외의 즐거움도 없었기 때문이다. 애착 없는 아이들은 언어 습득도 상당히 느리다. 물론 때로는 정상적 가정에서 자란 똘똘한 아이도 '말이 늦게 터지는 아이'일 수 있다. 하지만 애착 결핍 아이들은 언어 습득 기간이 평균보다 확실히 더 늦다. 초기 아동기 시기까지 기관에 수용되어 있거나 또는 박탈된 인간적 연결이 기관 종사자들에 의해 보완되지 않는 경우, 언어 발달 지연은 계속될 것이다. 많은 경우에 이런 아이들의 언어는 효과적 의사소통의 목적을 제대로 달성하지 못하고 독특한 경향을 보인다. 유아의 초기 언어 발달처럼 이들의 언어는 자기 혼자 웅얼거리는 식이고 다른 사람은 알아듣기 어렵다. 밀접한 인간관계 없이 습득한 언어이며, 사용하는 단어들도 이들

아이들이 속한 텅 빈 세상처럼 고립되고, 불분명하며 애매한 성질을 그대로 반영한다. 훗날 학습에서도 언어 사용과 관련된 모든 분야에서 심하게 지체된다. 대체로 지적 기능은 지체되며, 지능 검사를 통해서만 잠재적 역량을 추정할 수 있다.

애착 없는 아이들은 개인적 정체감, 즉 '나다움I-ness'의 습득이 느리다. 가족과 함께 자란 아이들 기준으로 볼 때 '나'라는 단어와 개념이 나타나는 데 시간이 더 오래 걸린다. 발달 과정에서의 경계가 불분명하고 의미가 불확실한 한두 살짜리 수준의 '나'에 머물게 된다. 일부 아이들에서는 영원히 그럴 수 있다. 그것이 왜 그렇게 중요한가? '나'는 인격 발달의 통합 요소이기 때문이다. 개인의 정체감은 자신의 신체, 생각, 외부의 사람들과 사물에 대한 주관적 반응 등의 차별화된 것들과 자기 느낌이 결합된 개념이다. 유아는 태어날 때 이런 감각을 갖고 있지 않다. 초기 몇 주일 동안 유아는 자신의 몸과 남의 몸을 구분하지 못한다. 자신의 정신적 영상과 실제 외부 사물을 구분하지 못한다. 보통 아이들도 '나'라는 단어와 개념을 파악하려면 세 돌 반은 지나야 한다. '나'의 개념이 등장하면 아이의 현실 감각에 엄청난 발전이 이어지며, 자기와 자기 아님, 내부와 외부, 주체 및 객체의 경계가 선명해진다. 유아기를 대표하는 마술적 사고로부터 더 높은 정신 과정의 특징인 합리적 사고 체계로 전환이 이루어진다. (물론 두 살 반짜리의 생각은 여전히 합리적인 것하고는 거리가 멀다.)

개인의 정체감은 인간적 연결을 통해 습득된다. 자기와 외부 세계의 분화가 일어나려면 외부 세상에 표상이 있어야 한다. 돌봐 주는 대상이 자주 바뀌고 공허한 세상에 살고 있으며 누군가와 연결되어 있지 않은 아이는 안정된 자신의 이미지를 형성하기가 어렵다. 최초의 '현실'이라고 할 수 있는 인간 대상이 지속적이지 못하고 만족스럽지 못하면 아이의 현실 감각은 빈약해진다. 이는 내부와 외부, 주관적 상태와 반응 및 객관적 상황을 구분하는 데 어려움이 있음을 의미한다. 아이가 정신적으로 병이 있음을 뜻하는 것은 아니다. (정신적 질병 상태는 훨씬 복잡한 상황을 말한다.) 인격 왜곡이 발생하는 경향이 있으며, 제 나이에 걸맞지 않는 마술적 사고에 기댈 가능성이 높다. 자기 주변 세상의 지식을 습득하는 것이 늦고, 자신이 살고 있는 세상의 소소한 것들을 분명하게 통합해 나가는 데도 뒤쳐진다는 뜻이다. 그러다 보니 애착 없는 아이들은 불안정하며, 온갖 종류의 정신 병리에 매우 취약하다. 훗날 정신병적 상태로 진행될 가능성도 놀랄 만큼 심각할 정도이다.

충동 조절, 즉 신체적 욕구를 다스리는 능력이 인간의 가장 뛰어난 성취 업적 중 하나임은 앞에서 말한 바 있다. 애착 없는 아이들을 통해 이 업적은 처음부터 끝까지 교육자와의 관계에 달렸다는 것을 알 수 있다. 아이와 교육 담당자의 인간적 연결이 안정적이지 못하고, 앞서 말한 수용 기관에서처럼 담당자가 바뀌게 되면 자기조절의 가장 기본적 형태에 도달하는 데 엄청난 어려움을 겪는다. 그런 환경에서 어찌어찌해서 자기조절을 달성한다 해도 후기 아동기에 가면 제대로 조절하기가 어렵다. 다시 말해서 양심의 형태로 인격 내에 통합되는 데 실패할 수도 있다는 말이다. 애착 없는 걸음마기 아기들은 신체 욕구 조절의 첫 번째 과제인 대소변 가리기조차도 꽤 늦게까지 달성하지 못한다. 상당수에서 배설과 조절의 문제가 후기 아동기까지 이어진다.

부실한 기관에서 자라 애착이 없고 홀대받은 아이들은 충동 조절, 그중에서도 공격 충동 조절이 특히 어렵다. 전혀 달성하지 못하는 경우도 종종 있으며, 그러한 기관에서 흔히 볼 수 있는 거의 병적 수준의 행동 문제로 이어지기도 한다. 정상적인 경우에는 부모에 대한 애착, 부모를 즐겁게 해 주겠다는 소망, 부모를 따라 하겠다는 소망 등을 통해 조절을 터득하게 된다. 강한 인간적 연계가 없는 상황에서는 충동 조절을 위한 긍정적인 동기 형성이 없다. 부실한 기관에서도 부모나 부모 대체물처럼 조절을 가르치고 공격적 행동을 억제하도록 하지만, 아이와 교육자 사이가 사랑으로 연결된 것이 아니므로 목표를 달성한다고 해도 질적 측면에서는 형편없다. 권위(또는 또래 집단에서의 대장)에 대한 두려움 때문에 복종하면서 이루어진 조절이다. 생존의 필요성에 기초한 것이다. 그렇게 되면 두려움에 기본을 둔 모든 다른 조절처럼 인간을 무기력한 노예 상태로 몰아가거나, 표면적으로는 수동적이지만 내부적으로는 분노에 찬 형태를 만들어 낼 수 있다. 후자의 경우 극도의 예측 불가한 난폭함을 지닌 인격이다. 물론 대다수 기관에서 아이들을 다룰 때 폭력이나 잔인한 행동을 사용한다는 것은 아니다. 그러나 긍정적 인간 연결의 부재가 반복적인 가학 행동과 마찬가지로 아이를 잔인하게 만든다는 것은 확실하다.

인간 발달에서 정서 박탈 효과 연구의 무시무시한 사례로 (이 연구를 위해 만들어진 것은 아니지만) 부실한 기관의 예를 들었었다. 극심한 정신적 또는 정서적 장애가 있는 부모로 인해 인간적 연결고리가 박탈된 가정에서 아이들이 자라는 것도 마찬가지다. 그런 아이들은 보육원에서 자라는 많은 아이들처럼 계속되는 가정과 가족의 변화에 노출되어 결국 긍정적 연결이 발달할 수 없다. 인격 발달에 미치는 효과나 영향은 부실한 기관에서 관찰했던 아이들과 매우 유사하다.

사람들은 또 이렇게 말할 수도 있을 것이다. "대단히 인상적이네요. 하지만 지금까지는 안 좋은 기관, 병적인 가정환경 등에 대해 언급하신

거잖아요. 그런 기관들이 정신건강 원칙을 따르고, 그런 기관들을 잘 훈련된 전문가 집단이 운영한다면, 그리고 밀접한 인간관계를 제공해 준다면, 집에서 자라는 아이들만큼 혹은 그 아이들보다 오히려 더 잘 클수도 있을 거예요. 잘 훈련된 전문가가 최신 과학적 지견을 아이 양육에 접목시킨다고 생각해 보세요. **그것이야말로 새로운 실험이 되겠네요!**"

물론 그런 실험도 있었다. 재난을 겪는 동안 인간 본성 연구에 필요한 각종 있을 법한 연구소는 다 있었다. 아이들을 위한 모델 기관이 있었으며, 그중 하나인 햄스테드 보육원The Hamstead Nurseries의 예를 보자.

모델 기관으로부터의 교훈

햄스테드 보육원은 제2차 세계대전 중 영국에 세워졌다. 여기에는 부모 중 한 사람 혹은 양쪽 모두 없는 아이들, 또는 다른 이유로 집에서 돌봐 줄 수 없는 아이들을 수용했다. 원장은 세계적으로 저명한 두 명의 소아분석가, 안나 프로이트Anna Freud와 도로시 버링햄Dorothy Burlingham이 맡았다. 전문적 지도감독 하에 아이들을 돌봐 줄 직원을 엄격히 심사해 선발했다. 이곳의 정책과 업무는 소아발달학과 소아심리학의 가장 우수한 최신 지식을 토대로 결정되었다. 인격 발달에 있어 관계의 중요성을 충분히 이해한 직원들은 아동과의 연결을 시도했다.

이곳 아기들과 어린이들은 어떻게 지냈을까? 이 프로그램에서는 전반적으로 기관 생활에서 보이는 안 좋은 영향들이 사라졌다. 부실한 기관에서 자라 애착이 없는 아이들보다는 훨씬 잘 지내게 되었다. 하지만 중요한 특정 발달 영역에서는 최상의 수용소에서 지내는 이들 아이들이 가족과 함께 지내는 보통 아이들보다 잘 해내지 못했다!

예를 들어 언어 발달 면에서 햄스테드 보육원의 두 돌배기 아이들은 자기 부모와 지내는 아이들에 비해 6개월 정도 뒤졌다. 어린아이들에게 공격 충동 조절은 좀 더 어려운 과제였다. 대소변 가리기도 매우 늦었다. 일반 가정에서 지내는 아이들보다 보육원 아이들에게서 협조를 얻어 내기가 훨씬 어려웠다. 보육원에서 아이들과 성인 직원들 간의 연결을 촉진시키기 위해 노력했음에도 불구하고, 보육원 아기나 어린아이들은 일반적으로 부모 혹은 부모 대체물과의 강한 정서적 연결을 토대로 하는 이러한 발달 영역에서 뒤쳐졌다.

훗날, 햄스테드 보육원에서 인위적인 가족 구성 정책을 시도한 뒤 발달 성취도가 향상되었음은 주목할 만한 일이다. 즉, 어른 한두 명과 영유아 몇 명을 짝지어 '부모' 역할을 하도록 하여 작은 '가족'으로 구성한 것이다. 하지만 인위적 가족은 실제 가족이 아니다. 심오하고 영원한 사랑의 연결고리를 통해 아이와 결합된 부모의 경우와 보모가 느끼는 감정과 친절함이 동등하기를 기대할 수 없을 것이다. 수용소 보모는 자신의 아이가 될 수 없는 아이와 자신을 연결시킬 수 없다. 아이는 항상 다른 누군가에게 속하게 될 것이다. 그리고 보모들은 언젠가 수용소를 떠나게 되고 다른 보모가 그 자리를 대체하게 된다. 그러므로 심지어 모델 기관이라고 해도 영원한 엄마 대체물을 갖게 되는 일은 거의 없다.

끝으로 결정적 내용 하나. 보모는 아빠를 대체할 수 없다. 따라서 심지어 모범적 모델 기관에 있는 아이들에게도 두 사람의 부모를 통해 얻어질 수 있는 광범위한 인간 정서와 가족 간의 영구적 연결은 불가능하다. 게다가 아이는 부모와의 동일시를 통해 성 역할을 배우고 가치관과 이상적 행동을 형성하게 되기 때문에, 인위적 가정에서 자란 아이는 안정적이고 잘 통합된 성격을 획득하는 데 큰 어려움을 겪게 된다.

이를 토대로 얻어진 결론이 인상적이다. 아이를 기르는 일에 대한 전문적 기술과 지혜를 갖춘 기관을 운영하고 성취도를 평가한 결과, 평균 정도 되는 평범한 아기가 있는 가정보다 뒤떨어진다. 교훈은 아주 분명하다. 아이를 기르는 데 있어서 인간 발달의 중심에는 그 어떤 지혜보다 친밀한 인간적 연결, 즉 가족 연결이 자리하고 있다. 당연한 일이다. 보육원을 운영했던 저명한 소아분석가 두 사람에게도 놀랄 일은 아니었을 것이다. 두 사람이 보육원을 맡기 훨씬 오래 전부터 그들 이론은 건강한 아이 발달에 있어 가족 연결의 중요성에 핵심을 두고 있었다. 보육원 경험을 통해 비교해 본 결과도 같은 결론에 이르렀다. 그렇다고 소아심리학의 경시로 이어질 필요는 없다. 가족의 진가를 증명한 셈이다. 가족은 모든 건강한 심리적 사고방식의 출발점이다.

신경증으로부터 자유로울 수 있을까?

그렇지만 부모와 강한 연계가 있는 아이가 신경증으로부터 자유로울 수 있다고 결론 내릴 수 없다. 다만 갈등을 처리하는 데 있어서 인격 내부에 최상의 도구를 가지게 될 것이라고 말할 수 있을 뿐이다. 그러한 도구를 동원해서 신경증 질환에 좀 더 효과적으로 저항할 수 있을 것이다. 하지만 신경증이 꼭 부모와 자녀의 관계에 대한 고발장은 아니다. 신경증 아동이 꼭 사랑을 받지 못하거나 거부당한 아이인 것은 아니다. 임상적 정의를 엄격하게 적용한다면 사랑을 모르거나 인간 애착이 없는 아이는 신경증이 생기지 않는다. 애착이 없는 아이는 다른 형태의 장애에 걸리게 된다. 인격적으로 괴상한 요소가 발달할 수 있으며, 원초적 두려움과 병적 현실 왜곡에 노출되며, 비행이나 폭력으로 이어지는 조절되지 않는 충동을 보일 수 있지만, 신경증에 걸리지는 않을 가능성이 많다. 왜냐하면, 신경증은 도덕적 갈등과 사랑에 관련된 갈등을 포함해야 하는데 뚜렷한 인간 애착을 경험하지 못한 아이에게는 이러한 갈등이 생겨날 수 없기 때문이다. 신경증의 장점이 있다면 (억지로라도 찾아본다면) 그것이 문명화된 질환이라는 점이다. 양심상 불안하다든가 사랑하는 사람과의 관계에서 혼란이 생겨 고통받는 아이는 비록 질병에 걸리기는 했으나 인간성이 있다는 증거가 되는 것이다. 애착 없는 아이의 병은 덜 인간적이기 때문에 더 심각하다. 자신의 존재만을 위해 외롭고 난폭하게 투쟁하는 원시적 자아만이 있을 뿐이다.

그렇기 때문에 인간성에 대한 실제 위협은 신경증이 아니라, 자아의 질병, 고립, 탈착(애착의 반대 개념), 정서적 빈곤에 따른 질병이라 할 수 있다. 이러한 질병은 어린 시절의 인간적 연결 부재나 파괴에 의해서 생긴다. 인간적 연결 부재 시 흔히 인간의지human will라고 부르는 정신적 특성을 발달시키지 못하거나 그러한 특성을 감당하지 못하는 인격체로 전락한다. 기껏해야 미덕과 인격의 허울만 모방할 뿐이다. 두 차례의 세계대전, 혁명, 전제정치, 대규모 학살 등을 겪은 사람들에게서 우리는 그것들의 파괴적 효과를 읽을 수 있다. 가정과 가족 연결의 파괴는 비정상적인 아동과 어른을 양산하였으며, 이들은 인간 사회에서 이방인이나 마찬가지이다. 그들은 정체성과 소속감이 없고, 의무와 사랑도 없으며 다가가기가 힘들다. 아이든 어른이든 때로는 범죄를 저지른다. 특별한 동기나 양심의 가책 없이 폭력을 휘두른다. 자신의 공허함을 떨치기 위해 갱 두목, 군중 선동가, 파시스트 지도자, 비정상적인 운동이나

단체의 조직가 등 다른 인격들에게 자기 자신을 내맡긴다. 다른 범죄자라면 양심의 가책을 느낄 만큼 잔인한 행위를 하고, 다른 악당들이 하지 못할 정도의 위험한 일까지 목숨을 걸며 한다. 자신은 물론 다른 사람의 생명에 가치를 느끼지 못하기 때문에 이러한 일들을 해낼 수 있다. 그 대가로 원하는 것은 자신의 공허함을 잊고 이 의미 없는 세상에서 존재의 이유를 제공할 수 있는 인격이나 아이디어이다.

자신의 양심 때문에 괴로움을 겪는 불쌍한 신경증 환자보다 껍데기만 있는 사람을 더 두려워하는 이유가 또 있다. 신경증으로 이어지는 한이 있더라도 도덕적 갈등을 겪고 있다면 그 사람은 희망이 있다. 하지만 애착이 없는 사람에게 우리가 해 줄 수 있는 것은 무엇인가? 그의 공허함에 인간성을 불어넣어 줄 사람은 누구인가?

이상과 같이 오래 논의한 끝에 얻어진 결론은 오히려 단순하다. 최신 심리학 지식을 총동원해도 어린 시절 신경증을 예방할 수 있는 정확한 과학적 방법을 찾아낼 수는 없지만, 아이가 어떻게 인간성을 지니게 되는지는 정확히 말할 수 있다. 아이 양육에서 인간성을 키우는 과정은 아이에게 정신적 안정감을 줄 수 있는 특정 관계를 수반한다는 것이다.

여기서 '인간성'이라고 부르는 정신적 특성은 유아가 타고난 부분이 아니며, 단순히 성숙 과정에서 얻을 수 있는 것도 아니라는 것을 알 수 있었다. 자기 사랑을 초월하는 인간적 사랑의 특성은 가족과 그 가정에서의 양육 과정에서 생성된 특별한 애착의 산물이다. 인간 지능의 특성은 상징의 조작, 특히 언어에 의해 크게 좌우되며, 단순히 상위 정신 및 발성 기구의 산물이 아니며 최초의 애착을 통해 달성된다. 인간성의 가장 중심이 되는 '나'의 개념, 정체성의 인식은 아동과 부모 사이의 이른 연결을 통해 성취된다. 본능적 특성에 대한 승리, 제한하고 참고 때로는 상위 목표에 도달하기 위해 갈등을 겪을 때 자신의 충동을 억누를 수 있는 의지는 학습의 성과이며 이는 초기 수년간의 발달 과정에서 사랑을 통해 달성된다. 인간 진화의 성과 중 가장 문명화된 산물인 양심은 천성적으로 타고난 것이 아니며, 부모의 사랑과 교육의 산물이다.

지금까지 제시한 결론들을 잘 종합해 보면 굳이 부모가 완벽할 필요는 없다. 부모도 미숙할 수 있고 인간적 실수를 저지를 수도 있으며, 때로는 확실치 않은 기술이나 잘못된 방법을 택할 수도 있다. 그러나 부모 자녀 간 연결이 튼튼하고 아이의 발달과 성장에 동기를 제공할 수 있다면 건강한 아이를 기를 수 있는 기회는 무궁무진하다. 정신건강을 이루는 결정적 인자들은 갈등을 다루는 자아의 능력, 즉 외부 현실과 내부 요구 사이의 조화를 이뤄 줄 수 있는 해결책을 찾고 적응하며 좌절을 견디는 능력이다. 이러한 자아의 특성은 부모와 아이의 연결의 결과물이자 인간화 과정의 소산이다.

옮긴이의 말

아이들을 진료하면서 답을 찾지 못한 숙제 중 하나가 이런 것이다. 어린이집, 유아원, 유치원의 교사는 모두 여자이다. 최근에는 초등학교 교사의 상당수도 여자이다. 교육 현장의 이 같은 변화는 과학적 자료를 근거로 계획된 진행이 아니고 사회적 현상이다. 이러한 사회적 변화는 아이의 발달에 어떤 영향을 미칠 것인가? 그에 대한 사회적 평가와 대책은 있는가?

이 책을 처음 접하고 읽었던 부분에 비슷한 고민이 있었다. "미국에서는 오래 전부터 여성들이 학교에서 문학, 음악, 예술, 삶을 풍족하게 해 주는 것들을 가르치고 있다. 어떻게 해서 여성이 어린이 교육의 이러한 영역을 떠맡게 되었는지 그 이유를 정확히 알 수는 없지만, 이것은 발달 단계에 있는 남자아이에게 중요한 영향을 미치며 심각한 문화적 의미를 전달할 수 있다. 어린 소년은 이러한 가치의 대부분을 여성으로부터 얻게 되므로, 그러한 내용들을 '여성적인'것으로 간주하게 되고, 자신의 남성적 인격 속에 통합시키는 데 어려움을 겪는다." 지구 건너편에서 우리 현실과 비슷한 이런 문제를 고민하는 사람이 있다는 것에 놀랐다. 헌데 더 놀라운 것은 그 책이 반백 년 전에 쓰인 책이라는 사실이다.

답을 모르는 두 번째 숙제. 아기가 태어나면 어떻게 기르는 것이 가장 좋은 방법인가? 엄마들의 최대 화두이다. 유치원부터 시작해도 이미 늦었다는 생각에 두세 살부터 조기교육 열풍이 불고 있으며, 심지어 태교의 중요성이 더욱 강조되고 있다. 구체적으로 무엇을 어떻게 가르치려고 하는가? 해답은 어디에서 구할 수 있는가? 대소변 가리기, 체벌, 인지 발달, 양심 형성, 오이디푸스 콤플렉스, 인터넷과 텔레비전, 성교육 등 구체적인 문제를 어떻게 감당해야 하나? 육아와 아동 발달 주제에 대해 수많은 전문가와 서적들이 조언을 하고 있으나 약간씩 견해도 다르고 뿌리가 미약한 경우가 많았다. 좀 더 체계적이고 심층 분석이 필요했다. 소아정신과 전문의로서 항상 고민거리다.

원제목이 The Magic Years인 이 책에는 두 가지 숙제를 푸는 데 필요한 마법의 주문들이 들어 있다. 부모들이 꼭 읽었으면 좋겠다는 생각에 번역판을 내기로 하였다. 그간 함께 공부했던 동료들이 큰 도움이 되었다. 손소정, 이서경, 박재형, 문수진, 이병국, 박한선 선생 등이다.

아이를 기르는 것도 엄청난 인내가 필요하지만, 이 책 속에 담긴 수많은 마법을 터득하려면 인내가 필요하다. 쉽고 편하게 살려는 요즘 세상에 맞지 않을 것 같은 책이다. 하지만 마법은 그렇게 쉽게 얻어지는 것이 아니다. 많이 생각하고 노력하고 깨달아야 아기 마법사를 이해할 수 있다.

이 책에서 찾은 가장 신기한 마법이다. "아기가 눈을 감으면 세상이 사라지고, 눈을 뜨면 세상이 다시 나타난다."

2009년 봄, 옮긴이를 대표하여
반건호

마법의 시간

첫 6년

첫판 1쇄 펴낸날 | 2009년 6월 22일
개정판 2쇄 펴낸날 | 2022년 5월 23일

지은이 | 셀마 프레이버그
옮긴이 | 반건호 외
펴낸이 | 박성규

펴낸곳 | 도서출판 아침이슬
등록 | 1999년 1월 9일(제10-1699호)
주소 | 서울 은평구 불광로 11길 7-7
전화 | 02) 332-6106
팩스 | 02) 322-1740
이메일 | 21cmdew@hanmail.net

ISBN 978-89-6429-142-9 03370

*책값은 뒤표지에 있습니다.